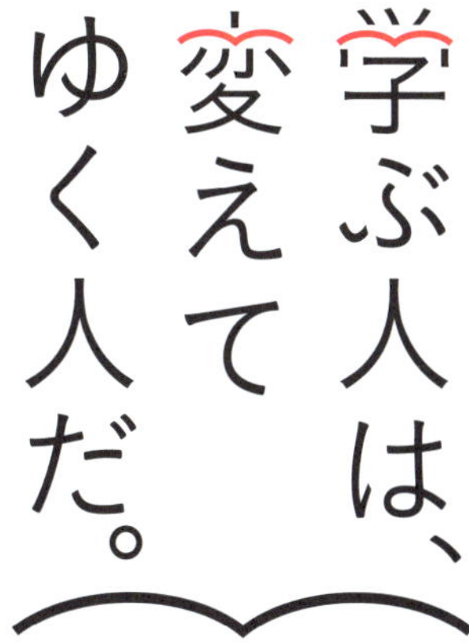

目の前にある問題はもちろん、

人生の問いや、

社会の課題を自ら見つけ、

挑み続けるために、人は学ぶ。

「学び」で、

少しずつ世界は変えてゆける。

いつでも、どこでも、誰でも、

学ぶことができる世の中へ。

旺文社

大学入学

共通テスト

現代社会 集中講義

四訂版

河合塾講師
昼神洋史 著

旺文社

大学入学共通テストの特徴

「大学入学共通テスト」とは？

「大学入学共通テスト」（以下「共通テスト」）とは，2021年1月から「大学入試センター試験」（以下「センター試験」）に代わって実施される，各大学の個別試験に先立って行われる全国共通の試験です。
ほぼすべての国公立大学志望者，私立大学志望者の多くがこの試験を受験し，大学教育を受けるための基礎的な学習の達成度を判定されます。

共通テストの特徴は？

単純な知識を問うだけの問題ではなく，**「知識の理解の質を問う問題」「思考力，判断力，表現力を発揮して解くことが求められる問題」を重視する**とされています。
「現代社会」では，多様な図・表を活用して，データに基づいた考察・判断を行う資料問題や，文章や資料を読み解きながら基礎的な概念・理論・考え方を活用して考察する問題などが出題されます。

共通テストで求められる力は？

センター試験では「教科の内容を覚え，正しく理解できているか」といった知識理解の面が重視されていましたが，共通テストでは**「習得した知識を正しく活用することができるか」といった知識の運用力**まで試されます。
必要な学習内容はかわりませんが，知識を問われるだけでなく，基本的な考え方と国の制度や政策と結び付けてとらえる，逆に制度や政策の本質を考察する，資料を参考に社会的課題の解決策を検討するなどの力が求められます。

どのように対策すればいい？

センター試験と同じように，まずは知識のインプットが必要です。
その上で，問題を解きながら知識を定着させ，さらに応用問題で知識活用の道筋を学び，アウトプットのトレーニングを行うとよいでしょう。
本書では，共通テストの対策に必要な学習を１冊で完成することができます。本書を使い，知識のインプットからアウトプットまで，効率的に学習を行ってください。

本書の利用法

本書の特長

● 必修50テーマと厳選された学習項目

「現代社会」必修の50テーマと重要な学習項目を厳選し，掲載しています。要点が凝縮され，情報が無駄なく詰まっているため，最短距離で理解を深めることができます。

● 出題頻度によるテーマ・学習項目のランク付け

過去19年分（2001～2019年）のセンター試験「現代社会」を分析し，「どのような問題がよく出題されるか（頻度）」「その問題は，どのレベルまで理解が必要か（深度）」ということをrankや★で示しています。**センター試験の出題頻度は共通テストにも引き継がれると考えられる**ため，出題頻度を参考にして，さらに効率のよい学習が可能です。

● 取り組みやすいコンパクトな構成

1テーマ4ページを基本とし，効率的かつ短期間での学習が可能です。「現代社会」をこの本ではじめて勉強する人でも，無理なく取り組むことができます。

● 豊富な演習問題（基礎力チェック問題／チャレンジテスト）

テーマごとに「基礎力チェック問題」があり，覚えた知識をすぐに演習問題で確認，定着させることができます。

全7回の「チャレンジテスト」は，共通テストの実戦演習として取り組みましょう。

● 別冊「必携一問一答問題集」

一問一答形式の問題集が付属しています。テーマごとに過去のセンター試験問題やオリジナル問題を一問一答で答える形式になっています。空欄補充形式・正誤判定形式などがあり，受験生が間違えやすい問題を掲載しています。

● PDFダウンロード「ワンポイント時事解説」

本書刊行後に起こった重要な時事的内容をまとめた「ワンポイント時事解説」を，PDFファイルとして下記のURLからダウンロードすることができます。

https://www.obunsha.co.jp/service/shuchukougi/jijikaisetsu_gensha.pdf

本書の構成

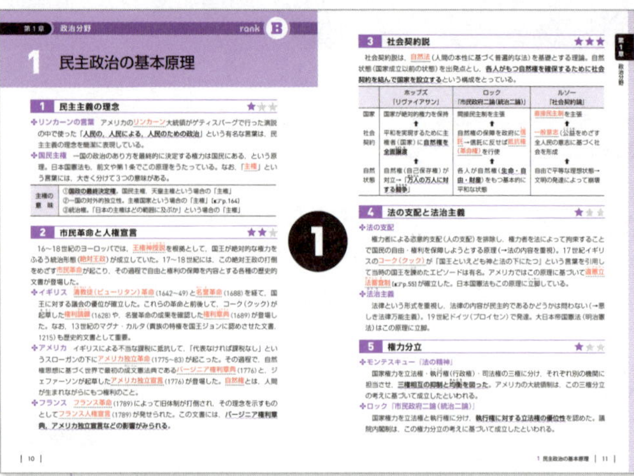

1テーマの構成

❶ テーマの要点整理

必要かつ十分な要点を厳選しまとめた学習項目を，出題頻度とともに掲載しています。

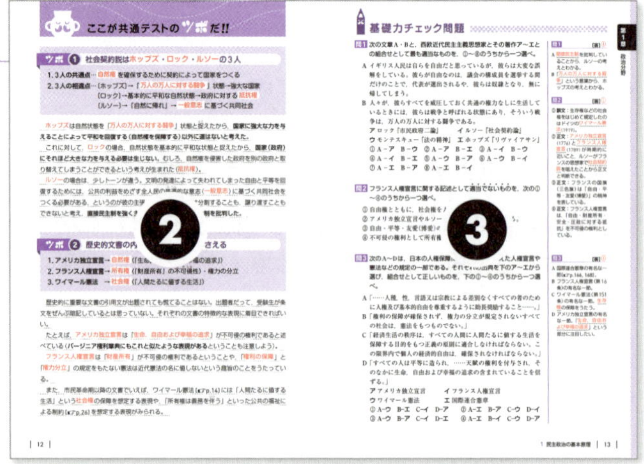

❷ ここが共通テストのツボだ！

各テーマで，「ここだけ覚えておけば確実に得点できる！」というポイントや，受験生が苦手とするポイントを解説しています。直前期にこのページだけ読むのも効果的です。

❸ 基礎力チェック問題

過去のセンター試験をベースにした問題を，簡単な解説とともに掲載しています。

※「基礎力チェック問題」に使用しているセンター試験問題は，時事問題の変化などを考慮して，適宜改題しています。また，「政治・経済」からも，現代社会の学習内容と重なる過去問を載せています。

チャレンジテスト

共通テストの試行調査やオリジナル問題で構成されています。解いたあとは必ず解説を読み，共通テストを解くための視点や考え方を確認しましょう。

時事問題，ここに注意！

時事問題の中でも注目すべきテーマをまとめています。

索 引

巻末に，重要用語・欧文略語をまとめた索引をつけています。

本書を使った学習方法

共通テスト「現代社会」対策の学習には，3つの重要な柱があります。

1	必要な学習内容を覚え，理解する	インプット
2	基礎的な問題を解き，理解を深める	アウトプット①
3	応用問題を解き，知識の運用力を高める	アウトプット②

基本的な学習内容を覚え，理解できたと思ったら（＝**1**），演習で解答を導き出せるかどうかを試します（＝**2**）。
そこで解けなかった問題は理解があいまいということなので，解けなかった問題の解説を読み，さらに**1**に戻り，あいまいな知識を定着させましょう。

1⇄**2**をくり返して基礎力が身についたら，共通テストレベルの応用問題に取り組み，知識の活用を訓練します（＝**3**）。

一見難しそうな問題も，必ず基礎知識に基づいてつくられているので，**1**～**3**の学習サイクルを確立すれば，難問にも対応できるようになります。知識を確実に定着し，活用できるようになるまで，何度もくり返し学習を行ってください。

もくじ

第2章 経済分野 83

〔編集担当〕上原 英 〔編集協力〕山田 哲理（株式会社カルチャー・プロ）
〔装丁デザイン〕内津 剛（及川真咲デザイン事務所） 〔本文デザイン〕伊藤 幸恵
〔本文組版〕幸和印刷株式会社 〔図版作成〕幸和印刷株式会社，株式会社ユニックス 〔イラスト〕三木 謙次

第1章　政治分野

まずは，政治分野の学習から。
「民主主義の理念」，「基本的人権」など，一見抽象的でわかりづらい内容が多く，受験生諸君はひるんでしまうかもしれない。しかし，必ず問われるポイントがあり，それを押さえれば，自信をもって臨める。
日本の政治体制など，日々のニュースでも耳にする機会が多いテーマもある。それだけに，「用語を知っているから，わかっている」というつもりになりやすい。実際は，用語同士の関連性や，どのような文脈で出てくる用語かなどを理解していないと，実際の入試で思わぬ失点につながるので注意が必要だ。
それでは，講義を始めよう。

1 民主政治の基本原理

1 民主主義の理念

✤**リンカーンの言葉**　アメリカのリンカーン大統領がゲティスバーグで行った演説の中で使った「**人民の，人民による，人民のための政治**」という有名な言葉は，民主主義の理念を簡潔に表現している。

✤**国民主権**　一国の政治のあり方を最終的に決定する権力は国民にある，という原理。日本国憲法も，前文や第1条でこの原理をうたっている。なお，「主権」という言葉には，大きく分けて3つの意味がある。

主権の意味	①**国政の最終決定権**。国民主権，天皇主権という場合の「主権」 ②一国の対外的独立性。主権国家という場合の「主権」[☞p.164] ③統治権。「日本の主権はどの範囲に及ぶか」という場合の「主権」

2 市民革命と人権宣言

16～18世紀のヨーロッパでは，王権神授説（しんじゅせつ）を根拠として，国王が絶対的な権力をふるう統治形態（絶対王政）が成立していた。17～18世紀には，この絶対王政の打倒をめざす市民革命が起こり，その過程で自由と権利の保障を内容とする各種の歴史的文書が登場した。

✤**イギリス**　清教徒（せいきょうと）（ピューリタン）革命（1642～49）と名誉（めいよ）革命（1688）を経て，国王に対する議会の優位が確立した。これらの革命と前後して，コーク（クック）が起草（きそう）した権利請願（せいがん）（1628）や，名誉革命の成果を確認した権利章典（しょうてん）（1689）が登場した。なお，13世紀のマグナ・カルタ（貴族の特権を国王ジョンに認めさせた文書，1215）も歴史的文書として重要。

✤**アメリカ**　イギリスによる不当な課税に抵抗して，「代表なければ課税なし」というスローガンの下にアメリカ独立革命（1775～83）が起こった。その過程で，自然権思想に基づく世界で最初の成文（せいぶん）憲法典であるバージニア権利章典（1776）と，ジェファーソンが起草したアメリカ独立宣言（1776）が登場した。自然権とは，人間が生まれながらにもつ権利のこと。

✤**フランス**　フランス革命（1789）によって旧体制が打倒され，その理念を示すものとしてフランス人権宣言（1789）が発せられた。この文書には，**バージニア権利章典，アメリカ独立宣言などの影響がみられる**。

3 社会契約説

社会契約説は，自然法（人間の本性に基づく普遍的な法）を基礎とする理論。自然状態（国家成立以前の状態）を出発点とし，**各人がもつ自然権を確保するために社会契約を結んで国家を設立する**という構成をとっている。

	ホッブズ『リヴァイアサン』	ロック『市民政府二論（統治二論）』	ルソー『社会契約論』
国家	国家が絶対的権力を保持 ⬆	間接民主制を主張 ⬆	直接民主制を主張 ⬆
社会契約	平和を実現するために主権者（国家）に**自然権を全面譲渡** ⬆	自然権の保障を政府に信託→信託に反せば抵抗権（革命権）を行使 ⬆	一般意志（公益をめざす全人民の意志）に基づく社会を形成 ⬆
自然状態	自然権（自己保存権）が対立→「**万人の万人に対する闘争**」	各人が自然権（**生命・自由・財産**）をもつ基本的に平和な状態	自由で平等な理想状態→文明の発達によって崩壊

4 法の支配と法治主義

✤法の支配

権力者による恣意的支配（人の支配）を排除し，権力者を法によって拘束することで国民の自由・権利を保障しようとする原理（→法の内容を重視）。17世紀イギリスのコーク（クック）が「国王といえども神と法の下にたつ」という言葉を引用して当時の国王を諫めたエピソードは有名。アメリカではこの原理に基づいて違憲立法審査制[☞p.55]が確立した。日本国憲法もこの原理に立脚している。

✤法治主義

法律という形式を重視し，法律の内容が民主的であるかどうかは問わない（→悪しき法律万能主義）。19世紀ドイツ（プロイセン）で発達。大日本帝国憲法（明治憲法）はこの原理に立脚。

5 権力分立

✤モンテスキュー『法の精神』

国家権力を立法権・執行権（行政権）・司法権の三権に分け，それぞれ別の機関に担当させ，**三権相互の抑制と均衡を図った**。アメリカの大統領制は，この三権分立の考えに基づいて成立したといわれる。

✤ロック『市民政府二論（統治二論）』

国家権力を立法権と執行権に分け，**執行権に対する立法権の優位性**を認めた。議院内閣制は，この権力分立の考えに基づいて成立したといわれる。

ここが共通テストのツボだ!!

ツボ 1 社会契約説はホッブズ・ロック・ルソーの3人

1. 3人の共通点… 自然権 を確保するために契約によって国家をつくる
2. 3人の相違点…〔ホッブズ〕→「 万人の万人に対する闘争 」状態→強大な国家
〔ロック〕→基本的に平和な自然状態→政府に対する 抵抗権
〔ルソー〕→「自然に帰れ」→ 一般意志 に基づく共同社会

ホッブズは自然状態を「万人の万人に対する闘争」状態と捉(とら)えたから，**国家に強大な力を与えることによって平和を回復する（自然権を保障する）以外に道はないと考えた。**

これに対して，ロックの場合，自然状態を基本的に平和な状態と捉えたから，**国家（政府）にそれほど大きな力を与える必要は生じない。**むしろ，自然権を侵害した政府を別の政府と取り替えてしまうことができるという考えが生まれた（抵抗権）。

ルソーの場合は，少しトーンが違う。文明の発達によって失われてしまった自由と平等を回復するためには，公共の利益をめざす全人民の普遍(ふへん)的な意志（一般意志）に基づく共同社会をつくる必要がある，というのが彼の主張。また彼は，主権は分割することも，譲り渡すこともできないと考え，**直接民主制を強く主張する立場から間接民主制を批判した。**

ツボ 2 歴史的文書の内容はキーワードで押さえる

1. アメリカ独立宣言→ 自然権（「生命，自由および幸福の追求」）
2. フランス人権宣言→ 所有権（「財産所有」の不可侵(ふかしん)性）・権力の分立
3. ワイマール憲法 → 社会権（「人間たるに値する生活」）

歴史的に重要な文書の引用文が出題されても慌てることはない。出題者だって，受験生が条文をぜんぶ暗記しているとは思っていない。それぞれの文書の特徴的な表現に着目できればいい。

たとえば，アメリカ独立宣言は「生命，自由および幸福の追求」が不可侵の権利であると述べている（**バージニア権利章典にもこれと似たような表現がある**ということも注意しよう）。

フランス人権宣言は「財産所有」が不可侵の権利であるということや，「権利の保障」と「権力分立」の規定をもたない憲法は近代憲法の名に値しないという趣旨のことをうたっている。

また，市民革命期以降の文書でいえば，ワイマール憲法［☞p.14］には「人間たるに値する生活」という社会権の保障を想定する表現や，「所有権は義務を伴(ともな)う」といった公共の福祉による制約［☞p.26］を想定する表現がみられる。

基礎力チェック問題

問1 次の文章A・Bと，西欧近代民主主義思想家とその著作ア～エとの組合せとして最も適当なものを，①～⑧のうちから一つ選べ。

A イギリス人民は自らを自由だと思っているが，彼らは大変な誤解をしている。彼らが自由なのは，議会の構成員を選挙する間だけのことで，代表が選出されるや，彼らは奴隷となり，無に帰してしまう。

B 人々が，彼らすべてを威圧しておく共通の権力なしに生活しているときには，彼らは戦争と呼ばれる状態にあり，そういう戦争は，万人の万人に対する闘争である。

ア ロック『市民政府二論』　**イ** ルソー『社会契約論』
ウ モンテスキュー『法の精神』　**エ** ホッブズ『リヴァイアサン』

① A－ア　B－ウ　② A－ア　B－エ　③ A－イ　B－ウ
④ A－イ　B－エ　⑤ A－ウ　B－ア　⑥ A－ウ　B－イ
⑦ A－エ　B－ア　⑧ A－エ　B－イ

問2 フランス人権宣言に関する記述として適当でないものを，次の①～④のうちから一つ選べ。

① 自由権とともに，社会権を人権として認めた。
② アメリカ独立宣言やルソーの思想の影響を受けている。
③ 自由・平等・友愛(博愛)の精神をうたっている。
④ 不可侵の権利として所有権を定めている。

問3 次のA～Dは，日本の人権保障に大きな影響を与えた人権宣言や憲法などの規定の一部である。それぞれの出典を下のア～エから選び，組合せとして正しいものを，下の①～④のうちから一つ選べ。

A「……人種，性，言語又は宗教による差別なくすべての者のために人権及び基本的自由を尊重するように助長奨励すること……。」

B「権利の保障が確保されず，権力の分立が規定されないすべての社会は，憲法をもつものでない。」

C「経済生活の秩序は，すべての人間に人間たるに値する生活を保障する目的をもつ正義の原則に適合しなければならない。この限界内で個人の経済的自由は，確保されなければならない。」

D「すべての人は平等に造られ，……天賦の権利を付与され，そのなかに生命，自由および幸福の追求の含まれていることを信ずる。」

ア アメリカ独立宣言　**イ** フランス人権宣言
ウ ワイマール憲法　**エ** 国際連合憲章

① A-ウ　B-エ　C-イ　D-ア　② A-エ　B-ア　C-ウ　D-イ
③ A-ウ　B-ア　C-イ　D-エ　④ A-エ　B-イ　C-ウ　D-ア

問1 [答] ④

A **間接民主制**を批判していることから，ルソーの考えとわかる。
B「**万人の万人に対する闘争**」という言葉から，ホッブズの考えとわかる。

問2 [答] ①

① **誤文**：生存権などの社会権をはじめて規定したのはドイツの**ワイマール憲法**(1919)。
② **正文**：**アメリカ独立宣言**(1776)と**フランス人権宣言**(1789)が時期的に近いこと，ルソーがフランスの思想家で**社会契約説**を唱えたことから正文と判断できる。
③ **正文**：フランスの国旗(三色旗)は「自由・平等・友愛(博愛)」の精神を表している。
④ **正文**：フランス人権宣言は，「自由・財産所有・安全・圧政に対する抵抗」を不可侵の権利としている。

問3 [答] ④

A 国際連合憲章の有名な一節[☞p.166, 168]。
B フランス人権宣言(第16条)の有名な一節。
C ワイマール憲法(第151条)の有名な一節。**生存権**の保障をうたう。
D アメリカ独立宣言の有名な一節。「**生命，自由および幸福の追求**」という部分に注目したい。

2 人権の発展と国際的保障

1 人権の拡充と国家観の変容

✤自由権（18・19世紀的基本権）と夜警国家

自由権［☞p.30］は，財産権など経済的自由をはじめ，個人の自由を国家の干渉から守るための権利であり，「**国家からの自由**」という性格をもつ。歴史的には，17・18世紀の市民革命を経て確立し，**自由放任主義**（レッセ・フェール）［☞p.84］に基づく**夜警国家**（必要最小限の役割を果たす国家）の成立と対応する。

✤参政権の要求

参政権［☞p.34］は，選挙権・被選挙権（立候補する権利）など国民が政治に参加する権利であり，「**国家への自由**」という性格をもつ。歴史的には，19世紀前半にイギリスで起こった**チャーティスト運動**（労働者が男性普通選挙権を要求）［☞p.140］が有名。ただし，普通選挙制が各国で普及するのは20世紀に入ってからである。

✤社会権（20世紀的基本権）と福祉国家

社会権［☞p.34］は，すべての人が人間らしい生活を営むことができるように国家に対して積極的な施策を要求する権利であり，「**国家による自由**」という性格をもつ。歴史的には，失業・貧困などが激化した19世紀以降に主張されるようになり，**ワイマール憲法**（ドイツ共和国憲法，1919）ではじめて明文化。こうした動きを背景に，**福祉国家**（国民生活に積極的に介入する国家）が成立。

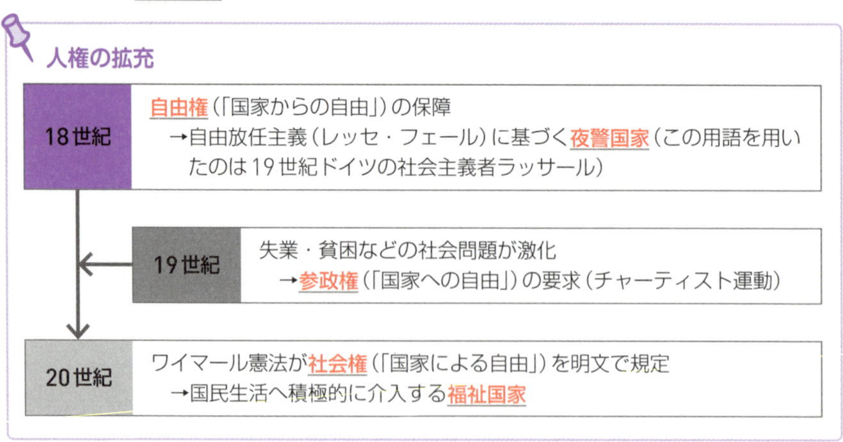

人権の拡充
18世紀
自由権（「国家からの自由」）の保障
→自由放任主義（レッセ・フェール）に基づく夜警国家（この用語を用いたのは19世紀ドイツの社会主義者ラッサール）
19世紀
失業・貧困などの社会問題が激化
→参政権（「国家への自由」）の要求（チャーティスト運動）
20世紀
ワイマール憲法が社会権（「国家による自由」）を明文で規定
→国民生活へ積極的に介入する福祉国家

2 人権の国際的保障 ★★★

✤「4つの自由」(1941)

アメリカの大統領F．ローズベルトは，ファシズム諸国による人権抑圧に反対して，**言論・表現の自由，信教の自由，欠乏からの自由，恐怖からの自由**を提唱した。

✤**世界人権宣言**(1948)[☞p.166]

第二次世界大戦に対する反省から，すべての国が達成すべき人権の共通基準を明らかにしたもので，国連総会で採択された。自由権だけでなく社会権も規定しているが，**条約ではないため法的拘束力をもたない**。

✤**国際人権規約**(1966)

世界人権宣言を条約化して法的拘束力をもたせたもので，国連総会で採択された。自由権，社会権はもとより民族自決権にも触れている。

構成	日本の批准	備考
社会権規約(A規約)	○(1979)	日本は**3点を留保**(適用除外を表明)*
自由権規約(B規約)	○(1979)	
A規約選択議定書	×	2008年採択。人権侵害を受けた個人が通報する手続
B規約選択議定書	×	人権侵害を受けた個人が通報する手続
B規約第二選択議定書	×	1989年採択の死刑廃止条約

＊A規約中，日本が留保した3点は，中等・高等教育の無償化，公休日の報酬保障，公務員のストライキ権。ただし，2012年に，日本は中等・高等教育の無償化についての留保を撤回。

✤**個別的な人権条約**

	採択年	内容	日本の対応(○＝批准)
難民条約	1951	貧困などを理由とする「**経済難民**」は対象外	○(1981)→難民の受入れには消極的
人種差別撤廃条約	1965	皮膚の色・民族などによるあらゆる差別撤廃	○(1995)→**アイヌ文化振興法**を制定(1997)[☞p.27]
女子差別撤廃条約	1979	政治・経済などあらゆる分野での女子差別撤廃	○(1985)→**男女雇用機会均等法**を制定(1985)[☞p.27]
ハーグ条約	1980	国際結婚が破たんした場合の子どもの取扱いについて規定	○(2014)
子どもの権利条約	1989	**満18歳未満**の子どもの意見表明権などを規定	○(1994)
死刑廃止条約	1989	国際人権規約のB規約第二選択議定書	×→現在でも，死刑制度が存続している
障害者権利条約	2006	障害者に保障されるべき人権・基本的自由を規定	○(2014)

ここが共通テストのツボだ!!

ツボ ① 国家観(政府観)の変容は，経済学者とセットに [☞p.84, 85]

国家観(政府観)の変容

夜警国家(「安価な政府」)→ 福祉国家(「大きな政府」)→「小さな政府」
〈アダム=スミス〉　〈ケインズ〉　〈フリードマン〉

18・19世紀には，アダム=スミス的な自由放任主義に基づく夜警国家観が支配的だった。これは，**国家は国防・治安など必要最小限の役割を果たせばよい**とするもので，アダム=スミスの言葉でいえば「安価な政府」にあたる。

20世紀に入ると，福祉国家観が登場する。これは社会保障をはじめ**国民生活に対して積極的に介入する国家**のことである。ということは，福祉国家はどうしても財政支出の拡大を伴う(ともな)から，ケインズ的な「大きな政府」の考えと親和性をもつことになる。

ところが，1970年代に先進国が軒並み(のきなみ)財政危機に陥る(おちい)ようになると，歳出の削減，民営化，規制緩和などによって**市場の活力を最大限に活用すべき**であるという「小さな政府」の考えが勢いを増す。そうした主張を展開し，ケインズを批判した代表的な経済学者に，マネタリズムを提唱したフリードマンがいる。また，「小さな政府」の考え方に基づいて政策運営を行った指導者にイギリスのサッチャー首相(1979～1990年代)，アメリカのレーガン大統領(1980年代)などがいる。

ツボ ② 人権条約はポイントだけ押さえる

人権条約は頻出分野。しかし，各条約の内容をすべて知っている必要はない。
次であげるポイントをしっかり押さえておこう。

国際人権規約のポイントは以下の3つ。

①世界人権宣言とは異なり，締約(ていやく)国に対する法的拘束力をもつ。

②社会権規約(A規約)，自由権規約(B規約)を柱として，さらに3つの選択議定書を含む。

③日本の対応。**A規約は3点を留保した上で批准(そのうち1点は2012年に留保撤回)，B規約はまるごと批准，3つの選択議定書は未批准。**

難民条約は，**難民の庇護(ひご)・定住確保**を規定していることと，**経済的理由による難民(経済難民)は対象外**であることの2つがポイント。子どもの権利条約については，この条約でいう子どもが「**満18歳未満**」の者を指していることに注意しよう。女子差別撤廃条約については，日本が批准に際して男女雇用機会均等法の制定や国籍法の改正を行ったことが重要である。人種差別撤廃条約についても日本の動向に注目する。日本は同条約の批准をきっかけに，アイヌ文化振興法を制定した。

基礎力チェック問題

問1 国家のあり方が夜警国家から変化した事例の記述として最も適当なものを，次の①～④のうちから一つ選べ。

① 選挙権を獲得した産業資本家は，土地所有者の保護を目的としていた穀物法を廃止し，自由貿易を推進する基礎を築いた。
② 大恐慌期に生み出された大量の失業，生活困窮や生活不安などに対し，政府は失業保険などを含む社会保障法を制定した。
③ 財政危機の深刻化に対処するため政府は民営化と規制緩和により市場の活性化を促し，国防と治安重視の公共政策を実行した。
④ 国内の経済混乱に直面した政府は国民経済の中枢を握りながら，資本主義的要素の一部容認により経済基盤を立て直そうとした。

問1 [答] ②

② **適当**：18・19世紀的な夜警国家から20世紀的な福祉国家への例。
① **不適当**：自由貿易の推進は夜警国家的な政策。
③ **不適当**：民営化・規制緩和による市場の活性化は，「小さな政府」の特徴。これはケインズ的な「大きな政府」を批判して登場したもの。
④ **不適当**：政府が「国民経済の中枢を握りながら，資本主義的要素の一部容認」という部分は，1920年代のソ連などを想定した記述。

問2 人権を国際的に保障することを目的とした文書に関する記述として正しいものを，次の①～④のうちから一つ選べ。

① 子どもの権利条約(児童の権利条約)は，小学校に就学している児童の権利保護を目的とするものであり，中学校や高校に就学している生徒は対象外とされている。
② 世界人権宣言は，すべての国が実現すべき共通の人権基準を定めたものであり，国を法的に拘束する効力を有する。
③ 日本は，市民的及び政治的権利に関する国際規約(B規約)を批准しているが，権利を侵害された個人が国際機関に通報できる制度を定めた選択議定書は批准していない。
④ 日本は，障害者の人権や基本的自由を保護することなどを定めた障害者権利条約を批准していない。

問2 [答] ③

③ **正文**：日本は，国際人権規約B規約の第一選択議定書(個人通報制度を定めている)を批准していない。
① **誤文**：子どもの権利条約は満18歳未満の子どもを対象としている。
② **誤文**：世界人権宣言は，条約ではないため法的拘束力をもたない。
④ **誤文**：日本は，障害者権利条約を批准している。

問3 難民に関する記述として適当でないものを，次の①～④のうちから一つ選べ。

① 難民条約では，難民とは，政治的意見などの理由で迫害を受けるか，または，受けるおそれがあるために他国に逃れている人々と定義している。
② 日本が受け入れた難民の数は欧米主要国に比べると少ないが，そのなかでは，アジア地域からの難民受入数が多数を占めている。
③ 国連難民高等弁務官事務所(UNHCR)は，冷戦終了後，アフリカでの内戦により多くの難民が発生したことを契機に設立された。
④ 日本は，第一次避難地の難民キャンプに滞在している難民を受け入れる「第三国定住」の制度を始めた。

問3 [答] ③

③ **誤文**：国連難民高等弁務官事務所(UNHCR)の設立(1951年)は，冷戦終了の時期(1990年頃)よりも早い。
① **正文**：難民条約による難民(政治難民)の定義に関する記述。
② **正文**
④ **正文**：「第三国定住」制度とは，難民キャンプに滞在している難民を，受け入れに合意している第三国に移住させる制度。2010年から始まった。

3 各国の政治制度

1 イギリス

✤**立憲君主制** 国王は対外的に国を代表する元首だが，実質的な統治権限をもたない。

✤**議院内閣制** 内閣は，議会に対して連帯責任を負い，議会（特に下院）の信任を失えば総辞職するか，下院を解散して国民に信を問う。

✤**不文憲法** 成文の憲法典はなく，**マグナ・カルタ（1215），権利章典（1689）などの歴史的文書や判例法などが全体として憲法の役割を果たしている**。

✤**議会**（二院制）

上院 （貴族院）	議員は貴族・聖職者で，非民選。議員に任期はなく，身分は終身だが，1990年代末の制度改革で議席数は大幅に減少。
下院 （庶民院）	議員は小選挙区制で選出され，任期5年。20世紀初めに**下院優遇の原則**が確立。**内閣不信任決議権**をもつ。

✤**内閣** 首相は，下院第一党（下院で最も多くの議席を有する政党）の党首が国王によって任命される。閣僚は，両院議員の中から首相が選ぶ（**全員が両院議員**）。なお，**野党は政権交代に備えて影の内閣（シャドー・キャビネット）を組織**することになっている（慣行上成立した仕組み）。

✤**裁判所** 従来，最高司法機関（最高法院）は上院に置かれていたが，制度改革により，上院の司法機能は新たに設置された最高裁判所に移された（2009）。

✤**政党** 保守党と労働党からなる二大政党制であったが，近年ではスコットランド国民党や自由民主党なども一定数の議席を有するようになっている。

2 アメリカ

✤**憲法** 1787年制定。当初は人権保障の条項がなく，修正を重ねて追加された。

✤**大統領** 国の元首であり，軍の最高司令官。間接選挙で選出され，任期4年。ただし，3選は禁止（2期8年務めたら，3期目は立候補できない）。

✤**議会**（二院制）

①**上院** 議員は各州から2名ずつ選出され，任期6年。大統領による条約締結と高級官吏任命に対する同意権をもつ。下院の訴追を受けて，**大統領の弾劾裁判**を行う。

②**下院** 議員は各州から人口に応じ小選挙区制で選出され，任期2年。イギリスの下院や日本の衆議院と異なり解散はない。**予算の先議権をもつ**。

✤大統領と議会の関係

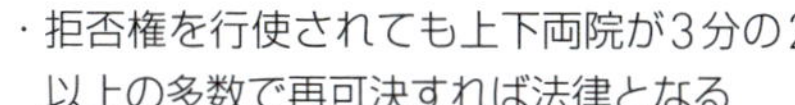

大統領		議　会
・議会への法案提出権をもたず，教書を送り立法の要請を行う	⟷	・法案はすべて，議員が提出する
・議会を通過した法案への署名を拒否できる（拒否権）	⟷	・拒否権を行使されても上下両院が3分の2以上の多数で再可決すれば法律となる
・議会の解散権をもたない	⟷	・大統領に対する不信任決議権をもたない

✤**裁判所**　判例上，**違憲審査権**（法令審査権）をもつ（憲法には具体的な規定がない）。

✤**政党**　**民主党**と**共和党**の二大政党制。

3　中華人民共和国

✤**民主集中制**（権力集中制）　憲法上の最高国家権力機関である**全国人民代表大会**（全人代）にすべての権力を集中させ，内閣にあたる**国務院**と，最高裁判所にあたる**最高人民法院**は全人代に対して責任を負う。

✤**国家主席**　国家元首で，全国人民代表大会により選出される。2018年の憲法改正によって，任期規定が撤廃された。

✤**政党**　憲法上，結社の自由を認めているが，実質的には**中国共産党**の一党独裁である。

4　大統領と内閣が存在する国

✤**フランス**　大統領は，首相・大臣の任免権や下院の解散権など強大な権限をもっており，**実質的には大統領制に分類される**。

✤**ドイツとイタリア**　大統領は儀礼的・象徴的な存在にすぎず，内閣が行政権限をもつため，**実質的には議院内閣制に分類される**。

5　開発独裁

アジアや中南米の発展途上国では，**少数の政治エリートや軍部からなる一党独裁政権の下で，国民の政治的自由を制限しつつ，外国資本の導入などによって経済成長を最優先しようとする強権的・権威主義的な政治体制が成立した**ところもあった。このような体制を**開発独裁**という。この体制は，急速な経済成長をもたらすこともあるが，その一方で国民の貧富の格差を拡大するなどの結果を招き，民主化運動を誘発する場合も多い。たとえば，韓国では朴正熙政権，フィリピンではマルコス政権，台湾では蔣経国政権の時期に開発独裁が行われていたが，1980年代以降，多くのアジア諸国では民主化運動の高まりによって衰退した。

ここが共通テストのツボだ!!

ツボ 1 アメリカ大統領制と議院内閣制の違いに注意

1. 大統領がもたない権限…法案提出権，議会解散権（⇔内閣はもつ）
2. 内閣がもたない権限…法案に対する拒否権（⇔大統領はもつ）

大統領あるいは内閣と，議会との関係を中心に押さえるのがポイント。
①大統領は**議会に対して責任を負わない**（⇔内閣は**連帯責任を負う**）。
②大統領は**法案の提出権をもたない**（⇔内閣は**法案提出権をもつ**）。
ただし，大統領は議会に教書を送って立法の要請・勧告を行うことはできる。
③大統領は**議会を通過した法案に対し拒否権をもつ**（⇔内閣には**拒否権はない**）。
ただし，拒否権を行使された法案は，上院・下院が3分の2以上の多数で再可決すれば法律として発効する。
④大統領は**議会の解散権をもたない**（⇔内閣には下院，日本でいえば衆議院の**解散権**がある）。
これに対し，議会には**大統領に対する不信任決議権がない**（⇔イギリスの下院，日本の衆議院には**内閣不信任決議権**がある）。

ツボ 2 各国の政治制度はポイントだけ押さえる

1. イギリス…成文憲法典がない
2. フランス…大統領の方が首相よりも権限が強い（ドイツ，イタリアは逆）
3. 中国…国会にあたるのは全国人民代表大会，内閣にあたるのは国務院

①イギリス
日本と同じく議院内閣制を採用しているが，政治制度全体をみると少し違う。何といっても，イギリスには「日本国憲法」に相当する**成文の憲法典がない**。また，イギリスの首相は議会による指名という手続を経ないで国王によって任命され，上院（**貴族院**）議員は選挙によって選出されるのではなく，貴族の身分をもつ者が国王によって任命される。
②フランス，ドイツ，イタリア
大統領の地位と首相の地位が両方ともあるため，どちらの権限が強いかということに注目する。**フランスは大統領の権限の方が強く，ドイツ，イタリアの場合，大統領は儀礼的な存在にすぎない。**
③社会主義国の政治制度
中国が特に大切。ポイントは2つ。**全国人民代表大会**が国家の最高権力機関であること，**国務院**が最高行政機関であること。

基礎力チェック問題

問1 アメリカの政治制度に関する記述として適当でないものを，次の①～④のうちから一つ選べ。

① 連邦議会の下院議員の定数は，各州の人口に比例して配分される。
② 連邦議会は，不信任決議によって大統領を罷免する権限をもつ。
③ 大統領は，連邦議会が可決した法案に対して拒否権をもつ。
④ 大統領の任期は4年であり，3選は禁止されている。

問1 [答] ②

② **誤文**：連邦議会の上院も下院も大統領に対する不信任決議権をもたない。
① **正文**
③ **正文**：大統領は，連邦議会を通過した法案に対して署名を拒否する権限(**拒否権**)をもつ。
④ **正文**

問2 日本とイギリスとの統治制度の違いを比較した次の記述A～Dのうち，適当なものを二つ選べ。

A 日本では，首相が国会議員の中から国会の議決で指名されるが，イギリスでは，首相が国民の直接選挙で選ばれる首相公選制を採用している。
B 日本は「日本国憲法」という成文の憲法典を持つが，イギリスは「連合王国憲法」というような国としての成文の憲法典を持たない。
C 日本では，通常裁判所が違憲立法審査権を行使するが，イギリスでは，通常裁判所とは別個に設けられた憲法裁判所が違憲立法審査権を行使する。
D 日本の参議院は，選挙により一般国民の中から議員が選ばれるが，イギリスの上院は，貴族身分を有する者により構成されている。

問2 [答] B・D

B **正文**：イギリスには**成文憲法典**がない。
D **正文**：イギリスの上院(**貴族院**)は，その名称からもわかるように，貴族の身分を有する者から構成されている。
A **誤文**：イギリスは首相公選制を採用していない。下院第一党の党首が国王によって任命され，首相になる。
C **誤文**：イギリスには「憲法裁判所」は存在しない。

問3 各国の統治機構に関する記述として最も適当なものを，次の①～④のうちから一つ選べ。

① ドイツでは，首相職は置かれているが，大統領職は置かれていない。
② フランスでは，大統領職は置かれているが，首相職は置かれていない。
③ 日本における国権の最高機関は，国会である。
④ 中国における最高の国家権力機関は，国務院である。

問3 [答] ③

③ **正文**
① **誤文**：ドイツでは，首相職とは別に，儀礼的な存在として大統領職が置かれている。
② **誤文**：フランスでは，大統領職とは別に首相職が置かれている。ただし，大統領が首相の任命権をもつなど，大統領の権限が強い。
④ **誤文**：中国における最高の国家権力機関は，**全国人民代表大会**である。

4 日本国憲法の基本的性格

1 大日本帝国憲法（明治憲法）と日本国憲法

公布	**明治憲法** 天皇が制定した欽定憲法として，1889年に発布。 **日本国憲法** 国民が制定した民定憲法として公布（1946），施行（1947）。
天皇	**明** 神聖不可侵。元首。天皇主権。統治権の総攬者（統治権を一手に握る）。必要と認めた場合，勅令を発することができる。 **日** 日本国と日本国民統合の象徴として，**国事行為**のみを行う。ただし内閣の助言と承認が必要。
戦争	**明** 天皇は**統帥権**（軍の指揮命令権）をもつ（議会・内閣は関与できない）。 **日** 平和主義（戦争放棄・戦力の不保持・交戦権の否認）。
権利	**明** 自然権とは考えられておらず，天皇によって恩恵的に与えられたもの（**臣民ノ権利**）で，法律によって制限可能なものであった（「**法律の留保**」）。表現の自由，信教の自由などの規定は一応あったが，**思想・良心の自由，学問の自由，社会権は規定がなかった**。 **日** 永久不可侵の権利として保障。ただし，「**公共の福祉**」により制約される場合がある。**社会権の規定もある**。
義務	**明** 兵役の義務。納税の義務。 **日** 子どもに教育を受けさせる義務，勤労の義務，納税の義務。
議会 [☞p.50]	**明** 帝国議会は天皇の立法権の協賛機関。**貴族院**（非民撰）と**衆議院**（民撰）の二院制で，両院対等。 **日** 国会は「**国権の最高機関**」であり「**唯一の立法機関**」。**衆議院**と**参議院**の二院制で，**衆議院が優越**。
内閣 [☞p.51]	**明** 内閣の規定はなく，各国務大臣が天皇の行政権を単独で輔弼（補佐）する。首相（内閣総理大臣）は，元老（天皇の相談役）の推薦により天皇が任命する。 **日** **行政権**の主体。首相は，国会の指名に基づき天皇が任命する。
裁判所 [☞p.54]	**明** 天皇の名において裁判を行う。通常の司法裁判所とは別に，特別裁判所（行政裁判所・軍法会議・皇室裁判所）を設置。**違憲審査権はない**。 **日** **司法権**の独立を保障。特別裁判所の設置を禁止。**違憲審査権がある**。
地方自治 [☞p.58]	**明** 地方自治の規定はない。府県知事は天皇によって任命され，内務大臣の指揮・監督を受ける。 **日** 「地方自治の本旨」を規定し，住民自治と団体自治を保障している。

2 日本国憲法の制定 ★☆☆

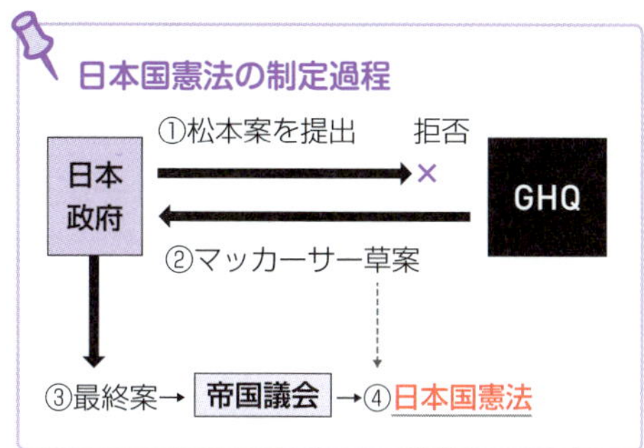

ポツダム宣言の受諾後，**GHQ**（連合国軍総司令部）は日本政府に対し憲法改正の必要性を示唆した。これを受けて，日本政府は憲法改正案（**松本案**）をGHQに提出したが，明治憲法の根本原則に変更を加えていなかったため，GHQは拒否し，逆に**マッカーサー草案**を日本政府に提示した。これをもとに最終的な政府案が作成され，帝国議会で審議・修正・可決された（明治憲法の改正という形をとったことになる）。

3 日本国憲法の三大原理

✤**国民主権** [☞p.10]

「**主権が国民に存すること**」（憲法前文）をうたい，象徴としての天皇の地位が「**主権の存する日本国民の総意に基く**」（第1条）ことを規定している（明治憲法における天皇主権の否定）。

✤**基本的人権の尊重** [☞p.26]

基本的人権を「**人類の多年にわたる自由獲得の努力の成果**」（第97条）として歴史的に位置づけ，「**侵すことのできない永久の権利**」（第11・97条）と規定している。

✤**平和主義** [☞p.46]

前文で**国際協調主義**，「**平和のうちに生存する権利**」，第9条で**戦争放棄，戦力の不保持，交戦権の否認**をうたっている。

4 憲法の最高法規性

日本国憲法は国の**最高法規**であり，これに反する法律・規則・命令・処分などは無効とされている（第98条）。この規定に実効性をもたせるため，裁判所に**違憲審査権**[☞p.55]を与え（第81条），**天皇・国務大臣・国会議員・裁判官その他の公務員に対して憲法尊重擁護義務を課している**（第99条）。これらの規定は，「法の支配」の考えが具体的に現れたものといえる。

5 憲法改正の手続（第96条）

各議院の**総議員の3分の2**以上の賛成で国会が憲法改正を発議 → 国民投票で**過半数**の賛成 → 天皇が憲法改正を公布（国事行為）

ここが共通テストのツボだ!!

ツボ 1 明治憲法の体裁は一応近代的，しかしその中身は……

1. **天皇**…神聖不可侵，主権者，統治権の総攬者，統帥権の保持
2. **統治機構**…帝国議会は天皇の立法権の協賛機関，各国務大臣は天皇の行政権の輔弼機関，裁判所は天皇の名において裁判を行う
3. **権利**…天皇によって恩恵的に与えられたもので，法律によって制限可能

明治憲法は一応，権力分立の仕組みを採用し，憲法に基づいて政治を行うという考え（立憲主義）に立っていた。しかし，その中身は日本国憲法と大きく異なる。

何といっても，神聖不可侵**の存在としての天皇が主権者であり**，統治に関する権限を一手に掌握（しょうあく）していた（統治権の総攬者）。また，明治憲法下では軍の作戦用兵の権限（統帥権）も天皇がもっていた。

これは，帝国議会，内閣，裁判所の権限がかなり制約されていたことを意味する。たとえば，**帝国議会は天皇の立法権の協賛機関**（「協賛」とは，あらかじめ同意すること）であり，**各国務大臣は単独で天皇の行政権を輔弼する地位**にすぎなかった（「輔弼」とは補佐・助言すること）。裁判所も同じようなもので，天皇の名において裁判を行う機関という位置づけだった。

権利保障の面でも日本国憲法とまったく違う。臣民の権利は自然権とは考えられておらず，一応規定のあった**表現の自由，信教の自由にしても法律によって制限可能**なものであった（「法律の留保」）。思想・良心の自由や学問の自由，社会権に至っては規定さえなかった。**地方自治の規定もなかった。**

ツボ 2 国民投票法の具体的な内容を押さえよう

国民投票の投票資格…満18歳以上の日本国民

国民投票法（2007年制定，2014・2018年改正）は，憲法改正の具体的な手続を定めている。その骨子は次の6点。

①投票権者：満18歳以上の日本国民。

②憲法改正原案の提出要件：憲法改正原案を国会へ提出するには，衆議院議員100人以上，参議院議員50人以上の賛成が必要。

③憲法審査会：衆参両院に憲法審査会を設置し，そこで憲法改正原案の審議が行われる。

④憲法改正の発議：衆参各院の総議員3分の2以上の賛成が必要。

⑤国民投票の時期：国会による憲法改正の発議から起算して60日以後，180日以内。

⑥国会が発議した憲法改正案の成立要件：有効投票総数の過半数。

基礎力チェック問題

問1 大日本帝国憲法に関する記述として最も適当なものを，次の①～④のうちから一つ選べ。

① 人権は生まれながらに与えられるものと考えられていたが，公共の福祉のための人権制約は可能であった。
② 地方自治が保障されていたが，地方自治体の事務の多くは国の指揮監督下で行う機関委任事務であった。
③ 軍の指揮監督と組織編成を行う権限は，文民統制の考え方の下，内閣総理大臣に与えられていた。
④ 司法権は裁判所に与えられていたが，天皇の名において行使されており，特別裁判所の設置も認められていた。

問2 日本国憲法と明治憲法との比較についての記述として適当でないものを，次の①～④のうちから一つ選べ。

① 明治憲法の下では貴族院議員は臣民による制限選挙で選ばれたが，日本国憲法の下では参議院議員は普通選挙で選ばれる。
② 明治憲法は軍隊の保持や天皇が宣戦する権限を認めていたが，日本国憲法は戦力の不保持や戦争の放棄などの平和主義を掲げている。
③ 日本国憲法の下では主権は国民にあるとの考えがとられているが，明治憲法の下では主権は天皇にあるとされた。
④ 日本国憲法は法律によっても侵すことのできない権利として基本的人権を保障しているが，明治憲法は法律の範囲内でのみ臣民の権利を認めた。

問3 日本国憲法の改正手続に関する記述として最も適当なものを，次の①～④のうちから一つ選べ。

① 憲法改正の公布は，国民の名において内閣総理大臣が行う。
② 憲法改正の発議は，衆参両院ともに総議員の過半数の賛成で行う。
③ 憲法改正の発議に際して，参議院の賛成が得られない場合は，両院協議会において3分の2以上の賛成が必要となる。
④ 憲法改正の承認には，特別の国民投票又は国会の定める選挙の際に行われる投票において過半数の賛成を必要とする。

問1 [答] ④

④ **正文**
① **誤文**：明治憲法で規定された臣民の権利は，自然権とは考えられておらず，天皇によって恩恵的に与えられたものであった。また，公共の福祉による制約も規定されていなかった。
② **誤文**：明治憲法には地方自治の規定はなかった。
③ **誤文**：軍の指揮監督・組織編成を行う権限（統帥権）は天皇が有した。

問2 [答] ①

① **誤文**：帝国議会の貴族院は皇族・華族といった非民撰の議員から構成されていた。
② **正文**：明治憲法下では，天皇が統帥権（軍の指揮命令権）や宣戦大権を保持していた。
③ **正文**
④ **正文**：明治憲法下の臣民の権利は，天皇の恩恵によって与えられたものとされ，法律の範囲内でのみ認められたものであった。

問3 [答] ④

④ **正文**
① **誤文**：憲法改正の公布は，内閣の助言と承認に基づいて行われる天皇の国事行為。
② **誤文**：憲法改正は，各議院の総議員の3分の2以上の賛成で国会が発議する。
③ **誤文**：憲法改正の発議については，両院協議会の仕組みはない。

5 基本的人権の保障①
一般原理と平等権

1 人権保障の一般原理

✤人権の永久不可侵性（憲法第11・97条）

基本的人権は，「**侵すことのできない永久の権利**」と規定されている。

✤権利の保持責任（第12条）

基本的人権は，国民の「**不断の努力**」によって保持しなければならない。

✤幸福追求権（第13条）

すべて国民は個人として尊重され，「**生命，自由及び幸福追求に対する国民の権利**」を保障される。この権利は，**新しい人権としての環境権やプライバシーの権利などを主張する際の根拠**となっている[☞p.38]。

✤「公共の福祉」による制約

「公共の福祉」とは，人権相互の矛盾・衝突を調整するための実質的公平の原理である。人権には他人の自由や尊厳をそこなう自由は含まれていないという意味で内在的な制約があり，その限りで最小限の制約を受ける（**自由国家的公共の福祉**）。また，職業選択の自由，財産権などの経済的自由権は，自由国家的公共の福祉による制約を受けるだけでなく，政策的な観点からも制約を受ける（**福祉国家的公共の福祉**）。たとえば，道路建設に際して，土地の強制収用が行われることがある。

2 平等権

✤法の下の平等（第14条）

すべて国民は，**法の下に平等**であって，人種，信条，性別，社会的身分または門地（家柄）によって差別されない。ただし，合理的理由のある区別を一律に禁止するものではない。たとえば，選挙権付与年齢に区別を設けること，収入の多い者に累進的に高率の所得税を課すことなどは許容される。

①**尊属殺重罰規定違憲判決**　尊属殺人に対し，普通殺人よりも著しく重い刑罰を科す規定（刑法）は違憲（最高裁，1973）。「尊属」とは，父母・祖父母など血族の中で自分より先の世代にある者を指す。この規定は1995年に削除された。

②**衆議院議員定数不均衡違憲判決**　衆議院議員の定数配分の規定（公職選挙法）は，選挙区間で一票の価値に著しい不均衡があり違憲（最高裁，1976年と1985年の2回）。ただし，**両判決とも，選挙自体は有効とした**[☞p.68]。

③婚外子国籍取得制限違憲判決　婚姻関係にない外国人女性と日本人男性との間に生まれ，出生後に父親から認知された子について，両親が結婚しなければ国籍を付与しないとする規定（国籍法）は違憲（最高裁，2008）。

④婚外子相続差別規定違憲決定　結婚していない男女の間に生まれた非嫡出子（婚外子）の遺産相続分を，嫡出子の半分とする規定（民法）は違憲（最高裁，2013）。

⑤女性の再婚禁止期間訴訟での違憲判決　女性は離婚して6か月経たないと再婚できないとした民法の規定について，100日を超える部分は違憲（最高裁，2015）。

✣両性の本質的平等（第24条）

家族に関する事項については，「法律は，個人の尊厳と**両性の本質的平等**に立脚して，制定されなければならない」としている。近年では，結婚後，同姓にするか別姓にするかを選択できる制度（選択的夫婦別姓制）の導入が議論されている。

✣教育の機会均等（第26条）

すべて国民は，「ひとしく教育を受ける権利を有する」と規定されている。

✣選挙権・被選挙権の平等（第44条）[☞p.34]

選挙人と議員の資格は，人種，信条，性別，社会的身分，門地，教育，財産または収入などによって差別してはならない。

3　差別是正に向けた取り組み

女性差別撤廃条約の批准（1985）	批准に際して**国籍法**の改正と，**男女雇用機会均等法**の制定（1985）が行われた。国籍法改正によって，子の国籍取得に関し，**父系血統主義（父が日本国籍を有していることが必要）から父母両系血統主義（父か母のいずれかが日本国籍を有していればよい）**へと変更された。
人種差別撤廃条約の批准（1995）	批准を機に，**アイヌ文化振興法**（1997）が制定された。同法制定に伴い，北海道旧土人保護法は廃止。その後，**アイヌ民族支援法**（2019）が成立し，アイヌは「先住民族」であると明記された。
ハンセン病患者の隔離政策の廃止（1996）	らい予防法の廃止（1996）により，明治時代以降続いていたハンセン病患者の隔離政策が廃止された。
指紋押捺制度の全廃（1999）	外国人登録法の改正により，一定期間日本に滞在する外国人に義務づけられていた指紋押捺制度が全廃された*。
男女共同参画社会基本法の制定（1999）	男女対等の社会の実現のため，家事・育児・介護などにおける責任分担や性差別の解消をうたっている。
障害者差別解消法の制定（2013）	障害者権利条約の批准（2014）に向けた国内法整備の一環として制定された。
ヘイトスピーチ対策法の制定（2016）	特定の人種・民族に対する差別的な言動を解消することを目的とする。ただし，禁止規定，罰則規定はない。

* 2006年に出入国管理及び難民認定法が改正され，日本に「入国」する16歳以上の外国人に対し，テロの未然防止を目的に，原則として指紋の採取や顔写真の撮影が義務づけられた。

ここが共通テストのツボだ!!

ツボ 1 「公共の福祉」の内容は案外知られていない

1. 政策的に制約される人権… **職業選択**の自由，**財産権**
2. 絶対的に保障される人権… **思想**・**良心**の自由，**信教**の自由など**内心**の自由

「**公共の福祉**」について気をつけるポイントは2つ。

まず，「公共の福祉」による制約という場合，「**人権に内在する制約**」と「**国家による政策的制約**」という2つのタイプがある。難しく聞こえるかもしれないが，前者に関しては細かいことが出題されることはないから，あまり神経質にならなくてもいい。

押さえる必要があるのは，次の点である。

①**職業選択の自由**・**財産権**などの**経済的自由権****は政策的な制約を受ける**ということ。
②**財産権を制約する場合は正当な補償が必要である**ということ。
③一口に「公共の福祉」による制約といっても，すべての人権が一律に制約されるわけではない。たとえば，**思想・良心の自由**，**信教の自由**など**精神世界の内部における自由（内心の自由）は，「公共の福祉」によっても制約されない**[☞p.30]。つまり，絶対的に保障される。

ツボ 2 基本的人権は外国人や企業にも保障される？

1. 外国人に保障される人権… **自由権**など**自然権**的性格をもつもの
2. 企業に保障される人権… **経済的自由権**，**表現**の自由など

基本的人権は，日本国民のみを対象としていると解されるものを除き，日本に在住する外国人にも保障される。思想・良心の自由，表現の自由，財産権などの**自由権は，人間が生まれながらに有する権利（自然権）としての性格をもつから，日本国民にも外国人にも保障される。**

ただし，外国人に保障しないからといって，ただちに憲法違反となるわけではない権利もある。その代表例は**選挙権**。特に国政レベルの選挙権は，「国」の政治のあり方を最終的に決定する権力（主権）を行使するものだから，日本の「国民」だけに保障される（ただし，**地方選挙権については，定住外国人に与えることを憲法は禁じていない**，という趣旨の最高裁判断が示されたことがある[☞p.59]）。また，**社会権**は国家に対して積極的な施策（しさく）を要求する権利であるから，国家の構成員である国民を優先することには合理的な根拠がある。したがって，たとえば外国人を社会保障の対象から除外したとしても，それがただちに憲法違反となるわけではない（ただし，一定期間日本に在住する外国人には，**政策運営上，国民年金の受給資格などが認められている**）。

また，企業（法人）も財産権などの**経済的自由権**，新聞社・テレビ局の**表現の自由**などの人権は保障される。

基礎力チェック問題

問1 日本国憲法で保障された基本的人権についての説明として最も適当なものを，次の①～④のうちから一つ選べ。

① 基本的人権は公共の福祉を理由に制限されることがあるが，不当な制限を防ぐためにも，公共の福祉の解釈・運用は慎重でなければならない。

② 基本的人権は国の政策上の指針を示したものであり，実際に効力を持つためには，法律によってより具体的に規定されなければならない。

③ 基本的人権は，国家権力による侵害から個人の権利や自由を守るために保障されたものであり，私企業による人権侵害には全く適用されない。

④ 基本的人権は，憲法第3章の表題が「国民の権利及び義務」となっていることから，外国人には保障されない。

問1 [答] ①

① **正文**

② **誤文**：憲法が保障する基本的人権は，法律による具体的な規定によるまでもなく効力をもつ。

③ **誤文**：「私企業による人権侵害には全く適用されない」は誤り。

④ **誤文**：基本的人権は，権利の性質上許されるかぎり外国人にも保障される。「外国人には保障されない」は誤り。

問2 マイノリティの人々が受けることのある差別や不利益を解消するための法律・条約に関する記述として誤っているものを，次の①～④のうちから一つ選べ。

① アイヌ文化振興法に代わってアイヌ民族支援法が制定され，アイヌが先住民族であることが明記された。

② 障害者雇用促進法は国・地方公共団体が障害者を雇用する義務を定めているが，企業の雇用義務については明記されなかった。

③ 部落差別問題に関して，同和地区住民への市民的権利と自由の完全な保障を求めた審議会答申に基づき，同和対策事業特別措置法が制定された。

④ 人種差別問題に関して，国際的な人権保障の一環として，国際連合で人種差別撤廃条約が採択された。

問2 [答] ②

② **誤文**：障害者雇用促進法は，民間企業にも障害者の雇用義務を定めている[☞p.145]。

① **正文**

③ **正文**：部落差別解消のために同和対策事業特別措置法(1969)が制定された。

④ **正文**：[☞p.15]

問3 日本に入国する外国人や日本で生活する外国人に関する記述として最も適当なものを，次の①～④のうちから一つ選べ。

① 入国審査において，原則として，外国人に指紋及び顔写真の提供を義務づける制度があったが，この制度は廃止された。

② 外国人労働者の受け入れを拡大するために，一定の技能や熟練した技能を有する人を対象とする在留資格が法律で設けられている。

③ 外国人登録者数を国籍別に見た場合，現在，外国人登録者数の最も多い国籍はアメリカである。

④ 外国籍の両親をもっている子が日本で生まれた場合には，出生時に日本の国籍を取得する，と法律に規定されている。

問3 [答] ②

② **正文**：出入国管理及び難民認定法改正(2018)により，選択肢にあるような新たな在留資格が導入された。

① **誤文**：選択肢にあるような制度は，現在も存在する。

③ **誤文**：外国人登録者数で最も多い国籍は中国。

④ **誤文**：生まれた子が日本国籍を取得するためには，両親のいずれかが日本国籍を有していなければならない。

6 基本的人権の保障② 自由権

1 精神の自由

✤思想・良心の自由（憲法第19条）

内面的な精神活動にとどまるかぎりは絶対的に保障される。「公共の福祉」によっても制約されない。

○**三菱樹脂訴訟**　企業が，学生運動歴を隠して就職した原告の本採用を拒否した事件。最高裁判所（最高裁）は，第19条は私人間には直接適用されないとし，企業による採用の自由を広く認めた（1973）。

✤信教の自由（第20条）

明治憲法下では神社神道が事実上，国教の扱いを受けた。第20条は，国の宗教活動の禁止をうたっており，第89条（宗教団体への公金支出の禁止）とともに**政教分離の原則**を構成している。

津地鎮祭訴訟	三重県津市が体育館の起工に際し，公費で地鎮祭（神道の儀式）を行ったことについて，地鎮祭は単なる習俗として合憲（最高裁，1977）。
愛媛玉串料訴訟	愛媛県が靖国神社に玉串料の名目で公金を支出したことは，政教分離の原則に反し違憲（最高裁，1997）。
空知太神社訴訟	北海道砂川市が空知太神社の敷地として市有地を無償提供していたのは，政教分離の原則に反し違憲（最高裁，2010）。

✤表現の自由（第21条）

集会・結社・言論・出版などの自由と，**検閲の禁止**，**通信の秘密**が規定されている。第21条をめぐる訴訟では，最高裁はすべて合憲判決を出している。

チャタレー事件	わいせつ文書の販売規制は合憲（最高裁，1957）。
東京都公安条例事件	デモ行進の許可制は合憲（最高裁，1960）。
家永教科書訴訟	教科書検定制度は検閲にあたらず合憲（最高裁，1997）。

✤学問の自由（第23条）

研究活動の自由，研究成果発表の自由，教授（講義）の自由からなり，大学の自治も含まれると解釈されている。

2 人身の自由

✤奴隷的拘束および苦役からの自由（第18条）

犯罪による処罰の場合を除き，意に反する苦役を強制されることはない。

✤法定手続の保障（第31条）

法律の定める手続によらなければ刑罰を科されない。近代刑法上の基本原則である**罪刑法定主義**を確認したもの。罪刑法定主義とは，ある行為を処罰するためには，その行為を犯罪とし，刑罰を科すことを定めた法律がその行為より先になければならないという原則。

✤令状主義（第33・35条）

現行犯逮捕の場合を除いて，逮捕・捜索・押収などに際して**司法官憲（裁判官）が発する令状を必要とする。**

✤被疑者および刑事被告人の権利（第36～39条）

拷問の禁止	戦前には，自白を引き出すために拷問が行われた。
残虐な刑罰の禁止	死刑は残虐な刑罰にあたらない（最高裁判決）。
裁判	公平・迅速・公開の裁判を受ける権利がある。
弁護人依頼権	刑事被告人が自費で依頼できない場合，国が公費で弁護人を付す（**国選弁護人**）。近年の法改正により，一部の被疑者（起訴前の段階）にも国選弁護人が付されることになった［☞p.32］。
黙秘権	自己に不利益な供述を強要されない。
自白の証拠能力	自己に不利益な唯一の証拠が本人の自白である場合には有罪とされず，刑罰を科されない。
遡及処罰の禁止 一事不再理 二重処罰の禁止	実行のとき適法であった行為は，のちにできた法律によって処罰されない（**遡及処罰の禁止**）。確定判決によって無罪とされた行為は，再審理できない（**一事不再理**）。同一の犯罪について重ねて刑事責任を問われない（**二重処罰の禁止**）。

3 経済の自由

✤居住・移転および職業選択の自由（第22条）

「公共の福祉」に反しないかぎり，居住・移転の自由，職業選択の自由（営業の自由も含まれる）が保障される。外国移住・国籍離脱の自由も保障。

○**薬局開設距離制限規定違憲判決**　薬局開設に際して既存の薬局からの距離制限を定める薬事法の規定は，職業選択の自由に反し違憲（最高裁，1975）。

✤財産権の保障（第29条）

財産権は，「公共の福祉」によって，政策的に制約されることもある。

○**共有林分割制限規定違憲判決**　共有林の分割請求に制限を設けている森林法の規定は，財産権の保障に反し違憲（最高裁，1987）。

ここが共通テストのツボだ!!

ツボ 1 日本国憲法第21条で見落としがちなこと

1. **検閲の禁止**…検閲とは，公権力が書物の出版などに先立ち内容を審査すること
2. **通信の秘密**…プライバシー保護との関連でも重要

第21条と聞いて誰もがすぐ思い出すのは，**集会・結社・言論・出版など表現の自由**だろう。しかし，この条文にはそのほかに2つのことが規定されているということは，案外知られていない。

まず，**検閲の禁止**が規定されている。検閲とは，書物の出版や映画の上映など表現行為に先立って，公権力がその内容にチェックを入れること。検閲をめぐっては，これまでいくつかの訴訟で争われたことがある。たとえば**家永教科書訴訟**では，文部省（現在の文部科学省）が行う教科書検定が検閲にあたるかどうかが争われた（**最高裁は検閲にあたらないという判決を出した**）。

もう一つ見落としがちなのは，**通信の秘密**の規定。これはプライバシー保護との関連でも問われるので，気をつけておこう。

ツボ 2 人身の自由は少し細かい知識にも目配りを

1. **令状主義の例外**… **現行犯** の場合
2. **国選弁護人** **制度**…原則として刑事被告人が対象

人身の自由に関して，**罪刑法定主義**，**令状主義**，**国選弁護人**制度などが重要。

①**罪刑法定主義**：犯罪の内容と科される刑罰はあらかじめ法律で定めておかなければならないという原則。憲法の条文そのものに出てくる言葉ではないが，その内容は出題されることがある。

②**令状主義**：**捜査機関が逮捕・捜索・押収を行う場合には裁判官が発する令状が必要**であるというもの。**警察など捜査機関には令状の発行権限はない**。また，**現行犯**逮捕の場合は，令状は必要ないことにも注意しよう。

③**国選弁護人**制度：刑事被告人が自費で弁護人を依頼できないときは国が付すというもので，**民事裁判の被告は対象外**。2018年6月からは**被疑者が勾留された全事件に国選弁護人制度が適用**されることになった（従来は，被告人と重大事件の被疑者が対象であった）。なお，起訴前は被疑者，起訴後は被告人と呼ばれる。

さらに，**犯罪被害者保護の仕組みが拡充（かくじゅう）されている**ことも注意。ポイントは2000年に被害者が公判で意見を陳述（ちんじゅつ）する権利，被害者や遺族などの**優先傍聴権（ぼうちょうけん）**などが認められたこと。

基礎力チェック問題

問1 日本の憲法上の自由・権利に関する記述として最も適当なものを，次の①～④のうちから一つ選べ。

① 憲法によれば，行政機関が，出版前に，その表現内容を審査して，出版を差し止めることが認められている。
② 憲法によれば，刑事事件では，自己に不利な唯一の証拠が，本人の自白であった場合，有罪となり得る。
③ 労働者が本採用を拒否された事件について，思想・信条に関する憲法の規定を私人間に直接適用した最高裁判所判決がある。
④ ハンセン病の患者に対する強制隔離について，国の責任を認めた地方裁判所判決がある。

問1 [答] ④

④ **正文**：熊本地方裁判所の判決（2001）を想定している。
① **誤文**：出版前に表現内容を行政機関が審査することは，憲法が禁止している検閲にあたる。
② **誤文**：憲法上，本人の自白のみを証拠として被告人を有罪にすることはできない。
③ **誤文**：三菱樹脂訴訟を想定しているが，同訴訟で最高裁は思想・良心の自由は私人間に直接適用されないと判断した。

問2 日本国憲法における基本的人権の保障に関する記述として適当でないものを，次の①～④のうちから一つ選べ。

① 憲法で明示的に保障された人権であっても，他の人々の権利や利益を侵害する場合などには，制約されることがある。
② 憲法は，奴隷的拘束や，拷問及び残虐な刑罰を禁止することなどによって，身体の自由（人身の自由）を保障している。
③ 憲法に規定される思想・良心の自由は，人格の尊重に欠かせないとされる精神の自由（精神的自由）に属するものと理解されている。
④ 憲法は，裁判官の発する令状がなければいかなる場合も逮捕されない，と規定することで，基本的人権の保障を図っている。

問2 [答] ④

④ **誤文**：現行犯の場合は，令状は不要。
① **正文**：公共の福祉の観点から制約されることがある。
② **正文**：奴隷的拘束及び苦役からの自由，拷問及び残虐な刑罰の禁止は，身体の自由（人身の自由）に分類される。
③ **正文**：思想・良心の自由は精神の自由（精神的自由）に分類される。

問3 日本国憲法に規定されている財産権の保障および職業選択の自由に関する記述とした最も適当なものを，次の①～④のうちから一つ選べ。

① 財産権は，公共の福祉による制限を受けない権利である。
② 最高裁判所は，森林が共有財産である場合に共有者の分割請求を一定の条件の下で禁じる森林法の規定は，憲法に違反するとしている。
③ 財産権の保障および職業選択の自由は，精神の自由に分類される。
④ 最高裁判所は，薬局開設の距離制限を定めた薬事法の規定は，職業選択の自由への規制として憲法に違反しないとしている。

問3 [答] ②

② **正文**：共有林分割制限規定について最高裁の違憲判決を説明したもの。
① **誤文**：財産権は，公共の福祉による制限を受ける。
③ **誤文**：「精神の自由」ではなく「経済の自由」に分類される。
④ **誤文**：薬局開設距離制限規定については，最高裁の違憲判決がある。

7 基本的人権の保障③ 社会権・参政権・請求権

1 社会権

✤生存権（憲法第25条）

国民に「**健康で文化的な最低限度の生活を営む権利**」を保障している。また，国に対して「**社会福祉，社会保障及び公衆衛生の向上及び増進**」の義務を課している。ただし，朝日訴訟，堀木訴訟において，最高裁は，第25条は国政運営上の指針を宣言したものにすぎず，直接個々の国民に具体的権利を与えたものではないとする**プログラム規定説**を採用した。

朝日訴訟	生活保護の給付額を増額するか否かは，厚生大臣（現厚生労働大臣）の裁量に属する（最高裁，1967）。
堀木訴訟	児童扶養（ふよう）手当と障害福祉年金の併給を制限することは，立法府の裁量に属する（最高裁，1982）。

✤教育を受ける権利（第26条）

すべての国民に対して，「**能力に応じて，ひとしく教育を受ける権利**」を保障している。また，子女に普通教育を受けさせる義務，**義務教育の無償化**についても規定している。

✤勤労権（第27条）

国民の勤労の権利と義務を規定している。また，勤労条件の法制化，児童酷使（こくし）の禁止についても規定している。ただし，勤労条件の最低基準は，**労働基準法**などで具体的に規定している。

✤労働三権（第28条）

団結権（労働組合を結成する権利），**団体交渉権**（労働組合などがその構成員の労働条件の維持・改善のために使用者と交渉する権利），**争議**（そうぎ）**権**（労働組合がストライキなどの争議行為をする権利）を保障している。ただし，**公務員は，法律によって労働三権を制限されている**[☞p.140]。

2 参政権

✤選挙権・被選挙権（第15・43・44条）

「成年者による普通選挙」や秘密投票などを保障している。また，人種，信条，性別などによって選挙人の資格を差別することを禁止している。

○**定住外国人地方選挙権訴訟**　日本国憲法は，定住外国人に地方選挙における選挙権を付与することを禁じていない（最高裁，1995）［☞p.59］。

✤公務員の選定・罷免権（第15条）

国民に対して，すべての公務員を選定し罷免する権利を与えたものではない。国民主権の理念に基づいて，選挙権が基本的人権として保障されるものであることなどを根拠づけている。

✤直接民主制に関連する仕組み

日本国憲法は，間接民主制（代表民主制）の採用をうたっている（前文・第43条）が，直接民主制的な仕組みも例外的にいくつか認めている。

最高裁判所裁判官の国民審査	最高裁判所裁判官は，**国民審査**で投票者の多数が罷免を可としたときは罷免される（第79条）［☞p.54］。今までにこの方法で罷免された裁判官はいない。
地方特別法の住民投票	国会が特定の地方公共団体だけに適用される法律（地方特別法）を制定するには，その地方公共団体の住民投票で**過半数**の賛成を必要とする（第95条）［☞p.59］。
憲法改正の国民投票	憲法の改正には，国会の発議を受けて行われる国民投票で**過半数**の賛成を必要とする（第96条）［☞p.23］。

※直接民主制的な仕組みには，イニシアチブ（国民発案），レファレンダム（国民投票），**リコール**（国民解職）の3つがある。表中の「地方特別法の住民投票」と「憲法改正の国民投票」は**レファレンダム**，「最高裁判所裁判官の国民審査」は**リコール**にあたる。

3 請求権

✤請願権（第16条）

法律の制定・改正などについて「平穏に請願する権利」を保障。具体的には，法律の制定などを文書により国会などに申し出ることができる。ただし，受理機関に請願の内容を実現するための具体的な措置をとる法的な義務はない。

✤国家賠償請求権（第17条）

公務員の不法行為によって損害を受けた場合，国・地方公共団体に対してその賠償を求めることができる。

○**郵便法損害賠償免除規定違憲判決**　書留郵便の遅配などについて国の賠償責任を免除している郵便法の規定は，国家賠償請求権を保障する第17条に反し違憲（最高裁，2002）。

✤裁判を受ける権利（第32条）

すべての人は，裁判を受ける権利を保障される。また，刑事被告人は，「**公平な裁判所の迅速な公開裁判を受ける権利**」（第37条）を保障される。

✤刑事補償請求権（第40条）

刑事被告人が無罪判決を受けた場合，国に対しその補償を求めることができる。

ツボ 1 最高裁いわく，生存権規定は「プログラム規定」である

1. プログラム規定説…生存権規定は国政運営上の指針を示したもの
2. 生存権関連の訴訟…朝日訴訟と堀木訴訟

「プログラム規定説」とは，日本国憲法第25条の生存権規定をめぐって争われた朝日訴訟や堀木訴訟で，最高裁が採用したものである。生存権規定は国政運営上の指針・目標を示したものであって，個々人に具体的な権利を与えたものではない，という考え。たとえば朝日訴訟でいえば，**生存権規定を直接の根拠として生活保護給付の増額を請求することはできない**，どのくらいの水準にするかは厚生大臣（現在の厚生労働大臣）の裁量に属する，といったことになる。

第25条について，さらに押さえておくと役立つポイントがある。まず，第25条には国の社会保障義務が規定されているということ。もう一つは，朝日訴訟の最高裁判決（原告敗訴）が出たあと，生活保護**行政が改善された**ということ。

ツボ 2 日本国憲法は少しだけ直接民主制を認めている

直接民主制的な仕組み…最高裁判所裁判官の国民審査，地方特別法の住民投票，憲法改正に際しての国民投票

日本国憲法が前文で間接民主制の採用をうたっていることは誰でも知っている。しかし，直接民主制的な仕組みも，例外的にいくつか認めていることは案外見落としがち。具体的には，**最高裁判所裁判官の**国民審査，**地方特別法の**住民投票，憲法改正**に際しての国民投票の3つ。**これらを直接民主制的な仕組みの一般的なタイプに沿って分類すると，最高裁判所裁判官の国民審査はリコール（国民解職），地方特別法の住民投票と憲法改正の国民投票はレファレンダム（国民投票）にあたる。

要するに，**国政のあり方について国民がYes・Noを直接的に意思表示する仕組み**を考えればいい。また，少し視点をズラして考えてみると，これら3つの仕組みは，**国民主権の原理**（一国の政治のあり方を最終的に決定する権力は国民にあるという原理）を具体化したものでもある。

これに対して，間接民主制のレベルで国民主権の原理を具体化したものに選挙権・被選挙権などがある。つまり，間接民主制であれ，直接民主制であれ，**国民主権の原理は国民が国政のあり方を決めるための仕組み**（権利でいえば参政権）の中に具体的な姿で現れる。

基礎力チェック問題

問1 過去の裁判に関する記述として最も適当なものを，次の①～④のうちから一つ選べ。

① 尊属殺の法定刑を通常の殺人よりも重くしていた刑法の規定が，最高裁において違憲と判断されたため，国会は翌年に当該条文を削除した。

② 一票の重みの格差が争われた裁判で，最高裁が問題の定数不均衡を違憲と判断するたびに，国会は，直近の会期で議員定数配分を見直した。

③ 自衛隊のミサイル基地建設をめぐる長沼ナイキ基地訴訟において，最高裁は，原告の平和的生存権を認めなかったが，自衛隊を憲法違反と判断した。

④ 厚生大臣の定める生活保護基準の合憲性が争われた朝日訴訟で，最高裁は原告の訴えを退けたが，これをきっかけとして生活保護行政が改善された。

問1 [答] ④

④ **正文**：最高裁は，朝日訴訟で原告敗訴(国側勝訴)の判決を出した。しかし，この判決後，生活保護行政が改善された。

① **誤文**：尊属殺重罰規定が刑法から削除されたのは，最高裁の違憲判決(1973)から20年以上経過した1995年[☞p.26]。

② **誤文**：衆議院の議員定数配分の見直しは，必ずしも「直近の会期」で行われたわけではない。

③ **誤文**：最高裁が自衛隊の違憲・合憲の憲法判断を出した例はない[☞p.46]。

問2 国民主権を具体化している日本の制度についての記述として正しいものを，次の①～④のうちから一つ選べ。

① 日本国憲法は間接民主制を採用しているので，国民が，国民投票によって直接に国政上の決定を行うことはできない。

② 地方自治体において住民投票を実施する際には，個別に法律の制定が必要であり，地方自治体が独自の判断で実施することはできない。

③ 選挙運動の一環として，候補者による有権者の住居への戸別訪問が認められている。

④ 国民審査において，国民は最高裁判所の裁判官を罷免することが認められている。

問2 [答] ④

④ **正文**：憲法は，最高裁判所裁判官の国民審査について規定している。

① **誤文**：憲法は，憲法改正の国民投票について規定している。

② **誤文**：地方自治体は，個別政策の賛否を問うために住民投票条例を制定して独自に住民投票を行うことができる。

③ **誤文**：公職選挙法は，戸別訪問の禁止を定めている[☞p.67]。

問3 人権に関して日本の現状についての記述として最も適当なものを，次の①～④のうちから一つ選べ。

① プライバシーの権利は，新しい人権として認識されてはいるが，裁判上，それが認められたことはない。

② 刑事裁判でいったん有罪となり服役したが，その後無罪の判決が確定した場合，その人は，国に補償を求めることができる。

③ 犯罪被害者の権利保護を重視する観点から，自己に不利な唯一の証拠が本人の自白であったとしても有罪とされうる。

④ 公務員の罷免，法律等の制定・改廃などを求めて国に請願することができる権利は，憲法には規定されていない。

問3 [答] ②

② **正文**：憲法は，刑事補償請求権について規定している。

① **誤文**：『宴のあと』事件において，裁判上，プライバシーの権利が認められた[☞p.39]。

③ **誤文**：自己に不利益な唯一の証拠が本人の自白である場合，有罪とされない。

④ **誤文**：憲法は，請願権を規定している。

8 基本的人権の保障④ 新しい人権と外国人の法的地位

1 新しい人権

新しい人権とは，憲法に明文化(めいぶん)されていないが，社会の変化に伴(ともな)って主張されるようになった権利。

✤環境権

良好な環境を享受(きょうじゅ)する権利で，**幸福追求権**（憲法第13条）と**生存権**（第25条）を根拠に主張される。**環境アセスメント**（影響評価）**制度**の導入は，**地方自治体が先行し，国レベルでは1997年に法制化された**[☞p.132]。

○**大阪空港騒音訴訟**　航空機の夜間飛行の差止めをめぐって争われた。高裁は人格権に基づいて差止め請求を認めた（ただし，環境権には言及しなかった）。最高裁は差止め請求を棄却した（1981）。

✤知る権利

国民が自己の意見を形成するために，行政機関などの保有する情報を入手する権利で，**国民主権**（前文・第1条），**表現の自由**（第21条）を根拠に主張。**情報公開制度**の導入は**地方自治体が先行し，国レベルの情報公開法は1999年に制定**[☞p.74]。

情報公開法	公開対象	中央省庁の保有する行政文書（外交・安全保障，個人情報などに関しては対象外）。
	請求の主体	日本国民だけでなく，**外国人も開示(かいじ)請求できる**。
	政府の責任	政府の説明責任（アカウンタビリティ）を明記。ただし，**知る権利は明記されていない**。

✤アクセス権

知る権利と密接に関連するもので，情報の送り手であるマスメディアを利用して意見を表明したり，反論したりする権利。**表現の自由**（第21条）に基づいて主張される。

✤プライバシーの権利

「私生活をみだりに公開されない権利」という消極的な内容だけでなく，「**自分に関する情報を自分で管理（コントロール）する権利**」という積極的な内容を有する権利として考えられている（**具体的には，自己情報の開示請求権，訂正請求権など**）。**幸福追求権**（第13条）に基づいて主張される。

『宴のあと』事件	三島由紀夫の小説『宴のあと』が，そのモデルとなった政治家のプライバシーを侵害しているとされた（東京地裁，1964）。これにより，**プライバシーの権利が判例上，確立**。
『石に泳ぐ魚』事件	柳美里の小説『石に泳ぐ魚』が，そのモデルとなった女性のプライバシーや名誉など人格権を侵害しているとして，**出版の差止め**を命じた（最高裁，2002）。

①プライバシー保護に関連する法律

個人情報保護法	個人情報を扱う事業者に情報の適切な取扱いを義務づける（2003）。ただし，**報道・著述などを目的とする場合は適用除外**。同法とは別に行政機関を対象とする法律もある。

②プライバシー侵害の危険性のある法制度

通信傍受法	薬物・銃器犯罪などで，令状取得を条件として警察・検察に通信の傍受を認める（1999）。
マイナンバー制度	日本に住むすべての人（国籍ではなく住民登録による）に12桁の番号をつけ，社会保障・税・金融機関の預金情報などの分野について行政の効率化をめざすもので，2016年から段階的に運用が開始された。

✣自己決定権

個人の自律的な生き方を確保しようとする権利で，「個人の尊重」の原理を背景とする幸福追求権（第13条）の一部を構成。**その背景には，臓器移植，延命治療，尊厳死などの医療のあり方が注目を浴びるようになったことがある**[☞p.229]。

2 日本における外国人の法的地位

✣難民・外国人労働者の受入れ

日本は，難民の受入れには消極的。一方，一定の技能や熟練した技能を有する人を対象とする在留資格の導入など，外国人労働者の受入れ拡大のための制度改革が行われてきている[☞p.145]。

✣参政権 [☞p.59]

選挙権は「日本国民」に限定されている。ただし，**地方選挙権については，立法措置によって定住外国人に与えることは可能という趣旨の判断を最高裁が示したことがある**（1995）。

✣社会保障

国民年金などは，一定期間日本に在住する外国人も対象となっている。

✣公務員の受験資格・任用資格 [☞p.59]

国家公務員一般職の受験資格は日本国籍を有する者に限られる。ただし，国公立大の教員，公立小中高の講師などは任用可。**外国人にも一般職公務員の受験資格を認めている地方自治体がある**（「国籍条項」の撤廃）。

ここが共通テストのツボだ!!

ツボ 1 新しい人権には，それぞれ2つの側面がある

1. **環境権**…自由権的な側面＋**生存権**的な側面
2. **知る権利**…自由権的な側面＋**請求権**的な側面
3. **プライバシーの権利**…自由権的な側面＋**請求権**的な側面

名称を覚えるのは簡単だ。しかし，それぞれが2つの側面をもっていることは，案外知られていない。ポイントは，**自由権的側面をもっているということ**。自由権が国家による干渉を排除するという性格をもっていることを思い出して，「**自由権＋？権**」と考えるとわかりやすい。

①**環境権**：良好な環境を享受することを国家によって妨(さまた)げられないようにするための権利（**幸福追求権に基づく自由権的な側面**）と，国家に対して積極的な施策(しさく)による環境保全を要求する権利（**生存権**的な側面）の2つを含んでいる。

②**知る権利**：国家によって妨害されることなく情報を入手できる権利（**自由権**的な側面）と，国家に対し情報の提供を要求する権利（**請求権**的な側面）の2つを含んでいる。

③**プライバシーの権利**：私生活をみだりに公開されない権利（**自由権**的な側面）と，自分に関する情報を自分でコントロールするために自己情報の開示・訂正などを請求する権利（**請求権**的な側面）の2つを含んでいる。ついでに，プライバシーの保護と関連する憲法上の権利（**黙秘権**，**通信の秘密**など）も押さえておこう。

ツボ 2 新しい人権関連の法制度は内容にも注意

新しい人権関連の法制度の導入…地方自治体が先行

① **情報公開法** →外国人も開示請求可能で，知る権利の明文規定なし
② **個人情報保護法** →報道機関，学術研究団体などは適用除外

環境アセスメント制度の導入は，地方自治体の方が早く，国レベルでは1997年。**情報公開制度の導入も，地方自治体の方が早く**，国レベルでは1999年に**情報公開法**で導入された。中央省庁の行政文書が対象で，**外国人も開示請求可能**である。ただし，**知る権利は明記されていない。**

個人情報保護制度も地方自治体の方が早く導入を始めた。国レベルでは現在，民間事業者（**報道・著述などを目的とする場合を除く**）を対象とする制度と，行政機関などを対象とする制度がある。しかしその一方で，個人情報の漏えいやプライバシー侵害の危険性があると考えられる法制度もあることに注意。たとえば，**通信傍受法**や**マイナンバー制度**などがそれにあたる。

基礎力チェック問題

問1 環境権に対する見方を述べた次の**ア**～**エ**と，その法的根拠について述べた下のA～Dの組合せを答えよ。

ア 環境権は国家に対し個人が良い環境を享受できることを要求する権利であり，健康で文化的な生活を営む権利に含まれる。
イ 環境権は対象となる環境の範囲や権利内容があいまいで権利者の範囲も確定できないため，法的に権利として認められない。
ウ 環境権は国家の積極的な環境保全を要求するだけでなく，幸福追求権に基づき国家の侵害を排除する自由権の性格も有する。
エ 環境権のうち，人の生命，身体，精神及び生活に関する部分は人格権で保護され，これに基づき侵害行為の差止めを請求できる。

A 環境権は憲法や法律に根拠を持たないとする立場
B 環境権の内容の一部を主として民法を根拠として認める立場
C 環境権の根拠を憲法13条と25条に求める立場
D 環境権の根拠を憲法25条に求める立場

問1 [答]ア-D イ-A ウ-C エ-B

ア 環境権を「健康で文化的な最低限度の生活を営む権利」(第25条)に含まれるとするのでD。
イ 環境権は法的な権利として認められないとするのでA。
ウ 国家による環境保全を要求する権利(第25条の生存権の側面)と幸福追求権(第13条)をあげているのでC。
エ 人格権(生命・身体・名誉など人格的利益の総称)に基づく差止め請求ができるとするのでB。

問2 日本における表現の自由に関する記述として適当でないものを，次の①～④のうちから一つ選べ。

① 表現の自由の保障は，自由なコミュニケーションを可能にすると同時に，民主主義の実現にも必要だとされている。
② 憲法上の表現の自由は，新しい人権の一つである「知る権利」を主張する際の根拠の一つだとされている。
③ マスメディアが取得した個人情報であっても，その取扱いは個人情報保護法によって制限されることがある。
④ 政府がマスメディアを通じて意見を広く表明することは，アクセス権の行使として位置づけられる。

問2 [答]④

④ **誤文**：アクセス権は，政府の権利ではなく，国民の権利として主張される。
① **正文**
② **正文**：知る権利は，国民主権と表現の自由を根拠として主張される。
③ **正文**：マスメディアは，報道目的以外で個人情報を利用する場合，制限を受けることがある。

問3 日本における外国人の現状に関する記述として最も適当なものを，次の①～④のうちから一つ選べ。

① 日本は，入国する外国人に対して，指紋と顔写真を提供することを原則として義務づけていたが，現在ではこうした制度は廃止されている。
② 労働力人口全体に占める外国人労働者の割合は，日本はバブル崩壊以後，外国人労働者の受入れが進み，アメリカよりも高くなった。
③ 労働基準法には，不法就労をする外国人労働者は適用対象外であると明記されている。
④ 日本人の父と外国人の母から生まれた子どもが，父母が婚姻をしていないことなどを理由に日本国籍を取得できないとされた事例について，国籍法の規定が違憲であるという判決を最高裁判所が下した。

問3 [答]④

④ **正文**：婚外子国籍取得制限違憲判決(最高裁)についての記述として正しい[☞p.27]。
① **誤文**：出入国管理及び難民認定法の改正(2006)により，日本に入国する外国人に対し，原則として指紋の採取と顔写真撮影が義務づけられた[☞p.27]。
② **誤文**：外国人労働者の数は増加しつつあるが，その割合が「アメリカよりも高くなった」が誤り。
③ **誤文**：「適用対象外であると明記」は誤り。

チャレンジテスト①（大学入学共通テスト実戦演習）

1 次のa～dは，授業で「民主主義とは何か」について考えた際に，4人の生徒が自分なりにまとめた説明である。これを読んで，以下の問い（問1・2）に答えよ。（18年政経試行調査）

a 国民は主権者なので，国政上の重要な事項について，慎重に議論をしたうえで投票を行うことによって，国民が国家の意思決定に直接参加するのが民主主義だ。

b 国民は主権者であるが，すべての国民が実際に直接，政治に参加することは困難なことから，国民が選んだ代表者を通じて国家の意思決定を行うのが民主主義だ。

c 国政の重要な事項は国民全員に関わるものなので，主権者である国民が決めるのであれ，国民の代表者が決めるのであれ，全員またはできるだけ全員に近い人の賛成を得て決めるのが民主主義だ。

d 国政の重要な事項は国民全員に関わるものであるが，主権者である国民が決めるのであれ，国民の代表者が決めるのであれ，全員の意見が一致することはありえないのだから，過半数の賛成によって決めるのが民主主義だ。

問1 次の文章は，ある思想家が書いた本の一節である。この文章から読みとれる考え方は，**1** a～dのうちのどれに近いか。最も適当なものを，下の①～④のうちから一つ選べ。

「主権は譲渡されえない。同じ理由から，主権は代表されえない。（中略）だから人民の代議士は人民の代表ではないし，人民の代表になることはできない。代議士は人民の代理人にすぎないのである。代議士が最終的な決定を下すことはできないのだ。人民がみずから出席して承認していない法律は，すべて無効であり，それはそもそも法律ではないのである。イギリスの人民はみずからを自由だと考えているが，それは大きな思い違いである。自由なのは，議会の議員を選挙するあいだだけであり，議員の選挙が終われば人民はもはや奴隷であり，無にひとしいものになる。人民が自由であるこの短い期間に，自由がどのように行使されているかをみれば，［イギリスの人民が］自由を失うのも当然と思われてくるのである。」

① a　② b　③ c　④ d

---

1 **問1** ［答］ ①

民主主義のあり方について，aは直接民主制［☞p.35］，bは間接民主制（代表民主制）を，それぞれ主張している。また，cは直接民主制であれ，代表民主制であれ，全員ないしはそれに近い賛成による表決方式が理想だとし，dは直接民主制であれ，代表民主制であれ，多数決方式が現実的だと主張している。

資料文は，「人民の代議士は人民の代表ではないし，人民の代表になることはできない。…人民がみずから出席して承認していない法律は，すべて無効であり，それはそもそも法律ではないのである」などの記述からもわかるように，代表民主制を批判し，直接民主制を主張している。したがって，aの考え方に近い。

なお，資料文は，社会契約説を唱えたルソーの『社会契約論』［☞p.11］からの引用である。

問2 **1** に関連して，生徒A・生徒Bの二人で議論をした。[W]～[Z]にはそれぞれア～エの記述が一つずつ，一回だけ入る。生徒Aの発言である[W]・[Z]に当てはまる記述の組合せとして最も適当なものを，下の①～⑥のうちから一つ選べ。ただし，[W]・[Z]に当てはまる記述の順序は問わないものとする。

生徒A：議会では，議決を行う前に，少数意見を尊重しながら十分に議論を行わなければいけないと思うよ。
生徒B：でも，ちゃんと多数決で決めるのだから，時間をかけて議論をしなくてもよいと思うなあ。なぜ議論をしないといけないの？
生徒A：それは，[W]からじゃないかな。
生徒B：いや，[X]。それに，[Y]よ。
生徒A：仮にそうだとしても，[Z]。それに，議論を尽くす中で，最終的な決定の理由が明らかになり，記録に残すことで，後からその決定の正しさを振り返ることができるんじゃないかな。

ア 時間をかけて議論をすることで人々の意見が変わる可能性がある
イ 決定すべき事項の中には，人種，信条，性別などによって根本的に意見の異なるものがある
ウ 少数意見をもつ人たちも自分たちの意見を聴いてもらえたと感じたら，最終的な決定を受け入れやすくなる
エ 時間をかけて議論をしても人々の意見は変わらない

① **ア**と**イ**
② **ア**と**ウ**
③ **ア**と**エ**
④ **イ**と**ウ**
⑤ **イ**と**エ**
⑥ **ウ**と**エ**

1 **問2** [答] ②

生徒Aの１番目の発言から，この生徒は議論の有用性を認める立場をとっていることがわかる。一方，生徒Bの１番目の発言から，この生徒は議論の有用性に疑問を投げかけていることがわかる。

したがって，[W]には，議論の有用性を指摘する発言である**ア**か**ウ**が入る（設問文で，「当てはまる記述の順序は問わない」としている）。なお，これに続く[X]・[Y]には，議論の必要性に疑問を投げかける生徒Bの発言である**イ**か**エ**が入る。

[Z]には，議論の有用性を指摘する発言が入る。したがって，[W]で**ア**を入れた場合は**ウ**，**ウ**を入れた場合は**ア**が入る（設問文で，「当てはまる記述の順序は問わない」としている）。

2 次の文章は，自由と平等とについての考え方をある生徒がまとめたものである。この文章の X ・ Y のそれぞれには下記の考え方ア・イのどちらかが入る。 Y に入る考え方と，その考え方に対応する具体的な政策や取組みの例a～dの組合せとして最も適当なものを，あとの①～⑧のうちから一つ選べ。 （18年政経試行調査）

近代の市民革命では，人間が生まれながらにさまざまな権利をもつ存在であるという考え方から導かれた自由と平等という二つの理念が，封建社会を打ち破る原動力となった。市民革命の後に各国で定められた多くの人権宣言は，自由と平等を保障している。ここでは， X との考え方がとられていた。

しかし，その後の歴史の経過をみると，自由と平等とは相反する側面ももっていることがわかる。19世紀から20世紀にかけて， X との考え方は，現実の社会における個人の不平等をもたらした。資本主義の進展によって，財産を持てる者はますます富み，それを持たざる者はますます貧困に陥ったからである。そこで，平等について新しい考え方が現れることになった。すなわち， Y との考え方である。

もっとも，平等についてこのような考え方をとると，今度は平等が自由を制約する方向ではたらくことになる。国家は，持たざる者に対する保護の財源を，持てる者からの租税により調達する。持てる者にとって，その能力を自由に発揮して得た財産に多くの税を課されることは，みずからの自由な活動を制限されているに等しい。また，国家は，持たざる者に保護を与えるにあたり，その資産や収入を把握する。持たざる者は，これを自由に対する制約であると感じるだろう。

このようにみると，自由と平等との関係は一筋縄ではいかないことがわかる。

考え方

ア すべての個人を国家が法的に等しく取り扱い，その自由な活動を保障することが平等である

イ 社会的・経済的弱者に対して国家が手厚い保護を与えることで，ほかの個人と同等の生活を保障することが平等である

政策や取組みの例

a 大学進学にあたり，高等学校卒業予定またはそれと同等の資格をもつ者の全員に大学受験資格を認定する。

b 大学進学にあたり，世帯の年収が一定の金額に満たない者の全員に奨学金を支給する。

c 大学入試において，国際性を有する学生を確保するため，帰国子女の特別枠を設定する。

d 大学入試において，学力試験のみでは評価しにくい優れた能力をもつ学生を獲得するため，アドミッション・オフィス入試（AO入試）を実施する。

① ア－a
② ア－b
③ ア－c
④ ア－d
⑤ イ－a
⑥ イ－b
⑦ イ－c
⑧ イ－d

2 [答] ⑥

文章では，自由と平等についての考え方が歴史的に変容してきたという趣旨のことが述べられている。具体的には，市民革命を機に成立した人権宣言 [☞p.10] は，法の下の平等と活動の自由をすべての人に保障することを基本的な性格としていたが，19世紀以降，資本主義の進展によって貧富の差が拡大したことで平等についての新しい考え方が現れたということなどが述べられている。

［X］には，市民革命の後の人権宣言の基本的な性格に関して説明している**ア**が入る。これは，すべての人に対して**その属性のいかんにかかわらず一律に自由と平等を保障する**という内容であり，平等に関しては「**形式的平等**」の立場をとる。一方，［Y］には，貧富の差の拡大に対処するための考え方を説明している**イ**が入る。これは，**国家の積極的な施策により社会的・経済的弱者の保護を図る**ことで「**実質的平等**」を確保しようとする考え方である。

［Y］の考え方に対応する政策や取組みの例として最も適当なのはbである。bは，世帯の年収が少ない者全員に奨学金を支給することで「実質的平等」を確保しようとする取組みである。

9 平和主義

1 平和主義の内容

✤**日本国憲法前文** 国際協調主義と「平和のうちに生存する権利」。

✤**憲法第9条** 戦争の放棄（1項），戦力の不保持，交戦権の否認（2項）。

2 再軍備の歩み

警察予備隊 背景 朝鮮戦争（1950）の勃発（ぼっぱつ）を機に，GHQが創設を指示。

↓（1950）

保安隊 背景 サンフランシスコ平和条約（1951）→アメリカの占領終了。
日米安全保障条約（1951）→占領終了後も米軍が駐留（ちゅうりゅう）。

↓（1952）

自衛隊 背景 MSA（日米相互防衛援助）協定（1954）→日本に防衛力増強義務

（1954）

3 日米安全保障条約の改定（1960）［☞p.184］

［☞p.184］

✤**共同防衛義務** 日本の領土および在日米軍基地が他国から攻撃された場合，日米が共同して防衛。**アメリカの領土が攻撃された場合は対象外**。

✤**事前協議制度** 日米安全保障条約（第6条）に関する交換公文で導入。在日米軍の配置・装備に重要な変更がある場合，在日米軍基地から戦闘行動が行われる場合は，アメリカが日本へ事前協議を申し入れる。ただし，**実施例はない**。

✤**日米地位協定** 日米安全保障条約（第6条）に基づく協定。被疑者（ひぎしゃ）の身柄（みがら）がアメリカの手中にある場合，日本は起訴を行うまでその被疑者を拘束できない。ただし，1990年代後半以降，運用面での見直しが行われている。

4 第9条をめぐる訴訟

砂川事件	地裁	駐留米軍は戦力にあたり違憲（いけん）（1959）。
	最高裁	日米安保条約に関しては，統治行為論*に基づいて憲法判断を回避。駐留米軍に関しては，外国の軍隊であるから第9条が禁止する「戦力」にあたらないとした（1959）。
長沼ナイキ基地訴訟	地裁	自衛隊は「戦力」にあたり違憲（1973）。
	高裁	統治行為論に基づき憲法判断を回避（1976）。
	最高裁	自衛隊の憲法問題には触れず，上告を棄却（ききゃく）（1982）。

*統治行為論…高度に政治性を有する国家行為は司法審査（しんさ）になじまない，という考え。

5 軍事大国化への歯止め

✤**文民統制（シビリアン・コントロール）** 自衛隊の最高指揮権は文民（非軍人）である**内閣総理大臣**にある。自衛隊の隊務統括は文民である防衛大臣が行う。

✤**非核三原則** 「**核兵器を持たず，作らず，持ち込ませず**」という原則。佐藤内閣が表明し（1968），その後国会で決議された（1971）。

✤**防衛費の対GNP（国民総生産）比1%枠** **三木**内閣が閣議決定（1976）したが，**中曽根**内閣が突破した（1987年度予算）。ただし，その後も現在まで約1%で推移している。

6 冷戦終結後の動向

✤**ペルシャ湾への自衛隊派遣**（1991） **湾岸戦争**（1991）[☞p.177] 終結後，機雷除去のために自衛隊の掃海艇が派遣された。

✤**PKO（国連平和維持活動）協力法**（1992） 湾岸戦争を機に制定。同法に基づいて，**カンボジア，モザンビーク，ゴラン高原，東ティモール，ハイチ，南スーダン**などで実施されたPKO[☞p.169]へ自衛隊が派遣された。

✤**テロ対策特別措置法**（2001） **アメリカ同時多発テロ事件**（2001.9.11）を機に制定。米軍への燃料補給のために，インド洋へ自衛隊艦船を派遣（2010年に補給活動終了）。

✤**イラク復興支援特別措置法**（2003） **イラク戦争**[☞p.177]を機に制定。イラクの人道・復興支援を目的に自衛隊を派遣（2009年に自衛隊の撤収完了）。

✤**安全保障法制**（2015）

改正武力攻撃事態法	**存立危機事態**の発生などの要件を満たせば**集団的自衛権**を行使できる。
重要影響事態法	周辺事態法（1999）を改正して名称を変更。「日本周辺」という地理的制約なく，他国軍への後方支援ができる。
改正PKO協力法	他国軍や民間人を助けに向かう「**駆けつけ警護**」が可能となった。

✤**安全保障体制の新たな動き**

①**国家安全保障会議**（2013） 国防の基本方針などについて審議することを目的に，従来の安全保障会議を再編・強化して発足。

②**特定秘密保護法**（2013） 防衛，外交，特定有害活動（スパイ活動）防止，テロ防止の4分野について，行政機関の長が「特定秘密」に指定した情報を保護することが目的。「特定秘密」を漏えいした公務員や漏えいの働きかけをした民間人への厳しい罰則を規定している。同法については，秘密の範囲が曖昧で，国による恣意的な秘密指定が可能であるため，国民の知る権利を侵害する危険性があるとして批判する声も少なくない。

③**防衛装備移転三原則**（2014） 従来の武器輸出三原則を大幅に緩和。

ここが共通テストのツボだ!!

ツボ 1 日本政府は自衛権，自衛隊をどのように位置づけてきたか

1. **集団的自衛権（政府見解）**…憲法上行使できない⇒行使容認（2014）
2. **自衛隊（政府見解）**…自衛のための必要最小限の実力

国家の自衛権には，個別的自衛権と集団的自衛権の2つがある。個別的自衛権は，自国が他国によって武力攻撃を受けた場合，それを単独で排除する権利である。集団的自衛権は，**自国と密接な関係にある他国が武力攻撃を受けた場合，自国が攻撃されていなくても，攻撃を受けた国と共同で反撃する権利**。日本政府は何といってきたかというと……。

日本はこの2つの自衛権を有しているが，集団的自衛権については憲法上行使できない，という見解を表明してきた。しかし，第二次安倍内閣は従来の憲法解釈を変更して，集団的自衛権の行使容認を内容とする閣議決定（2014）を行った。一方，自衛隊については，「自衛のための必要最小限の実力」であるとしてきた。この「必要最小限の実力」という言い回しはとても曖昧（あいまい）で，何を指しているのかよくわからない。第9条で「戦力の不保持」をうたっているから，**もし自衛隊を「戦力」といってしまったら自衛隊は憲法違反の存在になってしまう**。そこで，政府はこんな曖昧な表現を使って，自衛隊を憲法に反しない組織として正当化してきた。

ツボ 2 自衛隊の海外派遣にはいくつかのタイプがある

1. **PKO協力法**…カンボジア，モザンビーク，ゴラン高原，東ティモールなど
2. **テロ対策特別措置法**…インド洋
3. **イラク復興支援特別措置法**…イラク
4. **海賊対処法**…ソマリア沖

自衛隊の海外派遣は1990年代初めに始まった。まず，湾岸戦争（1991）終結後，機雷除去を任務としてペルシャ湾へ掃海艇が派遣された。日本はアメリカを中心とする多国籍軍に総額100億ドルを超える資金を拠出（きょしゅつ）したが，アメリカが要求する兵力派遣はできなかった。その翌年，PKO（国連平和維持活動）協力法が制定され，これに基づいて**カンボジア，モザンビーク，ゴラン高原，東ティモール，ハイチ，南スーダンなどでのPKOへ自衛隊が派遣された**。また，PKO以外の形態では，人道的な国際救援活動として**ルワンダ難民救済のための派遣**なども行われた。

PKO協力法以外の法律で派遣された例は次の3つ。

①テロ対策特別措置法により，米軍の後方支援のためにインド洋へ自衛隊艦船を派遣。

②イラク復興支援特別措置法によりイラクへ派遣。

③海賊対処法によりソマリア沖へ派遣。

基礎力チェック問題

問1 日本の安全保障や外交政策に関する記述として適当でないものを，次の①～④のうちから一つ選べ。

① 日本国憲法の解釈上，日本が個別的自衛権を行使することができるとの公式見解を，日本政府は示している。

② 日本が集団的自衛権を行使できるとの公式見解を，日本政府は，国際連合（国連）加盟時から示してきた。

③ 湾岸戦争の発生を受けて，国連平和維持活動（PKO）への日本の協力をめぐる議論が高まり，PKO協力法が成立している。

④ アメリカでの同時多発テロ事件の発生を受けて，日本では，テロ対策特別措置法が成立した。

問1 ［答］②

② **誤文**：日本政府は，従来，集団的自衛権の行使は憲法上認められないという見解をとってきた。しかし，2014年にその憲法解釈を変更し，集団的自衛権の行使容認を内容とする閣議決定を行った。

① **正文**

③ **正文**

④ **正文**

問2 安全保障に関する記述として最も適当なものを，次の①～④のうちから一つ選べ。

① 日米安全保障条約に基づいて，日米両国は日米の領域内でいずれかの国が攻撃された場合，共同で防衛する義務を負っている。

② 集団安全保障は，同盟関係にある国が同盟の外部の国から攻撃を受けた場合，他の同盟国がこれを助けて防衛にあたるという概念である。

③ 国際連合（国連）は，国際的武力紛争を解決するため，国連憲章の規定する国連軍を設置している。

④ 重要影響事態法は，アメリカ軍など他国軍に対して後方支援を行う際の地理的範囲を日本周辺に限定していない。

問2 ［答］④

④ **正文**：重要影響事態法（2015）についての説明として正しい。

① **誤文**：日米安全保障条約の定める日米共同防衛義務は，日本および日本領域内の米軍施設への攻撃に際して生じる。したがって，「日米の領域内」は誤り。

② **誤文**：「集団安全保障」［☞p.165］ではなく，「集団的自衛権」についての説明。

③ **誤文**：「国連憲章の規定する国連軍」は組織されたことがない［☞p.169］。

問3 日本の外交や防衛に関する記述として適当でないものを，次の①～④のうちから一つ選べ。

① 非核三原則においては，核兵器を「持たず」，「作らず」という原則とともに，日本の領域内に「持ち込ませず」という原則も挙げられている。

② 外交と安全保障についての重要な事項を審議するために，国家安全保障会議が設置されている。

③ 現行の日米安全保障条約では，日米が，日本の領域内でのいずれかへの武力攻撃に対して，共通の危険に対処するために行動するとされている。

④ 外交三原則には，「アジアの一員としての立場の堅持」は含まれないとされている。

問3 ［答］④

④ **誤文**：外交三原則は，国連中心主義，自由主義諸国との協調，アジアの一員として立場の堅持からなる［☞p.184］。

① **正文**：非核三原則は，「核兵器を持たず，作らず，持ち込ませず」という原則。

② **正文**：国家安全保障会議は，国防の基本方針などについて審議する。

③ **正文**：現行の日米安全保障条約で規定されている共同防衛義務についての説明。

10 統治機構① 国会と内閣

1 国会の地位・組織・運営

✤**国会の地位** 「国権の最高機関」であり，「唯一の立法機関」（憲法第41条）。

✤**二院制**

	定 数	被選挙権	任 期	解 散
衆議院	465名	25歳以上	4年	あり
参議院	248名*	30歳以上	6年	なし

*3年ごとに半数改選

✤**国会の種類**

	召 集	会 期	内 容
通常国会	毎年1回，1月に召集	150日	予算の審議など
臨時国会	内閣が必要と認めたときなど	不定	緊急の議事
特別国会	衆議院の解散総選挙後，30日以内	不定	首相の指名など
参議院の緊急集会	衆議院の解散中，緊急の必要があるとき ※総選挙後の特別国会で衆議院の同意が必要	不定	緊急の議事

✤**委員会中心主義** 実質的な審議は，本会議ではなく，比較的少数の議員から構成される委員会（常任委員会・特別委員会）で行われる。委員会では学識者・利害関係者の意見を聴くため公聴会が開かれる場合もある。

✤**定足数** 会議の開催・議決に際して必要とされる最小限の出席者数。本会議は総議員の3分の1以上，委員会は総委員の2分の1以上。

2 国会議員の特権

歳費特権（第49条）	一般職国家公務員の最高額以上の歳費を保障される。
不逮捕特権（第50条）	会期中は逮捕されない。ただし，現行犯逮捕の場合と，所属する院の許諾がある場合は，会期中でも逮捕される。
免責特権（第51条）	院内での発言・表決などについて，院外で責任を問われない。ただし，院内で懲罰を受けることはある。

3 国会の権能

✤**衆議院の優越** **法律案の議決**，**予算の議決**，**条約の承認**（条約締結の前でも後で

もよい)，**首相の指名**については，衆議院の優越が認められている。また，**内閣不信任決議権**，**予算の先議権**は衆議院だけが有している。

✤**国政調査権**(第62条) 各議院は国政全般にわたって調査を行うために，証人喚問や記録の提出を求めることができる。ただし，**裁判所の判決内容への介入は，司法権の独立を侵害することになるので許されない。**

✤**弾劾裁判所の設置権**(第64条) 職務怠慢，威信失墜等の非行を理由に裁判官を罷免できる。各議院から7名ずつ選出された裁判員(議員)で構成。

✤**憲法改正の発議権**(第96条) 各議院総議員の3分の2以上の賛成で発議。

4 内閣の組織と役割

✤構成と運営

首　相	国会議員の中から国会が指名し(第67条)，天皇が任命(第6条)。
国務大臣	首相が任命し，天皇が認証。過半数は国会議員(第7・68条)。
閣　議	意思決定は全会一致。

✤内閣・首相の権能

内　閣	条約の締結，予算の作成，政令の制定，天皇の国事行為に対する助言と承認，最高裁判所長官の指名，最高裁判所の長官以外の裁判官の任命，下級裁判所裁判官の任命など。
首　相	国務大臣の任免(任命と罷免)，行政各部の指揮監督など。

✤内閣が総辞職しなければならないケース

◇**衆議院が内閣不信任決議案を可決**(または信任決議案を否決)し，10日以内に衆議院が解散されないとき(第69条)。

◇衆議院の**解散総選挙後に特別国会が召集**されたとき(第70条)。

◇衆議院の**任期満了に伴う総選挙後に臨時国会が召集**されたとき(第70条)。

◇内閣総理大臣が欠けたとき(死亡，議員資格喪失など)(第70条)。

5 国会をめぐる動向

✤**憲法審査会** 国民投票法(2007)に基づいて衆参両院に設置[☞p.24]。国会に提出される憲法改正原案の審議などを行う。

✤国会審議の活性化(国会審議活性化法)(1999)

政府委員制度の廃止	官僚が大臣に代わって国会答弁を行う制度を廃止。
副大臣・大臣政務官のポスト新設	各省庁にこれらのポストを置き，政策の企画・立案過程から関与させ，国会答弁の充実を図る。
党首討論制の導入	首相と野党党首が一対一で国家の基本問題について討論する。イギリスのクエスチョン・タイムがモデル。

ここが共通テストのツボだ!!

ツボ 1 国会・内閣の権限は注意して覚えよう！

1. **衆議院の解散**…不信任決議案の可決から10日以内
2. **条約の承認**…内閣による締結の前でも後でも可
3. 国政調査権…判決内容への介入は不可
4. 国務大臣の任免…内閣総理大臣の専権事項
5. 不逮捕特権…現行犯逮捕の場合などは適用除外

①衆議院が内閣不信任決議権をもち，これに対して内閣が衆議院の解散権をもつことはおなじみ。しかし，**解散は不信任決議から10日以内に行う**こと，**解散しない場合内閣は総辞職しなければならない**ことを押さえておかないと試験で役に立たない。

②条約については内閣が締結権をもち，国会が承認権をもつ。しかし，国会による承認は，**締結の前でも後でもいい**ことは案外知られていない。

③各議院には国政調査権があるが，裁判所の**判決内容への介入・干渉はできない**ことに注意。

④国務大臣の任命と罷免は内閣総理大臣の専権事項であり，**国会の承認は必要ない。**

⑤国会議員の不逮捕特権について，**「会期中」という時期の限定**があることと，会期中でも現行犯**の場合などには適用されない**ことも忘れがち。

これらに気をつけないと，出題者が仕掛けたワナにはまってしまう。

ツボ 2 衆議院の優越の具体的内容に注意しよう！

1. **法律案の議決**…衆議院が再可決すれば法律成立
2. **予算の議決，条約の承認，内閣総理大臣の指名**…再可決は不要

	生じるケース	優越の程度
法律案の議決	衆議院が可決し参議院が否決する（両院協議会は義務ではない）	衆議院が出席議員の3分の2以上の多数で再可決すれば法律となる
	参議院が60日以内に議決しない	
予算の議決	参議院が衆議院と異なる議決をし，両院協議会を開いても意見不一致	衆議院の議決が国会の議決となる（再可決は不要）
	参議院が30日以内に議決しない	
条約の承認	予算の議決と同じ	
内閣総理大臣の指名	参議院が衆議院と異なる議決をし，両院協議会を開いても意見不一致	
	参議院が10日以内に議決しない	

基礎力チェック問題

問1 日本の国会に関する記述として最も適当なものを，次の①～④のうちから一つ選べ。

① 国会の議決により，内閣総理大臣および国務大臣は指名される。
② 国会改革の一環として，副大臣による答弁が廃止され，政府委員による答弁が導入されている。
③ 国会は，法律や政令を制定する権限を有する。
④ 国会の両議院は，それぞれ，立法に関する事項や行政機関の活動が適切に行われているかなどを調査するため，国政調査権を有する。

問1 [答] ④

④ **正文**：憲法は，国会の各議院に**国政調査権**を認めている。
① **誤文**：内閣総理大臣の指名権は国会にあるが，国務大臣の任命権は内閣総理大臣にある。
② **誤文**：「副大臣」と「政府委員」を入れ替えれば正しい文になる。
③ **誤文**：法律の制定権は国会にあるが，**政令**の制定権は内閣にある。

問2 日本国憲法に規定されている三権分立に関する記述として最も適当なものを，次の①～④のうちから一つ選べ。

① 最高裁判所長官は，国会の議決に基づいて任命される。
② 内閣が締結した条約は，事前または事後に国会の承認が必要とされる。
③ 裁判所の違憲審査権は，法律に対してのみ行使される。
④ 罷免の訴追を受けた裁判官に対する弾劾裁判所は，内閣に設けられる。

問2 [答] ②

② **正文**：内閣による条約締結は，**事前または事後に**国会の承認が必要。
① **誤文**：最高裁判所の長官は，内閣の指名に基づいて，天皇が任命する[☞p.54]。
③ **誤文**：裁判所は，**法律**に対してだけでなく，**命令**・**規則**・**処分**も違憲審査の対象とすることができる[☞p.55]。
④ **誤文**：**弾劾裁判所**の設置権は国会が有する。

問3 参議院に関する憲法の記述として最も適当なものを，次の①～④のうちから一つ選べ。

① 衆議院が解散された場合，内閣は，国に緊急の必要があるとき，参議院の緊急集会を求めることができる。
② 法律案について衆議院と参議院とで異なった議決をした場合には，両院協議会を開催しなければならないとされる。
③ 条約の承認，内閣総理大臣の指名，予算の議決に関しては，衆議院と参議院は対等の権限を有する。
④ 参議院議員の任期は6年であり，2年に1度選挙が行われ，定数の3分の1ずつ改選される。

問3 [答] ①

① **正文**：衆議院が解散中，緊急の場合，内閣は**参議院の緊急集会**を求めることができる。
② **誤文**：法律案について衆議院と参議院の議決が異なった場合，両院協議会を開くことができる。しかし，**両院協議会の開催は義務ではない**。なお，予算の議決，条約の承認，内閣総理大臣の指名について議決が異なった場合は，必ず両院協議会を開催しなければならない。
③ **誤文**：**条約の承認**，**内閣総理大臣の指名**，**予算の議決**に関しては衆議院が優越する。
④ **誤文**：参議院議員は**3年**ごとに定数の**2分の1**が改選される。

11 統治機構②
裁判所

1 司法権の帰属

✤**司法権の帰属**　司法権は，最高裁判所と下級裁判所（**高等裁判所，地方裁判所，家庭裁判所，簡易裁判所**）に属する。

✤**特別裁判所の禁止**　明治憲法下で存在した行政裁判所，皇室裁判所，軍法会議といった特別裁判所（通常の裁判所とは別に設置され，特定の事件や特定の身分の者を裁く）の設置は禁止されている。

✤**行政機関による終審裁判の禁止**　行政機関は準司法的手続としての前審を行うことはできるが，終審として裁判を行うことはできない。

2 司法権の独立

司法権の独立は，他の国家機関による外部からの干渉（かんしょう）だけでなく，司法内部における干渉も排除することによって確保される。そのためには，裁判官の職権の独立と身分保障が必要となる。

✤**職権の独立を侵害した例**

①**大津事件**（1891）　明治憲法下で政府が裁判に干渉しようとした事件。

②**浦和事件**（1949）　参議院の法務委員会が国政調査権を行使して，裁判所が下した判決内容に干渉した事件。

③**平賀書簡事件**（1969）　長沼ナイキ基地訴訟（第一審）で，裁判所長（平賀）が担当裁判官に手紙を送って判決内容に干渉した事件。

✤**裁判官の身分保障**

罷免（ひめん）のケース（3つのみ）	◇裁判で，心身の故障のため職務不能と決定された場合。 ◇弾劾裁判で罷免を可とされた場合［☞p.51］。 ◇国民審査で罷免を可とされた場合（最高裁判所裁判官のみ）［☞p.35］。
その他の身分保障	◇行政機関による裁判官の懲戒（ちょうかい）処分は禁止。 ◇相当額が保障され，在任中は報酬（ほうしゅう）を減額されない。 ◇定年は最高裁・簡裁が70歳，その他は65歳。

3 裁判官の任命

✤**最高裁判所長官**　**内閣が指名し，天皇が任命する。**

✤**最高裁判所の長官以外の裁判官**　内閣が任命する。

✣**下級裁判所の裁判官**　最高裁判所が指名した者の名簿から内閣が任命する。

4 裁判の仕組み

✣**裁判の種類**

①**民事裁判**　私人間（個人と個人，個人と企業）の争いを裁く。

②**刑事裁判**　犯罪を行った者に対し，検察官が訴えを起こして刑罰を求める。

③**行政裁判**　国・地方自治体など行政機関と国民の間の争いを裁く。

✣**三審制**　第一審の判決に不服がある場合は第二審に控訴，第二審の判決に不服がある場合には第三審に上告することができる。

✣**再審**　有罪が確定した事件について，正当な理由があれば再審理が行われることがある。これまでに，死刑囚が再審無罪となった例もある。

5 裁判公開の原則（憲法第82条）

判　決	いかなる場合も公開を停止できない。
対　審	◇**裁判官の全員一致**で決定した場合，公開を停止できる。 ◇**政治犯罪**，**出版に関する犯罪**などについては絶対公開。

6 違憲審査権（第81条）

✣**違憲審査権**　すべての裁判所が，法律・命令・規則・処分などについて違憲審査権をもつ。アメリカと同じく，**具体的な事件の審理において**法令を審査（ドイツ・イタリアでは，具体的事件の発生とは関係なく法令を審査）。

✣**違憲判決の効力**　違憲判決によって，ただちに当該法令の効力が失われるわけではない（**立法機関が当該法令の廃止・改正の措置をとることで失効する**）。

7 司法制度改革の動向

✣**法科大学院（ロースクール）**　実務に精通した法律家の養成を目的とする。

✣**裁判員制度**　重大事件の刑事裁判で，**有権者から無作為に選ばれた裁判員と職業裁判官が一体となり有罪・無罪の認定と量刑判断を行う**。2009年にスタートした。

✣**検察審査会制度の拡充**　検察審査会とは検察官の不起訴処分の当否を審査する機関。従来，その議決には法的拘束力がなかったが，2004年の法改正により，検察審査会が「起訴相当」の議決をしたのち，検察官が不起訴処分を維持し，**再度，「起訴相当」の議決が行われたときは，裁判所が指定する弁護士が起訴**することになった。

✣**取り調べの「可視化」**　**取り調べの録音・録画**が一部の事件について義務化された。

✣**「司法取引」の導入**　被疑者や被告人が共犯者の犯罪について供述した場合などに，その見返りとして**検察官が起訴を見送ったり，求刑を軽減したりできる**制度。組織犯罪や経済犯罪が対象。

ここが共通テストのツボだ!!

ツボ① 最高裁が出した違憲判決は数が少ない

1. 法の下の平等…衆議院の定数配分（公職選挙法），尊属殺重罰規定（刑法），婚外子国籍取得制限（国籍法），婚外子相続差別（民法），女性の再婚禁止期間（民法）
2. 政教分離の原則…愛媛玉串料訴訟，空知太神社訴訟
3. 職業選択の自由…薬局開設距離制限規定（薬事法）
4. 財産権の保障…共有林分割制限規定（森林法）
5. 国家賠償請求権…免責規定（郵便法）
6. 選挙権の平等…在外選挙権の制限（公職選挙法）

判決名だけではなく，憲法のどんな規定に照らして違憲と判断したかにも目配りを。

憲法の規定ごとに分けると，①法の下の平等（第14条）：公職選挙法の衆議院議員の定数配分規定（2回違憲判断。ただし，**選挙自体は有効としたことに注意**），刑法の尊属殺重罰規定（尊属殺とは父母・祖父母など直系血族で自分より上の世代に対する殺人），生後認知された婚外子（非嫡出子）について両親の結婚を国籍取得の条件とする国籍法の規定，婚外子の遺産相続分を嫡出子の半分とする民法の規定，女性の再婚禁止期間（6か月）に関する民法の規定について100日を超える部分，②政教分離の原則（第20・89条）：愛媛玉串料訴訟，空知太神社訴訟，③職業選択の自由（第22条）：薬事法の薬局開設距離制限規定，④財産権の保障（第29条）：森林法の共有林分割制限規定，⑤国家賠償請求権（第17条）：郵便法の免責規定（遅配などに関して国の賠償責任を制限），⑥選挙権の平等（第44条）：在外選挙権を衆参の比例代表選挙に限定している公職選挙法の規定。

ツボ② 裁判員制度は国民の司法参加を促進する

1. **裁判員制度の対象**…重大事件の刑事裁判の第一審
2. **裁判員の選ばれ方**…国民から無作為に選ばれる
3. **有罪などの認定と量刑判断**…裁判員と職業裁判官がいっしょに行う

国民が裁判に参加する制度は，大きく2つに分類できる。①陪審制（アメリカ，イギリスなど）：国民から無作為に選ばれた陪審員が有罪・無罪の認定を行い，職業裁判官が量刑判断を行う。②参審制（イタリア，ドイツなど）：国民から自薦・無作為抽出・政党推薦などで選ばれた参審員と職業裁判官が合議体を構成し，有罪・無罪の認定と量刑判断を行う。

日本で2009年に始まった裁判員制度は，重大事件の刑事裁判について，国民から無作為に選ばれた裁判員と職業裁判官が合議体を構成し，有罪・無罪の認定と量刑判断を行う。合議体を構成（原則として裁判官3人，裁判員6人）する点で，参審制に近い。

基礎力チェック問題

問1 日本の違憲審査制度に関する記述として最も適当なものを，次の①～④のうちから一つ選べ。

① 最高裁判所により違憲と判断された法律は自動的に廃止されるため，国会による改廃は不要である。
② 違憲審査権の行使が認められているのは最高裁判所のみであり，下級裁判所は法令等の違憲性を判断することはできない。
③ 最高裁判所は，具体的な事件から離れて，抽象的に法令の違憲性を判断することができない。
④ 違憲審査権をより実効的なものとすることを目的とした司法制度改革により，裁判員制度が導入された。

問1 [答] ③
③ **正文**：日本の違憲審査制度は，**具体的訴訟事件**に関する審理において違憲審査を行う仕組みで，付随的審査制と呼ばれる。
① **誤文**：最高裁判所により違憲とされた法律の規定は，**当該事件に関してのみ無効**となる。
② **誤文**：下級裁判所も違憲審査権を有する。
④ **誤文**：裁判員制度の導入と違憲審査の実効性確保とは直接の関連がない。

問2 日本の裁判制度に関する記述として最も適当なものを，次の①～④のうちから一つ選べ。

① 行政機関が終審として裁判を行うことは，日本国憲法で認められている。
② 有罪判決の確定後であっても，一定の条件の下で，裁判のやり直しを請求することが認められている。
③ 少年事件(少年保護事件)は，主に，地方裁判所において扱われる。
④ 裁判員の参加する裁判では，裁判員と裁判官によって審理が行われるが，有罪か無罪かの判断は裁判員が加わらずに行われる。

問2 [答] ②
② **正文**：**再審制度**についての正しい記述。
① **誤文**：行政機関による**終審裁判は禁止**されている。
③ **誤文**：「地方裁判所」を「**家庭裁判所**」に直せば正しくなる。
④ **誤文**：裁判員裁判は，裁判員と裁判官が合議体をつくり，**有罪・無罪の認定**と**量刑の判断**を行う。

問3 裁判に関わる機会に関する日本の状況の説明として適当でないものを，次の①～④のうちから一つ選べ。

① 検察審査会は，抽選によって選ばれた国民によって構成され，検察官の不起訴処分の是非について審査する。
② 裁判の傍聴は国民の権利であるが，プライバシーの権利を保障するため，刑事事件については，法廷でメモを取ることは許されていない。
③ 最高裁判所の裁判官に対する国民審査が憲法上認められているが，この制度により罷免された裁判官はいない。
④ 犯罪被害者の権利・利益を保護するため，刑事事件において被害者が直接被告人に質問することを認める制度が導入されている。

問3 [答] ②
② **誤文**：傍聴者は，写真撮影や録音を行うことは認められていないが，メモを取ることは認められている。
① **正文**：**検察審査会**は，無作為に選ばれた国民から構成され，**検察官の不起訴処分の当否**を審査することができる。
③ **正文**：**国民審査**で罷免された最高裁判所裁判官は，これまで1人もいない。
④ **正文**：**被害者参加制度**についての正しい記述。

12 地方自治①
理念と仕組み

1 地方自治の理念 

地方自治は「民主主義の学校」(ブライス)といわれる。これは，身近な地域社会での政治参加が民主主義的精神の育成にとっていかに大切かを述べたもの。

2 明治憲法下の地方制度 

明治憲法には地方自治の規定はなく，府県知事は**天皇によって任命**され，**内務大臣の指揮監督**を受けた。日本国憲法ではじめて地方自治が規定された。

3 地方自治の本旨(憲法第92条) 

✤**団体自治** 地方公共団体(地方自治体)は，国から相対的に独立して行政を行う。制度的には，**地方自治体の条例制定権**などに具体化されている。歴史的には，ドイツなどヨーロッパ大陸諸国で発達した。

✤**住民自治** 地方の行政は，住民が自らの意思に基づいて自主的に処理する。制度的には，**長(首長)・議員の直接選挙**，**住民の直接請求権**などに具体化されている。歴史的には，イギリス，アメリカで発達した。

4 地方公共団体(地方自治体)の組織と運営 

✤**地方公共団体の種類**

普通地方公共団体	都道府県，市町村。中核市(20万人以上)，政令指定都市(50万人以上)も「市」であるからこれに含まれる。
特別地方公共団体	特別区(東京23区)，地方公共団体の組合(例：複数の自治体によるごみの共同処理のための組合)など。

✤**長と議会の関係**(議院内閣制と大統領制の混合型)

長		議　会
・条例・予算に対する拒否権 (議会に再議を求める)	↔	・再議決権 (出席議員の3分の2以上の賛成が必要)
・議会の解散権 (不信任決議から10日以内に行使)	↔	・長に対する不信任決議権 (3分の2以上の出席，4分の3以上の賛成が必要)

✤**行政委員会**　長の管轄下にあるが，具体的な職権行使については独立性が認められている。選挙管理委員会，教育委員会，監査(かんさ)委員など。

5 住民の権利

✤**長・議員の直接選挙**（第93条）

✤**地方特別法の住民投票権**（第95条）

国会が**特定の地方公共団体だけに適用される法律**（地方特別法）を制定するには，その自治体の住民投票で**過半数**の賛成を必要とする。

✤**直接請求権**（地方自治法）

請求の種類		必要署名数	請求先	取扱い
条例の制定・改廃請求		有権者の50分の1以上	長	長が議会にかけ，その結果を公表
事務監査の請求		有権者の50分の1以上	監査委員	監査の結果を公表
議会の解散請求＊		有権者の3分の1以上	選挙管理委員会	住民投票で過半数の同意があれば解散・解職
解職＊請求	長・議員	有権者の3分の1以上	選挙管理委員会	住民投票で過半数の同意があれば解散・解職
解職＊請求	副知事・副市長など	有権者の3分の1以上	長	議会にかけ，3分の2以上の出席，その4分の3以上の同意があれば職を失う

＊「議会の解散請求」，「解職請求」の必要署名数は，有権者が40万人を超える地方公共団体については要件が緩和(かんわ)された。具体的には，40万人までは3分の1，40万人を超える部分のうち80万人までは6分の1，80万人を超える部分については8分の1となった（2012年の法改正）。

6 外国人の法的地位

✤**外国人の地方選挙権**

スウェーデン，デンマーク，ノルウェー，オランダなどでは，定住外国人に地方選挙の選挙権を与えているが，日本では現在のところそうした措置(そち)はとられていない。しかし，最高裁は「**憲法は，定住外国人に地方選挙権を与えることを禁じていない**」という趣旨の判断を示しており（1995），公職選挙法改正など立法措置をとれば，定住外国人に地方選挙権を与えることは可能になっている。

✤**地方公務員の受験資格**（国籍条項の撤廃(てっぱい)）

1996年に，**川崎市が外国人に一般職公務員の受験資格を与え**，これ以降，高知県，神奈川県，横浜市，神戸市などが同様の措置を講じてきている（ただし，一定の範囲で，任用制限や職種の制限がある）。

ここが共通テストのツボだ!!

ツボ 1 明治憲法下の府県知事は国の官吏

1. 明治憲法下の府県知事…天皇が任命，内務大臣が指揮監督
2. 地方自治の本旨(ほんし)…団体自治→条例制定権
   住民自治→長・議員の直接公選，住民の直接請求権

明治憲法の下でも地方制度は存在した（府県制・郡制，市制・町村制）。しかし，**明治憲法には地方自治の規定がなく**，地方制度は中央集権的な官治行政の末端機構にすぎなかった。たとえば府県知事は，住民の直接選挙で選ばれるのではなく，**天皇によって任命され，内務大臣の指揮監督の下にあった。**つまり，行政を中央から地方へとトップダウン式に徹底させるための仕組みがつくられていたことになる。

これに対して，日本国憲法は「地方自治の本旨」をうたい，地方自治の理念を明確に規定している。この「地方自治の本旨」は，「団体自治」と「住民自治」という2つの原理からなると考えられている。**団体自治は，地方自治体が中央から相対的に独立して地方行政を行う**ことを指している。その具体的な現れとしては，地方自治体の条例制定権が挙げられる。**住民自治は，住民の意思に基づいて地方行政が行われなければならない**ということ。この原理は，長・議員の直接公選や住民の直接請求権などに具体化されている。

ツボ 2 直接請求権は署名数・請求先に注意

1. 署名数…「解」の字がつけば3分の1以上，その他は50分の1以上
2. 請求先…選挙で選出される地位→選挙管理委員会，
   長が任命する地位→長

地方自治法が定める直接請求の仕組みには，①条例の制定・改廃請求，②事務監査の請求，③議会の解散請求，④長・議員の解職請求，⑤副知事・副市長などの解職請求がある。ポイントは2つ。**一定数の署名が必要である**こと（つまり，住民1人ではできないということ），**請求先が同じではない**ということ。

まず，署名数については，解散であれ，解職であれ「解」の字がつくものは有権者の3分の1以上（有権者数が40万人を超える場合には条件緩和［☞p.59の表下にある*］），その他は50分の1以上と覚えればいい。

請求先は，①⑤が長，②が監査委員，③④が選挙管理委員会。少し厄介(やっかい)と感じるかもしれないが，**選挙で選ばれる役職（長・議員，したがって議会も）は**選挙管理委員会，**長が任命する役職（副知事・副市長など）は任命権者である**長，ということに気をつければ案外すんなり覚えられる。

基礎力チェック問題

問1 日本の地方自治に関する記述として最も適当なものを，次の①～④のうちから一つ選べ。

① 有権者の一定数以上の署名で，議会の解散請求があったときは，議会は直ちに解散する。

② 有権者の一定数以上の署名で，首長の解職請求があったときは，住民投票で過半数が解職に賛成すれば，首長はその職を失う。

③ 地方公共団体の首長は，地方公共団体の事務について条例を制定することができる。

④ 地方分権一括法が制定されたことにより，自治事務が廃止され，それは国の行う事務と地方公共団体の行う事務の二つに整理されている。

問1 [答] ②

② **正文**：首長の解職請求についての記述として正しい。

① **誤文**：議会の解散請求があった場合，住民投票で過半数の賛成があれば，議会は解散される。

③ **誤文**：条例の制定権は，首長ではなく，地方議会にある。

④ **誤文**：地方分権一括法により，地方自治体の事務は自治事務と法定受託事務の2つに再編された[☞p.62]。

問2 日本の行政機関に関する記述として最も適当なものを，次の①～④のうちから一つ選べ。

① 地方自治体の首長は，議会の解散権をもっていないが，議会は，首長に対する不信任決議権をもっている。

② 地方自治体の首長は，当該自治体の議会の議員のなかから選出される。

③ 内閣総理大臣は，国会議員のなかから国会の議決によって指名される。

④ 各省には，大臣のほかに，国会議員のなかから任命される副大臣と政務次官がおかれている。

問2 [答] ③

③ **正文**：[☞p.51]

① **誤文**：地方自治体の首長は議会解散権を有する。

② **誤文**：地方自治体の首長は住民の直接選挙によって選ばれる。

④ **誤文**：「政務次官」を「大臣政務官」に直せば正しくなる[☞p.51]。

問3 日本の条例の制定に関する記述として最も適当なものを，次の①～④のうちから一つ選べ。

① 地方自治体の首長は，議会に対して条例の審議・制定を要請することはできるが，条例案を提出することはできない。

② 地方自治体の首長は，条例の制定に関する議会の議決に対して異議のあるときは，再議に付すことができる。

③ 条例の制定・改廃について，住民が首長に対して直接請求する場合には，原則として有権者の3分の1の署名が必要である。

④ 条例は「法律の範囲内」で制定が可能であり，国の情報公開法に先んじて情報公開条例を制定した地方自治体はなかった。

問3 [答] ②

② **正文**：首長は，議会の議決に対して異議のあるときは，再議に付す権限(いわゆる拒否権)を有している。

① **誤文**：首長は，条例案を議会に提出することができる。

③ **誤文**：条例の制定・改廃請求には，有権者の50分の1以上の署名が必要。

④ **誤文**：情報公開制度の導入は，地方自治体が国に先行した。情報公開法は1999年制定，最初の情報公開条例は1982年に制定(山形県金山町)。

13 地方自治② 現状と課題

1 三割自治

地方公共団体は財政や事務の面で自主的な取り組みを阻害されてきたという歴史を有しており，そのため地方自治の実現に弱さがあるといわれてきた。このことを象徴的に表す言葉が「三割自治」。

2 事務の再編

✤**自治事務と法定受託事務**　地方分権一括法(1999)により，地方公共団体が扱う事務が**自治事務**と**法定受託事務**の2つに再編された。これに伴い，地方自治を阻害するとして従来から批判の多かった**機関委任事務**は廃止され，地方公共団体の裁量が利く事務の量が大幅に増えた。

自治事務	地方公共団体が自主的に処理。法令に違反しないかぎり条例を制定できる。都市計画の決定，飲食店の営業許可など。
法定受託事務	本来は国の事務であるが，効率性を確保するため国が地方公共団体に処理を委託。国が実施方法を指示。法令に違反しないかぎり条例を制定できる。パスポート(旅券)の交付，国政選挙事務など。

従来の事務区分

固有事務(地方公共団体の本来の事務) ------→ **自治事務**
団体委任事務(国から地方公共団体そのものに委任) --→ **自治事務**
機関委任事務(国から首長などの機関に委任) ------→ 約55%が**自治事務**
約45%が**法定受託事務**

✤**国地方係争処理委員会**　事務に対する国の関与に不服な場合，地方公共団体は国地方係争処理委員会へ申し出ることができる。

3 地方財政の状況

✤**財源構成**

①**自主財源**　地方税が歳入全体の約4割。その他を含めても約5割。

②**依存財源**

(a) **地方交付税**　自治体間の財政格差を是正するために，所得税・法人税・酒税・消費税の一定割合などを財源とし，国から地方へ配分。**使途は限定されない。**

(b) 国庫支出金　特定の事業に対する国の補助金。**使途は限定されている。**

(c) 地方債　都道府県が発行する際は総務大臣の許可，市町村が発行する場合は知事の許可が必要であったが，2006年度から事前協議制へ移行。

●地方財政の歳入・歳出の構成（2019年度）

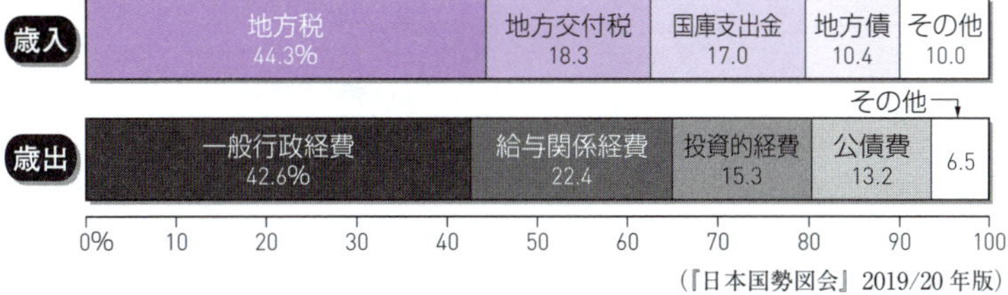

（『日本国勢図会』2019/20年版）

✤「三位一体の改革」　**地方交付税の見直し**，**国庫支出金の削減**，**国から地方への税源移譲**を一体的に進めようとするもので，小泉内閣が推進した。

✤**課税自主権の拡大**　地方税法に定めのない独自の租税（法定外税）を，条例によって導入することが従来よりも容易になってきている。

4　地方公共団体をめぐる動向　★★☆

✤**オンブズマン（行政監察官）制度**　オンブズマン（行政監察官）が，住民からの苦情などに基づき行政に対して是正の勧告などを行う。**1990年に川崎市が最初に導入した**［☞p.74］。

✤**個別政策をめぐる住民投票**　1990年代後半以降，個別政策に関して住民の賛否を問うために，住民投票条例を制定して住民投票を実施する自治体が増加している。都道府県レベルでは，沖縄県が実施した例がある（2019年8月現在）。ただし，**投票結果には法的な拘束力がない。**

●条例による住民投票実施の主な自治体

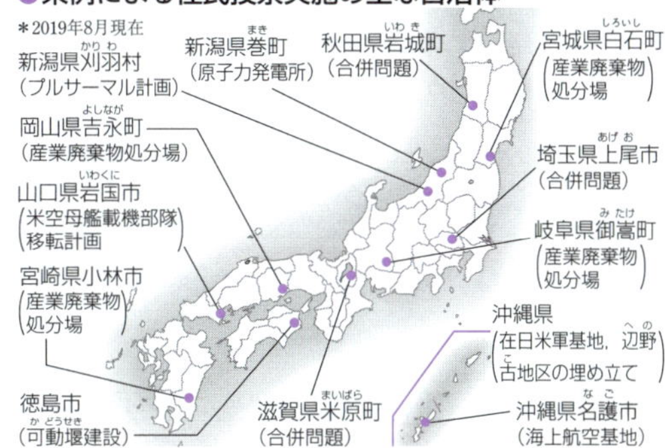

✤**市町村合併（平成の大合併）**　市町村合併特例法の改正（1999）以降急速に進み，その結果，従来は3000を超えていた自治体数が1700台へと減少した。自治体の中には，合併の賛否を問う住民投票において，**定住外国人**や，**中学生以上**に投票資格を与えたところもある。

✤**構造改革特区**　地域の特性を活かすため，地域を限定して規制を緩和する制度。2002年に構造改革特別区域法を制定。地方公共団体などが計画を国に提案。

✤**国家戦略特区**　「世界で一番ビジネスをしやすい環境」をつくることを目的に，地域や分野を限定して大胆な規制緩和や優遇税制を行う制度。2013年に国家戦略特別区域法を制定。対象地域の選定に国が主体的に関わる。

ここが共通テストのツボだ!!

ツボ ① 地方分権改革は中身が重要

1. **自治事務**…都市計画の決定，飲食店の営業許可など
2. **法定受託事務**…旅券（パスポート）の交付，国政選挙事務など
3. **国地方係争処理委員会**…事務関与についての審査（しんさ）制度を新設
4. **「三位一体の改革」**…**地方交付税**の見直し，**国庫支出金**の削減，税源移譲
5. **独自課税**…独自の租税を条例で導入しやすくなった

特に事務配分については次のポイントがあげられる。

①**機関委任事務**が廃止され，地方自治体が扱う事務が**自治事務**（地方自治体の裁量が利く）と**法定受託事務**（**本来は国の事務で，国が法令に基づいて実施方法を指示する**）の2つに再編された。

⑴自治事務は都市計画の決定，飲食店の営業許可など。

⑵法定受託事務は**旅券（パスポート）の交付**，**国政選挙事務**など。

②事務に対する国の関与に不服がある場合の審査制度（**国地方係争処理委員会**）が新設された。

財源面では，「**三位一体の改革**」（**地方交付税**の見直し，**国庫支出金**の削減，国から地方への税源移譲）と，**課税自主権の拡大**（条例による**独自課税**が従来よりも容易になった）に注目。

ツボ ② 地方の動きは目が離せない

1. **住民投票条例に基づく住民投票**…投票結果に法的な拘束力がない
   地方特別法の住民投票とは異なる
2. **構造改革特区**と**国家戦略特区**…特定地域にかぎって規制緩和を進める制度

1990年代半ば以降，地方の動きが活発化してきている。たとえば，**個別政策をめぐる住民投票**。沖縄県（米軍基地の整理縮小など），新潟県巻町（原子力発電所建設），岐阜県御嵩町（産業廃棄物処分場の建設），徳島市（吉野川可動堰の建設），新潟県刈羽村（原発のプルサーマル計画），山口県岩国市（米空母艦載機部隊の移転計画）などで**住民投票条例**に基づく**住民投票**が行われた。

ただし，2点に注意が必要である。**この種の住民投票の結果には法的な拘束力がない**。また，ここでいう住民投票と，**憲法に規定されている地方特別法の住民投票とは異なる**。これは，特定の地方自治体だけに適用される法律を国会が制定する場合，その自治体の住民投票で過半数の賛成を得なければならないという仕組みのこと[☞p.59]。

さらに，**構造改革特区**や**国家戦略特区**の制度を利用して，地方活性化の多種多様な試みが行われていることにも気をつけよう。

基礎力チェック問題

問1 日本の地方自治に関する記述として最も適当なものを，次の①～④のうちから一つ選べ。

① 地方分権一括法によって，地方自治体の事務が，自治事務と機関委任事務とに再編された。
② 特定の地方自治体にのみ適用される法律を制定するには，その住民の投票で過半数の同意を得ることが必要とされている。
③ 地方自治体には，議事機関としての議会と執行機関としての首長のほかに，司法機関として地方裁判所が設置されている。
④ 地方自治体の議会は，住民投票条例に基づいて行われた住民投票の結果に法的に拘束される。

問1 [答] ②

② **正文**：地方特別法を制定する際には，適用が予定されている地方自治体の住民投票で過半数の同意が必要とされる。
① **誤文**：「機関委任事務」を「法定受託事務」に直せば正文となる。機関委任事務は廃止された。
③ **誤文**：地方裁判所は地方自治体の機関ではなく，国の機関である。
④ **誤文**：住民投票条例に基づく住民投票の結果には，法的な拘束力がない。

問2 条例の制定に関して，日本についての記述として最も適当なものを，次の①～④のうちから一つ選べ。

① 地方自治体は，法律に定めのない税を条例で創設し，それにより課税することができる。
② 行政機関の保有する情報を公開する制度については，国が情報公開法を制定するまでは，条例による情報公開制度を有する地方自治体はなかった。
③ 条例の制定・改廃について，住民が発案できる制度を設けることは，間接民主制に反するので，禁止されている。
④ 議会における条例の制定・改廃の議決に対して，地方自治体の首長は，これに異議があったとしても拒否することはできない。

問2 [答] ①

① **正文**：地方自治体は，地方税法に定めのない租税(法定外税)を条例で創設することができる。
② **誤文**：情報公開法の制定(1999)に先立って多くの自治体が情報公開条例を制定していた[☞p.40]。
③ **誤文**：地方自治法は，住民の直接請求権の一つとして，条例の制定・改廃請求権を認めている。
④ **誤文**：議会の議決に異議がある場合，首長は再議に付すことができる。

問3 地方自治体に関する記述として最も適当なものを，次の①～④のうちから一つ選べ。

① 地方分権一括法により，地方自治体と国の事務が新たに分類され，独自に課税する権限が拡大するなど，地方自治体の権限は強化されている。
② 地方自治体財政の歳入のうち，国庫支出金，地方債などの合計が一般財源であり，地方税，地方交付税などの合計が特別財源(特定財源)である。
③ 地方分権化を促すための「三位一体改革」の主な柱は，国から地方への税源の移譲・補助金の削減・地方債の見直しである。
④ 地方自治体の行政に対する住民の苦情を処理するため，オンブズマン制度が裁判所に設けられている。

問3 [答] ①

① **正文**
② **誤文**：一般財源とは使途が特定されない財源のことで，これには地方税，地方交付税などがある。これに対して，特定財源とは使途が特定される財源で，これには国庫支出金，地方債などがある。
③ **誤文**：「地方債の見直し」を「地方交付税の見直し」に直せば，「三位一体の改革」についての正しい文になる。
④ **誤文**：オンブズマン制度を導入している地方自治体はあるが，この制度が「裁判所に設けられている」という記述は誤り。

14 選挙制度

1 民主的な選挙の基本原則

✣**普通選挙** 納税額・性別などを問わず，一定の年齢に達したすべての者に選挙権を付与(ふよ)する（⇔制限選挙）。

✣**平等選挙** 有権者の投票の価値を平等に扱う（⇔不平等選挙）。

✣**直接選挙** 有権者が候補者に対して直接投票する（⇔間接選挙）。

✣**秘密選挙** 無記名で（誰が投票したか分からないように）投票する（⇔公開選挙）。

2 選挙権の拡大

✣**各国** 世界初の男子普通選挙は**フランス**（1848），女子は**ニュージーランド**（1893）。

✣**日本** 男子（25歳以上）は**1925**年，男女（20歳以上）は**1945**年に導入。2015年に18歳以上。

3 選挙制度の比較

	小選挙区制	大選挙区制	比例代表制
仕組み	候補者名で投票し，1選挙区で1名選出	候補者名で投票し，1選挙区で複数名選出	原則政党名で投票，得票数に応じ議席を配分
長所	政権が安定する（大政党に有利なため）	小政党からも当選可能，死票が比較的少ない	死票が少ない（民意を正しく反映する）
短所	死票(しひょう)（落選者に投じられた票）が多い	政権が不安定（小党分立になりやすいため）	政権が不安定（小党分立になりやすいため）

4 衆議院と参議院

	衆議院	参議院
定数	465名	248名
選挙区	289名（全国を289の小選挙区に分割し1名ずつ選出）	148名（原則として各都道府県を単位とし，各選挙区から複数名を選出）
比例代表区	176名（全国11ブロック）	100名（ブロック分けしない）
投票方法	自書式2票制	自書式2票制
重複(ちょうふく)立候補	小選挙区立候補者を，同時に比例名簿へ登載(とうさい)可能（小選挙区落選者が比例代表で「復活当選」可能）	

5 衆参の比例代表選挙の比較

	衆議院	参議院
名簿形式	拘束名簿式(登載順位が付してある)	基本的に非拘束名簿式(登載順位は付されていない)。ただし,一部の候補者に当選の優先順位を付すことが可能(「特定枠」)。
投票方法	**政党名**で投票(候補者名での投票は無効となる)	**政党名**,あるいは**名簿登載の候補者名**で投票(所属政党への投票として議席配分に反映される)
議席配分	**ドント方式**(得票数に応じて各党に議席が配分される)	
当選者の決定	**名簿登載順位に従って**当選者が決まる	まず,**「特定枠」の順位に従って**当選者が決まる。「特定枠」の候補者が全員当選したら,「特定枠」以外の候補者が**個人名での得票順に従って**当選する。

6 選挙運動に対する規制(公職選挙法)

✤**事前運動の禁止** 法定の選挙運動期間より前に選挙運動を行うことは禁止。

✤**戸別訪問の禁止** 候補者が各家庭をまわって投票を依頼することは禁止。

✤**連座制** 候補者の秘書などが選挙違反を犯し刑に処せられた場合,候補者が選挙違反を行っていなくても当選が無効となる(5年間は同一選挙区からの立候補禁止)。

7 選挙制度をめぐる動向

✤**投票時間の延長** 投票時間が2時間延長され,午後8時までとなった(1997)。

✤**期日前投票** 仕事やレジャーなどの理由により,**投票日以前に,在住する市区町村で投票**することができる。

✤**在外投票制度** 海外在住の日本人有権者は,衆参の選挙に際して在外公館などで投票できる。**従来は衆参の比例代表選挙に限定されていたが,2006年の法改正で小選挙区選挙(衆議院)と選挙区選挙(参議院)でも認められた**。

✤**政党間移動の禁止** 衆参の比例代表選出議員は,当選後,他の政党へ党籍を移動した場合,失職する(選挙後に結成された政党への移籍や無所属への変更は可)。

✤**インターネットを使った選挙運動の解禁** ウェブサイトなどを用いた選挙運動が原則として解禁された(2013)。

✤**候補者男女均等法** 選挙で男女の候補者数をできる限り均等にするよう政党に求める(2018)。

8 選挙をめぐる有権者の動向

✤**無党派層の増大** 近年,特定の支持政党をもたない無党派層が増えており,その投票行動が選挙結果に大きな影響を及ぼすようになっている。

✤**アナウンスメント効果** マスメディアによる選挙の予測報道が,選挙結果に影響を与えることがある。

ここが共通テストのツボだ!!

ツボ① 注意が必要！　選挙関連の最高裁違憲判決

1. **定数不均衡**…衆議院→違憲判決が２回，ただし選挙自体は有効
　参議院→違憲判決なし
2. **在外選挙権**…衆参の**比例代表選挙**に限定していたことに対する違憲判決

最高裁は衆議院の定数不均衡（一票の格差）について，**これまで２回違憲判決を出したことがある**（1976・85）。ただし，**選挙自体は有効とした**（つまり，選挙のやり直しは命じなかった）。なお，この２回の違憲判決は，衆議院に小選挙区制が導入（1994）される前の中選挙区制（選挙区ごとの定数が3～5名）の時期に出たもの。それから，参議院については「違憲状態」と判断したことはある（1996）が，**違憲判決は出したことがない**ことにも注意しよう。

もう一つ，在外日本人の選挙権をめぐる判決にも目配りを利かせたい。最高裁は2005年に，在外投票を衆参の比例代表選挙に限定している公職選挙法の規定に対して違憲判決を出した。その後同法が改正され（2006），衆議院の小選挙区選挙，参議院の選挙区選挙でも在外投票が認められた。

ツボ② 選挙制度は少し厄介，しかし頻出

1. **選挙運動の禁止対象**…**事前運動**，**戸別訪問**など
2. **衆参の違い**…**重複立候補制**→衆議院のみ
　候補者名簿→衆議院が**拘束名簿式**，参議院が基本的に**非拘束名簿式**
　比例代表選挙の投票形式→衆議院では**政党名**のみ，
　参議院では**政党名**か**候補者名**で投票

選挙制度は細かいところが出題されることがある。まず，選挙で禁止されている事項について。①公職選挙法で規定されている選挙運動期間に先立って選挙運動を行うこと（事前運動の禁止）。②選挙運動期間中に候補者が各家庭をまわって自分への投票を依頼すること（戸別訪問の禁止）。ただし，**電話での投票依頼や，個人演説会は可能**である。

そして，衆議院と参議院の選挙制度の違いにも注意しよう。①重複立候補制について。小選挙区選挙で落選した候補者が比例代表選挙で「復活当選」可能な仕組み（重複立候補制）は，衆議院のみ。②比例代表選挙の候補者名簿について。**衆議院では拘束名簿式，参議院では基本的に非拘束名簿式が採用されている**（ただし，政党の判断で名簿の一部に順位を付すことができる）。③比例代表選挙の投票形式について。**衆議院では政党名で投票，参議院では政党名あるいは候補者名簿に登載されている候補者の個人名で投票する。**

基礎力チェック問題

問1 選挙の原則や選挙制度の特徴に関する記述として最も適当なものを，次の①～④のうちから一つ選べ。

① 投票の内容などを他人に知られずに済むことを有権者に保障している選挙は，秘密選挙と呼ばれる。

② 財産や納税額などにかかわりなく，一定の年齢に達した者が選挙権を得られる選挙は，平等選挙と呼ばれる。

③ 比例代表制の特徴として，小選挙区制に比べて，死票が多くなりがちであると言われる。

④ 小選挙区制の特徴として，大選挙区制に比べて，多党制になりやすいと言われる。

問1 [答] ①

① **正文**

② **誤文**：「平等選挙」は普通選挙の誤り。平等選挙は，一票の価値を等しく扱う選挙の仕組み。

③ **誤文**：「比例代表制」と「小選挙区制」を入れ替えれば正しくなる。小選挙区制は選挙区ごとの定数が1名であるから死票（落選者に投じられた票）が比例代表制や大選挙区制よりも多くなる。

④ **誤文**：「小選挙区制」と「大選挙区制」を入れ替えれば正しくなる。大選挙区制や比例代表制は，少数政党でも議席を獲得しやすいため多党制になりやすい。

問2 日本の現在の選挙制度に関する記述として最も適当なものを，次の①～④のうちから一つ選べ。

① 参議院議員選挙の比例代表区については，有権者は政党名で投票し，候補者個人名では投票できない。

② 比例代表制で当選した衆議院議員と参議院議員は，離党すると議員資格を失う。

③ 衆議院議員選挙の小選挙区選挙については，有権者は候補者個人名で投票し，比例代表区選挙については政党名で投票する。

④ 衆議院議員選挙では，小選挙区選挙の候補者は自らの出生した都道府県でしか立候補できない。

問2 [答] ③

③ **正文**

① **誤文**：参議院議員選挙の比例代表区では，有権者は政党名か，比例名簿に登載されている候補者個人名で投票する。

② **誤文**：比例代表制で当選した議員は，選挙時に比例名簿を提出していた他の政党へ移籍した場合，議員資格を失う。しかし，選挙後に結成された政党へ移籍したり，無所属に変更した場合は，議員資格を失うことはない。「離党」しただけで議員資格を「失う」という記述は誤り。

④ **誤文**：出生地以外でも立候補できる。

問3 国政選挙をめぐる法制度に関する記述として最も適当なものを，次の①～④のうちから一つ選べ。

① 投票日に仕事があると見込まれる有権者は，投票日の前に投票を行うことができるが，レジャーを理由とした期日前投票を行うことはできない。

② 国外に在住する有権者は，現地において衆議院議員選挙の投票を行うことができるが，参議院議員選挙の投票は認められない。

③ 選挙運動において，選挙運動の責任者が買収の罪を犯し刑に処せられた場合，候補者の当選は無効となる。

④ 候補者が，政見を伝えたり投票を依頼したりすることを目的として，家庭や職場などを戸別訪問することは，選挙期間を除いて禁止されている。

問3 [答] ③

③ **正文**

① **誤文**：レジャーを理由とする場合も，期日前投票を行える。

② **誤文**：衆議院議員選挙でも参議院議員選挙でも在外投票が認められている。

④ **誤文**：選挙期間中の戸別訪問は禁止されている。

15 政党政治と政治改革

1 政党の役割と政党制

✤**政党** 共通の主義・主張をもつ人々からなる集団で，基本方針である綱領（こうりょう）や政策の実現のために政権獲得をめざす。

✤**歴史的変容** 制限選挙が支配的な時代には，「財産と教養」のある階層からなる**名望家政党**（めいぼうか）が一般的であった。しかし，普通選挙が普及する大衆民主主義（マスデモクラシー）[☞p.236]の時代になると，広範な支持を求めて国民的な利益をめざす**大衆政党**が一般化した。

✤**政党制**

二大政党制	二大政党のどちらかが単独で政権を担うため政権が安定しやすいが，国民の選択の幅が狭い。 例：イギリス（労働党と保守党*），アメリカ（民主党と共和党）。
多 党 制	多様な意見を政治に反映しやすいが，複数の政党による連立政権になりやすいため政権が不安定になる傾向がある。 例：ドイツ，イタリアなど。

*近年では，スコットランド国民党や自由民主党などが一定の議席を確保するようになってきている。

2 圧力団体

✤**圧力団体とは** **圧力団体**（利益集団）は自らの特殊利益の実現をめざす（政権獲得はめざさない）。アメリカでは，圧力団体の代理人として議会などに対して圧力活動を展開する人を**ロビイスト**と呼び，その活動は法律で規制されている。

✤**日本の圧力団体** 経済界では日本経済団体連合会（**日本経団連**），労働界では日本労働組合総連合会（**連合**）などがある。

3 日本の政党政治の特質

✤**議員政党** 日本の政党は，各地域で日常的な活動を行う一般党員組織が弱く，国会議員を中心に構成されている。強固な一般党員組織をもつ政党は組織政党という。

✤**族議員** 建設・運輸・防衛など特定の政策領域に精通し，その政策領域と関連する省庁や業界と深く結びついた議員を**族議員**という。彼らの活動は，**政官財**（せいかんざい）**（政界・官界・財界）の癒着**（ゆちゃく）**の温床**（おんしょう）**になりやすい**。

4 戦後日本の政党政治 ★★☆

55年体制の成立

1955年に，それまで右派と左派に分裂していた**日本社会党（社会党）**が統一した。これに対抗して自由党と日本民主党が合同し，**自由民主党（自民党）**が結成された。これ以降，40年近くにわたって自民党と社会党を中心とする体制が続いた。しかし，社会党の議席は自民党の半分程度であり（二大政党制に対して1と2分の1政党制とも呼ばれた），**実質的には自民党の一党優位が続いた**。

↓

多　党　化

1960年代以降，野党の多党化が進展した。たとえば，60年には日米安保条約の改定をめぐって社会党が分裂し民主社会党が，64年には創価学会を支持母体として**公明党**が結成された。また，76年にはロッキード事件を機に自民党から離脱した勢力が新自由クラブを結成した。新自由クラブは，第二次中曽根内閣（1983～86）で自民党と連立を組んだ（55年体制下で唯一の連立内閣）。

↓

55年体制の崩壊

1993年に自民党が分裂し，その後行われた総選挙で自民党が過半数を割り込んだ。これを機に，「非自民」を旗印とする8党派が**細川連立内閣**を成立させ，自民党は結党以来はじめて野党に退いた（ただし，その後，**1年足らずで政権に復帰した**）。

↓

連立政権の時代

細川内閣以降，連立内閣が常態化したが，自民党は，社会党の党首が首相を務める**村山連立内閣**（1994年成立）において連立与党として政権に復帰し，その後自民党を首班とする連立内閣が続くなど，相対的な安定を示した。しかし，自民党は2009年の衆議院総選挙で歴史的大敗を喫して野党に転じた。これ以降，民主党中心の連立内閣（鳩山内閣，菅内閣，野田内閣）が続いたが，**2012年の衆議院総選挙で自民党が大勝**し，同党を中心とする第二次安倍内閣（第一次は2006～07）が成立し，その後長期にわたって安倍内閣が続いている（2019年現在）。

5 政治改革・政党政治の動向 

✤**小選挙区比例代表並立制の導入**（1994）　公職選挙法が改正され，衆議院総選挙に，従来の**中選挙区制**（各選挙区の定数が原則として3～5名）に代わって導入（参議院に選挙区選挙と比例代表選挙からなる仕組みが導入されたのは1982年）。

✤**政党助成法の制定**（1994）　**一定の条件を満たした政党**に対し，所属国会議員数などに応じて，国庫から政党交付金が交付されることになった。その総額は日本の総人口に250円を乗じて算出される。

✤**政治資金規正法の改正**（1999）　**政治家個人への企業・団体献金はすべて禁止**された。ただし，**政党への企業・団体献金は認められている**。

ここが共通テストのツボだ!!

ツボ 1 戦後日本の政党政治の基本と詳細

1. **55年体制とは**…**自民党**と**社会党**が基本政策をめぐって対立
2. **55年体制の崩壊**…1993年に「非自民」の**細川連立内閣**が成立
3. **55年体制崩壊後**…**自民党**が1年足らずで連立与党として政権に復帰

55年体制の時期と55年体制の崩壊後に分けて，まず大まかな特徴を押さえ，余裕があれば少し細かいことにも気をつけるといい。

まず，55年体制の基本事項について。①政権を担う自由民主党（自民党）と野党第一党の日本社会党（社会党）が安全保障政策，憲法改正問題など基本政策をめぐって対立していたが，②国会における**社会党の議席数は自民党の半分程度しかなく，社会党が政権についたことはなかった**。発展的内容として，55年体制の下で一度だけ連立内閣が成立したことに気をつける（**自民党と新自由クラブの連立**）。

次に，55年体制崩壊後の特徴について。①「非自民」の立場をとる8党派が協力して細川連立内閣が成立（1993）したことで，自民党はいったん野党に退いたが，②自民党はその後1年足らずで村山連立内閣の連立与党として政権に復帰した。余裕があれば，**村山内閣は社会党の党首が首相を務める内閣であったこと**，民主党中心の連立内閣が成立した時期（2009～12）があったこと，**2012年の衆議院総選挙で自民党が大勝**し自民党中心の第二次安倍内閣が成立し，その後長期にわたって安倍内閣が続いていることに注意する（2019年現在）。

ツボ 2 政治改革（1990年代）の目のつけどころ3つ

1. **公職選挙法改正**…**中選挙区制**から**小選挙区比例代表並立制**へ
2. **政党助成法制定**…一定の条件を満たした政党に**政党交付金**を交付
3. **政治資金規正法改正**…政治家個人への企業・団体献金を全面禁止

3つのポイントを押さえておけば，試験で対処できる。

①衆議院の選挙制度が，従来の中選挙区制から小選挙区比例代表並立制へと変更された（1994）。その後，**小選挙区，比例代表ともに定数削減が行われた**ことに注意。

②政党助成法が制定され，国庫から政党交付金が交付されることになった（1994）。ただし**政党を名乗っていれば自動的に交付されるわけではない**。所属国会議員数など一定の条件を満たす政党だけが対象で，交付額も異なることを忘れないように。

③政治資金規正法が改正され，政治家個人への企業・団体献金も，政治家が代表を務める資金管理団体への企業・団体献金も禁止された（1999）。ただし，**政党への企業・団体献金が禁止されたわけではない**ことに注意。

基礎力チェック問題

問1 戦後の日本政治についての記述として最も適当なものを，次の①～④のうちから一つ選べ。

① 社会党の再統一と保守合同による自民党の結成以降，55年体制が形成され，自民党と社会党の二大政党が政権交代を繰り返した。

② 中選挙区制の下では，同一選挙区内で同一政党の候補者が複数立候補することはないので，政党・政策中心の選挙が行われた。

③ 政治改革を求める世論を背景として細川連立政権が誕生した翌年に，衆議院議員選挙に，小選挙区比例代表並立制が導入された。

④ 自民党は細川連立政権崩壊以後で政権の座にあった時期，他の政党と連立を組んだことはなく，単独政権を維持し続けた。

問1 [答] ③

③ **正文**：小選挙区比例代表並立制の導入(1994)は，1993年成立の細川連立内閣の下で行われた。
① **誤文**：55年体制の下で社会党が政権を担ったことはなかった。
② **誤文**：中選挙区制は小選挙区比例代表並立制導入以前に採用されていた仕組みで，選挙区ごとの定数が3～5名であったため，同一選挙区内で同一政党の候補者が複数立候補することがあった。
④ **誤文**：自民党が「単独政権を維持し続けた」は誤り。

問2 日本の政党をめぐる制度に関する記述として最も適当なものを，次の①～④のうちから一つ選べ。

① 政党は，参議院議員選挙の場合，比例代表での立候補者に順位をつけた名簿を作成することが，法律で義務づけられている。

② 政党が，衆議院議員選挙の場合，小選挙区に立候補した候補者名を比例代表での名簿に掲載することは，法律上できない。

③ 政党は，国会議員が所属していても，政党交付金の交付を受けるときには，所属する国会議員の人数などに関して，法律上，一定の条件を満たさなければならない。

④ 政党に国会議員が所属しているか否かにかかわらず，企業や団体は，議員個人に対して，一定額内で，政治献金を行うことができると法律で定められている。

問2 [答] ③

③ **正文**：政党助成法についての記述として正しい。
① **誤文**：「参議院議員選挙」を「衆議院議員選挙」に直せば正しい[☞p.67, 68]。
② **誤文**：衆議院議員選挙では，小選挙区の立候補者を同時に比例名簿に登載できる重複立候補制が採用されている[☞p.66]。
④ **誤文**：議員個人に対する企業・団体献金は，政治資金規正法によって禁止されている。

問3 利益集団(圧力団体)についての記述として最も適当なものを，次の①～④のうちから一つ選べ。

① 政府や議会に働きかけて政策決定に影響を与え特定の利益を実現しようとする集団のことを，利益集団という。

② 政治的な主張の近い人々が集まって政権の獲得を目的として活動する集団のことを，利益集団という。

③ 日本においては，利益集団の代理人であるロビイストは国会に登録され活動が公認されている。

④ 日本においては，利益集団のニーズに応じて利益誘導政治を行うことが推奨されている。

問3 [答] ①

① **正文**
② **誤文**：「利益集団」ではなく「政党」についての記述。利益集団は政権の獲得を目的としない。
③ **誤文**：日本ではなくアメリカを想定した記述。アメリカでは，利益集団の代理人であるロビイストが連邦議会に登録され活動が公認されている。
④ **誤文**：「推奨されている」という記述は誤り。利益誘導政治は，利益集団と政治家・官僚との癒着による政治腐敗を招きやすい。

16 行政機能の拡大と行政の民主化

1 国家の歴史的変容

20世紀に入って国家の役割が増大するようになると，国家のあり方は夜警(やけい)国家から福祉国家へと変容した[☞p.14]。これを別の観点からみると，**議会中心の立法国家から，行政権が立法権に対して実質的に優越する行政国家への変容**と捉(とら)えることができる。

2 日本における行政国家化現象

✣**内閣提出法案の増加**　議員提出法案(**議員立法**)よりも，内閣提出法案の方が，数が多い傾向があり，成立率も高い。

✣**委任立法の増大**　法律で大枠を定め，その細部については行政府が法律の委任に基づいて命令形式で定めることが多い。その例として，政令(内閣が制定する命令)や省令(省が制定する命令)がある。

✣**行政指導**　行政機関は，一定の行政目的を達成するために，業界や企業などに対して指導・勧告(かんこく)・助言を行う。

3 行政の民主化

✣**情報公開制度**　1999年に**情報公開法**が制定され，中央省庁の行政文書(安全保障に関する文書などは除く)の公開が義務づけられた。**外国人や法人も含めて誰でも開示(かいじ)請求できる**。**政府の説明責任(アカウンタビリティ)**は明記されたが，国民の**知る権利**は明記されていない[☞p.38]。また，省庁が不開示の決定を行った場合，請求者は情報公開審査(しんさ)会に不服の申し立てができる。

✣**オンブズマン(行政監察(かんさつ)官)制度**　行政部の活動が適正に行われているかどうかを，国民の代理人として監視・調査し，是正(ぜせい)勧告などを行う機関(19世紀初めにスウェーデンで創設された)。**川崎市(1990)などで導入されている**[☞p.63]**が，国レベルでは未導入**。

✣**行政手続法**(1993)　公正・透明な行政運営の確保を目的とし，行政指導や許認可に統一的なルールを定めている。2005年の改正により，行政機関による命令の制定・改廃にあたり，原案を公表して事前に国民の意見を募る**パブリックコメント**の制度が導入された。

✣**国政調査権**　憲法上，衆議院と参議院に与えられている権限で，行政の動向を監視する働きをもつ。

✤**行政委員会**　一般の行政機関から相対的に独立した合議制の行政機関。警察行政を監督する**国家公安委員会**，独占禁止法を運用する**公正取引委員会**など。

✤**審議会**　行政機関が政策立案にあたって，有識者や利害関係者の意見を聞くために設置する諮問機関。

✤**国家公務員倫理法**（1999）　官僚の汚職事件が相次いだことをきっかけに，国家公務員に対する接待や贈与を規制するために制定された。

✤**公文書管理法**（2009）　公文書を廃棄する場合には首相の同意を必要とすることや，政策決定過程を検証できる形で公文書を作成することなどを規定。

4　行政改革

✤**三公社の民営化**　第二次臨時行政調査会（第二臨調）の答申に基づき，1980年代後半，中曽根内閣によって行われた。日本専売公社は**JT**に，日本電信電話公社は**NTT**に，日本国有鉄道（国鉄）は**JR**に移行した。

✤**中央省庁の再編**　中央省庁の効率化・スリム化をめざして，2001年に，従来の1府22省庁から1府12省庁へと再編された。この再編では，**内閣府の新設，環境庁の環境省への格上げ**などが行われた。これらのうち内閣府は，各省庁の施策の統一を図るために必要となる企画・立案・総合調整を行い，経済財政諮問会議，男女共同参画会議などが設置されている。また，その後，**防衛庁の防衛省への格上げ（2007），消費者庁の新設（2009）**などが行われた。

✤**独立行政法人**　良質な行政サービスと業務の効率化のために，国立の研究所・博物館・病院などを各省庁から独立させ，民間の経営手法を取り入れた。

✤**郵政民営化**　郵政三事業（郵便事業・郵便貯金事業・簡易保険事業）が民営化された（2007）。その後の法改正（2012）を経て，現在，持株会社「日本郵政」の下に3つの事業会社（日本郵便・ゆうちょ銀行・かんぽ生命保険）が置かれている。

✤**天下りの規制強化**　天下りとは，**官僚が退職後に，勤務していた行政機関と関係の深い民間企業や特殊法人に幹部として再就職すること**。官民癒着の温床になり，公正な行政の妨げになると批判されてきた。

✤**内閣人事局の設置**　2014年，事務次官や局長など中央省庁の幹部人事を一元管理する内閣人事局が発足した。省庁縦割りの弊害をなくし，首相官邸主導で戦略的な人事を推進することをねらいとする。

●内閣と主な行政機構の組織図

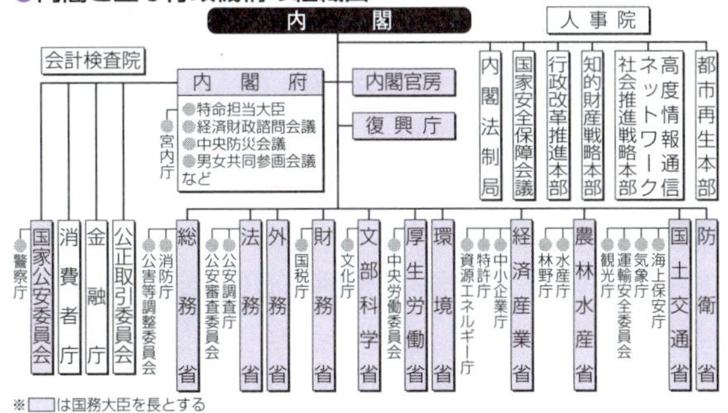

ここが共通テストのツボだ!!

ツボ 1 21世紀はじめの政治・行政改革のポイント

1. 政治改革…政府委員制度の廃止，副大臣・大臣政務官ポストの新設，政策秘書制度の導入
2. 行政改革…省庁再編（1府22省庁→1府12省庁），独立行政法人，パブリックコメント

行政権が立法権に対して実質的に優位にたつ傾向がある。たとえば，原案を官僚がつくる内閣提出法案の方が議員提出法案よりも多く，政令や省令など委任立法も数多くみられる。また，従来は官僚が大臣に代わって国会答弁（とうべん）を行う制度（政府委員制度）もあった。

このような官僚優位の傾向を改めるために，さまざまな改革が行われてきた。そのポイントは，国会審議の活性化を目的に政府委員制度が廃止されたこと，各省庁に副大臣と大臣政務官のポストを新設して各省庁の政策立案過程への関与を強めたこと[☞p.51]，国会議員の政策立案能力の向上をめざして政策秘書の制度が導入されたことなど。

一方，行政改革も進展した。たとえば，中央省庁の効率化・スリム化を目的に，従来の1府22省庁から1府12省庁への改編が行われた（2001）。また，良質な行政サービスを提供するために，国立の研究所や病院などを各省庁から切り離し独立行政法人へ移行させた。さらに，命令の制定などの際に原案を公表して国民の意見を募るパブリックコメントの制度が導入された（2005）。

ツボ 2 情報公開法は細かい知識も問われる

1. 公開対象…中央省庁の行政情報（国会・裁判所は対象外）
2. 請求の主体…日本国民，企業などの法人，外国人
3. 非公開となるもの…安全保障，個人に関する情報
4. 問題点…知る権利の規定がない

法律名を暗記するだけで何とかなると思わないこと。ポイントは6つある。

①中央省庁が保有する行政情報が対象（だから，国会や裁判所は対象外）。
②法人や外国人も開示請求ができる。
③紙に印刷された情報だけでなく，電磁的記録も公開対象となる。
④個人情報などは公開されない。
⑤外交・防衛などの情報は行政機関の長の判断で非公開にすることができる。
⑥政府の説明責任（アカウンタビリティ）は明記されているが，知る権利の規定はない。

さらに，**情報公開制度の導入は国よりも地方自治体の方が早かった**ことも気をつけよう。

基礎力チェック問題

問1 日本における行政の民主化に関わる制度に関する記述として最も適当なものを，次の①～④のうちから一つ選べ。

① 行政委員会は，準司法的機能と準立法的機能を有する合議制の機関であって，衆参両院に設置されている。
② 行政手続法が廃止され，国家公務員の職業倫理強化のために，国家公務員倫理法が制定された。
③ 情報公開法は，外国人や法人にも行政文書の開示を請求する権利を認めている。
④ 国家公務員が退職した後，営利企業へいわゆる「天下り」をする場合には，国会による承認が必要である。

問1 [答] ③

③ **正文**
① **誤文**：行政委員会は，一般の行政機関から相対的に独立した合議制の行政機関である。したがって，「衆参両院に設置されている」は誤り。
② **誤文**：国家公務員倫理法が制定されたという記述は正しいが，「行政手続法が廃止され」は誤り。
④ **誤文**：「国会による承認が必要である」は誤り。

問2 1990年以降の日本の国会改革と行政改革に関する記述として最も適当なものを，次の①～④のうちから一つ選べ。

① 中央省庁再編に併せて，大臣機能を強化するため，各省庁の政策に精通している官僚が大臣に代わって国会で答弁する政府委員制度が強化された。
② 中央省庁再編に併せて新設された副大臣は，政策の企画・立案に参加し国会で答弁することもできる。
③ 原則として毎週，首相と野党党首との直接対面方式での討議を行う党首討論が，衆議院の本会議において行われるようになった。
④ 各政党はマニフェストを作成することと，総選挙後，衆議院の本会議で各党首がそれを基に演説をすることを法律によって義務づけられている。

問2 [答] ②

② **正文**：国会審議活性化法の内容として正しい。
① **誤文**：副大臣・大臣政務官の新設に伴って，政府委員制度は廃止された。
③ **誤文**：党首討論は，「本会議」ではなく，常任委員会の一つである国家基本政策委員会で行われる。
④ **誤文**：「法律によって義務づけられている」は誤り。

問3 日本における「小さな政府」をめぐる動きの記述として最も適当なものを，次の①～④のうちから一つ選べ。

① 国の行政組織をスリム化するために，独立行政法人制度に加えて新たに特殊法人制度が創設された。
② 郵政民営化法が成立し，日本郵政公社が引き続き行う郵便事業を除き，郵便貯金，簡易保険の郵政2事業が民営化された。
③ 財政危機に直面した政府は財政構造改革法を成立させ，それ以降国債残高は減少の一途をたどっている。
④ 国は市町村の合併を推進してきたが，市町村が実施した住民投票で合併に対する反対が賛成を上回ったことがある。

問3 [答] ④

④ **正文**
① **誤文**：「新たに特殊法人制度が創設された」は誤り。この制度は従来からある。また近年では，特殊法人の独立行政法人への移行などにより削減される傾向にある。
② **誤文**：2007年に郵政三事業の民営化が行われた。
③ **誤文**：国債残高は増加の一途をたどっている[☞p.105]。

チャレンジテスト②（大学入学共通テスト実戦演習）

問1 次の問いに答えよ。　（18年現社試行調査）

「現代社会」の授業で，議会の一院制と二院制とでどちらの制度が優れているかについて，「一院制が優れていると主張するグループ」と「二院制が優れていると主張するグループ」とに分かれて討論をすることになった。

この討論に関し，まず，あなたがどちらのグループに入るかを選び，「一院制が優れていると主張するグループ」に入る場合には①，「二院制が優れていると主張するグループ」に入る場合には②のいずれかを選べ。その上で，次の⑴・⑵に答えよ。
なお，どちらのグループを選んでも，⑴・⑵については解答することができる。

⑴　あなたが優れているとして選んだ制度が現在採用されている議会を，次の①・②のうちから一つ選べ。

①　日本の都道府県の議会
②　アメリカ合衆国の連邦議会

⑵　あなたが選んだ制度が優れていると主張するための根拠として適当なものを，次の①～④のうちから二つ選べ。ただし，解答の順序は問わない。なお，①～④はいずれも，院の規模が同じであることを前提にしているものとする。

①　議会が，より迅速に意思決定をすることができる。
②　議会の意思決定に，より多様な意見を反映することができる。
③　抑制が働くことで，より慎重に議会が意思決定をすることができる。
④　議会の運営に要する経費を，より低く抑えることができる。

問1　**[答]**　グループ①または②
⑴ グループが①の場合は①／グループが②の場合は②
⑵ グループが①の場合は①・④／グループが②の場合は②・③

⑴①日本の都道府県の議会[☞p.58]は一院制（グループ①），②アメリカ合衆国の連邦議会は二院制（グループ②）である[☞p.18]。

⑵の①（意思決定の迅速性），④（議会運営経費の抑制）は，一院制が優れていると主張するための根拠となる。一方，⑵の②（多様な意見の反映），③（慎重な意思決定による議会運営）は，二院制が優れていると主張するための根拠となる。

問2 次のa・bは，授業で「民主主義とは何か」について考えた際に，2人の生徒が自分なりにまとめた説明である。これに関連して，日本国憲法が定めている国会の議決の方法の中にも，過半数の賛成で足りる場合と過半数よりも多い特定の数の賛成を必要とする場合とがある。過半数の賛成で足りる場合として正しいものを，下の①～④のうちから一つ選べ。 （18年政経試行調査改）

a 国政の重要な事項は国民全員に関わるものなので，主権者である国民が決めるのであれ，国民の代表者が決めるのであれ，全員またはできるだけ全員に近い人の賛成を得て決めるのが民主主義だ。

b 国政の重要な事項は国民全員に関わるものであるが，主権者である国民が決めるのであれ，国民の代表者が決めるのであれ，全員の意見が一致することはありえないのだから，過半数の賛成によって決めるのが民主主義だ。

① 国会が憲法改正を発議するため，各議院で議決を行う場合
② 条約の締結に必要な国会の承認について，参議院で衆議院と異なった議決をしたときに，衆議院の議決をもって国会の議決とする場合
③ 各議院で，議員の資格に関する争訟を裁判して，議員の議席を失わせる場合
④ 衆議院で可決し，参議院でこれと異なった議決をした法律案について，再度，衆議院の議決だけで法律を成立させる場合

問2 [答] ②

② 条約の承認 [☞p.52] については，次の2つのケースがありうる。まず，衆参両院において過半数の賛成があれば条約は成立する。次に，参議院が衆議院と異なる議決をした場合（たとえば，衆議院で承認の議決があり，参議院でそれとは逆の議決をした場合），両院協議会を開催して意見の調整を図るが，それでも意見不一致のときは，衆議院の議決が国会の議決となる（日本国憲法第61条）。この選択肢は，後者のケースを想定している。

① 憲法改正の発議 [☞p.51] には，衆参両院において，総議員の3分の2以上の賛成が必要である（第96条1項）。

③ 議員の資格争訟裁判において，議員の議席を失わせる場合は，出席議員の3分の2以上の賛成が必要である（第55条）。

④ 法律案の議決 [☞p.52] については，2つのケースがありうる。まず，衆参両院において過半数の賛成があれば法律が成立する。次に，衆議院で可決した法律案を参議院が否決した場合，衆議院が出席議員の3分の2以上の賛成により再可決すれば，その法律案は法律となる（第59条2項）。この選択肢は，後者のケースを想定している。

問3 次の問いに答えよ。 （18年現社試行調査）

次の二つは，国や地方公共団体の政策や制度を検討する際に考慮すべきと思われる観点を整理したものである。

(ア) 公共的な財やサービスについて，民間の企業による自由な供給に任せるべきか，それとも民間ではなく国や地方公共団体が供給すべきか。すなわち，経済的自由を尊重するのか，しないのか，という観点。

(イ) 国や地方公共団体が政策や制度を決定する場合に，人々の意見の表明を尊重するのか，しないのか。すなわち，精神的自由，とりわけ表現の自由を尊重するのか，しないのか，という観点。

いま，**(ア)**の観点を縦軸にとり，**(イ)**の観点を横軸にとって，次のような四つの領域を示すモデル図を作ってみた。

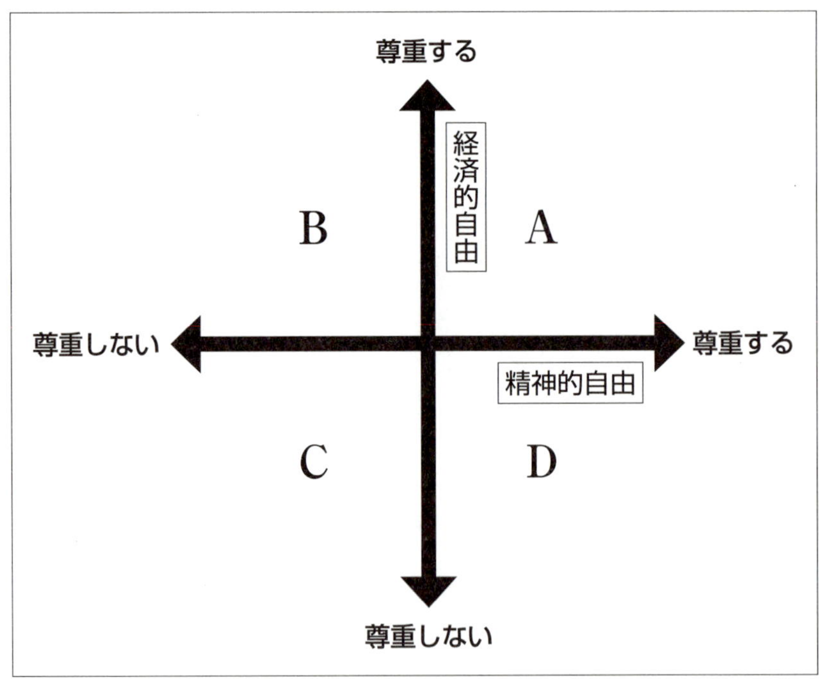

以上の観点とモデル図をふまえると，次の（ⅰ）と（ⅱ）で述べた政策や制度，国や地方公共団体の在り方は，それぞれ，A～Dのいずれの領域に位置すると考えられるか。その組合せとして最も適当なものを，下の①～⑧のうちから一つ選べ。

（ⅰ） 国や地方公共団体は，バスや鉄道などの公共交通機関を経営し，民間企業が参入する場合には，厳しい条件やルールを設ける。また，その政策に対する国民や住民の批判や反対を取り締まる。

（ⅱ） 国や地方公共団体は，バスや鉄道などの公共交通機関を経営せず，民間企業の活動に任せる。また，その政策に対する批判や反対であっても，国民や住民による意見表明を認める。

	（ⅰ）	（ⅱ）
①	A	B
②	B	C
③	C	D
④	D	A
⑤	A	C
⑥	B	D
⑦	C	A
⑧	D	B

問3 **[答]** ⑦

（ⅰ）は，国・地方公共団体が**公共交通機関の経営への民間企業の参入を規制**し，その政策に対する**国民・住民の批判などを取り締まる**としている。民間企業の参入を規制することは経済的自由を「尊重しない」という観点が当てはまり，国民・住民の批判を取り締ることは精神的自由を「尊重しない」という観点に当てはまる。したがって，この政策・制度は，モデル図でいうと，領域（C）に位置する。

（ⅱ）は，国・地方公共団体が**公共交通機関の経営を民間企業に任せ**，その政策に対する**国民・住民の批判などを認める**としている。公共交通機関の経営を民間企業に任せることは経済的自由を「尊重する」という観点に当てはまり，国民・住民の批判を認めることは精神的自由を「尊重する」という観点に当てはまる。したがって，この政策・制度は，モデル図でいうと，領域（A）に位置する。

◯ 時事問題，ここに注意！

Point 1 司法制度改革は非常に広範囲にわたっている

司法制度改革についていくつか取り上げた［☞p.55］。しかし，それは改革全体からみるとほんの一部にすぎない。もう少し目配りを利かせておくと，「いざ」というとき役に立つ。

1．**日本司法支援センター**…一部の被疑者にも国選弁護人制度が適用されることになったということをあげたが［☞p.32］，これは日本司法支援センターの業務の一つ。その他，民事法律扶助（資力の乏しい人に弁護士費用などを立て替える），犯罪被害者支援（犯罪の被害者やその家族に，被害者支援に精通した団体や弁護士を紹介する）などの業務を行う。

2．**知的財産高等裁判所**…著作権・特許権など知的財産権をめぐる訴訟を専門的に扱うために，東京高等裁判所の特別支部として発足したもの。具体的には，一審を東京と大阪の地方裁判所に限定し，二審を東京高等裁判所に専属させる。

3．**公判前整理手続**…裁判の開始に先立って証拠や争点を絞り込み，刑事裁判の充実・迅速化を図るために導入されたもの。裁判員制度が適用される事件（死刑など重い刑罰に相当する事件）では，裁判員の負担を軽くするため，この手続の適用が義務づけられる。

4．**損害賠償命令制度**…刑事裁判において，裁判官が有罪判決を出した場合には，同じ裁判官が加害者に対して損害賠償を命じることができる制度。従来は，加害者に対して損害賠償を命じる場合は，刑事裁判とは別に民事裁判を起こす必要があった。

5．**被害者参加制度**…殺人や傷害などの刑事裁判において，犯罪被害者やその遺族などが検察官のそばに着席し，被告人に直接質問したり，裁判官に量刑を主張したりすることができる制度。

6．**公訴時効の一部廃止**…刑事訴訟法改正（2010年4月）により，殺人，強盗殺人など法定刑に死刑を含む罪について時効が廃止された。この措置は，改正法施行の時点で時効が完成していない事件についても適用される。

7．**国選弁護人制度の拡充**…国選弁護人制度は，従来，刑事被告人と重大事件の被疑者だけに適用されていたが，現在では，すべての勾留事件の被疑者にも適用されている。

Point 2 行政改革はこんな分野でも進んでいる

1．**PFI（Private Finance Initiative）事業**…民間の資金・経営能力などを活用して公共施設などの整備・運営を行い，国民に低廉で良好なサービスを提供することを目的とする。

2．**公共サービス改革法**…ポイントは，「官」と「民」による競争入札で公共サービスの担い手を決定する仕組み（市場化テスト）を導入したこと。競争入札とは，契約希望者に見積額を提出させ，価格・質の点で最も相応しい条件を提示した者と契約する方法。

第2章　経済分野

経済分野では，需要供給曲線や財政政策などに対して，苦手意識をもつ人が多いのではないだろうか。丸暗記するだけでは対応できないので，きちんと仕組みを理解しておく必要がある。
戦後経済の歴史は，時期ごとに注目すべきトピックがある。それらを個々に覚えるのではなく，出来事同士のつながり，すなわち因果関係（こういう現象があったから，政府はこう対処した，など）を考えなければならない。
こうしたことに注意しながら，学習を進めていこう。

17 資本主義と社会主義

1 資本主義と社会主義の原理的な違い

✤生産手段（土地・工場・機械など）

資本主義	資本家（私企業）が生産手段を私的に所有（生産手段の私的所有）。生産手段をもたない者（労働者）は，その労働力を資本家に売って賃金を得なければ生活できない。
社会主義	国家や協同組合などが土地などの生産手段を所有（生産手段の社会的所有）。

✤経済原理

資本主義	財（ざい）・サービスの価格は市場における需要と供給の関係で決まり，この市場価格を目安とする各経済主体の活動により資源を配分する（**市場経済**）。
社会主義	国家がさまざまな資源を計画的に配分する（**計画経済**）。旧ソ連では，数次にわたって策定された5か年計画に基づき重工業化を優先する政策が推進されたが，その結果，消費財などの生産が圧迫されることになった。

2 資本主義の発展と経済学説

✤資本主義の本格的発展

ヨーロッパでは，18世紀後半から19世紀半ばにかけて**産業革命**が進展し，それを背景として資本主義が本格的な発展をみせるようになった。

アダム=スミス『国富論』	各人の利己心に基づく経済活動が「**見えざる手**」[☞p.92]に導かれて社会全体の富を増大させるとし，この立場から国家はなるべく経済に介入（かいにゅう）すべきでないとする**自由放任主義**（レッセ・フェール）を唱えた。このような国家（政府）は，「**安価な政府**」（**小さな政府**），「**夜警（やけい）国家**」と呼ばれる。「安価な政府」はアダム=スミスが用いた言葉であり，「夜警国家」は19世紀ドイツの社会主義者ラッサールが自由放任主義に基づく国家に対して批判的な意味を込めて用いた言葉。

✤資本主義の矛盾の激化

19世紀に入ると，周期的な恐慌（きょうこう）が発生するようになり，失業や貧困など社会問題が深刻化した。

マルクス『資本論』	資本主義の運動法則と根本的矛盾を解明し，**社会主義**への移行の必然性を主張した。

✤混合経済体制の成立

世界恐慌(1929)をきっかけとする1930年代の世界的な不況に直面して，**国家が経済へ積極的に介入するようになった**。たとえば，アメリカではF.ローズベルト大統領がニューディール政策を実施し，景気の回復・雇用の創出・国民福祉の増進を図った。

ケインズ	アダム=スミスが説いた自由放任主義を批判。不況期には，政府が公共投資を拡大して有効需要(購買力に裏づけられた需要)を創出し，完全雇用(非自発的な失業者がいない状態)を達成すべきであると説いた(**「大きな政府」の主張**)。著書に『雇用・利子および貨幣の一般理論』などがある。

✤「小さな政府」論の登場

1970年代以降，**先進国の財政危機を背景に，市場を重視する立場から歳出の削減，規制緩和の推進，民営化などを唱える「小さな政府」論が影響力を増した**。この考えに基づいて政策運営を行った政治家に，サッチャー首相(英／在任1979～90)，レーガン大統領(米／在任1981～89)などがいる。また，日本において1980年代後半に行われた三公社の民営化や2000年代に入って行われた郵政民営化なども，「小さな政府」の考えを背景としていた。

フリードマン	ケインズの理論を批判して，「小さな政府」論に大きな影響を与えた。マネタリズムと呼ばれる経済思想の代表的な経済学者で，『資本主義と自由』などの著作がある。

3 社会主義の動向

✤ヨーロッパの旧社会主義国

「東欧革命」(1989)，ソ連の解体(1991)を機に，市場経済へ移行した。

○**ソ連**　1980年代後半に，ゴルバチョフ書記長の下でペレストロイカ(改革)[☞p.176]が推進され，硬直したソ連経済の活性化が図られた。その後のソ連解体に伴い，ロシアなどは市場経済に移行した。

✤アジアの社会主義国

政治的には社会主義を維持しつつ市場原理を積極的に導入している国がある。

中　国	1970年代末から経済特区を設けて外資の導入などにより改革・開放政策を進め，1993年には**憲法で「社会主義市場経済」と呼ばれる経済体制の採用をうたった**。また，イギリスからの香港の返還(1997)，ポルトガルからのマカオの返還(1999)を機に，両地域に当面は**資本主義体制を認める「一国二制度」の方針を採用した**。2001年にWTO(世界貿易機関)加盟。
ベトナム	1980年代後半以降，「ドイモイ(刷新)」という方針を掲げ，市場原理の導入を図っている。2007年にWTO加盟。

ここが共通テストのツボだ!!

ツボ 1 資本主義の発展・変容と経済学説はセットで押さえる

1. 資本主義の確立…アダム=スミス→自由放任主義と「安価な政府」
2. 社会問題の激化…マルクス→資本主義批判
3. 混合経済の成立…ケインズ→有効需要の創出と完全雇用の達成
4. 「小さな政府」…フリードマン→市場の重視

1. 資本主義の確立…18世紀後半～19世紀半ばのヨーロッパで**産業革命**が進展。**アダム=スミス**が自由放任主義に基づく「**安価な政府**」を主張。

↓

2. 社会問題の激化…19世紀に，資本主義の発展を背景として失業・貧困などが深刻化。**マルクス**が資本主義の根本的な矛盾を解明。

↓

3. 混合経済の成立…世界恐慌(1929)に続く1930年代の不況期に，アメリカは**ニューディール政策**を実施。**ケインズ**が有効需要の理論を提唱。

↓

4. 「**小さな政府**」…1970年代以降，市場重視の立場から歳出削減，規制緩和などを唱える傾向が強まった。**フリードマン**はその代表的な学者。

ツボ 2 社会主義を放棄した国，放棄せずに市場経済化を進める国

1. 旧ソ連・東欧…冷戦終結→市場経済化
2. 中国…経済特区の指定，社会主義市場経済の推進
3. ベトナム…ドイモイ(刷新)の推進

旧ソ連や東欧諸国はかつて，中央政府が計画的に物資を生産・分配する**社会主義**経済の下で，非効率的な経済運営や労働意欲の低下などの問題に直面し，経済的に停滞していた。しかし，**1990年代初めの冷戦終結に伴って社会主義体制が崩壊すると，これらの国々でも市場経済化の動きが急速に進展した。**

一方，**政治的には社会主義を維持しつつ，市場経済化を急速に進めている国もある**。たとえば，**中国**はすでに1970年代末から，沿岸部に「**経済特区**」(深圳(シェンチェン)，厦門(アモイ)，海南島(ハイナン)など)を設けるなどして外国資本の導入を積極的に図る政策を採用していた。さらに，1990年代前半には憲法に「**社会主義市場経済**」と呼ばれる体制を採用することを明記し，市場経済化の動きを強めている。**1990年代以降の中国経済の急成長は，こうした経済改革路線によるところが大きい。**

また**ベトナム**も，1980年代後半から「**ドイモイ(刷新)**」と呼ばれる経済改革を急速に進めてきている。

基礎力チェック問題

問1 経済の動向に影響を及ぼす様々な要因に関する次の記述A～Cと，それと関係の深い人物ア～ウとの組合せを答えよ。

A 新しいものや仕組みが，既存のものや仕組みに取って代わる「創造的破壊」が，経済発展を牽引する。

B 政府が積極的に経済に介入することによって，景気と雇用の安定を図ることができる。

C 利己心に基づく人間の行動が，市場の「見えざる手」を通じて，社会全体の利益を増大させる。

ア ケインズ　**イ** シュンペーター　**ウ** アダム=スミス

問1 [答] A-イ B-ア C-ウ

A 経済発展の原動力は創造的破壊やイノベーション（技術革新）であるとしたのはイのシュンペーター。

B 経済への政府の積極的介入による景気と雇用の安定を唱えたのはアのケインズ。

C 利己心に基づく各人の行動が「見えざる手」に導かれて社会全体の利益を増大させると説いたのはウのアダム=スミス。

問2 各国の経済改革に関する記述として最も適当なものを，①～④のうちから一つ選べ。

① ベトナムでは，中央集権的な計画経済を強化するドイモイ政策という改革が1980年代に開始された。

② ソ連では，1980年代にペレストロイカにより経済の再建が図られたが，1990年代初頭にソ連は解体した。

③ 中国では，社会主義市場経済という路線が採られているため，株式会社制度の導入は避けられている。

④ ハンガリーとポーランドは，EU（欧州連合）には加盟せず，独自の経済改革を進めている。

問2 [答] ②

② **正文**：1985年に誕生したソ連のゴルバチョフ政権はペレストロイカ（改革）を推進したが，1991年にソ連は解体した。

① **誤文**：ドイモイ（刷新）政策はベトナムの経済改革路線を指し，市場原理を積極的に導入しようとするもの。したがって，「計画経済を強化」は誤り。

③ **誤文**：中国の社会主義市場経済は，外資の導入など，市場経済化を推進しようとするもの。

④ **誤文**：ハンガリーとポーランドは，2004年にEU（欧州連合）に加盟した。

問3 経済に対する政府のかかわりについての学説，または実際に経済に対して政府が行った政策に関する記述として**適当でないもの**を，次の①～④のうちから一つ選べ。

① ケインズは，有効需要の不足が失業を生み出すとし，失業問題を解決するためには政府による財政政策などが必要であると主張した。

② マルクスは，資本主義は必然的に貧富の差をもたらすものであるとし，政府は所得再分配などにより資本主義を修正すべきだと主張した。

③ アメリカのフランクリン・ローズベルト大統領は，世界恐慌後の不況に対処するために，公共事業を行うなど経済に積極的に介入する政策を採った。

④ イギリスのサッチャー首相は，「大きな政府」から「小さな政府」への転換を目指し，規制緩和や国営企業の民営化を推進した。

問3 [答] ②

② **誤文**：マルクスは，資本主義の矛盾を解消するためには，生産手段の私的所有の廃止などによる社会主義への移行が必要であると主張した。したがって，「資本主義を修正すべきだと主張した」は誤り。

① **正文**：ケインズの有効需要政策に関する正しい記述。

③ **正文**：ローズベルト大統領が採用したニューディール政策に関する正しい記述。

④ **正文**：イギリスのサッチャー首相は，「小さな政府」の考えに基づく経済政策を採用した。

18 現代経済の仕組み①
経済循環と現代の企業

1 3つの経済主体と経済循環

現代経済は**家計**・**企業**・**政府**の3つの経済主体が，相互に財(ざい)・サービスを取り引きすることによって営まれている。

●経済循環

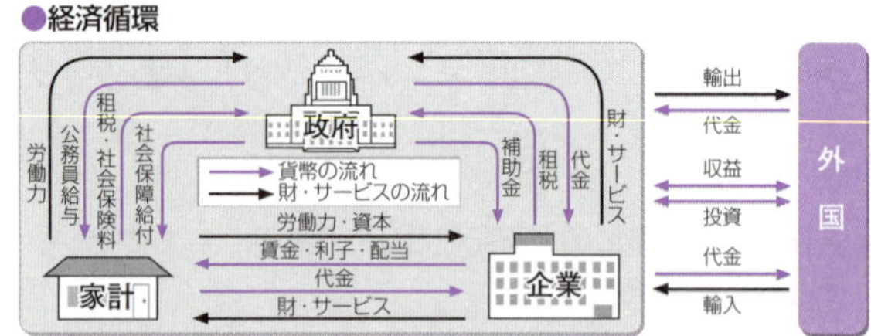

2 企業の種類と出資者の責任

✤**企業の種類**　企業は私企業，公企業，公私合同企業に分類できるが，現代経済において中心的な役割を果たしているのは**私企業**である。また私企業は，合資(ごうし)会社，合名(ごうめい)会社，合同会社，株式会社に分類されるが，このうち巨額の資本を集めるのに最も適しているのは**株式会社**である。

✤**出資者の責任**　出資者が会社の債務（借金など）に対して負(お)う責任には，**有限責任**と**無限責任**がある。有限責任の方がリスクが少ないため，多くの出資者を集めるのに適している。たとえば，**株式会社の出資者（株主）は有限責任を負う**。

有限責任	会社の債務に対して，出資額の範囲内で責任を負う。
無限責任	会社の債務に対して，出資額を超える部分についても責任を負わなければならない（私財を売却してでも会社の債務を返済しなければならない）。

3 株式会社の仕組み

✤**株主**　会社の利潤(りじゅん)の一部を**配当**(はいとう)として受け取ることができる。また，株式を市場で売買して値上がり益を得ることができる。

✤**株主総会**　株式会社の最高意思決定機関。株主は株主総会に出席し，**持株数(もちかぶ)に応じて議決権を行使できる（一株一票の原則）**。したがって，大株主の影響力が強くなる。

✤**取締役**(とりしまりやく)　株主総会で選任され，会社の経営にあたる。取締役は，経営にあたる会社の株式を所有していることもあるが，**法律上は株主である必要はない**。

4 現代日本の株式会社

✤**所有（資本）と経営の分離**　一般の**株主**（会社の所有者）は，経営に直接たずさわることはない。経営は，専門家である**取締役**（経営者）に委ねられる。

✤**株式の持ち合い**　結束強化のために大企業が互いに株式を持ち合っているが，近年では解消される傾向にある。

✤**法人株主**　個人株主と法人株主（銀行や一般の事業会社などが他の企業の株主になっている場合）の持株比率をみると，**法人株主の方が高い**。

●所有者別持株比率の推移

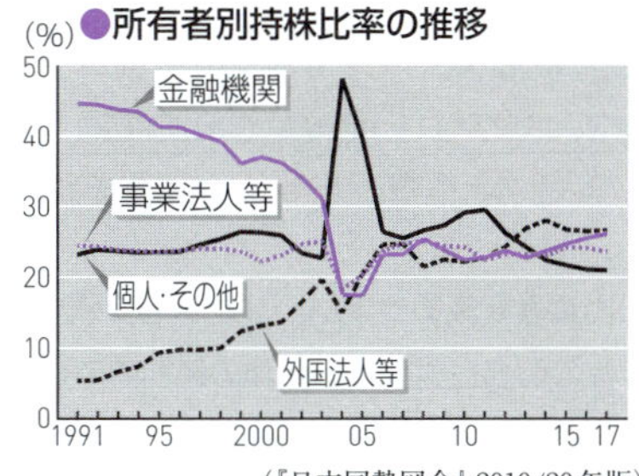

（『日本国勢図会』2019/20年版）

5 会社制度改革（会社法）(2005)

有限会社制度の廃止	従来の有限会社制度は廃止され，有限会社を新たに設立することはできなくなった（2006年4月末日までに設立された有限会社は存続）。
最低資本金規制の撤廃	従来は，株式会社を設立する場合，最低1000万円の資本金が必要であったが，制度改革により「資本金1円での創業」が恒久化された。
合同会社の新設	出資者が有限責任という点では株式会社と同じであるが，利益配分を出資比率と関係なく決めることができるなど，経営ルールの自由度が高い。

6 企業の動向と企業の社会的責任（CSR）

✤**企業の動向**

①**M＆A（企業の合併・買収）**（Merger and Acquisition）　市場占有率（マーケットシェア）の拡大や経営の多角化などを目的に，合併・買収を図る動きが活発化してきている。

②**コーポレートガバナンス（企業統治）**　株主が経営者を監視し，経営に関する意思決定の内容や過程に，株主の意思や利益を適切に反映させようとすること。そのためには，**社外取締役の増員**，**ディスクロージャー（企業情報の開示）**などを図る必要がある。

✤**企業の社会的責任（CSR）**

①**コンプライアンス（法令遵守）**　企業が遵守すべき内容には，法令の定めるルールだけでなく，そのルールを守るために設定した自主的な行動基準（製品の安全性基準，セクシュアル・ハラスメントへの対応など）や社会的規範も含まれる。

②**メセナ**　企業による文化・芸術活動への支援のこと。

③**フィランソロピー**　企業による社会的貢献活動や慈善的寄付行為のこと。

④**ISO14000シリーズ**　国際標準化機構（ISO）が，環境に配慮した事業活動を行っていることを認証する規格のこと。

ここが共通テストのツボだ!!

ツボ 1 知っているようで知らない株式会社の仕組み

1. 株主… **有限責任** を負い, **配当** を受け取る
2. **株主総会** …最高意思決定機関, **一株一票** 制
3. 経営と監督… **取締役** が業務を執行(しっこう), **監査役** が経営を監督

①**出資者を集めやすい**。なぜなら, 資本金を小さな単位(株式)に分割し, 出資者(株主)は会社の債務に対して出資額の範囲内で責任を負えばいいから(**有限責任**)。

②株主は, 会社の所有者として, **利潤の一部を配当として受け取ることができる**。ただし, あらかじめ額が決まっているわけではない。

③株主は, 最高意思決定機関である**株主総会**に出席し, **持ち株数に応じて議決権を行使できる**(**一株一票**の原則)。一人一票ではないことに注意。

④株主総会で選任された**取締役**が業務を執行し, **監査役**が経営を監督する(監査役会設置会社)。ただし, これとは異なるタイプもある(指名委員会等設置会社)。監査役は置かず, 取締役会の下に指名委員会・報酬委員会・監査委員会を設置する。各委員会は3人以上の取締役で構成され, その過半数は社外取締役。また, 取締役会から権限を委譲された執行役が業務を執行, これを取締役会が監督する。

ツボ 2 利潤だけを追い求める企業は, この先, 生き残れない

企業の社会的責任…コンプライアンス, メセナ, フィランソロピー,
ISO14000シリーズ

近年, 企業の社会的責任(CSR)という言葉が盛んに使われている。経済成長以外のさまざまな価値観がクローズアップされる中で, 企業にも社会的な要請に応えるような行動が求められるようになってきたからだ。企業にとっても, この社会的要請に応えることが自らの社会的な評価や信頼性を高めることにつながる。

実際の活動はさまざまで, **コンプライアンス(法令遵守)**の徹底, **メセナ(文化・芸術活動への支援)**, **フィランソロピー(社会的貢献活動や慈善的寄付行為)**の促進なども含まれる。また, 企業の環境マネジメント(環境保全のための方針や目標を設定し, その達成に向けて取り組むこと)や情報セキュリティの強化などもCSRの一環と考えられる。たとえば, 環境マネジメントについては**国際標準化機構(ISO)**が国際的な統一規格(**ISO14000シリーズ**)を定めており, これを取得する企業も増えつつある。さらに, **ゼロエミッション**(ある企業の廃棄物を別の企業の原料として用いるなどして, 生産過程から排出される廃棄物をなくすこと)への取り組みも求められている。

基礎力チェック問題

問1 企業に関する記述として最も適当なものを，次の①～④のうちから一つ選べ。

① 日本では，現在，会社企業として新しく設立できるのは，株式会社・有限会社・合資会社・合名会社の4種類である。
② 企業が他の企業を買収したり，合併したりすることは，M&Aと呼ばれている。
③ コングロマリットとは，国境を越えて生産や流通の拠点を形成し，国際的な事業展開を図っている企業のことである。
④ 日本では，株式会社の株主は，会社が倒産したときに，出資分を超える負債は，個人の財産をもって返済しなければならない。

問1 [答] ②

② **正文**：M＆Aとは企業の合併・買収のこと。
① **誤文**：「有限会社」は「合同会社」の誤り。会社法の施行(2006)により，有限会社の新設はできなくなった[☞p.88]。
③ **誤文**：「コングロマリット」を「多国籍企業」に直せば正しくなる。コングロマリットとは一つの産業部門だけでなく多くの産業部門の事業を営む複合企業のこと。
④ **誤文**：株主は，出資額の範囲内で責任を負えばよい(有限責任)。

問2 会社に関する記述として最も適当なものを，次の①～④のうちから一つ選べ。

① 日本の会社法上，株式会社の最高意思決定機関である株主総会において，株主は，一人につき一票の議決権をもつとされている。
② 日本において生じているとされる，大企業と中小企業との間で生産性や賃金などの格差がある状態は，混合経済と呼ばれる。
③ 他の会社の株式を保有することで，それを支配することを目的とする持株会社は，日本では，独占禁止法によって，原則として禁止されている。
④ 日本の会社法上，新規に設立することが認められている会社企業の種類は，株式会社，合名会社，合資会社，合同会社である。

問2 [答] ④

④ **正文**：現在，会社企業は，株式会社，合名会社，合資会社，合同会社に分類される。有限会社の新規設立はできなくなった[☞p.88]。
① **誤文**：株主総会における議決方式は「一人につき一票」ではなく「一株につき一票」。
② **誤文**：「混合経済」を「経済の二重構造」に直せば正しくなる。混合経済は，民間部門と公的部門が併存する現代の経済のこと。
③ **誤文**：独占禁止法の改正(1997)により，持株会社の設立は原則解禁された。

問3 企業をめぐる制度や状況に関する記述として最も適当なものを，次の①～④のうちから一つ選べ。

① 株式会社の出資者である株主に対して，企業は出資の対価として利子を支払う。
② 所有(資本)と経営の分離とは，専門の経営者が企業経営の実権を握ることである。
③ 日本では，ベンチャー企業向けの資金調達を主な目的とする株式市場は存在しない状況にある。
④ 日本では，公正取引委員会は，消費者契約法に基づき，企業が公正な競争をするよう監視している。

問3 [答] ②

② **正文**：所有(資本)と経営の分離についての記述として正しい。
① **誤文**：企業が株主に支払うのは「利子」ではなく「配当」。
③ **誤文**：新興企業向けの株式市場は存在する。たとえば，ジャスダック，東証マザーズなど[☞p.125]。
④ **誤文**：「消費者契約法」を「独占禁止法」に直せば正しくなる[☞p.93]。

19 現代経済の仕組み②
市場のメカニズムと寡占市場

1 市場のメカニズム

✤**市場とは**　財（ざい）・サービスが取り引きされる場。売り手と買い手が出会い，価格を仲立ちとして売買が行われる。

✤**価格の自動調節機能**　多数の売り手と多数の買い手が存在する完全競争市場では，価格の自動調節機能を通じて，資源の最適配分が達成される。**アダム=スミス**は，この機能のことを「**見えざる手**」と呼んだ。

✤**需要曲線(D)と供給曲線(S)**　（└Demand(需要)　└Supply(供給)）買い手は価格が高ければ需要量を少なくし，低ければ増やす(**→需要曲線は右下がり**)。これに対し，売り手は価格が高ければ供給量を増やし，低ければ減らす(**→供給曲線は右上がり**)。2つの曲線の交点で決まる価格を**均衡（きんこう）価格**(図中のP_0 └Price(価格))といい，この価格で取り引きが行われると売れ残りも品不足も発生しない(資源の最適配分)。

①**超過供給が発生した場合**　市場価格(P_1)が均衡価格(P_0)より高いと，Q_2Q_3（└Quantity(数量)）の超過供給(売れ残り)が生じる。この場合，**市場価格は均衡価格に向かって下落していき，やがて超過供給が解消される**。

②**超過需要が発生した場合**　市場価格(P_2)が均衡価格(P_0)より低いと，Q_1Q_4の超過需要(品不足)が生じる。この場合，**市場価格は均衡価格に向かって上昇していき，やがて超過需要が解消される**。

●需要・供給曲線

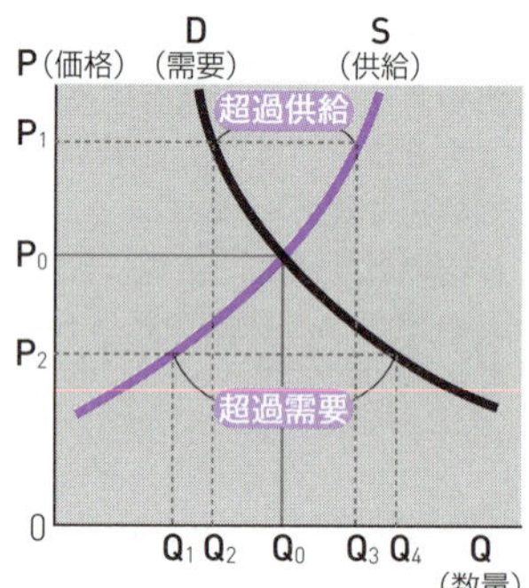

2 現代の寡占市場

✤**企業の結合**

①**カルテル**　同じ産業に属する複数の企業が，価格・生産量・販路などについて協定を結ぶ。

②**トラスト**　同じ産業に属する複数の企業が合併する。異なる産業に属する企業の合併の場合は，コングロマリットという。

③**コンツェルン**　中心となる企業(持株（もちかぶ）会社)が，株式支配を通じてさまざまな産業に属する企業を傘下（さんか）におさめる。戦前の**財閥（ざいばつ）**は，コンツェルンの一種。

✤**価格の下方硬直性**　寡占市場では，価格メカニズムが機能しにくくなり，企業の生産コストが下がっても価格は下がりにくい状態になる。

✤**管理価格**　有力企業が**プライスリーダー**（価格先導者）となって価格を決定し，その価格に他の企業が暗黙のうちに追随して管理価格が形成される。

✤**非価格競争の展開**　広告・宣伝，モデルチェンジ，アフターサービスなど，価格以外の面での競争が旺盛に展開される。この費用は製品価格に転嫁される。

3 日本の独占禁止法（1947）

日本では，独占や寡占の弊害を取り除くことなどを目的として独占禁止法（私的独占の禁止及び公正取引の確保に関する法律）が制定されている。

✤**公正取引委員会**　独占禁止法を運用するための機関として**公正取引委員会**が設置されている。

✤**再販売価格維持制度**　製造者が卸売価格や小売価格を指定すること（再販売価格維持行為）は，価格競争を阻害するため，原則として禁止されている。ただし，**書籍・新聞などの著作物については例外的に認められている。**

✤**持株会社の原則解禁**　持株会社とは，グループ企業の株式保有を通じて，グループ全体の経営の中心となる会社のこと。歴史的には，第二次世界大戦終了直後に行われた財閥解体以来，禁止されてきたが，**1997年の独占禁止法改正により設立が認められるようになった。**

✤**不況カルテル・合理化カルテルの禁止**　これら2つのカルテルは，1953年の独占禁止法改正以来，例外的に認められてきた。しかし，1999年の同法改正により禁止された。

4 市場の失敗

市場には，それ自体では解決できない欠陥がある。

①**市場が寡占化すると市場メカニズムがうまく働かない**…有力企業が価格支配力をもつようになり，市場メカニズムがうまく働かない。

②**市場は公共財を十分に供給できない**…一般道路・警察・消防などの**公共財**は，料金を払わない人の利用を排除できず（**非排除性**），多くの人が同時に利用できる（**非競合性**）ため私企業では供給困難なので，市場を通じて適切に供給することが難しい。したがって，政府が財政を通じて公共財を供給する［☞p.104］。

③**市場は外部経済や外部不経済の発生を防ぐことができない**…ある経済主体の活動（たとえば企業）が，**市場での取り引きを経ないで**，第三者（たとえば地域住民）に影響を与えることがある。プラスの影響を**外部経済**，マイナスの影響を**外部不経済**（**公害**など）という。

④**情報の非対称性**…売り手と買い手の間で商品情報量に格差があるため，資源の最適配分が阻害される。

ここが共通テストのツボだ!!

ツボ 1 「市場の失敗」は代表的な例に注目

1. **寡占の形成**…市場メカニズムがうまく働かない
2. **公共財の過少供給**…私企業では供給困難
3. **外部不経済**…**公害**が典型
4. **情報の非対称**…買い手が有する商品情報量は売り手よりも少ない

「市場の失敗」という言葉はわかりにくいが，**市場メカニズムには限界がある**ということを表している。あとは，代表的な例を４つ押さえておこう。

①**寡占**が形成されると，企業間の自由な競争がそこなわれるから，**市場メカニズムがうまく働かなくなる。**

②一般道路・国防・警察・消防などの**公共財**は，市場が成立しない。言い換えれば，**私企業が供給しようとしないものは，市場で取り引きされない。**

③ある経済主体の活動が，**市場での取引を経ないで他の経済主体に何らかの影響・効果をもたらすことがある。**不利益をもたらす場合は「**外部不経済**」といい，**公害**はその典型。利益をもたらす場合は「外部経済」といわれる。

④売り手と買い手の間で，商品情報量に格差があることにより，資源の最適配分が実現しない。

ツボ 2 需要曲線・供給曲線はどんなときシフトする？

1. **家計所得増加**…**需要曲線**が右にシフト
2. **生産コスト削減**…**供給曲線**が右にシフト

出題されたときのことを考えて，最低限のことは知っておいた方がよい。

①**需要曲線**：家計の所得が増加すると，**需要**が増えるから，**需要曲線が右にシフトする**（DD→D′D′）。その結果，**均衡価格は上昇する**（P_0→P_1）。所得が減少すればこの逆に変化する。

②**供給曲線**：企業が技術革新によって生産コストの削減に成功すると，**供給**が増えるから，**供給曲線が右にシフトする**（SS→S′S′）。その結果，**均衡価格は下落する**（P_0→P_1）。賃金・原材料価格の上昇で生産コストが上昇すれば，この逆に変化する。

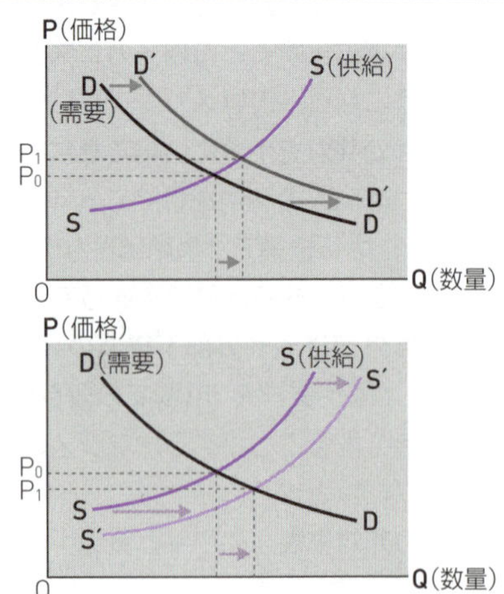

基礎力チェック問題

問1 市場の独占・寡占に関する記述として最も適当なものを，次の①～④のうちから一つ選べ。

① 市場の独占化や寡占化に伴って価格が下がりにくくなることは，価格の下方硬直性と呼ばれる。

② 寡占市場の下では，デザイン・品質や広告など，価格以外の面での競争(非価格競争)が回避される傾向にある。

③ 寡占市場において同業種の複数企業が価格や生産量について協定を結ぶことは，トラストと呼ばれる。

④ 規模の利益(スケール・メリット)が生じる産業での企業間競争は，市場の独占化や寡占化を弱めるとされる。

問1 [答] ①

① **正文**：価格の下方硬直性についての記述として正しい。

② **誤文**：寡占市場では非価格競争が「回避される」のではなく「展開される」。

③ **誤文**：「トラスト」は「カルテル」の誤り。

④ **誤文**：規模の利益(スケール・メリット)が生じる産業では，独占化・寡占化が強まり，企業間競争が行われにくくなる。

問2 外部不経済に該当する例として最も適当なものを，次の①～④のうちから一つ選べ。

① 鉄道の路線に新しい駅が出来たことで，その駅の周辺地域の地価が上昇した。

② 工場からの排水がそのまま河川や湖に流されることによって，水質汚濁が生じ，周辺住民の健康が損なわれた。

③ 農家が棚田をよく手入れすると，訪れた人がその風景を見て美しいと思い楽しめるようになった。

④ 企業が，地球環境への負荷の小さい自動車エンジンの開発費を増やしたところ，その企業の利潤が減少した。

問2 [答] ②

② **適当**：公害は外部不経済の典型例。

① **不適当**：外部経済の例。

③ **不適当**：外部経済の例。

④ **不適当**：市場における取引の結果であって，外部不経済の例でも外部経済の例でもない。

問3 次の図は，ある商品の市場における需要曲線と供給曲線を示したものである。いま，この商品の人気がなくなったため需要曲線が移動したとする。このとき，新たな均衡状態に達したときの価格と取引量の変化の記述として最も適当なものを，下の①～⑧のうちから一つ選べ。

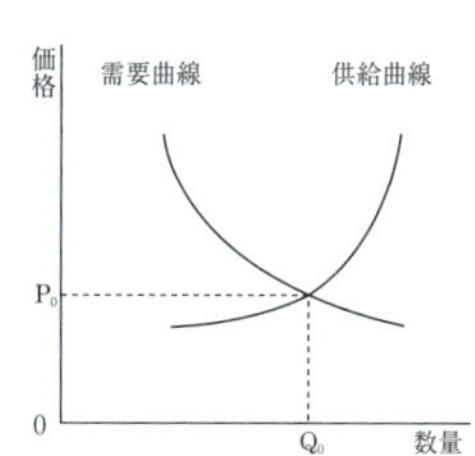

① 価格は上昇し，取引量は減少する。

② 価格は低下し，取引量は減少する。

③ 価格は上昇し，取引量は増加する。

④ 価格は低下し，取引量は増加する。

⑤ 価格は上昇し，取引量の変化はいずれともいえない。

⑥ 価格は低下し，取引量の変化はいずれともいえない。

⑦ 価格の変化はいずれともいえず，取引量は減少する。

⑧ 価格の変化はいずれともいえず，取引量は増加する。

問3 [答] ②

「商品の人気がなくなった」ということは，需要が減少するということだから，図中の需要曲線は左方向へ移動する。移動後の需要曲線と供給曲線の交点における価格はP_0より低くなり，取引量はQ_0より少なくなる。したがって，②が正解。

20 国民所得と景気変動

1 国民所得と国富

✤**国民所得** 一定期間（通常は1年）に，新たに生産された財・サービスの価値（付加価値）の合計。**国内総生産（GDP）**，**国民総生産（GNP）**，**国民純生産（NNP）**，**国民所得（NI）**などがある。**一定期間**において生起した経済量（**フロー**）を示す。

✤**国富** 過去から蓄積された資産（**ある時点**において存在する経済量〔**ストック**〕を示す）。実物資産（非金融資産）と対外純資産の合計。

実物資産	住宅・機械設備・土地など（国内の金融資産は含まれない）。
対外純資産	日本が海外に有する資産から海外に対する負債を控除したもの。

2 国内総生産（GDP）と国民総生産（GNP）

Gross Domestic Product
✤**GDP（国内総生産）＝国内の総生産額－中間生産物の価額**（原材料など）

⇒ある国の「**国内**」で1年間に生産された付加価値の合計。原材料・燃料などの中間生産物の価値は，前の段階の企業がつくり出したものなので，これを差し引く。

Gross National Product
✤**GNP（国民総生産）＝GDP＋海外からの純所得**

⇒ある国の「**国民**」（居住者）が1年間につくり出した付加価値の合計。「海外からの純所得」とは海外から受け取った雇用者報酬・利子・配当（海外からの所得）から海外へ支払った雇用者報酬・利子・配当（海外への所得）を差し引いたもの。

※2000年から，統計上，国民総生産に代わって**国民総所得（GNI）**が用いられている。

✤**GDPとGNPの大まかな違い**（日本を例にとると次のようになる）

GDP…**日本の国民（居住者）と外国人（非居住者）が，日本の「国内」で得た所得。**

⇒外国人が「日本国内」で得た所得（海外への所得）は算入されるが，日本国民が「海外」で得た雇用者報酬・利子・配当（海外からの所得）は算入されない。

GNP…**日本の「国民」（居住者）が，日本国内と海外で得た所得。**

⇒日本の国民が「海外」で得た雇用者報酬・利子・配当（海外からの所得）は算入されるが，日本の「国民以外」の者が「日本国内」で得た雇用者報酬・利子・配当（海外への所得）は算入されない。

3 その他の国民所得指標

Net National Product
✤**国民純生産（NNP）＝GNP－固定資本減耗（減価償却費）**

機械・工場などの固定資本は生産に使われることで摩耗する（購入時点での価値

が減少していく）。その摩耗分・減少分にあたるのが固定資本減耗。

✤国民所得（NI）＝NNP－間接税＋（政府の）補助金

National Income

市場での取引価格を割高にしている間接税を引き，割安にしている補助金を加えることで，最も厳密な付加価値が算出される。

4 国民所得の三面等価

国民所得は，生産・分配・支出のどの面で計算しても等しい。

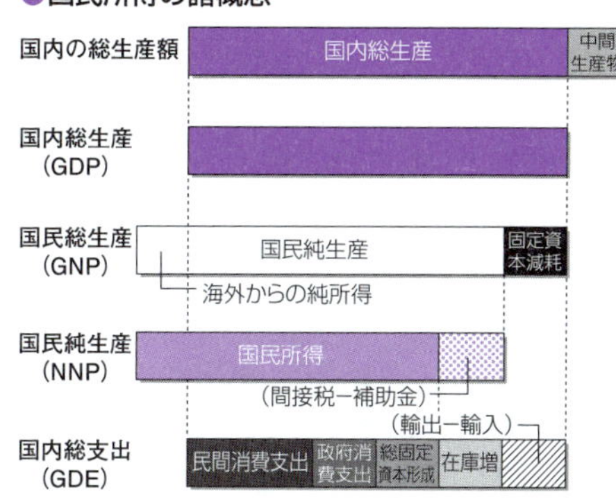

✤生産国民所得　産業別国民所得。近年の日本では**第三次産業が全体の7割以上**。

✤分配国民所得　雇用者報酬（賃金），財産所得（利子・配当・地代），企業所得（利潤）に分類。近年の日本では**雇用者報酬が約7割**。

✤支出国民所得　消費（家計と政府）と投資（企業と政府）などにより構成。近年の日本では**民間消費が5割超を占める**。

5 国民所得指標の限界

①主婦の家事労働，ボランティアなど社会的に有用なサービスが算入されない。
②余暇時間など，生活のゆとりと密接にかかわるものが算入されない。
③公害に伴う医療費や医薬品の増加分が算入されてしまう。
※これらを考慮した指標に**国民純福祉（NNW）**や**グリーンGDP**などがある。

6 経済成長率（GDPの対前年度増加率）

✤名目経済成長率　その時々の物価水準で測ったもの。
✤実質経済成長率　物価変動分を除去して測ったもの。

7 景気循環（景気変動）

✤景気循環の4つの局面　**好況**→**後退**→**不況**→**回復**の4つで表される。

✤景気循環の種類

キチンの波	在庫投資を主要因とする周期約40か月の景気循環。
ジュグラーの波	設備投資を主要因とする周期約10年の景気循環（主循環）。
クズネッツの波	建築投資を主要因とする周期約20年の景気循環。
コンドラチェフの波	技術革新を主要因とする周期約50年の景気循環。

ここが共通テストのツボだ!!

ツボ① GDPとGNPはどこが違う？

1. GDPとGNPの差…海外からの純所得（海外からの所得－海外への所得）
2. 輸出入…輸出→GDP・GNPに算入，輸入→どちらにも算入されない

「GDPとGNPの大まかな違い」は説明したが，読んだだけではよくわからないという人もいるはず。そこで，細かいことには目をつぶり，簡単な図を使って考えてみよう。

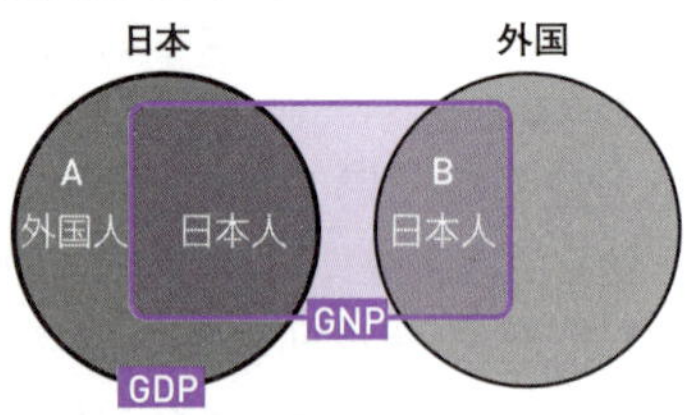

GDP（日本）は，日本の国民（居住者）と外国人（非居住者）が日本の「国内」で得た所得だから，左側の円にあたる。一方，GNP（日本）は日本の「国民」（居住者）が日本国内と外国で得た所得だから，四角にあたる。したがって，**GDPとGNPの値は，AとBの差額分だけ異なる**ことになる。

このうち，Aは日本から外国に支払われる所得（海外への所得），Bは日本が外国から受け取る所得（海外からの所得）と考えればいい。だから，

GNP＝GDP＋（海外からの所得－海外への所得）

という式が成り立つ（カッコ内を一言でいえば「海外からの純所得」）。

それから，案外ワナにはまりやすいのが輸出と輸入の扱いだ。**輸出はGDP・GNPのどちらにも算入されるが，輸入はどちらにも算入されないので注意すること。**

ツボ② 名目経済成長率と実質経済成長率はどこが違う？

1. 物価上昇のとき…名目経済成長率＞実質経済成長率
2. 物価下落のとき…名目経済成長率＜実質経済成長率

これも難しいと思う人がいるはずだから，数字を使って考えてみよう。

ある年の名目GDPが400兆円，その翌年の名目GDPが440兆円で，その間に物価が5%上昇したとする。このとき，名目経済成長率（その時々の物価水準で算出）はこうなる。

（440兆円－400兆円）÷400兆円×100＝10%

ところが，この値には5%の物価上昇分が含まれてしまっている。そこで，翌年の名目GDPを実質値に直すと，このようになる。

440兆円÷105×100＝419兆円（ある年の物価指数を100とすると，翌年は105）

この実質値を使って算出したものが実質経済成長率で，計算するとこのようになる。

（419兆円－400兆円）÷400兆円×100≒5%

要するに，「名目」と「実質」の違いは物価変動の影響を考慮するかどうかにある。

基礎力チェック問題

問1 一国全体の経済とその動きに関する記述として最も適当なものを，次の①～④のうちから一つ選べ。

① 一国全体の経済活動の規模を表す国内総生産(GDP)は，一国の国民が生み出した付加価値の合計として定義される。

② 実質経済成長率は，国内総生産の増加率である名目経済成長率から，物価変動の影響を除いたものを表す指標である。

③ 物価の変動は，需要側の要因から生じるが，供給側の要因から生じることはないと言われている。

④ 一国全体の豊かさを測る指標である実物資産と対外純資産の蓄積量(国富)は，フローとストックのうち，フローに分類される。

問1 [答] ②

② **正文**：実質経済成長率についての記述として正しい。

① **誤文**：国内総生産(GDP)は，「一国の国民が生み出した付加価値の合計」ではなく「国内で生み出された付加価値の合計」である。「一国の国民が生み出した付加価値の合計」は「国民総生産(GNP)」である。

③ **誤文**：「供給側の要因から生じることはない」という記述は誤り。原材料費の上昇など供給側(企業)のコストの上昇は物価上昇の要因となる。

④ **誤文**：国富は「フロー」ではなく「ストック」に分類される。

問2 GDPとGNPについて述べたものとして最も適当なものを，次の①～④のうちから一つ選べ。

① ある国で海外から受け取った純所得が増加すれば，その国のGDPは増加しないが，GNPは増加する。

② 国内で外資系企業の生産した財・サービスの価値総額が増加すれば，その国のGDPは増加しないが，GNPは増加する。

③ ある国で輸出額よりも輸入額が増加すれば，その国のGDPは増加しないが，GNPは増加する。

④ 国内でボランティア活動が増加すれば，その国のGDPは増加しないが，GNPは増加する。

問2 [答] ①

① **正文**：〈GNP＝GDP＋海外からの純所得〉だから，正しい。

② **誤文**：国内の外資系企業が生み出した価値は，その国のGDPに算入されるが，GNPには算入されない。

③ **誤文**：輸入はその国のGDP・GNPに算入されない。

④ **誤文**：ボランティア活動は，GDPにもGNPにも算入されない。

問3 所得を把握するための諸指標に関する記述として誤っているものを，次の①～④のうちから一つ選べ。

① 分配面からみた国民所得(NI)の要素には，雇用者報酬が含まれる。

② 支出面からみた国民所得の要素には，民間投資と政府投資が含まれる。

③ 国民総所得(GNI)は，国民純生産(NNP)から，固定資本減耗を差し引いたものである。

④ 国民総所得は，国民総生産(GNP)を分配面からとらえたものであり，両者は等価である。

問3 [答] ③

③ **誤文**：国民総所得(GNI)は，国内総生産(GDP)に海外からの純所得を加えたもの。

① **正文**：分配国民所得は，雇用者報酬，財産所得，企業所得からなる。

② **正文**：支出国民所得は，消費と投資からなる。

④ **正文**：国民総所得は国民総生産(GNP)を分配面で捉えたもの。

21 通貨と金融

1 通貨制度の変容

世界恐慌(1929)につづく**1930年代に，主要各国は金本位制度を離脱して管理通貨制度へと移行した。**金本位制度では，銀行券(紙幣)と金との交換を保証し，銀行券の発行量は金準備高に拘束される。管理通貨制度では，銀行券と金との交換を保証せず，中央銀行は金準備高に拘束されずに銀行券を裁量的に発行できる。

2 通貨の種類

通貨量を測るモノサシをマネーストックといい，現金通貨や預金通貨などからなる。

現金通貨	日本銀行が発行する銀行券と，政府が発行する硬貨。
預金通貨	普通預金など要求すればいつでもおろせる預金。電気・ガス料金の自動振替のように，預金があれば現金通貨と同じように決済に使える。銀行は，預金の受け入れ·貸し出しを通じて当初の預金の何倍もの預金をつくり出す(信用創造)。

3 企業の資金調達

企業の資金調達方法は，内部金融(内部留保などを運用する)と外部金融に分類され，このうち外部金融はさらに次の2つに分けられる。

- **直接金融**　株式や社債を発行して，証券市場から資金を調達する。
- **間接金融**　市中銀行(民間の銀行)からの借入れ。

※内部留保と株式による資金調達は自己資本，社債による資金調達と借入れは他人資本。

4 日本銀行の役割

- **発券銀行**　日本銀行は銀行券を独占的に発行する(硬貨は政府が発行する)。
- **政府の銀行**　日本銀行は国庫金の出納や，国債[☞p.105]の発行事務を行う。
- **銀行の銀行**　日本銀行は市中銀行を相手に，預金の受け入れや資金の貸し出しなどを行う。

5 金融政策

日本銀行は，景気の動向に応じて市中の通貨量を調整する。**景気過熱期には通貨量を減らし**(金融引き締め)，**景気停滞期には通貨量を増やす**(金融緩和)。

かつては，日本銀行が市中銀行に資金を貸し出すときの金利（基準割引率及び基準貸付利率／公定歩合）の操作が金融政策の中心であった。しかし，金利自由化に伴い，この政策の効果がなくなってきたため，**現在では，公開市場操作が主な政策手段となっている。**

✤**公開市場操作**　日本銀行が市中銀行を相手に国債などの有価証券を売買して，通貨量を調整する。不況時には資金供給オペレーション（買いオペレーション）を行い，景気過熱時には資金吸収オペレーション（売りオペレーション）を行う。これにより，金融機関どうしが短期の資金貸借を行う市場（コール市場）における金利（無担保コール翌日物金利／無担保コールレート）を政策金利として誘導する（不況期には低めに，景気過熱時には高めに，それぞれ誘導する）。

✤**預金準備率操作**　市中銀行は預金の一定割合を日本銀行に預け入れなければならないが，その割合（預金準備率／支払準備率）を上下させて市中銀行の資金量を調整する。ただし，**1991年以降，預金準備率は変更されていない。**

6 金融をめぐる動向

1990年代に金融自由化が急速に進展し，政府が銀行を保護するという「護送船団方式」が改められた。また90年代後半以降の「日本版金融ビッグバン」（日本の金融ルールを国際標準に合わせるための改革）など，金融制度が大きく変容してきている。

✤**金融自由化**

預金金利の自由化	普通預金などの流動性預金の金利が自由化された（1994）。
業務分野規制の緩和	銀行・証券会社・保険会社の相互参入が可能となった。
為替取引の自由化	外国為替取引が一般の事業会社などでも行える（1998年施行）。

✤**金融行政の改革**　日本銀行法の改正（1997）により，最高意思決定機関である政策委員会の権限を強化するなど，政府からの日本銀行の独立性が強化された。また，従来，旧大蔵省（現在の財務省）が行っていた金融監督行政は，2001年から金融庁が担当している。

✤**金融持株会社の設立**　複数の金融機関が金融持株会社を設立して経営統合する動きが生まれた。三菱UFJグループ，みずほグループ，三井住友グループなど。

✤**ペイオフ**　ペイオフとは，金融機関が破たんした場合，預金の払い戻し保証を1000万円とその利息までとする措置のこと。預金保険機構が払い戻しを行う。

✤**BIS規制（バーゼル規制）**　国際決済銀行（BIS）は，国際的に活動する銀行に対して経営の健全性確保のために，自己資本比率を8%以上とすることを求めている。

✤**1990年代末以降の金融政策**　ゼロ金利政策，量的緩和，マイナス金利政策などが採用され[☞p.113]，デフレからの脱却をめざしている。

ここが共通テストのツボだ!!

ツボ ① 金融制度改革はやや細かいことも押さえたい

1. 金融自由化…預金金利の自由化，業務分野規制の緩和，為替取引の自由化
2. 金融監督行政…金融庁が担当
3. ペイオフ…一部の預金を除いて実施

1990年代以降，金融制度改革が急速に進展している。特に，次の点に注意したい。

①金融自由化については，3つの分野を意識すること。**定期性預金も，普通預金などの流動性預金も金利が自由化されたこと**（預金金利の自由化），**銀行・証券会社などが子会社を設立して互いの業務に参入することができるようになったこと**（業務分野規制の緩和），**外国為替取引の自由化によって，一般の事業会社なども外国為替取引ができるようになったこと**（外国為替取引の自由化）。

②金融監督行政については，2001年から，金融庁が担当していることに注目。

③ペイオフの実施。ペイオフとは，金融機関が破たんした場合の預金の払い戻し保証の上限を元本1000万円とその利息までとする措置。ただし，一部の預金は適用が除外されている。払い戻しは，破たんした銀行に代わって，預金保険機構が行う。

ツボ ② 日本銀行は，公開市場操作を金融政策の中心に置いている

1. 市中銀行相手に国債などを売買して，金融市場への資金供給を増減させる。
2. 無担保コール翌日物金利（無担保コールレート）を誘導する。

日本銀行は，景気が悪化しているときは，市中銀行がもっている国債などを買い入れ（資金供給オペレーション／買いオペレーション），その代金を市中銀行に支払う。その結果，市中銀行に資金の余裕が生まれるので，市中銀行間で短期の資金貸借を行う市場（コール市場）における無担保コール翌日物金利（無担保コールレート）が低下し，企業などへの貸出金利も下がり，経済活動が刺激される。

景気悪化 → 資金供給オペレーション → 無担保コール翌日物金利の低下 → 貸出金利低下 → 設備投資や消費の増加

景気が過熱気味のときは，日本銀行は国債などを売って（資金吸収オペレーション／売りオペレーション），その代金を回収する。その結果，無担保コール翌日物金利（無担保コールレート）が上昇するので，企業などへの貸出金利も上昇し，経済活動が抑制される。

景気過熱 → 資金吸収オペレーション → 無担保コール翌日物金利の上昇 → 貸出金利上昇 → 設備投資や消費の抑制

基礎力チェック問題

問1 政府や日本銀行の役割に関する記述として適当でないものを，次の①～④のうちから一つ選べ。

① 政府が，公共財を提供することによって果たしている機能は，資源配分の機能と呼ばれる。
② 政府が，所得税の課税や財政支出などで，人々の経済的格差を調整することによって果たしている機能は，所得再分配の機能と呼ばれる。
③ 日本では，中央銀行は，公開市場操作などの金融政策により，物価を安定させる役割を有する。
④ 日本では，中央銀行が，市中銀行における預金金利を，直接，決定している。

問2 金融に関する記述として最も適当なものを，次の①～④のうちから一つ選べ。

① 銀行が預金の受入れと貸出しを繰り返すことによって，当初の預金額以上の預金通貨を生み出すことを，信用創造という。
② 企業や政府，地方自治体が，債券を発行して資金を集める金融を，間接金融という。
③ 金融市場では，他の条件が一定ならば，資金需要が増加すると利子率が下がる。
④ 金融自由化を促進した日本版金融ビッグバンは，1980年代のバブル経済の時期以前に実施された政策である。

問3 金融機関に関する日本の状況についての記述として最も適当なものを，次の①～④のうちから一つ選べ。

① 日本銀行が誘導目標として設定している政策金利は，公定歩合と呼ばれている。
② 預金している金融機関が破綻したとき，預金者は預金準備率操作によって預金の一部を失う可能性がある。
③ 日本政策投資銀行は，国庫金の出納などを主な業務とする政府の銀行である。
④ 金融ビッグバン以後，銀行・証券・信託などの業務の相互参入が認められ，外国為替業務の自由化も行われている。

問1 [答] ④

④ **誤文**：「直接，決定している」は誤り。1990年代前半に**預金金利の自由化**が完了している。
① **正文**：財政の3機能の一つに**資源配分の調整**がある[☞p.104]。
② **正文**：財政の3機能の一つに**所得の再分配**がある[☞p.104]。
③ **正文**：日本銀行は，**公開市場操作**を金融政策の中心に位置づけている。

問2 [答] ①

① **正文**：**信用創造**の記述として正しい[☞p.100]。
② **誤文**：「債券を発行して資金を集める金融」は，「間接金融」ではなく「**直接金融**」である。間接金融は銀行からの借入により資金を調達すること。
③ **誤文**：「下がる」は「上がる」の誤り。資金需要が増加すると，他の条件が一定ならば，**利子率は上昇**する。
④ **誤文**：**日本版金融ビッグバン**は，90年代後半以降に進められた改革なので，「1980年代のバブル経済の時期以前」に実施されたものではない。

問3 [答] ④

④ **正文**：金融機関の**業務分野の自由化**，**外国為替業務の自由化**についての記述として正しい。
① **誤文**：日本銀行の政策金利は，「公定歩合」ではなく，**無担保コール翌日物金利（無担保コールレート）**。
② **誤文**：金融政策としての預金準備率操作と，金融機関の破たんによって預金を失う可能性とは関連性がない。また，日本銀行は，1991年以降，預金準備率を変更していない。
③ **誤文**：「政府の銀行」としての役割をもつのは，「日本政策投資銀行」ではなく「日本銀行」。

22 財政の役割と日本の現状

1 財政の3機能 

✤**資源配分の調整**　一般道路・警察・消防などの公共財は，性質上私企業が適切に供給することは難しいので，政府が財政を通じて供給する。

✤**所得の再分配**　所得格差を是正するために，累進課税制度（所得が高くなるにしたがって税率も高くなる）によって高所得層から多くの租税を徴収し，社会保障制度（失業給付，生活保護給付など）を通じて低所得層へ所得を移転する。

✤**経済の安定化**　景気変動の幅を小さくして景気の安定を図る。

2 財政政策 

✤**ビルト・イン・スタビライザー**（自動安定化装置）　**財政に組み込まれた仕組み（累進課税制度と社会保障制度）が自動的に景気調整の働きをする。**好況だと累進課税制度が実質的な増税効果をもたらし，失業給付など社会保障支出が減少するので，有効需要（購買力に裏づけられた需要）の増加がある程度抑えられる。

✤**フィスカル・ポリシー**（補整的財政政策）　景気の良し悪しに応じて，そのつど政府が実施する。たとえば，**不況の場合，公共投資を拡大させ，減税を行うことにより，有効需要を創出することができる。**

不況 ➡ 公共投資の拡大（→企業の投資を刺激）
減税の実施（→家計の消費を刺激） ➡ 有効需要の創出

✤**ポリシー・ミックス**　財政政策や金融政策などを組み合わせて実施する。

3 予算の種類（日本） 

✤**一般会計**　予算の基本。歳入面では，租税収入と公債金（国債発行によって得た収入）が中心。歳出面では，**社会保障関係費，国債費（国債の元金返済と利払い），地方交付税交付金等の3つで，歳出全体の7割を超える。**

●一般会計歳入・歳出（2019年度）

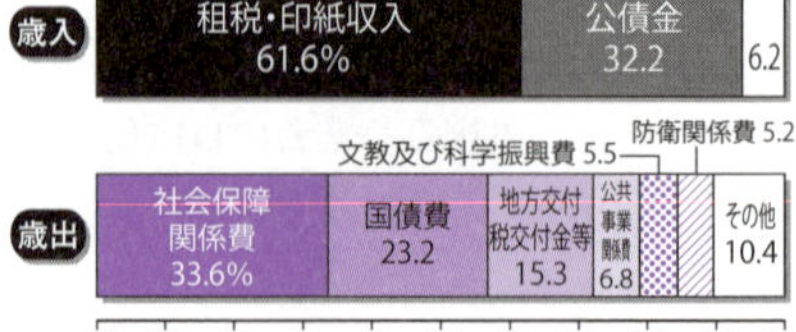

（『日本国勢図会』2019/20年版）

✤**特別会計**　特定の事業や資金運用のための予算。

✤**政府関係機関予算**　政府系金融機関の予算。

4 財政投融資

「**第二の予算**」とも呼ばれてきたもの。**財投債**の発行によって調達した資金を政府が特殊法人などに供給する。

5 租税

✤租税の種類と直間比率（直接税と間接税の比率）

直接税	**所得税**・**法人税**など，担税者と最終的な納税者が同一の税。
間接税	**消費税**・**酒税**など，担税者と最終的な納税者が異なる税。
直間比率	シャウプ勧告（1949）以降，直接税中心であったが，消費税の導入（1989）や税率の引き上げ（1997・2014・2019）により間接税の割合が上昇し，5：5に近づいてきている。

✤租税制度の原則と現状

租税原則	**水平的公平**（所得が同じならば同額の租税を負担すべき）と**垂直的公平**（担税能力の大きい人ほど高額の租税を負担すべき）からなる。
所得捕捉率の格差	所得の種類（給与所得・事業所得・農業所得など）により，税務当局が把握している割合が異なる。
消費税の逆進性	消費税は，低所得者の方が所得に占める税負担が重い。

6 国債

歳出に見合う税収が見込めないとき，政府はその不足分を国債発行によって補う。

✤国債の種類と発行原則

建設国債	**公共事業**などの財源調達が目的。財政法に基づいて発行（1966～現在）。
赤字国債（特例国債）	**一般的な財源不足**の補塡が目的。財政法では発行を禁止されているため，特例法に基づいて発行（1975～89，94～現在）。
市中消化	新規発行の国債は，日本銀行が引き受けてはならない。

✤国債発行の現状と問題点 **国債依存度（歳入に占める国債発行額の割合）は近年30%台を示し，国債残高は2019年度末で約900兆円**。国債の大量発行は，国債費（国債の元利払い）の増加を招き，裁量的な財政運営を困難にする（財政硬直化）。

●国債依存度の推移（会計年度）
（『日本国勢図会』2019/20年版）

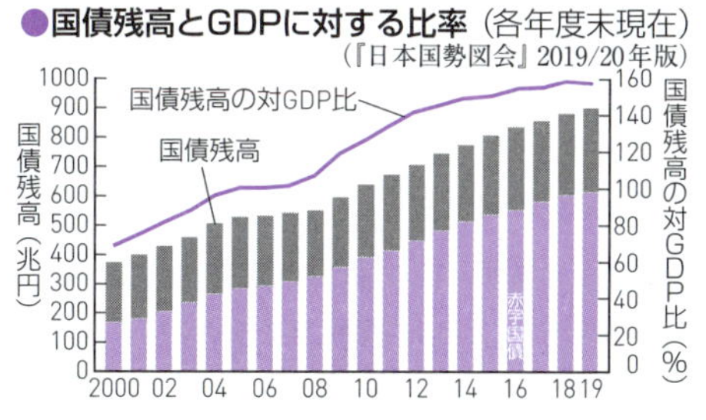

●国債残高とGDPに対する比率（各年度末現在）
（『日本国勢図会』2019/20年版）

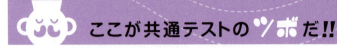

ツボ 1 財政動向は大まかに押さえれば大丈夫

1. **国債依存度**…近年，30%台
2. **国債残高**…一貫して上昇，2019年度末で約900兆円
3. **社会保障関係費**・**国債費**の割合…1990年代以降上昇傾向

入試本番では比較的最近の財政動向が問われることがある。しかし，細かいことが出題されるわけではないから神経質になる必要はない。主要な項目について，**バブル崩壊**後[☞p.113]を中心に，いくつかのポイントを押さえておけばよい。その他の項目について出題されても，消去法などを使えば判断できる。

①**国債**について。**国債依存度**（歳入に占める国債発行額の割合）は上昇傾向を示し，近年，**30%台**を示している（かつては50%をやや超える年もあった）。国債残高も急増してきており，2019年度末で**約900兆円**。これは日本のGDP（約500兆円）をはるかに超える水準。なお地方も加えた長期債務残高では1100兆円超を示している。

②歳出に占める割合が上昇傾向にあるものは，**社会保障関係費**（人口の高齢化が背景），**国債費**（国債残高の急増が背景）。この2項目だけで，歳出全体の50%を超える。国債費が増加すると，裁量的な財政運営が困難になる（**財政硬直化**）。

ツボ 2 案外知らない財政関連の用語

1. **公共財**…非競合性と非排除性をもつ
2. **財政投融資**…政府が債券発行で得た資金を特殊法人などに供給する
3. **プライマリー・バランス**…財政運営の健全化を判断する指標

①**公共財**：消費する人の数が増加しても個々人が享受する便益は減少せず（**非競合性**），対価を支払わない人の消費を排除することが困難である（**非排除性**）。これに対して，企業が生産する私的財は競合性と排除性をもつ。

②**財政投融資**：**国債の一種である財投債の発行で調達した資金を，政府が特殊法人などに供給するもの。**特殊法人などは債券（**財投機関債**）を発行して市場で自主的に資金を調達するのが原則だが，それでも資金が不足することがあるので，その不足分を政府が供給する。

③**プライマリー・バランス**（基礎的財政収支）：**（歳入－国債収入）－（歳出－国債費）**……という式で表せる収支のこと。平たくいうと，借金分を引いた年間収入と借金返済分を引いた年間支出の差額。これが均衡（きんこう）していれば，その年は借金に頼らない財政運営が実現していることになる。しかし，**現在，プライマリー・バランスは大幅な赤字を示している。**

基礎力チェック問題

問1 政府の役割に関する記述として最も適当なものを，次の①～④のうちから一つ選べ。

① 政府が行う環境政策の対象は，環境汚染に伴う経済的損失のうち，市場取引を通じて発生するものに限られる。

② 公共事業の拡大は，景気の変動を自動的に和らげるビルト・イン・スタビライザーと呼ばれる機能を有している。

③ 財源の一つである消費税の税率が引き上げられると，租税収入に占める直接税の割合は，大きくなる。

④ 民間企業だけでは供給が不十分となりがちになる公共財を，政府が供給する場合，その働きは資源配分機能である。

問1 [答]④

④ **正文**：財政の三機能の一つである**資源配分機能**は，市場に委ねていたのでは供給が過少になる**公共財**を，政府が財政を通じて供給することである。

① **誤文**：「市場取引を通じて発生するものに限られる」は誤り。環境汚染に伴う経済的損失には，**市場を経由せずに生じる外部不経済**があり，これについては**汚染者負担の原則（PPP）**に基づく補償制度などにより政府が対策を講じている。

② **誤文**：「公共事業の拡大」は，ビルト・イン・スタビライザーの機能ではなく，**フィスカル・ポリシー**の一つである。

③ **誤文**：**消費税**は「直接税」ではなく「**間接税**」。

問2 日本の財政に関する記述として最も適当なものを，次の①～④のうちから一つ選べ。

① 国税において，消費税など直接税が占める割合は，間接税が占める割合に比べて小さい。

②「第二の予算」と呼ばれることがある財政投融資は，財政支出の拡大を防止することを目的に廃止された。

③ 国の予算には，一般会計のほかに，国が行う特定の事業のために特別に設けられる特別会計がある。

④ 一般会計における歳入不足を補う目的で特例国債（赤字国債）を発行することがあるが，それを発行するための特別な法律が制定されたことはない。

問2 [答]③

③ **正文**

① **誤文**：**消費税**は「直接税」ではなく「**間接税**」である。また，国税における直間比率は5：5に近づいている段階である。

② **誤文**：財政投融資制度が廃止されたという事実はない。

④ **誤文**：**特例国債（赤字国債）**を発行するためには**特例法**の制定が必要。

問3 日本の財政状況に関する記述として最も適当なものを，次の①～④のうちから一つ選べ。

① 公共事業などの費用の不足を賄うために，赤字国債を発行することが義務づけられている。

② 財政を通じた低所得者への所得再分配が行われており，ポリシー・ミックスと呼ばれている。

③ 財政支出に占める国債費の割合が増大し，財政が硬直化していると言われている。

④ 一律の税率で課税される消費税は，低所得者ほど所得に占める税負担が軽くなる。

問3 [答]③

③ **正文**：**財政硬直化**についての記述として正しい。

① **誤文**：**公共事業費の調達**のために発行されるのは「赤字国債」ではなく「**建設国債**」。

② **誤文**：**ポリシー・ミックス**とは，複数の目標を同時に達成するために財政政策や金融政策など**複数の政策手段**を組み合わせること。

④ **誤文**：**消費税**は**逆進性**をもつから，「軽くなる」は「重くなる」の誤り。

23 戦後日本経済の歩み① 経済復興～高度経済成長

1 経済の民主化と経済復興

✤**経済の民主化** 第二次世界大戦後，日本を占領したGHQ（連合国軍総司令部）の指令によって経済の民主化が進められた。

財閥解体	財閥本社（持株会社）の解体，その支配下にあった巨大企業の分割を行うとともに，独占禁止法［☞p.93］を制定した。
農地改革	戦前の**寄生地主制**を廃止。国が地主から買い上げた農地を小作農に安価で売却し，自作農（自分の農地をもつ農民）への転換を図った［☞p.128］。
労働民主化	労働組合法，労働関係調整法，労働基準法を制定し，労働関係の民主化が図られた［☞p.140, 141］。

✤**傾斜生産方式** 政府は，石炭・鉄鋼・電力など**基幹産業に資金を重点的に配分した**。その資金調達のために**復興金融金庫**（**復金**）が設立されたが，復金が発行した債券（復金債）を日本銀行に引き受けさせたため，紙幣増発によるインフレーションが起こった（復金インフレ）。

✤**ドッジ・ライン** 均衡財政の確立，単一為替レート（1ドル＝360円）の設定，復興金融公庫の新規貸出停止などにより，インフレは収束したが景気は後退した。

✤**シャウプ勧告** ドッジ・ラインと並行して，税制の近代化を図るために直接税中心の税制改革が行われた。

✤**特需景気** 朝鮮戦争**の勃発（1950）を機に，アメリカが大量の軍需物資を日本から調達したため好景気が到来**。これにより，日本は経済復興を果たした。

2 高度経済成長（1955～73）

✤**実質経済成長率** 年平均の実質経済成長率が約10%を記録した。

✤**前半期**（1955～64） **民間企業の設備投資が成長を主導した**。ただし，原材料輸入が増大する一方，輸出力がそれほどないために国際収支［☞p.193］が悪化し，その改善のために景気引き締め政策が採用されて景気が悪化することもあった。こうした景気後退要因は「**国際収支の天井**」と呼ばれた。

①**神武景気** 「**もはや戦後ではない**」（『経済白書』1956）といわれ，「三種の神器」と呼ばれる耐久消費財（白黒テレビ・電気洗濯機・電気冷蔵庫）が普及した。

②**岩戸景気**　池田内閣が「**国民所得倍増計画**」(1960)を策定するなど，政府も成長促進政策を講じた。また，民間設備投資が経済成長の原動力となっていることが「**投資が投資をよぶ**」(『経済白書』1961)という言葉で表された。

③**オリンピック景気**　**東京オリンピック**(1964)の開催に向けて，新幹線・首都高速の建設などが行われ，公共投資が拡大した。

✤**後半期**（1965〜73）　**輸出が増加し，貿易収支**[☞p.193]**が黒字に転換した**。また，1966年から建設国債[☞p.105]が継続的に発行され，公共投資が拡大した。

○**いざなぎ景気**　57か月にわたって経済成長を続け，**1968年にはGNP(国民総生産)が資本主義国の中でアメリカに次いで第2位となった**。また，「3C」と呼ばれる耐久消費財(**自動車**・**クーラー**・**カラーテレビ**)が普及した。

✤**開放経済体制への移行**

貿易の自由化	1960年代前半には貿易の自由化を推進した。また，**GATT**(関税と貿易に関する一般協定)[☞p.200]，**IMF**(国際通貨基金)[☞p.197]に加盟する国として国際収支の悪化を理由とする輸入制限，為替制限ができなくなった。
資本の自由化	「先進国クラブ」とも称される**OECD**(経済協力開発機構)への加盟(1964)を機に，1960年代後半に資本の自由化を推進した。

3 高度経済成長の要因

✤**技術革新と民間設備投資**　民間企業がアメリカから大量生産方式を導入するなど積極的に設備投資を行い，重化学工業化に成功した。これに伴い，鉄鋼・石油化学などの素材型産業(重厚長大型産業)が発展した。

✤**高い貯蓄率と間接金融**　家計の高い貯蓄率を背景に，企業は**間接金融**(銀行からの借入れ)によって豊富な資金を調達できた。ただし，1970年代の石油危機以降，直接金融(株式・社債の発行)のウエイトが徐々に高まる傾向をみせた。

✤**安価で豊富な労働力**　安価で質の高い労働力が，農村部から都市部へと豊富に供給された。

✤**政府による産業保護・育成政策**　政府は，税制上の優遇措置を講じたり，生産関連社会資本(道路・港湾・空港など)を積極的に整備して産業の保護・育成を図った。ただし**生活関連社会資本(上下水道・公園など)の整備は遅れた**[☞p.137]。

✤**その他**　中東などから，安価な石油を大量に輸入することが可能であった。また，**円のレート(1ドル＝360円)が日本の経済力と比べて割安であったため，輸出に有利に働いた**[☞p.196]。

ここが共通テストのツボだ!!

ツボ 1 高度経済成長はどんな変化をもたらしたか

1. 産業のタイプの変化…重厚長大の **素材型産業** が中心になる

2. 産業構造の変化…就業人口→第二次・第三次産業とも **増加**
ただし，第二次産業は1970年代初めに頭打ち
国民所得→第二次産業はほぼ **横ばい** ののち，やや減少傾向
第三次産業は一貫して **増加**

108，109ページであげたこと以外に，気をつけることが大きく分けて2つある。

まず，**産業のタイプ**。この時期には急速な**重化学工業化**が進展したが，これを産業のタイプという観点からみると，鉄鋼・石油化学などの**素材型産業**の発展と捉(とら)えることができる。素材型産業は，大きな機械設備を必要とするから**重厚長大型産業**とも呼ばれる。

もう一つは，**就業人口と国民所得でみた場合の産業構造の変化**。まず，就業人口の割合でみると，**第二次産業**が一貫して増加し，1960年代には30%を超えた（ただし，**その後，徐々に減少する傾向をみせた**）。また**第三次産業**も増加し，60年代には40%を超えた（**その後も一貫して増加**し，現在では70%超を示している）。一方，国民所得の割合でみると，**第二次産業**は40%台でほぼ横ばい（**その後は減少傾向**で現在30%を下回っている），**第三次産業**は一貫して上昇した（**その後も増加**し，現在70%超）。細かい数字を知っている必要などないが，大まかな動向は押さえておいた方がいい。

ツボ 2 高度経済成長期に開放経済体制への移行が進展した

開放経済体制への移行…貿易の自由化（1960年代前半に着手），
資本の自由化（1960年代後半に着手）

1960年代に入ると，日本は貿易の自由化，資本の自由化を進めた。

1963年　**GATT11条国**へ移行
　→国際収支の悪化を理由として**貿易制限ができなくなった**

1964年　**IMF8条国**へ移行
　→国際収支の悪化を理由として**為替制限ができなくなった**
OECDへの加盟
　→**資本の自由化**を義務づけられた
資本の自由化スタート

基礎力チェック問題

問1 高度経済成長期に関する記述として最も適当なものを，次の①～④のうちから一つ選べ。

① 政府は，経済成長を実現する政策として，所得倍増計画を推進した。
② 家電製品や乗用車等の耐久消費財が購入されるなど，消費が活発に行われたため，貯蓄は減少した。
③ 変動為替相場制が採用されていたため，そのことが輸出製品の国際競争力を維持する効果をもち，輸出産業に有利に働いた。
④ この期間の経済成長率は，平均して15%を超えた。

問1 [答] ①

① **正文**
② **誤文**：「三種の神器」や「3C」が普及したという趣旨の記述は正しい。しかし，「貯蓄は減少した」は誤り。高度経済成長を支えた要因の一つに高い貯蓄率がある。
③ **誤文**：ドッジ・ライン(1949)から1970年代前半まで，円のレートは1ドル＝360円(固定為替相場制)が維持された。
④ **誤文**：高度経済成長期の年平均の実質経済成長率は約10%。

問2 日本経済に関する記述として最も適当なものを，次の①～④のうちから一つ選べ。

① 高度経済成長期に，国民の貯蓄率は高くなり，企業の設備投資は活発に行われた。
② 第二次世界大戦の終戦直後からドッジ・ラインの実施まで，物資の不足と通貨の大量発行によって，デフレーションが発生した。
③ プラザ合意では，日本を含む先進5か国が円高を是正するため，協調介入を行うことが取り決められた。
④ 1980年代後半の低金利の下で地価や株価が高騰したが，その後，一層の金融緩和政策が採られ，平成不況に入った。

問2 [答] ①

① **正文**
② **誤文**：「デフレーション」は「インフレーション」の誤り。ドッジ・ラインの実施によりインフレーションが収束した。また，論理的に考えても誤りとわかる。「通貨の大量発行」はインフレーションをもたらすはず。
③ **誤文**：「円高」はドル高の誤り。プラザ合意(1985)は，ドル高是正を内容とする合意[☞p.197]。
④ **誤文**：「一層の金融緩和政策」は金融引き締め政策の誤り。1990年代初めのバブル崩壊の要因の一つは，日本銀行がそれまでの金融緩和政策から金融引き締め政策に転じたことにある[☞p.100]。

問3 高度経済成長期における産業発展に関する記述として最も適当なものを，次の①～④のうちから一つ選べ。

① 産業構造が高度化して，第三次産業の就業人口割合が60パーセントを超えた。
② 規模の利益などが追求され，いわゆる重厚長大型の素材産業や装置産業が発展した。
③ 電気機器や自動車などの輸出産業が発展したが，同時に日米間で自動車や半導体をめぐって貿易摩擦が生じた。
④ 産業基盤を強化するために，政府が生産資源を重点的に配分したので，石炭や肥料などの基幹産業が発展した。

問3 [答] ②

② **正文**
① **誤文**：第三次産業の就業人口が60%を超えたのは，1980年代。
③ **誤文**：日米間で自動車・半導体の貿易摩擦が深刻化したのは，1980年代。
④ **誤文**：傾斜生産方式(生産資源を基幹産業に重点的に配分)が採用されたのは，1940年代後半。

24 戦後日本経済の歩み②
安定成長～バブル景気

1 石油危機とその克服(安定成長期)

✤**第一次石油危機(オイルショック)**(1973) 第四次中東戦争を機に石油輸出国機構(OPEC)が原油価格を約4倍に引き上げ[☞p.209],日本経済は大きな打撃を受けた。

スタグフレーション	不況とインフレーション(持続的な物価上昇)が同時進行する現象が発生した。物価が急騰し,狂乱物価とも称された。
戦後初のマイナス成長	1974年に,第二次世界大戦後はじめて,実質GDP(国内総生産)が前年を下回った。

✤**政府の対応** インフレ抑制のために総需要抑制政策を採用する一方,1975年から赤字国債を継続的に発行した。

✤**企業の対応** 設備投資・人員の削減などによる経営の合理化(減量経営)を進める一方,ME(マイクロエレクトロニクス)革命でFA(ファクトリー・オートメーション)化,OA(オフィス・オートメーション)化を推進した。

✤**貿易摩擦** 日本の企業は欧米に向けて輸出攻勢をかけ(集中豪雨的輸出),イラン革命を機に起こった第二次石油危機(1979)を比較的うまく乗り切ったが,その過程で欧米との貿易摩擦が発生した[☞p.116]。

2 1980年代以降の動向

貿易黒字の拡大…日本経済は2度にわたる石油危機を乗り切り国際競争力を強化,1980年代に入ると貿易黒字を拡大させた。他方,アメリカはドル高政策の影響により,日本からの輸入が増大し貿易赤字が深刻化した(ドル高はアメリカの輸出を減少させ,輸入を増加させる要因となる)。

↓

プラザ合意(1985)…先進5か国財務相・中央銀行総裁会議(G5)が開催され,アメリカ・イギリス・フランス・西ドイツ〔当時〕・日本が**ドル高是正(ドル安誘導)のための協調介入を行うことで合意した**。その背景には,アメリカの「双子の赤字」(財政赤字と貿易赤字)があった[☞p.197]。

↓

円高不況(1986)…**プラザ合意後の急激な円高により,日本の輸出産業は大きな打撃を受け,一時的に円高不況に陥った**(円高は日本の輸出を減少させる[☞p.196])。そのため,日本銀行は低金利政策を採用した。

↓

バブル景気（1986末～91）…円高不況の脱出後も，**日本銀行は低金利政策を維持したため「カネ余り」現象が生じ，株式や土地への投機が拡大した**。これにより，株価・地価などの資産価格が実体経済からかけはなれて高騰した（ただし，円高による輸入価格の低下もあって**消費者物価は安定的に推移した**）。

バブルの崩壊（1991）…日本銀行による公定歩合引き上げや，政府による不動産向け融資の規制などにより株価・地価が暴落し，深刻な不況に陥った。

3 バブル崩壊後の動向

バブル崩壊後，深刻な不況の下で，家計消費の低迷，企業の設備投資の減少が続く一方，金融機関の経営破たんなどにより金融システムが大きく揺らいだ。

金融機関の破たん	1990年代後半には，山一證券，北海道拓殖銀行，日本長期信用銀行，日本債券信用銀行などが相次いで経営破たんした。	
不良債権問題	金融機関が融資先企業の経営破たんや経営不振により回収困難となった債権（**不良債権**）を大量に抱え込んだために，新規の融資を控える「**貸し渋り**」や，返済期限前に返済を迫る「**貸し剝がし**」などを行う銀行が現れた。	
公的資金の注入	政府は，不良債権処理のため，大手銀行に対して公的資金を注入して金融システムの安定化を図った。	
マイナス成長	1998年と2001年には，実質GDP（国内総生産）が前年を下回った。その後，2002年から2008年にかけて，高度経済成長期の「いざなぎ景気」（57か月）を超える景気拡大（73か月）を示した。しかし，2008年に入ると，世界的な金融危機を背景に景気が後退し，2008年と2009年にはマイナス成長となった。	
デフレーション	消費者物価や企業物価が下落するデフレーションの傾向や，物価の下落と企業収益の悪化が悪循環する**デフレスパイラル**の現象がみられた。	
失業率の上昇 [☞p.144]	企業がリストラクチャリング（事業の再構築）を進めたこともあって，2001～2003年には完全失業率が5%台を記録した。	
日銀の景気対策	**ゼロ金利政策**（1999）	無担保コール翌日物金利（市中銀行間で短期の資金貸借をする際の金利）をゼロに誘導する。
	量的緩和（2001）	市中銀行が日銀に預けている預金（日銀当座預金）の残高を増やす。
	量的・質的金融緩和（2013）	マネタリーベース（市中で流通する現金と日銀当座預金残高の合計）を増やし，消費者物価の上昇率を2%とする。
	マイナス金利政策（マイナス金利付き量的・質的金融緩和）（2016.1）	日銀当座預金の一部について手数料をとる（預けている市中銀行が事実上，利子を支払っていることになる）。
	長短金利操作付き量的・質的金融緩和（2016.9）	マイナス金利は維持しつつ，10年物国債を指標とする長期金利を低めに誘導する。

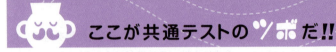

ここが共通テストのツボだ!!

ツボ 1 バブルはなぜ発生したか

バブル 発生の背景… **プラザ合意** →急激な **円高** → **輸出** の不振→ **公定歩合** 引き下げ→カネ余り→株式・土地への投機 → **バブル** の発生

1980年代後半から90年代初めにかけて，株価・地価などの資産価格が実体経済をはるかに超えて上昇する現象がみられた。「中身がない」「泡のように膨らんだ」という意味を込めて「**バブル**」と称された。では，なぜこの時期にバブルが発生したのか？この因果関係を押さえておこう。

出発点は**プラザ合意**（1985）後の急激な**円高**。円高は日本からの輸出にとって不利だから輸出産業が大きな打撃を受け，一時的に不況に陥った（**円高不況**）。そのため，日本銀行が**公定歩合**を段階的に引き下げた。ところが，**景気が上向いてきても公定歩合は低い水準のままに据え置かれたから，銀行が日銀から大量の資金を借り入れた。それをさらに企業が借り入れ，本業そっちのけで株式・土地へと投資した**（「**財テク**」）。また，銀行から不動産業者への融資も活発化した。これがバブル発生の最も重要な要因といわれる。

ただし，**消費者物価が安定的に推移したことには注意が必要。**資産価格が高騰したのだから，消費者物価も上昇しそうなものだが，現実はそうならなかった。その要因の一つは，**円高の影響で輸入価格が低下し，それが国内物価の上昇を抑えた**ことにある。

ツボ 2 バブル崩壊のツケは「失われた10年」

バブル崩壊後の動向… **不良債権**， **マイナス成長**， **デフレーション**

バブルは株価・地価の急落によって1990年代初めにはじけ，日本経済はその後，長い不況のトンネルに入った。その深刻さは，「**失われた10年**」という言葉が一世を風靡（ふうび）したことからもわかる（その後の時期も含めて「失われた20年」とも称された）。

たとえば，多くの銀行が，融資先の経営悪化や経営破たんによって巨額の**不良債権**（回収困難あるいは不能な貸付金）を抱え込み，公的資金を注入せざるを得ない状況が生まれた。銀行の「**貸し渋り**」（新規融資を手控えること）によって倒産する中小企業も相次いだ。実質経済成長率がマイナスを記録する年もあったし，**デフレーション**（物価の持続的な下落）が深刻化して『経済財政白書』で**デフレスパイラル**という言葉が使われることもあった。このデフレスパイラルとは，物価の下落が企業収益を悪化させ，それが所得の減少を招いて物価がさらに下落するという悪循環のことを指す。

基礎力チェック問題

問1 景気や物価の動向に関する記述として最も適当なものを，次の①～④のうちから一つ選べ。

① 第二次世界大戦の終戦直後の日本において，インフレーションが発生した背景には，通貨の大量発行や物資の不足などがあった。
② 1980年代後半の日本において，円高不況に対して採られた対策として，金融緩和策や地価抑制策があった。
③ 設備投資の変動などによって生じる周期が約10年の景気循環は，キチンの波と呼ばれる。
④ デフレーションと需要の増加とが相互作用する現象は，デフレスパイラルと呼ばれる。

問2 日本の景気動向や経済情勢に関する記述として最も適当なものを，次の①～④のうちから一つ選べ。

① 1980年代後半においては，低金利政策を背景に，「狂乱物価」と呼ばれる事態が生じた。
② 1990年代以降の経済の低迷期は「失われた10年」と呼ばれることがある。
③ 実質経済成長率は，1980年代以降現在まで，毎年プラスが続いている。
④ 第二次世界大戦後のいわゆる護送船団方式の下では，銀行間の競争が促進される傾向があった。

問3 景気変動や景気対策に関する記述として最も適当なものを，次の①～④のうちから一つ選べ。

① 1970年代の石油危機のような不況期にもインフレーションが進んだ現象は，デフレスパイラルと呼ばれる。
② 2000年代に入ると，日本銀行は一層の金融緩和策として，量的緩和政策を実施した。
③ 景気変動のうち，建築需要の変化によって生じるものは，コンドラチェフの波と呼ばれる。
④ 日本では，1990年代に入ると，金融緩和政策や地価抑制策などにより，地価や株価は下落し，バブル経済が崩壊した。

問1 [答] ①

① **正文**
② **誤文**：「地価抑制策」は，円高不況対策ではなくバブル対策。
③ **誤文**：「キチンの波」は「**ジュグラーの波**」の誤り[☞p.97]。
④ **誤文**：**デフレスパイラル**の説明が誤り[☞問3①の解説参照]。

問2 [答] ②

② **正文**：バブル経済崩壊後の長期にわたる景気低迷は，「失われた10年」あるいは「失われた20年」と呼ばれることがある。
① **誤文**：「**狂乱物価**」は，**第一次石油危機**(1973)後に生じた二桁のインフレーション(物価上昇)を表す言葉。
③ **誤文**：バブル経済崩壊後，何度かマイナス成長を記録した年があった。
④ **誤文**：「**護送船団方式**」とは，銀行間の競争を抑制し，弱体な銀行でも経営が成り立つようにする保護主義的な金融行政のことである。

問3 [答] ②

② **正文**：デフレーションからの脱却を目指して，日本銀行は**ゼロ金利政策**(無担保コール翌日物金利を実質的にゼロに誘導する政策)や，**量的緩和政策**(日銀当座預金残高を増やす)を実施した。
① **誤文**：「デフレスパイラル」は**スタグフレーション**の誤り。**デフレスパイラル**は，バブル崩壊後に生じた現象で，物価の下落と企業収益の悪化の悪循環を指す。
③ **誤文**：「コンドラチェフ」は**クズネッツ**の誤り。**コンドラチェフの波**は，**技術革新**を主因とする景気変動[☞p.97]。
④ **誤文**：「金融緩和政策」は**金融引き締め政策**の誤り。

第2章 経済分野

25 日本経済の構造変化

1 産業構造の高度化 ★★☆

✤ペティ=クラークの法則

経済発展に伴って，**産業の比重が第一次産業**（農林水産業）**から第二次産業**（製造業・鉱業・建設業）**へ，さらに第三次産業**（商業・運輸・通信・金融・サービス業など）**へと移行する傾向がみられる。**

✤経済のサービス化・ソフト化

近年，第三次産業の占める割合は，**就業人口においても国民所得においても70%を超えている。**さらに第二次産業（特に製造業）でも，FA化・OA化[☞p.112]の進展に伴って，コンピュータ操作・研究開発などの職種の比重が高まってきている。

●わが国の就業構造と所得構造の対比

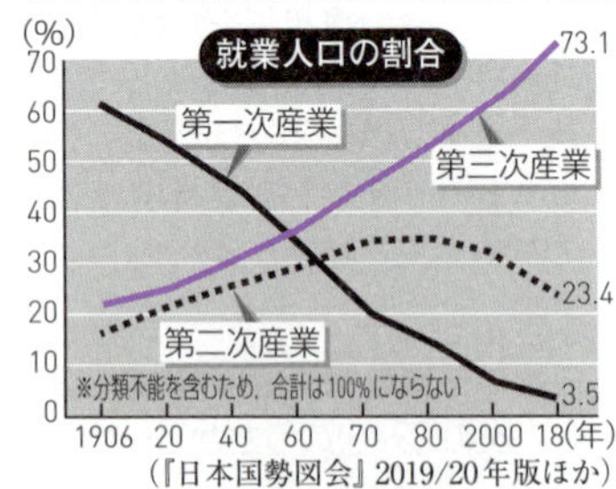

（『日本国勢図会』2019/20年版ほか）

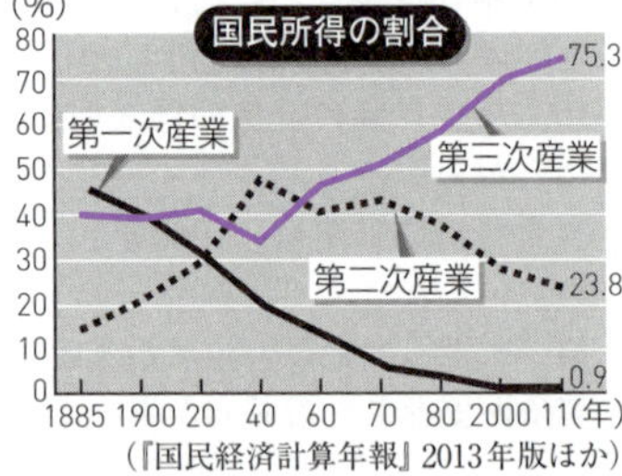

（『国民経済計算年報』2013年版ほか）

✤加工組立型・知識集約型産業への発展

高度経済成長期には，鉄鋼・石油化学など素材型・資本集約型産業が中心であった（**重厚長大型産業**，資源多消費型産業の発展）。しかし，**石油危機以後はこれらの産業が停滞し，自動車・家電などの加工組立型産業や，情報通信などの知識集約型産業が伸びてきている**（軽薄短小型産業，省資源・省エネルギー型産業の発展）。

2 日米の貿易摩擦と政府間協議

✤品目の推移　1960年代後半から70年代にかけては**繊維**・**鉄鋼**・**カラーテレビ**などの品目で，また1980年代以降は**自動車**・**半導体**などの品目で日米間の**貿易摩擦**が発生した。この推移は，日本の産業の比重が素材型・資本集約型産業から加工組立型・知識集約型産業へと移行してきたことを反映している。

✤日米構造協議（1989～90）　アメリカは日本に対し公共投資の拡大と市場の閉鎖性の改善を要求。また，スーパーやデパートなど大型小売店の出店規制の緩和などを要求した（→大規模小売店舗法の改正）。一方，日本はアメリカに対し財政赤字の削減を要求した。

✤**日米包括経済協議**（1993〜94）　日本の経常黒字削減とアメリカの財政赤字削減，規制緩和，アメリカの輸出振興（しんこう）などについて話し合われた。また，アメリカは製品輸入などの数値目標の設定を迫ったが，日本は拒否した。

3　貿易構造の変化

✤プラザ合意後の動向

海外直接投資の増大	プラザ合意（1985）［☞p.112］後，円高が急激に進んだため，日本の輸出産業は苦境に陥（おちい）った（円高は日本の輸出価格を上昇させる［☞p.196］）。しかし，その反面，日本からのアジア向けなどの直接投資のコストは低下した。これを背景に，**海外生産が急増した**。
製品輸入比率の上昇	日本企業の海外工場で生産された製品が日本に輸入されることが多くなった（逆輸入の増加）。また，急速な工業化に成功したアジア諸国からの輸入も増えた。その結果，**輸入総額に占める製品輸入の割合が上昇し，50%超で推移している**。
産業の空洞化への懸念（けねん）	日本企業が生産拠点を海外に移す動きを強めた結果，**国内の製造業の衰退や雇用機会の減少**など産業の空洞化が懸念されるようになった。

✤地域別の割合

日本の貿易相手を地域別にみると，輸出・輸入ともアジアが1位で，それぞれ全体の5割を超えている。

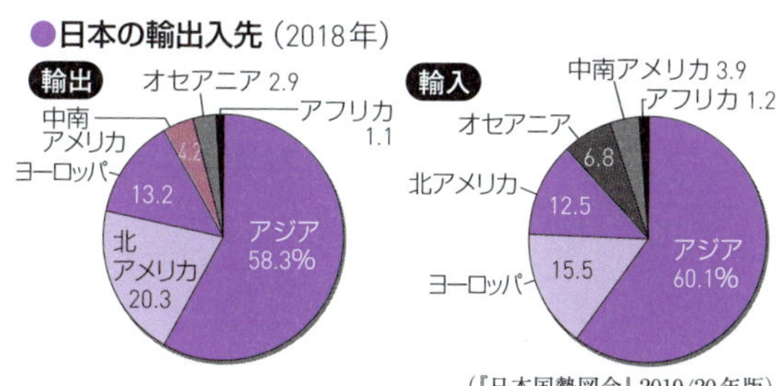

（『日本国勢図会』2019/20年版）

✤対中国貿易の増大

日本の貿易額を国別にみると，現在，中国がアメリカを抜いて第1位になっている。

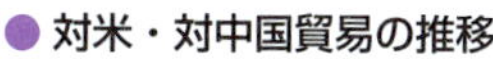

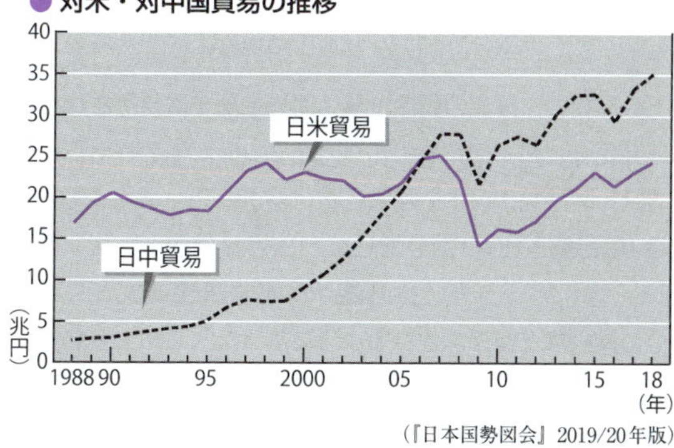

（『日本国勢図会』2019/20年版）

ここが共通テストのツボだ!!

ツボ 1 貿易摩擦が政治問題化すると政府間協議が開かれる

1. 貿易摩擦の推移…繊維→鉄鋼→カラーテレビ→自動車→半導体
2. 政府間協議…日米構造協議→日本市場の開放，アメリカの財政赤字削減
日米包括経済協議→マクロ経済政策，自動車など個別分野

日本とアメリカとの貿易摩擦は，**1960年代から70年代にかけて繊維，鉄鋼**をめぐって発生して以来，さまざまな分野に拡大した。

たとえば，**70年代半ば以降カラーテレビ，工作機械**の分野で貿易摩擦が発生し，さらに**80年代に入ると自動車**，そして**80年代半ば以降には半導体など**へと摩擦品目が推移してきた。その間，摩擦が深刻化した品目の中には，自動車に代表されるように日本側の輸出自主規制という形で一応の決着をつけようとする動きも現れた。しかし，80年代に入って日米間の経常収支[☞p.193]の不均衡(ふきんこう)が拡大するにつれ，アメリカによる日本への批判が従来にも増して高まり，日米構造協議(1989～90)，日米包括経済協議(1993～94)など日米の政府間協議が開かれるようになる。

日米構造協議では，アメリカが日本に対し公共投資の拡大や**市場の閉鎖性の改善**を，日本がアメリカに対し**財政赤字の削減**を要求した。また，日米包括経済協議では，日本の経常黒字削減とアメリカの財政赤字削減など**マクロ経済政策**のほかに，**自動車・自動車部品など個別分野**についても話し合われた。

ツボ 2 日本の貿易は，プラザ合意後にどのように変化したか

円高の影響…海外生産の活発化，製品輸入比率の上昇，産業空洞化の懸念

プラザ合意後の急激な円高は，日本の輸出品のドル建て(ドル表示)価格を上昇させ，**日本の輸出産業に打撃を与えた。**しかし，円高によって海外直接投資のコスト，たとえば海外工場の建設コストが低下したから，**日本の製造企業は海外生産を活発化させた。**

この海外生産の活発化は，日本の貿易のあり方に2つの変化をもたらした。まず，日本企業の海外工場で生産された製品が，日本に逆輸入されるケースが増え，その結果，**輸入総額に占める製品輸入の割合(製品輸入比率)が急増した**(1980年代前半には30%台だったが，1990年代後半には約60%に達した)。また，**生産拠点の海外移転が進んだことで，日本国内の製造業の衰退や雇用機会の減少などが懸念されるようになった。**このような現象は産業の空洞化と呼ばれる。

基礎力チェック問題

問1 第二次世界大戦後の日本の貿易構造に関する記述として適当でないものを，次の①～④のうちから一つ選べ。

① 戦後の日本の輸入品は，原燃料や食料品などが中心で，輸入額全体に占める製品輸入比率は現在でも低い水準が続いている。

② 戦後の早い時期の日本の輸出品は，欧米に比べて安価な労働を集約的に用いた繊維製品などの軽工業品が中心であった。

③ 日本の貿易における最大の輸入相手国は，戦後長い間アメリカであったが，現在では中国となっている。

④ 現在の日本の輸出品は，高い技術水準を必要とする，付加価値の高い，精密機械を含む機械類及び輸送機器類などが中心となっている。

問2 1980年代後半の日米経済摩擦に関する記述として最も適当なものを，次の①～④のうちから一つ選べ。

① 1989年から1990年にかけて行われた日米構造協議では，日本国内の経済構造が大きな問題として取り上げられたが，アメリカの経済構造問題については話し合われなかった。

② 著作権や特許などの知的財産権(知的所有権)は，日本がアメリカからの侵害を受けているとして問題にしたため，1993年からの日米包括経済協議のなかで重要な議題として取り上げられた。

③ 1990年代には，日本国内の景気低迷もあって，日本製品の対米輸出は1980年代に比べて大幅に減少したため，貿易をめぐる問題が日米間で生じることはなかった。

④ 1980年代に入って自動車をめぐる日米貿易摩擦が激化したため，日本は自主的に輸出量を規制する輸出自主規制や，自動車のアメリカでの現地生産でこの問題に対応した。

問3 日本の産業構造に関する記述として最も適当なものを，次の①～④のうちから一つ選べ。

① 朝鮮特需による好景気の時期には，第一次産業に従事する就業者の割合は，第二次産業に従事する就業者の割合に比べて，小さかった。

② プラザ合意後の円高などの状況下で，第一次産業の生産拠点が外国に移転するという産業の空洞化が生じた。

③ 高度経済成長期に入ると，第二次産業と第三次産業の発展に伴って，都市部で労働力不足が起こり，農村部から都市部への人口移動が進んだ。

④ 平成不況の時期には，経済のソフト化，IT化に伴って，第三次産業に従事する就業者の割合が低下傾向にあった。

問1 [答] ①

① **誤文**：日本の製品輸入比率は，1980年代後半以降上昇し，現在**50%台**。

② **正文**

③ **正文**：日本の**最大の輸入相手国は，現在中国**である。また，輸出を加えた貿易総額も中国が最大。

④ **正文**：日本の製造業の輸出品目は，現在，国際競争力の高い**高付加価値**の製品が中心となっている。

問2 [答] ④

④ **正文**：アメリカからの批判を和らげるために，日本は**自動車**輸出の自主規制などを行った。

① **誤文**：**日米構造協議**では，財政赤字の削減などアメリカの経済構造についても協議された。

② **誤文**：アメリカが日本による**知的財産権(知的所有権)** [☞p.200]の侵害を問題にした。

③ **誤文**：対米輸出が，1980年代と比べて大幅に減ったという事実はない。

問3 [答] ③

③ **正文**：高度経済成長期には都市部で工業化が進展し，その周辺地域に商業圏が拡大したため，都市部での労働力需要が増大した。その結果，農村部から都市部への大量の人口移動が進んだ。

① **誤文**：「小さかった」は「大きかった」の誤り。朝鮮戦争に伴う特需(朝鮮特需)による好景気が始まった1950年の第一次産業に従事する就業者の割合が40%台，第二次産業に従事する就業者の割合は20%台だった。

② **誤文**：「第一次産業」は「第二次産業」の誤り。**産業の空洞化**は，製造業の生産拠点の海外移転により国内産業が衰退することを指す。

④ **誤文**：「低下」は「上昇」の誤り。

チャレンジテスト③（大学入学共通テスト実戦演習）

問1 次の問いに答えよ。　（17年現社試行調査・改）

生徒Ａ・Ｂは，「資金」にも需要と供給とが関係しているとはどういうことかを考えようと，次の図を書いてみた。この図は，期間1年で貸し借りされる資金の量と，貸し借りに伴う利子率との関係を表しており，需要と供給は二つの曲線の交点Ｅで均衡している。

二人は，資金の市場でどのようなことが起こるのかについて，実線の状態のときよりも景気が悪くなって，多くの企業が生産活動への投資を抑制した場合を考えることにした。ただし，政府も中央銀行も市場への介入を行わず，他の条件も変化しないと仮定した。図についての二人の発言のうち，資金の需要と供給の変化に関する説明として適当なものを，次ページの①～⑤のうちから**2つ**選べ。

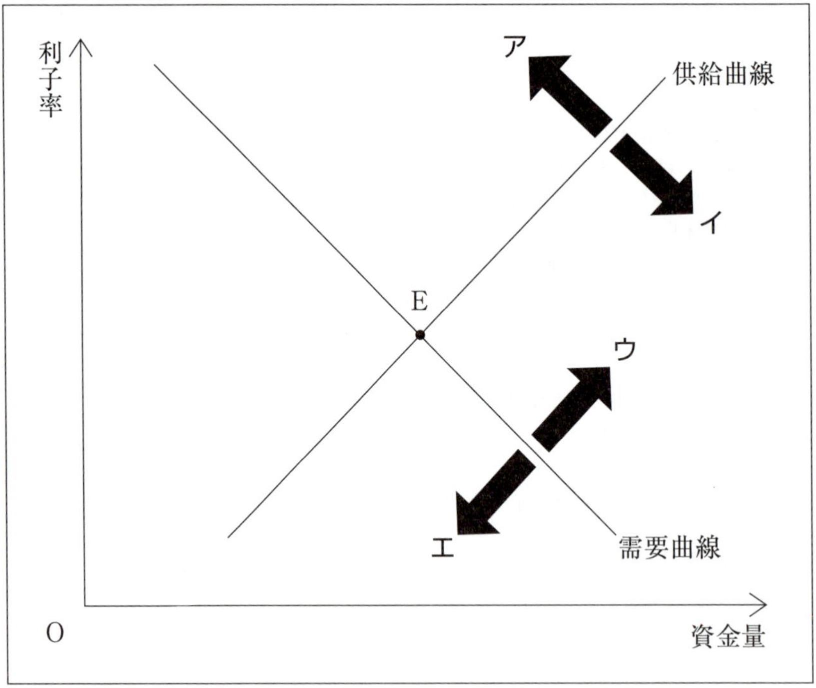

① 生徒A：景気が停滞して企業が投資をしなくなるような状態になると，その分の資金は，投資以外にも利用できる資金として市場に供給される。だから，供給曲線は**ア**の方向に移動すると思うよ。

② 生徒B：いや，投資をしなくなる企業が増えても，投資に使わなくなった資金を誰かに貸して少しでも利子を稼ごうとする企業も多いと思うよ。その場合，資金の供給曲線は**イ**の方向に移動するよ。

③ 生徒A：多くの企業は，今は投資を抑制していても次の好景気に備えて資金をできるだけ集めておこうとすることはしないはずだ。だから，資金の需要曲線が**ウ**の方向に移動すると考えられるね。

④ 生徒B：しかし，投資に利用しなくなった自分の資金を，以前に行った借入れの返済に使うという企業もあるだろうな。そうした企業が多ければ，需要曲線が**エ**の方向に移動すると考えられるね。

⑤ 生徒A：そうだとしても企業は，投資を抑制した分の資金を他の誰かに貸して利子を稼ごうとする。そうした企業の活発な働きかけによって，均衡点Eの位置は変化しないんじゃないかな。

問1 [答] ②，④

資本市場においては，資金の需要が増加すれば需要曲線は右へ移動する（需要が減少すれば，需要曲線が左へ移動する）。また，資金の供給が増加すれば，供給曲線は右へ移動する（供給が減少すれば，供給曲線は左に移動する）[☞p.94]。

②では，それまで投資に振り向けていた資金を，多くの企業が貸付に回すという趣旨のことが述べられている。その場合，資本市場への資金の供給が増えるから，供給曲線は**イ**の方向へ（右へ）移動する。

④では，それまで投資に振り向けていた資金を，多くの企業が借入れの返済に回すという趣旨のことが述べられている。その結果，資本市場から新たな投資のために資金を調達する企業が少なくなるから，需要曲線が**エ**の方向へ（左へ）移動する。

①資本市場への資金の供給が増えれば，供給曲線は「**ア**の方向」ではなく，**イ**の方向へ移動するはずである。

③多くの企業が資金を「集めておこうとすることはしない」ならば，資金の需要が減少するから，需要曲線は「**ウ**の方向」ではなく**エ**の方向へ移動するはずである。

⑤投資を抑制した分を貸付に回せば，資本市場への資金の供給が増加して供給曲線が**イ**の方向へ移動するから，均衡点はEよりも下方へ移動するはずである。

問2 ジニ係数から考える所得格差の是正に関連して，次の会話文を読み，[X]・[Y]に当てはまる語句の組合せとして最も適当なものを，次ページの①～④のうちから一つ選べ。

（18年政経試行調査）

先　生：冬休みの課題の内容について，発表してもらいます。

生徒E：私は所得格差がジニ係数で示されることに興味をもち，調べました。ジニ係数は，所得などの分布の均等度を示す指標であり，0から1の間の値をとり，1に近いほど格差が大きく，0に近いほど格差が小さくなります。**資料1**を見てください。架空の国α国とβ国との当初所得と再分配所得のジニ係数を示しています。ここで質問です。所得の再分配の政策を行った結果，当初所得と比べ所得格差がより縮小したのはどちらの国でしょうか。

生徒A：当初所得と比べて所得格差がより縮小したのは[X]だと思います。

生徒E：そうですね。所得の再分配により所得格差が縮小することがわかります。そこで，私は，どのような政策が所得格差の縮小につながるのかを考え，所得税の課税方式に注目しました。世帯がさまざまな所得階層に分布しているとして，たとえば，課税対象所得にかける税率を変えることで所得格差の縮小につながると思います。**資料2**を見てください。**資料2－1**と**資料2－2**は，架空の所得税率表です。[Y]を選択する方が，所得格差はより縮小されると考えます。

先　生：発表を聞いて，何か考えたことがあったら発言してください。

生徒B：私も所得格差の縮小に賛成です。平等な社会の実現に必要です。

生徒C：所得格差の縮小だけを強調してよいのでしょうか。私は，努力や働きが正当に報われることは必要なことだと思います。

先　生：社会の在り方についての議論になってきましたね。議論を深めましょう。

資料1

	α国	β国
当初所得のジニ係数	0.4	0.5
再分配所得のジニ係数	0.3	0.3

注：当初所得とは，雇用者所得や事業者所得など。再分配所得とは，当初所得に社会保障給付を加え，税金や社会保険料を控除したもの。

資料2

資料2－1

課税対象所得	税率
300万円以下	10%
300万円を超え500万円以下	20%
500万円を超え800万円以下	30%
800万円を超え1000万円以下	35%
1000万円超	40%

資料2－2

課税対象所得	税率
300万円以下	10%
300万円を超え500万円以下	20%
500万円を超え800万円以下	30%
800万円を超え1000万円以下	40%
1000万円を超え1500万円以下	50%
1500万円超	60%

	X	Y
①	α国	**資料2－1**
②	α国	**資料2－2**
③	β国	**資料2－1**
④	β国	**資料2－2**

問2 ［答］ ④

生徒Eの最初の発言の中にあるように，**ジニ係数**は所得分布などの均等度を示す指標であり，0から1の間の値をとる。また，それが1に近いほど所得格差が大きいことを，逆に0に近いほど所得格差が小さいことを示す。

X の直前に「当初所得と比べて所得格差がより縮小した」とあることに注意しよう。**資料1**をみると，α国は0.4から0.3へ，β国は0.5から0.3へ縮小しており，β国の方が縮小幅が大きい。したがって，この空欄にはβ国が入る。

次に，Y について考える。生徒Eの2番目の発言にあるように，課税対象所得にかける税率を変える仕組みは，所得格差の縮小につながる。これは，課税対象所得が高くなると税率も高くなる仕組み（**累進課税制度**）である［☞p.104］。**資料2－1**と**資料2－2**を比べると，課税所得が800万円を超える区分で**資料2－2**の方が税率が高くなっている。したがって，**資料2－2**を選択する方が，所得格差がより縮小されると考えられる。

26 中小企業問題

1 中小企業の定義

中小企業基本法は，資本金・従業員数を基準に中小企業を定義している（資本金，従業員数のいずれかが該当すれば中小企業とされる）。

業種	資本金	従業員数
製造業	3億円以下	300人以下
卸売業	1億円以下	100人以下
サービス業	5000万円以下	100人以下
小売業	5000万円以下	50人以下

2 中小企業と大企業との格差

✤**経済の二重構造**　日本経済には，大企業と中小企業との間や，工業と農業との間にさまざまな格差が存在する。これを経済の二重構造という。

✤**資本装備率**　従業者1人あたりの有形固定資産（工場・機械など）の額のこと。**中小企業は機械化が進まないため，資本装備率が低い**。また，従業者1人あたりの有形固定資産投資額（設備投資率）も低い。

✤**労働生産性**　従業者1人あたりの付加価値生産額のこと。**中小企業は，資本装備率が低いため，生産効率が悪い。**

✤**賃金**　**中小企業は，労働生産性が低いため賃金も低い**。労働組合がないことや，労働組合の組織率（従業者のうち，組合に入っている人の割合）が低いことも，この傾向に拍車をかけている。

●**中小企業の割合**（2016年）

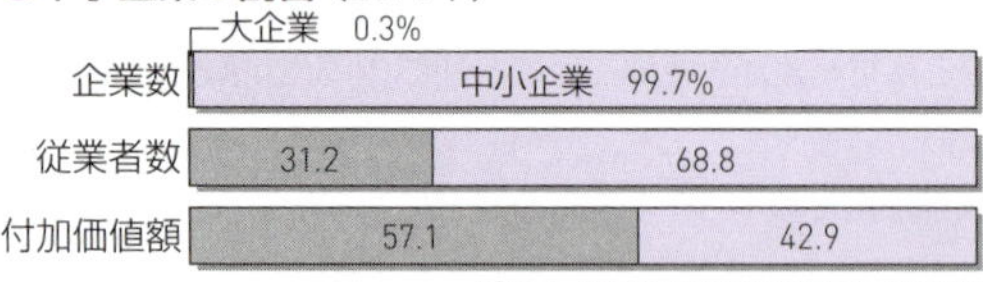

（『中小企業白書』2019年版より作成）

●**大企業と中小企業の規模別格差**
（製造業，従業者1人あたり，2014年）

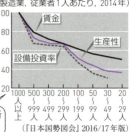

賃金　生産性　設備投資率
100　80　60　40　20
1000人以上　500〜999人　300〜499人　200〜299人　100〜199人　50〜99人　30〜49人　20〜29人

※従業者1000人以上規模の事業所を100とした指数を用いた比較。

（『日本国勢図会』2016/17年版）

3 中小企業の現状

✤**下請け**　中小企業の多くは，大企業の部品生産を請け負っている。そのため，大

企業（親企業）から原材料を高い価格で買わされたり，納入する部品の価格を安く買いたたかれたりすることがある（原料高・製品安）。また不況期には，大企業からの受注が減るなどしわ寄せを受けることもある（**景気の調節弁**）。

✤**系列** 下請け企業の中には，特定の大企業から資本・技術などの提供を受け，系列下に置かれるものもある。

✤**中小企業向けの融資** 日本政策金融公庫などの政府系金融機関があるが，融資条件が厳しく資金量も限られている。そのため，民間の金融機関から融資を受けることが多いが，大企業に比べて融資条件は厳しい。また，バブル崩壊後は，金融機関が新規融資を抑制したり（**貸し渋り**），融資資金の返済を迫ったり（**貸し剝がし**）したため，経営不振や倒産に追い込まれる中小企業が増加した[☞p.113]。

✤**中小企業をめぐる新たな動向**

ベンチャービジネス	**先端技術産業や情報産業など知識集約型産業**を中心として，高度な技術開発力を武器とする研究開発型の中小企業（**ベンチャービジネス**）が注目されるようになっている。
ベンチャーキャピタル	成長可能性が高いベンチャービジネスに対する投資を主な業務とする企業のこと。投資先のベンチャービジネスが成功すれば，**キャピタルゲイン**（有価証券売却益）を得ることができる。
新興企業向け株式市場	証券取引所への上場基準の緩和によって，新興企業の成長を促進しようとする動きが活発化してきている。具体的には，**ジャスダック**，**東証マザーズ**などがある。

✤**地場産業** 伝統技術などを用いて地域の特産品を生産する産業。京都の西陣織，瀬戸の陶磁器，鯖江市の眼鏡フレームなどが有名。

✤**国際競争力の相対的な低下** 1980年代以降，**アジアNIES**（新興工業経済地域）や**ASEAN**（東南アジア諸国連合）などが急速な経済成長を遂げたことによる。

4 中小企業関連の主な法律

✤**中小企業基本法**（1963） 1999年に改正され，中小企業政策の目的が「大企業との格差の是正」から，起業・経営革新など「**自助努力への支援**」に変更された。さらに2013年の改正では小規模企業の位置づけが見直され，政策上注視，強化することとされた。

✤**中小企業事業分野調整法**（1977） 中小企業が多い事業分野への大企業の進出を制限し，中小企業の利益保護をめざす法律。

✤**大規模小売店舗立地法**（1998） 従来の大規模小売店舗法（大店法）は，スーパーなどの大型小売店の出店を規制していたが，大店立地法では，大型小売店の出店がほぼ自由化された。その結果，個人商店が廃業に追い込まれ「**シャッター商店街**」などが続出したため，2006年にある程度の規制を行うための法改正が行われた。

ツボ 1 中小企業は厳しい環境の下に置かれている

1. 大企業との格差…資本装備率，労働生産性，賃金
2. バブル崩壊後…銀行による「貸し渋り」と「貸し剝がし」

中小企業は，**大企業も含めた全事業所数の90%以上を占めている。**しかし，**従業者数では約70%，付加価値額にいたっては40%台と割合が低下する。**

また，従業者1人あたりでみた場合の工場・機械などの有形固定資産の額（資本装備率）が低く，これが従業者1人あたりの付加価値生産額（労働生産性），賃金の低さの原因となっている。さらに，中小企業の多くは大企業の下請け（大企業の完成品の部品生産を請け負う）になっており，景気悪化の際には受注が減少するなど，厳しい立場に置かれている。

金融面でも，銀行からの融資を受けるのが難しいなど，中小企業を取り巻く環境は厳しい。その上，バブル崩壊後には銀行が「貸し渋り」（新規融資を手控える）や「貸し剝がし」（返済期限前にもかかわらず返済を迫る）を行ったことで悪条件が重なり，**経営悪化や倒産に追い込まれた中小企業が続出した。**

ツボ 2 中小企業の世界にも新たな動きがみられる

中小企業の新たな動き…電子商取引による取引の拡大，ベンチャービジネス，
大学研究機関との共同開発，新興企業向け株式市場の整備

中小企業を取り巻く環境は，依然として厳しいが，近年では中小企業の世界にも従来はあまりみられなかったような新たな動きが生まれている。

たとえば，特定の大企業とだけ取引を行うのではなく，**複数の大企業と取引を行うことで経営基盤を確保しようとする中小企業**や，企業間取引（B to B）のeコマース（電子商取引）[☞p.237]の進展を背景に国内のみならず**外国とも取引を積極的に行うような中小企業**も増えつつある。中小企業が**大学の研究機関などと共同で新しい技術や新製品の開発に取り組む**例もみられる。

また，**ジャスダック，東証マザーズなど新興企業向けの株式市場が整備されてきていること**などを背景に，独自の技術開発力を武器とする研究開発型の中小企業（ベンチャービジネス）の起業が従来にも増して活発化してきている。中小企業政策の基本目的が，**「大企業との格差の是正」から中小企業の「自助努力への支援」へと変更されたこと**も，このような動きに拍車をかけている。

基礎力チェック問題

問1 日本の中小企業に関する記述として最も適当なものを，次の①～④のうちから一つ選べ。

① 製造業における従業員一人当たりの生産性は，従業員20～29人の企業の方が，従業員300～499人のそれよりも高い。

② 中小企業の従業員数は，全企業の従業員数の約99パーセントを占める。

③ 製造業における従業員一人当たりの賃金は，従業員20～29人の企業の方が，従業員300～499人のそれよりも低い。

④ 製造業では，中小企業の出荷額は全企業の約70パーセントに及ぶ。

問1 [答] ③

③ **正文**

① **誤文**：「高い」は「低い」の誤り。

② **誤文**：製造業でみると，中小企業の従業員数は，全企業の従業員数の約70%である。

④ **誤文**：製造業でみると，中小企業の出荷額は全企業の出荷額の約50%にすぎない。

問2 企業に関する記述として適当でないものを，次の①～④のうちから一つ選べ。

① 中小企業の競争力向上を目指して，日本では現在，会社法によって，株式会社の最低資本金制度が設けられている。

② 企業が事業の再構築を行うことをリストラクチャリングというが，日本ではリストラという語で人員整理のことを意味する場合が多い。

③ 企業が行うフィランソロピーとは，慈善活動・社会貢献活動のことであり，福祉，地域興し，災害救援などの活動を支援することが含まれる。

④ 他企業があまり進出していない隙間(すきま)分野を開拓し埋めるビジネスとして，ニッチ産業が注目されている。

問2 [答] ①

① **誤文**：会社法(2005)により，株式会社の最低資本金規制は撤廃され，資本金1円でも株式会社を設立することができるようになった[☞p.89]。

② **正文**：リストラクチャリング(事業の再構築)についての記述として正しい。

③ **正文**：フィランソロピーについての記述として正しい。

④ **正文**：ニッチ産業とは，他企業が進出しにくい隙間分野を開拓するビジネスのことをいう。ニッチとは「隙間」という意味。ベンチャービジネスは，ニッチ産業で活躍することが多い。

問3 農家や中小企業が行っている創意工夫の具体例として適当でないものを，次の①～④のうちから一つ選べ。

① コメの自由売買が原則として認められたことを受け，農家のなかには，有機肥料と無農薬とを組み合わせた有機農法によるコメの生産で消費者の健康志向に応えようとするものもある。

② 法人企業の農業経営への参入は認められているので，農家のなかには，農地の取得やブランド品種の育成，販路の開拓などに必要な多額の資金を得るために，法人企業となるものもある。

③ 単純労働に従事する外国人労働者の雇用が原則として認められたことを受け，中小企業のなかには，近年，外国人労働者の雇用拡大で労働コストを切り下げ，業績を挽回(ばんかい)しているものもある。

④ 企業対企業の電子商取引の拡大を受けて，高い技術をもつ中小企業のなかには，インターネットを活用して自らの技術を売り込み，国内外の取引を積極的に展開しようとするものもある。

問3 [答] ③

③ **誤文**：単純労働に従事する外国人を雇用することは，日系人など一部を除いて，原則として認められていない[☞p.145]。

① **正文**：[☞p.129]

② **正文**：法人企業が農業経営に参入することは認められている[☞p.129]。

④ **正文**

27 農業問題

1 戦後農業の出発

GHQ（連合国軍総司令部）による占領下で**農地改革**が行われた。これにより，戦前の寄生地主制の下で農地を借りていた農民（小作農）の多くは，自分の農地をもつ農民（自作農）となった。また，農地改革の成果を維持するために，農地の転売などを制限する農地法が制定された（1952）。しかし，経営規模は依然として零細（れいさい）なままにとどまった。

2 基本法農政（1960年代）

✤**農業基本法**（1961）

自立経営農家の育成	農業経営だけで，都市勤労者世帯と同等の所得を得られる農家を育成しようとした。しかし，**結果的には，第二種兼業農家（農業以外の所得が農業所得を上回る農家）が激増した**。
選択的拡大	畜産・果樹など需要増加が見込まれるものは生産を拡大し，**麦**・**大豆**など国際競争力の弱いものは輸入に切り替えようとした。**これが，食料自給率の低下を招いた**。

✤**食糧（しょくりょう）管理制度**　もともと戦時中の食料不足対策のために導入された仕組み。しかし，高度経済成長期には農家保護の役割を果たした。**政府が農家からコメを高い価格（生産者米価）で買い上げ，それより安い価格（消費者米価）で流通させた**ため，食糧管理特別会計の赤字が拡大した。

3 総合農政

✤**過剰（かじょう）米対策**　食生活の変化によってコメの消費量が減少傾向を示す一方，生産者米価の引き上げを背景としてコメの生産量が増加した。その結果，過剰米対策が必要になった。

減反（げんたん）と転作（てんさく）	コメの作付（さくつけ）面積の制限（**減反**）が強制されたり，コメ以外の作物への転換（**転作**）が奨励（しょうれい）された。減反政策は2018年度に廃止された。
自主流通米制度	政府を通さずに農家と販売業者が直接取り引きするコメを認めた。これにより，政府が買い上げるコメは減少した。

✤**中核農家の育成**　60歳未満で農業専従（せんじゅう）の男子がいる農家を増やそうとした。

4 1990年代以降の動向 

✤食料自給率の低下

最近では，**穀物自給率が約30%，供給熱量自給率（カロリー自給率）が約40%で，先進国中，最低水準を示している**。品目別では**小麦**・**大豆**の自給率が著しく低い。

●日本の食料自給率の推移 （%）

	1960	1980	2000	2005	2010	2015	2017（概算）
穀物（食用＋飼料用）*	82	33	28	28	27	29	28
米 *	102	100	95	95	97	98	96
小麦 *	39	10	11	14	9	15	14
大豆 *	28	4	5	5	6	7	7
野菜 *	100	97	81	79	81	80	79
果実 *	100	81	44	41	38	41	39
肉類（鯨肉を除く） *	91	81	52	54	56	54	52
鶏卵 *	101	98	95	94	96	96	96
牛乳・乳製品 *	89	82	68	68	67	62	60
供給熱量自給率	79	53	40	40	39	39	38

農林水産省食料需給表による。会計年度。1980年度以降は沖縄県を含む。*重量ベース。
（『日本国勢図会』2019/20年版）

✤農産物輸入をめぐる動向

牛肉・オレンジの輸入自由化（1991）	日米合意に基づき輸入枠（わく）を撤廃（てっぱい）。
コメのミニマム・アクセス	GATT（ガット）の**ウルグアイ・ラウンド**［☞p.200］の最終合意に基づき，国内消費量の一定割合を輸入する義務（ミニマム・アクセス）を受け入れ，コメ市場の部分開放に踏み切った（1995）。
コメの関税化	ミニマム・アクセスを超えるコメについて，関税を賦課した上で輸入することを認め，コメ市場の開放をさらに進めた。

✤食糧需給価格安定法（新食糧法）（1994）　同法の施行により**食糧管理制度が廃止され，コメの生産・流通について市場原理が本格的に導入された**。また，その後の法改正により市場原理のさらなる拡大が行われた。その結果，コメの生産・流通に対する国の関与は大幅に減り，**政府が直接関与するコメは備蓄米などごく一部に限定されている**。これに伴い（ともない），従来の自主流通米制度も廃止された。

✤食料・農業・農村基本法（新農業基本法）（1999）　従来の農業基本法（1961）に代わって制定され，**食料の安定供給の確保**，**農業の多面的機能の発揮**，**農業の持続的な発展**，**農村の振興**の4つを基本理念として掲げている。

✤農業経営の法人化　**農地法**の改正（2000）により，株式会社などの**法人による農業経営**が可能となった。

✤6次産業化法（2010）　6次産業化とは，農林漁業者が生産（第一次産業）・加工（第二次産業）・販売（第三次産業）を一体として手がけることを指す。

✤食の安全性をめぐる動向　遺伝子組み換え作物を使用した食品は，**食品表示法**によってその旨（むね）を表示することが義務づけられている。また，**牛トレーサビリティ法**（2003），**米トレーサビリティ法**（2009）により，消費段階から生産段階に遡（さかのぼ）って商品の履歴情報を追跡するためのシステムが導入されている。

ここが共通テストのツボだ!!

ツボ 1 1990年代半ば以降，農業改革が急速に進んでいる

1. **コメの市場開放**…**ミニマム・アクセス**と**関税化**
2. **食糧需給価格安定法**…コメの生産・流通に市場原理を大幅に導入
3. **食料・農業・農村基本法**…農業の多面的機能の発揮，農業経営の法人化

1990年代には，**牛肉・オレンジの輸入自由化とコメ市場の開放**が行われた。このうち，コメの市場開放は2段階で進んだ。

まず，第1段階。**GATT**の**ウルグアイ・ラウンド**(1986〜94)で**ミニマム・アクセス(最低輸入義務)を受け入れ，1995年から実施された**。ミニマム・アクセスとは，国内消費量の一定割合を必ず輸入しなければならないというもの。

そして，第2段階。1999年には，**ミニマム・アクセスを超えて輸入されるコメについて関税化が実施され，輸入数量制限はなくなった**。こうした動きは，国内の農業政策の転換と連動していた。たとえば，**食糧需給価格安定法**の制定・改正(1994・2003)により，**コメの生産・流通に市場原理が大幅に導入された**。

また，従来の**農業基本法**(1961)に代わって，**食料・農業・農村基本法**(1999)が制定された。同法は**農業の多面的機能の発揮，農業経営の法人化**の推進などが打ち出された。これに伴い，2000年以降数回にわたる**農地法**の改正により，農業経営の法人化が具体化されてきている。

ツボ 2 日本の穀物・カロリー自給率は先進国最低水準

1. **食料自給率**…穀物自給率→約**30%**，供給熱量自給率→約**40%**
2. **自給率の高いもの**…**コメ**・**鶏卵**(けいらん)→90%台
3. **自給率の低いもの**…**小麦**→10%台，**大豆**→10%未満

日本の食料自給率はかなり深刻な状況にある。たとえば，**穀物自給率(重量ベース)は約30%，供給熱量自給率(カロリー自給率)は約40%**で，個別の品目の中には極端に低いものもある。その代表例が**小麦**と**大豆**。小麦は10%台，大豆にいたっては10%未満と，目を疑いたくなるような数字が目に入ってくる。

このような状況は，高度経済成長期に**農業基本法**(1961)が制定されて以降進み始めた。政府が，同法に基づいて小麦・大豆など国際競争力の弱い農産物を安価な輸入ものに切り替える政策(**選択的拡大**)を推進した結果である。

ただし，自給率が100%近くを示している品目があることには注意したい。**コメはミニマム・アクセス(最低輸入義務)と関税化の実施後も，約95%を自給している**。また鶏卵の自給率も，コメとほぼ同じ数字を示している。

基礎力チェック問題

問1 日本の農業に関する記述として最も適当なものを，次の①～④のうちから一つ選べ。

① 新食糧法では，コメの価格・流通に関して，政府が管理する食糧管理制度が維持されている。
② 食料・農業・農村基本法では，農業の機能として，食料の供給以外に自然環境の保全などの多面的機能が明示されている。
③ 高度経済成長期以降，農業の国内総生産に占める比率は減少したが，2000年代に入ってからは増加している。
④ 中山間地域は，農業を営むのに不利な地域であり，高齢化も進んでいるが，中山間地域の耕作放棄地は減少している。

問2 日本における農業問題や農村の現状に関する記述として最も適当なものを，次の①～④のうちから一つ選べ。

① バブル崩壊後の1990年代に起きた不況をきっかけに，農業就業人口が減少から増加に転じている。
② コメの輸入に関しては，関税による調整は行われておらず，数量による調整が行われている。
③ 中山間地域の農村のなかには，福祉や医療などの基礎的な生活条件が厳しくなり，コミュニティの維持が困難な状態に陥るところが現れている。
④ 新食糧法に基づき，政府はいったんすべてのコメを買い上げて，その後，市場に供給している。

問3 日本の農業と食料に関する記述として最も適当なものを，①～④のうちから一つ選べ。

① カロリーベースの食料自給率は，長らく低下傾向にあったが，今日でも50%以上を維持している。
② 農業基本法の下で自立経営農家の育成が目指されて以降，総農家戸数に占める専業農家の割合は，一貫して増加した。
③ 関税と貿易に関する一般協定の東京ラウンドの合意を受けて，コメの輸入の部分的な自由化が始まった。
④ 農地法の改正を経て，今日では，企業の農業への参入の促進が目指されている。

問1 [答] ②

② **正文**：食料・農業・農村基本法(1999)は，食料の安定供給の確保，農業の多面的機能の発揮，農業の持続的な発展，農村の振興の4つを基本理念として掲げている。
① **誤文**：食糧管理制度は，新食糧法(食糧需給価格安定法)(1994)の施行により廃止された。
③ **誤文**：農業の国内総生産(GDP)に占める割合は，2000年代に入っても低下傾向にある。
④ **誤文**：耕作放棄地は，1970年代半ばから増加傾向にある。

問2 [答] ③

③ **正文**：中山間地の中には，過疎化の進行が著しく，社会的共同生活の維持が困難となっている地域が少なくない。そうした地域のうち，人口の半数が65歳以上の地域を限界集落と呼ぶことがある。
① **誤文**：農業就業人口は，バブル崩壊後も減少傾向。
② **誤文**：コメの関税化の実施(1999)以降，「関税による調整」が行われている。
④ **誤文**：食糧管理制度(政府がコメを農家から買い上げる仕組み)は廃止。

問3 [答] ④

④ **正文**：2000年以降の農地法改正により，農業経営の法人化が推進されてきている。
① **誤文**：「50%以上を維持している」は誤り。カロリーベースの自給率は，現在約40%である。
② **誤文**：「専業農家」を「第二種兼業農家」に直せば正しくなる。第二種兼業農家とは，年間所得のうち農外所得が農業所得を上回る農家のこと。
③ **誤文**：「東京ラウンド」を「ウルグアイ・ラウンド」に直せば正しくなる。

28 公害・環境問題

1 公害の歴史

✤**足尾銅山鉱毒事件**（明治時代） 田中正造（衆議院議員）が帝国議会において告発したことで知られ，「公害の原点」ともいわれる。

✤**四大公害**（高度経済成長期） 被害を受けた住民が損害賠償を求める訴訟を起こし，**すべて原告（被害者側）が勝訴**した（1970年代前半）。

	発生地域	原因物質
水俣病	熊本県水俣湾周辺	有機水銀
新潟水俣病	新潟県阿賀野川流域	有機水銀
四日市ぜんそく	三重県四日市市	亜硫酸ガスなど
イタイイタイ病	富山県神通川流域	カドミウム

2 公害の問題点

✤**外部不経済の発生** ある経済主体の活動が，市場を経由せずに他の経済主体に不利益をもたらすことを外部不経済といい，公害はその典型例である。

✤**社会的費用の増大** 公害を発生させた者（企業）がそれに伴う費用を負担しない場合は，それ以外の者（国や地方自治体など）が負担しなければならなくなる。

3 公害・環境行政

✤**公害対策基本法**（1967）

①**典型7公害** 大気汚染，水質汚濁，土壌汚染，騒音，振動，地盤沈下，悪臭。

②**「経済調和条項」の削除** 「公害国会」（1970）において，同法から産業発展と生活環境保全との調和をうたった条項が削除された。

✤**環境庁の発足**（1971） 従来は各省庁に分散していた公害・環境行政が一本化された。なお同庁は，2001年の中央省庁再編で**環境省**へ格上げされた。

✤**環境基本法**（1993） **国連環境開発会議**（1992）[☞p.220]をきっかけに制定され，地球環境保全も視野に入れている（ただし，環境権は明記されていない）。施行に伴い**公害対策基本法は廃止された**。

✤**環境影響評価法（環境アセスメント法）**（1997） 大規模開発事業が環境に及ぼす影響を事前に調査し，その影響をできるだけ小さくすることが目的。なお，**地方自治体レベルでは，同法制定に先立ち，環境アセスメント制度の条例化が進んでいた**。

✤公害防止のための原則・仕組み

①**汚染者負担の原則（PPP，Polluter Pays Principle）** 公害防止費用などは，公害を発生させた企業に負担させるという原則。公害防止事業費事業者負担法（1970）や公害健康被害補償法（1973）などで採用。

②**無過失責任制** 企業に故意や過失がなくても，公害の被害者に対する賠償責任を負わせる制度。大気汚染防止法などで規定。

③**総量規制** 従来の排出物中の汚染物質の濃度規制（排出時の濃度を規制）に加えて，総量規制（一定期間における排出総量を規制）も行えるようになった。

第2章 経済分野

4 循環型社会の形成

✤基本的な観点（3R）

リデュース（Reduce）	廃棄物の発生を抑制すること。
リユース（Reuse）	使用ずみ製品などの廃棄物を再使用すること。
リサイクル（Recycle）	使用ずみ製品などの廃棄物を資源化して再生利用すること。

✤循環型社会実現のための法律

①**循環型社会形成推進基本法**（2000） リサイクル関連法を統括する法律。上記の3R（リデュース，リユース，リサイクル）を，優先順位の高い順に示している。また，事業者は製品が使用ずみになったあとまで責任を負うべきであるという拡大生産者責任の原則を示している。

②**資源有効利用促進法**（改正リサイクル法）（2000） 再生資源利用促進法（リサイクル法）が，循環型社会形成推進基本法の制定に伴って改正された。

③**容器包装リサイクル法**（1995） ペットボトル・ガラス瓶などの消費者による分別排出，市町村による分別収集，事業者による再商品化を義務づける。

④**家電リサイクル法**（1998） **テレビ・エアコン・洗濯機・衣類乾燥機・冷蔵庫・冷凍庫について，小売業者・製造者に引き取り義務（費用は消費者負担）や再商品化義務を課している**。なお，パソコンについては②の資源有効利用促進法でメーカーによるリサイクルが義務づけられている。

⑤**グリーン購入法**（2000） 国の機関などに，再生資源を利用した商品（再生紙など）や，環境への負荷の少ない商品（低公害車など）の購入を義務づけている。

✤推進すべき取り組み

ゼロエミッション	ある産業・企業の廃棄物を別の産業・企業の原材料として利用するなど，生産過程での廃棄物をゼロにすること。
コジェネレーション	発電で廃熱として捨てられていたエネルギーを冷暖房や給湯などに利用して熱効率を高めること（熱電併給）。
デポジット制度	瓶入り飲料などの容器代を販売時に預かり金として徴収し，容器を返却したとき返金するシステム。

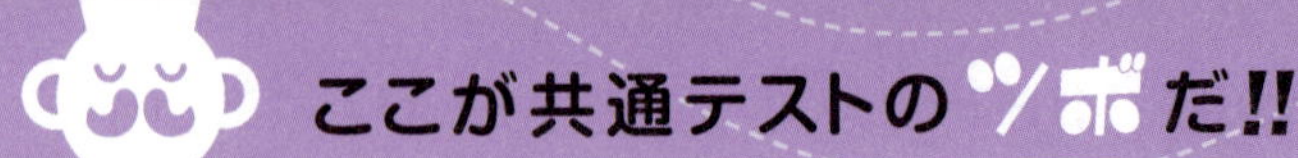

ツボ 1 公害対策は，時間的順序も念頭に置いて押さえる

1. 法制度…**公害対策基本法**（1967），**環境庁**（1971），**汚染者負担の原則**，**総量規制**，**環境基本法**（→公害対策基本法の廃止，1993）
2. **環境アセスメント制度**…地方自治体が先行

高度経済成長期，特に1960年代，**四大公害**（**水俣病，新潟水俣病，四日市ぜんそく，イタイイタイ病**）**が社会問題化したことを背景に，公害対策が本格的に始まった。公害対策基本法**の制定（1967），**環境庁**の発足（1971）はその代表的な例。また1970年代に入ると，**汚染者負担の原則（PPP）**の採用（公害防止事業費事業者負担法，公害健康被害補償法），汚染物質の排出規制の強化（**総量規制の採用**）なども行われた。

その後の動向については，**産業公害を対象とする公害対策基本法に代わって，地球環境保全をも視野に入れた環境基本法が制定されたこと（1993），環境アセスメント法の制定（1997）などが重要**。ただし，気をつけることがいくつかある。

①環境基本法には**環境権**が明記されていない。

②環境アセスメント法は民間事業者も対象とする。

③環境アセスメント制度の導入は国よりも地方自治体の方が早かった。

ツボ 2 リサイクル関連法は出題者のワナにはまりやすい

1. **家電リサイクル法**・**自動車リサイクル法**…消費者が費用を負担
2. **グリーン購入法**…環境への負荷が少ない商品の購入を国の機関などに義務づけ
3. **食品リサイクル法**…製造者や飲食店が費用を負担

現在，**循環型社会形成推進基本法**（2000）の下に，さまざまなリサイクル関連法が位置づけられている。

①**家電リサイクル法**は，テレビ（ブラウン管・液晶・プラズマ）・エアコン・洗濯機・衣類乾燥機・冷蔵庫・冷凍庫が対象で（**すべての家電が対象ではない**），費用は**消費者**が負担する（引取業者ではない）。

②**グリーン購入法**は，国の機関などに低公害車など環境への負荷の少ない商品を購入することを義務づけている（**一般家庭は対象ではない**）。

③**食品リサイクル法**は，食品の製造・販売業者などが対象（**一般家庭は対象ではない**）。

④**自動車リサイクル法**は，**自動車の購入者**の費用負担を定めている（**自動車会社や販売店が費用を負担するのではない**）。

基礎力チェック問題

問1 公害問題に関する日本の法制度や政策についての記述として最も適当なものを，次の①〜④のうちから一つ選べ。

① 自然環境保全法は，公害対策基本法と環境基本法に代わって制定された法律である。

② 大気汚染への対策として，ディーゼル車の排気ガスに対する法的規制を強化した地方自治体がある。

③ 四大公害の発生により公害防止に対する国民の関心が高まり，環境行政を一元化するために，1970年代前半に環境省が設置された。

④ 大気汚染物質に関する総量規制は，足尾銅山の鉱毒事件を契機として実現された。

問1 [答] ②

② **正文**：東京都，埼玉県，千葉県，神奈川県などがある。
① **誤文**：自然環境保全法(1972)は環境基本法(1993)とは別の法律。また，公害対策基本法(1967)は，環境基本法の施行に伴い廃止された。
③ **誤文**：1970年代前半に設置されたのは「環境省」ではなく環境庁。
④ **誤文**：足尾銅山鉱毒事件は明治時代の公害事件であり，総量規制は1974年に導入された仕組み。

問2 資源の利用についての日本の法制度に関する記述として最も適当なものを，次の①〜④のうちから一つ選べ。

① 循環型社会形成推進基本法では，いわゆる3Rのなかで，再使用(リユース)が，再生利用(リサイクル)や廃棄物の発生抑制(リデュース)よりも優先されるという原則が定められている。

② 循環型社会形成推進基本法では，生産者が，自ら生産した製品が使用され廃棄された後においても，一定の責任を負うという考え方が取り入れられている。

③ 資源のリサイクルを促進するための個別法は様々な分野に存在するが，そのうち容器包装リサイクル法と家電リサイクル法は，高度経済成長期に制定されたものである。

④ 資源のリサイクルを促進するための個別法は様々な分野に存在するが，建設工事で使われた資材の再資源化を促進する法律は，いまだ制定されていない状況にある。

問2 [答] ②

② **正文**：循環型社会形成推進基本法に盛り込まれた拡大生産者責任に関する記述として正しい。
① **誤文**：循環型社会形成推進基本法は，優先順位が高い順に，発生抑制(リデュース)，再使用(リユース)，再生利用(リサイクル)，熱回収，適正処分と定めている。
③ **誤文**：高度経済成長期は1950年代半ばから73年までの時期を指すが，容器包装リサイクル法は1995年に，家電リサイクル法は1998年に制定された。
④ **誤文**：建設リサイクル法(2000)が制定されている。

問3 日本の環境政策に関する記述として最も適当なものを，次の①〜④のうちから一つ選べ。

① 循環型社会形成推進基本法では，大量生産・大量消費・大量リサイクルを特徴とする「大量リサイクル社会」を目指すことになっている。

② 容器包装リサイクル法では，製品の対価とは別に消費者が処理費用を支払い，リサイクルを行うことになっている。

③ 企業には，住民による環境保全活動を支援することが，企業の社会的責任(CSR)の一環として，法律で義務づけられている。

④ 硫黄酸化物などの大気汚染物質の排出に対する，法律に基づく規制の方法として，濃度規制と総量規制がある。

問3 [答] ④

④ **正文**：濃度規制だけでなく総量規制も採用できる。
① **誤文**：循環型社会形成推進基本法は，天然資源の消費を抑制し，環境への負荷ができるかぎり低減される社会(循環型社会)を目指そうとする法律。
② **誤文**：容器包装リサイクル法は，再製品化に要する費用を商品価格に転嫁することを基本としている。
③ **誤文**：「法律で義務づけられている」は誤り。

29 消費者問題・都市問題

1 現代市場と消費行動

現代の消費者は，自分の主体的な判断で商品を選択するより，**企業の宣伝・広告によって購買欲を操られやすい**（依存効果）。また，人々の消費行動は，**他人の消費水準やライフスタイルなどに影響を受けやすい**（デモンストレーション効果）。

2 日本の消費者被害

✤食品被害

森永ヒ素ミルク事件	森永ドライミルク（粉ミルク）にヒ素が混入（1955）。
カネミ油症（ゆしょう）事件	米ぬか油にPCB（ポリ塩化ビフェニル）が混入（1968）。

✤薬害

サリドマイド事件	睡眠剤（サリドマイド剤）が原因（1960年頃）。
スモン病事件	整腸剤（せいちょうざい）などに多用されていたキノホルムが原因（1950年代半ば以降）。
薬害エイズ事件	非加熱の輸入血液製剤が原因（1980年代後半以降）。

✤悪質商法

マルチ商法	連鎖販売取引。販売組織の会員となって商品を買い，それを他人に販売すれば紹介料やマージンが得られる。
キャッチセールス	路上で通行人を呼び止め，商品の購入を勧める。
ネガティブ・オプション	業者が一方的に商品を送りつけ，断らなければ購入したものとみなして代金を請求する。

✤自己破産　クレジットカードや無人契約機の普及などにより，ローン地獄（多重・多額債務）に陥（おちい）り，地方裁判所に**自己破産**の申し立てをするケースが多発している。

3 消費者保護の理念

✤消費者主権　資源配分や企業の生産のあり方は，最終的には，消費者の購買行動によって決定されるべきであるという理念。

✤消費者の4つの権利　アメリカのケネディ大統領が1962年に提唱。**安全を求める権利，知らされる権利，選択する権利，意見を反映させる権利**のこと。

4 日本の消費者保護行政

✤**消費者基本法**（2004） 従来の消費者保護基本法（1968）を全面改正して成立したもので，**消費者の「自立支援」を基本理念としている**（従来は消費者の「保護」を基本理念としていた）。同法に基づいて，内閣府に消費者政策会議が設置されている。

✤**国民生活センター**（1970） 商品テストや消費者の苦情対応などを行う国の特殊法人として設立され，現在では独立行政法人となっている。**地方レベルの消費生活センターと連携して活動する**。

✤**クーリングオフ制度** 特定商取引法，割賦（かっぷ）販売法などで採用されている制度。**訪問販売などで契約を結んだあとでも，一定期間内なら，書面で通知することにより，違約金なしで契約を解除できる**。

✤**製造物責任法（PL法）**（1994） 製品の欠陥（けっかん）により被害が生じた場合，製造者は**過失の有無にかかわらず**賠償（ばいしょう）責任を負（お）う。製品の欠陥が証明されれば，製造者は過失がなかったとしても賠償責任を負わなければならない（**無過失責任**）。

✤**消費者契約法**（2000） 消費者が一方的に不利になる条項を無効とすることなどを定めている。内閣総理大臣が認定した消費者団体が被害者個人に代わって事業者の不当行為の差止めを請求できる**消費者団体訴訟制度**を定めている。

✤**消費者庁**（2009） 消費者行政の一元化を目的として，内閣府の外局として発足。消費生活センターなどからの事故情報を集約・分析して被害拡大の防止策を講じる。

✤**グレーゾーン金利の廃止**（2010） グレーゾーン金利とは，違反すれば刑事罰の対象となる出資法の上限金利は下回っているものの，刑事罰のない利息制限法の上限金利を上回っている金利帯のことで，**多重・多額債務の一因**となっていた。

5 日本の都市問題

✤**都市の過密化と農村の過疎（かそ）化** 高度経済成長の過程で，農村から都市，特に三大都市圏（東京・大阪・名古屋）への人口移動が急速に進んだ。一方，過疎化により人口の50%以上が65歳以上の高齢者になり，共同体としての機能維持が困難になっている集落（**限界集落**）もある。

✤**人口分布と宅地開発**

ドーナツ化現象	都市中心部の人口が減少し，周辺部の人口が増加する。
スプロール現象	都市郊外で無計画に宅地開発が行われ，虫が葉を食べたあとのように無秩序に宅地が広がる。

✤**生活関連社会資本の不備** 道路，港湾，空港など生産関連社会資本（産業関連社会資本）と比べ，**上下水道，公園などの生活関連社会資本の整備が遅れた**[☞p.109]。

✤**中心市街地活性化法の改正**（2006） 大型小売店の郊外出店の増加により中心市街地の衰退が進んだため，都市機能の郊外拡散を抑制し，まちの機能を中心市街地に集中させる**コンパクトシティ**の実現が図られるようになった。

ここが共通テストのツボだ!!

ツボ 1 消費者保護の法制度は内容も問われる

1. クーリングオフ制度…代金を支払ったあとも適用
2. 製造物責任法（PL法）…被害者は過失を証明する必要がない
   →製造者の無過失責任
3. 消費者契約法…ウソをつかれて結んだ契約→取り消し
   消費者にとって一方的に不利な条項→無効

まず，クーリングオフ制度について。これは，特定商取引法や割賦販売法などで規定されている制度で，**指定商品購入後，一定期間内なら無償で契約を解除できるというもの。代金を支払ったあとでも適用される**。ただし，**通信販売には原則として適用されない**ということに注意。

製造物責任法（PL法）は，製品の欠陥によって生じた被害について，製造者に賠償責任を負わせようというもの。消費者は製品の「欠陥」を証明すればよく，製造者の「過失」を証明する必要はない。つまり，**製造者は，仮に過失がなかったとしても賠償責任を負わなければならない**ということになる（無過失責任）。

さらに消費者契約法もみておくと，**消費者は業者にウソをつかれて結んだ契約を取り消したり，消費者にとって一方的に不利な条項を無効にできたりする**。また同法は，内閣総理大臣が認定した消費者団体（適格消費者団体）が，消費者に代わって事業者の不当な行為の差止めを請求する制度（消費者団体訴訟制度）についても定めている。

ツボ 2 都市や山間地域の問題にも目配りを

1. **社会資本整備**…生産関連→高度経済成長期に進展，生活関連→整備の遅れ
2. コンパクトシティ構想…市街地に賑わいを取り戻す
3. 限界集落の増加…共同体として機能の維持が困難な集落が増えている

社会資本整備の動向，特に高度経済成長期の動向について。この時期には，**道路・空港など生産関連社会資本（産業関連社会資本）の整備は急速に進んだが**，その反面，**上下水道・公園など生活関連社会資本の整備は遅れた**。

それから，都市や山間地域をめぐる近年の動向にも注意しよう。まず前者については，コンパクトシティの構想がある。これは，都市の中心部に行政，商業，住宅などさまざまな都市機能を集中させた形態，またはその計画のことで，市街地に賑わいを取り戻す方策として注目されている。後者については，限界集落の問題がある。これは，過疎化の進展などにより，**人口の50%以上が65歳以上の高齢者**になり，共同体としての機能維持が困難になっている集落のことである。

基礎力チェック問題

問1 消費者の行動や消費者保護に関する記述として最も適当なものを，次の①～④のうちから一つ選べ。

① 日本には，訪問販売などでの商品購入について，消費者が一定期間内に申し出れば契約を解除できる制度(クーリングオフ)がある。

② 消費者が，商品の価格やその取得の必要性を考慮せずに周囲で流行しているという理由で購入する心理的な傾向を，モノカルチャーという。

③ 消費者が，産地や生産時期あるいは流通過程など，食品に関する履歴情報を取得できるようにする製造物責任法が，日本では制定された。

④ 日本では，消費者の自立を支援するため，消費者基本法が消費者保護基本法に改正された。

問1 [答]①

① **正文**

② **誤文**：モノカルチャーとは，一般に，輸出を少数の一次産品(農産物や鉱物資源など)に依存する発展途上国の経済構造を指す[☞p.208]。

③ **誤文**：「食品に関する履歴情報を取得できる」システムはトレーサビリティと呼ばれ，日本では牛肉とコメについて導入されている[☞p.129]。このシステムは，製造物責任法とは関係がない。

④ **誤文**：「消費者基本法」と「消費者保護基本法」を入れ替えれば正しくなる。

問2 日本の消費者が直面する問題や消費者行政に関する記述として適当でないものを，次の①～④のうちから一つ選べ。

① 消費者にかかわる政策の基本を定める法律である消費者契約法には，消費者の自立支援の観点が盛り込まれている。

② 各省庁がそれぞれ行っていた消費者行政の一元化のため，消費者庁が設置されている。

③ 消費者保護を目的として，訪問販売などの契約に関してクーリングオフ制度が設けられている。

④ 消費者の多重債務問題を解決するため，法律上の借入金利の上限の引き下げなどが実施されている。

問2 [答]①

① **誤文**：「消費者にかかわる政策の基本を定める法律」は消費者基本法であって，消費者契約法ではない。

② **正文**

③ **正文**

④ **正文**：いわゆる「グレーゾーン金利」問題に対応するために，出資法の上限金利が引き下げられた[☞p.137]。

問3 消費者に関する記述として適当でないものを，次の①～④のうちから一つ選べ。

① 消費者が食品等の生産から流通に至る経路を確認できることは，トレーサビリティと呼ばれる。

② 個人の消費行動が友人など他者の消費行動に影響されることは，デモンストレーション効果と呼ばれる。

③ 安全の権利・知らされる権利・選ぶ権利・意見を聞いてもらう権利という消費者の四つの権利が，アメリカのケネディ大統領によって表明された。

④ 消費者から寄せられる相談や苦情への対応などを行う国民生活センターは，消費者保護基本法の制定に伴い，廃止された。

問3 [答]④

④ **誤文**：国民生活センターが廃止されたという事実はなく，現在も存続している。

① **正文**：トレーサビリティについての説明として正しい。

② **正文**：デモンストレーション効果の説明として正しい。これは，他者の消費水準や消費支出のあり方に影響を受けることをいう。

③ **正文**：ケネディ大統領が提唱した消費者の四つの権利についての説明として正しい。

30 労働問題①
労働基本権と労働三法

1 労働運動の歴史

✤**イギリス**　産業革命による機械化の進展を背景に，熟練労働者が機械打ち壊し運動（ラッダイト運動，1811～17）を展開。その後，労働者による参政権の要求運動（**チャーティスト運動**，1837～48頃）[☞p.14]が始まる。

✤**アメリカ**　ニューディール政策[☞p.85, 86]の一環として，不当労働行為の禁止などを定めるワグナー法（1935）が制定された。

✤**日本**　日清戦争（1894～95）前後から労働運動が活発化し，それを弾圧するために治安警察法（1900），**治安維持法**（1925）などが制定された。

2 労働基本権の確立（日本国憲法）

✤**勤労権**（憲法第27条）[☞p.34]　具体的な勤労条件については，憲法に規定はなく，**労働基準法**や**最低賃金法**などで規定されている。

✤**労働三権**（第28条）

団結権	労働者が労働組合を結成し加入する権利。
団体交渉権	労働条件について，労働組合が使用者（企業）と交渉する権利。
争議（そうぎ）権	労働者が労働条件の維持・改善の実現のためストライキなどの争議行為を行う権利。

3 公務員の労働三権の制限と代償措置

①**すべての公務員は，争議行為を行うことができない。**

②警察・消防・刑務所・海上保安庁の職員と自衛隊員は，争議権だけでなく，**団結権，団体交渉権も認められていない**（労働三権がすべて認められていない）。

③労働三権制限の代償措置（そち）として，**人事院**（国家公務員），人事委員会（地方公務員）が給与や労働条件の改善に関する勧告（かんこく）を行う制度が設けられている。

4 労働三法

✤**労働組合法**（1945）

①**不当労働行為の禁止**　**使用者が労働組合活動を妨害する行為は禁止**。正当な理由なく団体交渉を拒否すること，組合への支配・介入（かいにゅう），組合への経費援助，黄犬（こうけん）契

約（組合へ加入しないことなどを雇用条件とする），不利益取り扱いなど。

②**民事免責**　正当な争議行為によって使用者側に損害が発生しても，労働者は民法に規定されている賠償責任を免除される。

③**刑事免責**　正当な争議行為について，労働者は刑罰を科せられることはない（刑法上の威力業務妨害罪など）。

✤**労働関係調整法**（1946）　労使間で争議を自主的に解決できない場合，**労働委員会**（労働者委員・使用者委員・公益委員の三者同数で構成される行政委員会）が調整を行う。

斡　旋	斡旋員が労使双方の主張を聞き，交渉をとりもつ。
調　停	調停委員会が労使双方の主張を聞き，調停案を提示する。ただし，労使双方とも調停案を受諾する義務はない。
仲　裁	仲裁委員会が仲裁裁定を出す。斡旋・調停と異なり，**労使双方を拘束**。

✤**労働基準法**（1947）　労働条件の最低基準を定める法律。同法の実施状況を監督するために，各都道府県管内に**労働基準監督署**が設置されている。

基本原則	労使対等，均等待遇（国籍・信条などを理由とする差別的取り扱いの禁止），男女同一賃金など。
賃　金	通貨で，労働者へ直接，全額を，月1回以上，一定期日に支払う。
労働時間	1日**8**時間，週**40**時間以内。**労働基準法（第36条）に基づく労使協定（三六協定）があれば，所定外労働（残業・休日労働）は可能**。所定外労働についでは**割増賃金**を支払う必要がある。
休　日	週に最低1日を保障。年次有給休暇の保障。
年少者	児童（**15**歳未満）の使用禁止。18歳未満の深夜労働（午後10時から翌朝5時までの労働）の禁止。
女子保護	産前産後休暇・生理休暇の保障。男女雇用機会均等法改正を受け，**残業**・**深夜労働**・**休日労働**についての女子保護規定は原則として撤廃（1997）。

5　労働時間の弾力的運用（労働基準法）

✤**変形労働時間制**　一定期間の週平均の労働時間が法定の労働時間を超えない範囲において，その期間内の特定の日・週に法定の労働時間を超えて労働させることができる。

✤**フレックスタイム制**　変形労働時間制の一つで，始業と終業の時刻を労働者が自主的に決めることができる。

✤**裁量労働制**　労働時間の配分や仕事の進め方を労働者の裁量に委ね，実際に何時間働いたかは関係なく，あらかじめ労使間で定めた労働時間を働いたものとみなす。適用される業務の範囲は拡大されてきている。

ここが共通テストのツボだ!!

ツボ ① 公務員は労働三権を制限されている

1. **すべての公務員**…**争議行為**の一律禁止
2. **警察・消防職員など**…**労働三権**がすべて認められていない
3. **勧告制度**…国家公務員→**人事院**，地方公務員→**人事委員会**

公務員は，民間企業の労働者と違って，**労働三権**が法律によってある程度制限されている。ただし，職種によって制限の内容が違うから，その違いに気をつける必要がある。

①公務員はすべて**争議権**を認められていない。言い換(か)えれば，**争議行為を一律に禁止されている。**

②警察職員・消防職員・海上保安庁職員・自衛隊員などは，**争議権だけでなく団結権・団体交渉権も認められていない。**ということは，これらの公務員は労働三権のすべてが認められていないことになる。

③労働三権が制限されていることに対する代償措置として，**国家公務員には人事院，地方公務員には人事委員会による勧告制度がある。**この2つの機関は，民間労働者の労働条件を目安にして，公務員の給与水準の引き上げなどを勧告する。

ツボ ② 労働三法はポイントで押さえる

1. **労働組合法**…不当労働行為の禁止，刑事免責，民事免責
2. **労働関係調整法**…労働委員会による斡旋・調停・仲裁
3. **労働基準法**…労働時間→1日**8**時間・1週**40**時間
   年少者保護→児童の使用禁止
   女子保護規定撤廃→残業・深夜労働などの規制撤廃

労働三法の詳しい内容はあまり出題されないが，最低限のことは知っていた方がいい。

①**労働組合法**：使用者が正当な理由なく団体交渉を拒否することなど**不当労働行為を禁止している。**正当な争議行為には，労働者の刑事免責と民事免責を定めている。

②**労働関係調整法**：労働委員会による**労働争議の調整方法（斡旋・調停・仲裁）を規定している。**3つのうち，仲裁裁定だけは労使双方を法的に拘束することに注意。

③**労働基準法**：労働時間，年少者保護，女子保護規定撤廃などを中心に押さえるといい。**労働時間は1日8時間，1週40時間が原則。**ただし，労使協定があれば，残業・休日労働が可能。年少者保護は，**児童（15歳未満）の使用禁止**に注意しよう。女子保護規定撤廃については，同法改正（1997）の内容がポイント。この改正で，**残業・深夜労働・休日労働に関する女子保護規定が原則として撤廃された。**

基礎力チェック問題

問1 日本の雇用と労働についての法律に関する記述として最も適当なものを，次の①～④のうちから一つ選べ。

① 労働関係調整法によって，労働組合の結成を使用者が妨害するなどの不当労働行為は禁止されている。

② すべての公務員は，団結権・団体交渉権・団体行動権(争議権)の労働三権を制約されていない。

③ 労働基準法に定められた労働条件の最低基準を事業主等に守らせることを目的とする機関として，労働基準監督署が設けられている。

④ 労働組合法によって，労働者に，労働時間など業務の遂行方法について大幅な裁量を与える裁量労働制が定められている。

問1 [答]③

③ **正文**：労働基準監督署についての説明として正しい。

① **誤文**：不当労働行為の禁止を規定している法律は，「労働関係調整法」ではなく労働組合法。

② **誤文**：すべての公務員は，労働三権のうち争議権を認められていない。また警察職員・消防職員などは，労働三権のすべてが認められていない。

④ **誤文**：裁量労働制を規定している法律は，「労働組合法」ではなく労働基準法。

問2 日本の労働法制で定められた内容に関する次の記述A～Dと，それらに対応する法律の名称ア～カとの組合せを答えよ。

A 労働条件は，労働者が人間らしい生活を営むための必要を充(み)たすべきものでなければならない。

B 労働者が労働組合員であることなどを理由として，その労働者を解雇したり，不利益な取扱いをしたりしてはならない。

C 労働関係の当事者は，労働争議が発生したときには，誠意をもって自主的にその解決に向けて努力しなければならない。

D 事業主は，職場における性的言動によって，その雇用される労働者の就業環境が害されることのないように，必要な措置を講じなければならない。

ア 最低賃金法　**イ** 労働関係調整法
ウ 労働基準法　**エ** 労働組合法
オ 男女共同参画社会基本法　**カ** 男女雇用機会均等法

問2 [答]A-ウ B-エ C-イ D-カ

A 「人間らしい生活を営むための」労働条件の最低基準を定めているのは労働基準法。

B 文中の「不利益な取扱い」は不当労働行為にあたるもので，労働組合法はこれを禁止している。

C 労働関係調整法は，労働争議に際して当事者が誠意をもって自主的に解決すべきことを定めている。

D 男女雇用機会均等法は，職場における性的言動により就業環境を害すること(セクシュアル・ハラスメント)の防止措置を事業主に義務づけている。

問3 日本の法制度に関する記述として適当でないものを，次の①～④のうちから一つ選べ。

① 憲法は，すべて国民が勤労の権利を有し，義務を負うものと定めるとともに，勤労者の団結権・団体交渉権・団体行動権を保障している。

② 労働基準法は，女性の深夜労働を原則的に禁止している。

③ 憲法は，児童を酷使してはならないと規定している。

④ 育児・介護休業法は，子の養育または家族の介護を行う労働者の，休業後の雇用の継続や，再就職の促進を図ることを目的としている。

問3 [答]②

② **誤文**：労働基準法の改正(1997)により，女性の深夜労働についての規制は撤廃された。

① **正文**：日本国憲法は第27条で勤労の権利と義務を，第28条で労働三権を規定している。

③ **正文**：日本国憲法第27条は，児童酷使の禁止を規定している。

④ **正文**：育児・介護休業法についての正しい記述[☞p.145]。

31 労働問題② 現代日本の雇用問題

1 日本的な雇用慣行

✤**終身雇用制** 新卒者を正規の従業員として雇用し，原則として定年まで解雇しないため，従業員の企業への帰属意識が強まる。**しかし近年では，中途採用，出向(しゅっこう)，早期退職勧奨(かんしょう)などにより崩れつつある。**

✤**年功序列型賃金** 勤続年数・年齢などに応じて賃金が上昇する。**しかし近年では，能力給（職務給・職能給）や年俸制などの導入により崩れつつある。**

✤**企業別組合** 欧米では労働組合は主に産業別に組織されているのに対し（産業別組合），日本では企業単位で組織されている。**組織率は年々低下し，すでに20%を下回っている**（低下の原因は第三次産業就業者の増加，非正規従業員の増加など）。ナショナル・センター（全国的な中央組織）として，日本労働組合総連合会（連合）などがある。

2 雇用情勢

✤**年間総労働時間** 日本の労働者一人当たりの年間総実労働時間は1600時間台で，フランスの1500時間台，ドイツの1300時間台と比べて長い（2018）。また日本では，賃金が支払われないサービス残業（労働時間の統計には表れない）が多く，過労死の原因ともなっている。

✤**完全失業率** **平成不況を背景に上昇し，2002年には年平均で5.4%を記録した。**その後やや低下したのち，世界金融危機（2008）の影響で上昇へ転じたが，2010年を境に低下傾向を示した。

✤**有効求人倍率** 求人数を求職者数で割った数値。バブル崩壊後，1を下回る年もあったが，近年では1を上回っている。

●完全失業率と有効求人倍率の推移（年平均）

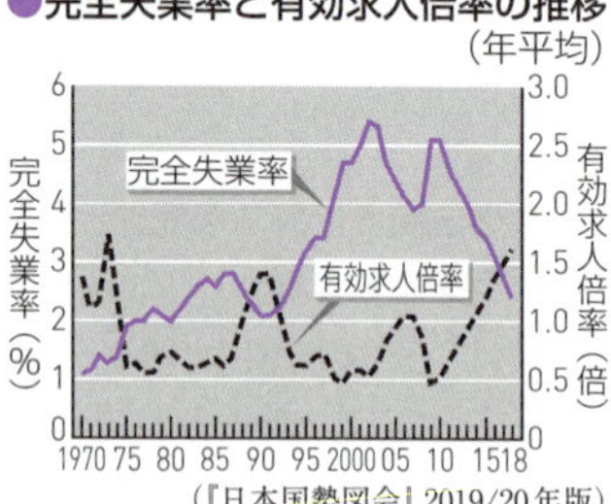

（『日本国勢図会』2019/20年版）

3 女子労働者をめぐる動向

✤**女子労働者の割合** 現在，全雇用労働者に占める女子労働者の割合は40%超，パート労働者全体に占める女子パート労働者の割合は約70%。

✤**M字型雇用** 女子の労働力率を年齢階層別にグラフで表すと，**30代前半のところ**

で低くなり，「M」の形に似た曲線になる。ただし近年では，結婚しても仕事を辞めない女性の増加などにより，この年齢層での落ち込みは緩やかになってきている。

✤**男女雇用機会均等法**（1985） 女性差別撤廃条約の批准に際して制定され，その後の改正で内容の強化が行われた[☞p.15, 27]。

募集・採用・配置・昇進	制定当初は均等な取り扱いを事業主の努力義務としていたが，1997年の改正で差別禁止へと強化された。
定年・退職	制定当初から差別禁止。教育訓練・福利厚生・解雇も同様。
セクハラ防止	セクシュアル・ハラスメントの防止措置が事業主に課されている。
間接差別の禁止	転勤経験の有無を昇進要件とするなど，表面上は性別とは関係のない要件が結果的に一方の性にとって不利益となる差別は禁止。

✤**労働基準法改正**（1997） 男女雇用機会均等法の改正（1997）に伴い，残業・深夜労働・休日労働についての女子保護規定が撤廃された。

✤**育児・介護休業法**（1995） 原則として子どもが満1歳になるまでの育児休業と，通算93日間を限度とする介護休業を**男女いずれにも認めている**。同法には休業中の所得保障の規定はなく，雇用保険から休業前賃金の一定割合が給付されている。

✤**パートタイム労働法**（1993） 仕事の内容や責任などが正社員と同じパート労働者について，賃金などの面で正社員と差別することは禁止されている。

4 その他の雇用問題

✤**高齢者雇用** 高年齢者雇用安定法の改正（2004）により，企業は65歳まで安定した雇用を確保するための措置を講じることを義務づけられた。

✤**障害者雇用** 障害者雇用促進法は，国・自治体，独立行政法人，民間企業などに対して障害者雇用率を定めている。

✤**外国人労働者** 出入国管理及び難民認定法の改正（2018）により，新たな在留資格として「特定技能1号」「特定技能2号」が導入され，受け入れが拡大された。

5 その他の労働法制改革

✤**労働者派遣事業法の改正**（1999） 派遣労働は従来，デザイン・通訳など専門性の高い職種に限定されていたが，改正により一般の事務職でも認められるようになった（派遣対象業務の原則自由化）。

✤**働き方改革関連法**（2018） ①時間外労働の上限規制…労使協定（三六協定）を締結した場合でも，上回ることのできない**時間外労働の上限を罰則付きで定める**。②高度プロフェッショナル制度…一定の年収要件を満たし，職務の範囲が明確で高度な職業能力を有する労働者（金融ディーラーなど）を対象に，本人の同意などを条件に**労働時間の規制の対象から外す**。③勤務間インターバル制度…前日の終業時刻から翌日の始業時刻まで一定の休息時間を確保するよう事業主に努力義務を課す。

ここが共通テストのツボだ!!

ツボ 1 雇用をめぐる法制度のポイント

1. **男女雇用機会均等法**…募集・採用・定年・退職などでの女性差別禁止，セクシュアル・ハラスメントの防止措置義務，罰金などの罰則規定なし
2. **育児・介護休業法**…男女いずれにも休業取得が認められる
3. **障害者雇用促進法**…国・自治体，民間企業に障害者雇用率を定めている
4. **働き方改革関連法**…時間外労働の上限規制など

①**男女雇用機会均等法**のポイントは4つ。

(1)募集・採用・配置・昇進，教育訓練・福利厚生・定年・退職などについての差別を禁止。

(2)事業主に，**セクシュアル・ハラスメントの防止措置**が義務づけられている。

(3)直接差別だけでなく，**間接差別**も禁止している。

(4)違反企業の名前は公表できるが，罰金などの**罰則規定はない。**

②**育児・介護休業法**：**男女いずれの労働者でも取得できる**こと，しかし同法には休業中の所得保障の規定がないことに注意。

③**労働者派遣事業法**：派遣労働の範囲が拡大されてきていることがポイント。

④**高年齢者雇用安定法**（2004年改正）：企業は，65歳までの定年の引き上げ，継続雇用制度の導入，定年の廃止のいずれかを選択することを義務づけられた。

⑤**障害者雇用促進法**：国・自治体，民間企業の障害者雇用率を定めていることに注目。

⑥**働き方改革関連法**：時間外労働の上限規制（罰則付き），高度プロフェッショナル制度，勤務間インターバル制度などを導入。

ツボ 2 労働をめぐるさまざまな用語

1. **ワークシェアリング**…仕事の分かち合い
2. **ワーク・ライフ・バランス**…仕事と生活の調和
3. **SOHO**…スモールオフィス・ホームオフィス（small office／home office）
4. **インターンシップ**…学生の就業体験

①**ワークシェアリング**：従業者一人当たりの労働時間を減らして，雇用の維持・拡大を図る。

②**ワーク・ライフ・バランス**：政府は「仕事と生活の調和（ワーク・ライフ・バランス）憲章」(2007)を策定している。

③**SOHO**：小さな事業所や自宅などで，ネットワークを利用して事業を行ったり勤務したりする。

④**インターンシップ**：学生が就業前に企業などで就業体験をする。

基礎力チェック問題

問1 労働条件に関する日本の状況についての記述として最も適当なものを，①～④のうちから一つ選べ。

① 国家公務員についても，地方公務員についても，憲法上の労働基本権は法律で制約されることがある。
② 民間企業に対しては，就労時間の決定に関して裁量労働制を導入することが法的に義務づけられている。
③ 障害者を一定の比率で雇用するよう努めることが，国や地方公共団体に対してのみ法律で定められている。
④ 1980年代後半以降，労働者の賃金について，男女間の格差は是正され，今日ではほぼ同水準となっている。

問1 [答] ①

① **正文**：公務員は，法律により争議権が一律禁止されているなど，労働基本権が制約されている。
② **誤文**：労働基準法により裁量労働制を導入することはできるが，同法はこの制度の導入を義務づけているわけではない。
③ **誤文**：障害者雇用率は，国・自治体だけでなく独立行政法人や民間企業などに対しても定められている。
④ **誤文**：厚生労働省によると男女の賃金格差は依然として存在している。

問2 労働・雇用の状況に関する記述として最も適当なものを，次の①～④のうちから一つ選べ。

① 日本の労働者派遣法は，制定当時に比べると対象業務に限定を加える方向で改正されてきている。
② ワークシェアリングとは，雇用される労働者の人数を削減することを目的として，一定の仕事を分かち合って行う仕組みのことである。
③ SOHO（ソーホー）とは，自営業者や労働者が，自宅等で小規模に事業を行ったり，勤務したりする形態のことであるとされている。
④ 日本の育児・介護休業法は，育児のための短時間勤務や残業免除の請求を，女性労働者に比べて男性労働者に対しては制限している。

問2 [答] ③

③ **正文**：SOHOについての説明として正しい。
① **誤文**：労働者派遣法は，「限定を加える方向」ではなく「限定を解除する方向」で改正されてきている。
② **誤文**：ワークシェアリングは，雇用の維持・拡大を目的に労働者一人当たりの労働時間を減らすことをいうから，「労働者の人数を削減することを目的として」という記述は誤り。
④ **誤文**：育児・介護休業法には，この選択肢で書かれているような性別による制限はない。

問3 現在の日本の雇用状況に関する記述として最も適当なものを，次の①～④のうちから一つ選べ。

① 契約社員や派遣労働者などの非正規雇用労働者は，正規雇用労働者と比べると，身分が不安定である代わりに，平均的に賃金が高い。
② 正規雇用労働者の年間総労働時間は，アメリカとほぼ同水準であるが，ドイツやフランスと比べると短い。
③ 男女雇用機会均等法は，雇用に関する男女差別の解消に関して，禁止規定としてではなく，努力義務として，これを定めている。
④ 被雇用者の加入する雇用保険の保険料は，事業主と被雇用者の双方が負担することとされている。

問3 [答] ④

④ **正文**：被雇用者が加入する雇用保険は，事業主と被保険者の双方が保険料を負担することになっている[☞p.149]。
① **誤文**：「高い」は「低い」の誤り。
② **誤文**：ドイツやフランスと比べると「短い」は「長い」の誤り。
③ **誤文**：男女雇用機会均等法は，雇用に関する男女の差別的取り扱いを禁止している。したがって，「禁止規定としてではなく」は誤り。

32 社会保障① 歴史と制度

1 世界の社会保障の歴史

✤**エリザベス救貧法**（1601）　イギリスで制定され，公的扶助の先駆けといわれる。生活困窮者に対する慈恵的な救貧制度。

✤**社会保険制度の導入**（1880年代）　ドイツの首相ビスマルクが史上初の社会保険制度を創設した。その一方で，社会主義者鎮圧法により労働運動などを弾圧した（「**アメとムチの政策**」）。

✤**社会保障法**（1935）　アメリカで**ニューディール政策**［☞p.85, 86］の一環として制定された法律で，公的扶助と社会保険を総合したもの。「社会保障」という語をはじめて公式に使用したものともいわれる。

✤**ベバリッジ報告**（1942）　イギリスで**ナショナル・ミニマム**（国民生活の最低基準）の保障を理念として公表された。「**ゆりかごから墓場まで**」というスローガンとともに有名。

✤**その他の動向**　ILO（国際労働機関）でフィラデルフィア宣言（1944）や102号条約（社会保障の最低基準に関する国際条約，1952）が採択された。

2 社会保障のタイプ

✤**イギリス・北欧型**　単一の制度を全国民に適用し，**ナショナル・ミニマム**（国民生活の最低基準）の保障をめざす。全国民が同じ額を拠出し，同じ額の給付を受ける（均一拠出・均一給付）。財源的には，公費負担の割合が大きい。

✤**ヨーロッパ大陸型**　社会保険制度を中心とし，所得に応じて保険料と給付額が異なる（所得比例主義）。財源的には，保険料（特に事業主の保険料）の占める割合が大きく，不足分を公費で補う。

3 日本の社会保障の歴史

✤**戦前の歴史**　公的扶助の先駆けは恤救規則（極貧者に対する慈恵的な救貧制度，1874），最初の社会保険は健康保険法（1922）。

✤**戦後の歴史**　**生存権**（日本国憲法第25条）の理念に基づいて社会保障制度を本格的に整備。1961年には，**すべての国民が何らかの公的医療保険と公的年金保険に加入する制度**（**国民皆保険**・**国民皆年金**）**がスタートした。**

4 日本の社会保障の仕組み 

日本の社会保障は**公的扶助，社会保険，社会福祉，公衆衛生**の４つの柱が中心。

✤**公的扶助**　生活困窮者に対し，**全額公費で**生活扶助や医療扶助などを行う（扶助の形態は全部で８つある）。**生活保護法**を中心に運営される。

✤**社会保険**　保険料を支払った国民（被保険者）を対象とし，財源は公費と保険料（事業主と被保険者）により負担される（公的扶助と異なり，全額公費負担ではない）。以下の５つの制度からなる。

医療保険	被保険者やその家族の病気などに際し，医療費が給付される。
年金保険	一定の年齢に達した被保険者に対し，年金が給付される。
雇用保険	被保険者が失業した場合に，現金の給付が行われる。
労災保険	業務中の負傷などに際し災害補償を行う。**その他の社会保険と異なり，保険料は事業主の全額負担（被保険者の保険料負担はない）**。
介護保険	介護保険法（1997）に基づき，高齢者に公的介護サービスを提供する。**40**歳以上の国民から保険料を徴収し，**市町村・特別区（東京23区）が運営する**。利用者は原則として１割を自己負担。介護サービスを利用するには，**介護認定審査会による要介護認定が必要**。

✤**社会福祉**　児童・高齢者・障害者など社会的弱者に対する生活支援を行う。**福祉六法**（生活保護法，児童福祉法，身体障害者福祉法，知的障害者福祉法，老人福祉法，母子及び父子並びに寡婦(かふ)福祉法）などにより運営される。

✤**公衆衛生**　国民の健康の維持・増進のために，保健事業や環境整備を行う。

5 医療保険と年金保険の仕組み 

医療保険は，職種ごとに加入する制度が異なる。年金保険は，**20**歳以上のすべての国民（**20歳以上の学生を含む**）が職種の違いにかかわらず国民年金（**基礎年金**）に加入するが，民間被用者（民間企業に雇われている者）・公務員などは，国民年金（基礎年金）に加え**厚生年金**にも加入する。

		医療保険	年金保険
民間被用者	大企業	組合管掌(かんしょう)健康保険	国民年金（基礎年金）と厚生年金
	中小企業	全国健康保険協会管掌健康保険	
公務員など		共済組合	
自営業者など		国民健康保険	国民年金（基礎年金）のみ

※国民健康保険の運営主体は，2018年に，従来の市町村から都道府県へ移管された。また，厚生年金の現在の加入対象者のうち，公務員・私立学校の教職員は従来，共済年金に加入していた（2015年に共済年金が厚生年金に統合された）。

ここが共通テストのツボだ!!

ツボ 1 社会保障は公的扶助と社会保険を押さえる

1. **公的扶助**…対象→生活困窮者，法律→**生活保護法**
2. **社会保険**…医療保険，年金保険，雇用保険，労災保険，介護保険からなる

社会保障の４つの柱（**公的扶助**・**社会保険**・**社会福祉**・**公衆衛生**）を同じ力配分で覚える必要はない。公的扶助と社会保険を中心に押さえておけば試験では対処できる。

①**公的扶助**：**生活困窮者の生活を保障するために，全額公費負担で行われる。生活保護法**が中心法規。

②**社会保険**：財源は**公費**と**保険料**が中心。公的扶助が全額公費負担であることとの違いに注意。

⑴医療保険：職種によって加入する制度が異なる。

⑵年金保険：**20歳以上**の全国民に共通する**国民年金**（**基礎年金**）があり，さらに民間企業従業員，公務員，私立学校教職員は**厚生年金**に加入（自営業など非雇用者は国民年金のみに加入）。

⑶雇用保険：失業給付を行う。

⑷労災保険：**保険料は事業主が全額負担**（被保険者〔労働者〕の保険料負担はない）。これ以外の社会保険は，被保険者も保険料を負担する。

⑸介護保険：**40歳以上**の国民が保険料を負担。運営主体は**市町村**・**特別区**（東京23区）。介護サービスを利用するためには，**要介護認定**が必要（申請さえすれば自動的にサービスを利用できるわけではない）。

ツボ 2 社会保障の発展は出題されるところが決まっている

1. **世界**…イギリス→**救貧制度**（17世紀初め），**ベバリッジ報告**（1940年代）
   ドイツ→最初の社会保険（19世紀後半）
2. **日本**…**国民皆保険・国民皆年金**の体制がスタート（1960年代初め）

社会保障制度の歴史は出題内容がほぼ決まっている。世界史的内容として次の3点に注意。

①イギリスが**救貧制度**を導入（17世紀の**エリザベス救貧法**）。

②最初の社会保険は**ビスマルク**（独）が創設（19世紀後半）。

③イギリスで「**ゆりかごから墓場まで**」のスローガンとともに有名な**ベバリッジ報告**が登場（1940年代前半）。

日本については，**1960年代初め，すべての国民が公的医療保険に加入し（国民皆保険），すべての国民が公的年金に加入する体制（国民皆年金）がスタートした**ことと，1986年，20歳以上のすべての国民（学生を含む）に共通する**基礎年金**制度が導入されたことにも注意が必要。

基礎力チェック問題

問1 各国の社会保障制度に関する記述として適当でないものを，次の①〜④のうちから一つ選べ。

① 日本では，1986年の年金制度の改正によって，国民皆年金の制度が実現された。

② イギリスでは，第二次世界大戦中に発表されたベバリッジ報告を受けて，社会保障制度の整備が進められた。

③ ドイツでは，ビスマルクによって，政府による公的な社会保障制度が導入された。

④ アメリカでは，世界恐慌に対処するためのニューディール政策の一環として，1935年に社会保障法が制定された。

問2 日本の社会保障に関する記述として最も適当なものを，次の①〜④のうちから一つ選べ。

① 基礎年金制度では，以前は賦課方式を基本とした方式が採られていたが，現在では積立方式を基本とした方式が採用されている。

② 医療保険加入者が医療機関で診療を受けたときに窓口で支払う自己負担の割合は，年齢にかかわりなく一律である。

③ 介護サービス利用を保障する介護保険制度が導入され，満40歳以上の国民は介護保険料を納付することとされている。

④ 厚生年金と国民年金が統合されたため，職業の違いによる年金制度の違いはなくなり，年金制度は一元化されている。

問3 セーフティネットに関する日本の状況についての記述として適当でないものを，次の①〜④のうちから一つ選べ。

① 公的扶助は，生活困窮者に対して最低限度の生活を保障する制度であり，公費によって賄われる。

② 雇用保険は，失業などの際に給付が得られる制度であり，国，事業主，被保険者の三者が分担して資金を拠出している。

③ 預金保険制度においては，預金の種類や額にかかわらず，預金を全額保証することが定められている。

④ 住まいのセーフティネットの一つとして，生活保護のなかの住宅扶助を挙げることができる。

問1 [答] ①

① **誤文**：国民皆年金の制度がスタートしたのは1961年。「1986年の年金制度の改正」によりスタートしたのは基礎年金制度。

② **正文**：イギリスにおけるベバリッジ報告についての記述として正しい。

③ **正文**：社会保険制度は，1880年代のドイツにおいて，ビスマルクによって導入された。

④ **正文**：アメリカにおける社会保障法の制定についての記述として正しい。

問2 [答] ③

③ **正文**

① **誤文**：年金の財源調達方式は，以前は積立方式であったが，現在では，主として賦課方式が採用されている[☞p.153]。

② **誤文**：「年齢にかかわりなく一律」は誤り。たとえば，後期高齢者医療制度では，自己負担は原則1割であるが，現役並みの所得を得ている加入者は3割負担となっている。

④ **誤文**：厚生年金と国民年金は統合されていない。

問3 [答] ③

③ **誤文**：日本の預金保険制度では，銀行が破たんした場合の預金の払い戻しの額は，利息のつかない決済用預金を除いて，元本1000万円とその利息までである（ペイオフ）[☞p.101]。

① **正文**：公的扶助は，国民の最低生活を保障するもので，全額公費負担。

② **正文**：雇用保険は，公費と事業主・被保険者が納める保険料を財源とする。

④ **正文**：生活保護（公的扶助）は住宅扶助・生活扶助・教育扶助・医療扶助など8つの扶助からなり，このうち住宅扶助は「住まいのセーフティネット」といえる。

33 社会保障② 少子・高齢化社会の現状と課題

1 高齢化の進展

✤老年人口比率の上昇 人口を経済活動という観点からみると，年少人口（15歳未満），生産年齢人口（15～64歳），老年人口（65歳以上）に分けることができる。**このうち老年人口比率が急速に上昇してきており，年少人口比率（約12%〔2018〕）を大きく上回っている。**

1970年	7%を超え，「高齢化社会」になった。
1994年	14%を超え，「高齢社会」になった。
2007年	21%を超え，「超高齢社会」になった。
2018年	65歳以上人口は28%を，75歳以上人口は14%を超えた。

●高齢化の推移と将来推計

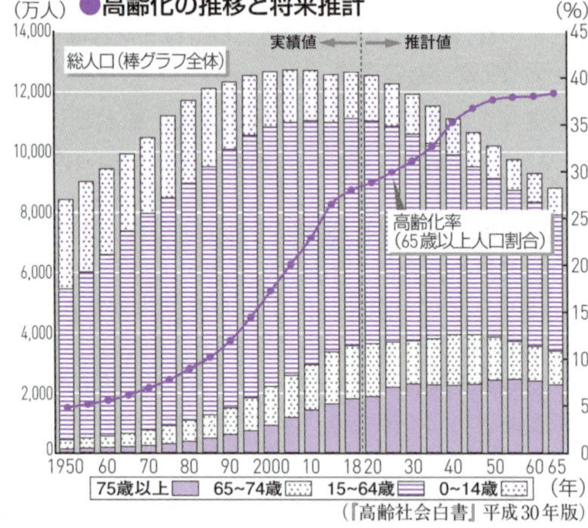

（『高齢社会白書』平成30年版）

✤高齢社会における理念と対策

ノーマライゼーション	高齢者や障害をもつ人が地域の中で普通に暮らせる社会づくりをめざそうという理念。たとえば，ハートビル法（1994）と交通バリアフリー法（2000）が統合されて**バリアフリー新法**（2006）が制定されるなど，バリアフリー化が進展している。また，障害の有無などにかかわらず利用できる製品などの設計（**ユニバーサルデザイン**）を行う取り組みも進展している。
ケアサービスの充実	特別養護老人ホームなどの施設ケアの拡充や，ホームヘルパー派遣（はけん），**デイサービス**（通所介護），**ショートステイ**（短期入所介護）などの在宅ケアの拡充（かくじゅう）が図られている。

2 少子化の進展

✤合計特殊出生率（しゅっしょう） 1人の女性が生涯に産む子どもの数の平均値。この数値が概ね2.07あれば人口を維持できるが，**日本では近年約1.4前後である。**史上最低は2005年の1.26で，その後やや上昇傾向にあるものの，総人口は減少しつつある。

✤政府による対策

○**少子化社会対策基本法**　少子化に歯止めをかけるために，国・地方自治体が保育サービスの充実に努めることなどを定めている(2003)。同法に基づいて「子ども・子育て応援プラン」や「子ども・子育てビジョン」などが策定された。

3　社会保障の現状 

●国民負担率の国際比較（2016年）

国	租税負担率	社会保障負担率	計
日本	25.4%	17.4	42.8
アメリカ合衆国	24.7	8.4	33.1
イギリス	36.3	10.5	46.9
ドイツ	31.2	22.2	53.4
スウェーデン	53.6	5.2	58.8
フランス	40.8	26.5	67.2

（『日本国勢図会』2019/20年版）

✤国民負担率　国民所得に対する租税と社会保険料の割合。**現在約40%で，アメリカより高くヨーロッパ諸国より低い。**

✤年金・医療給付　社会保障給付費に占める年金給付費は約50%，医療給付費は約30%。**高齢化のため年金給付費の割合が大きい。**

✤年金の財源調達方式　大きく分けて，**積立方式**と**賦課方式**がある。日本では現在，賦課方式を基本として運営されている。

積立方式	給付に必要な費用を，被保険者が在職中に積み立てた保険料などでまかなう。物価が上昇すると給付額の実質的な価値が低下するため，インフレーション(物価の持続的な上昇)に弱いといわれる。
賦課方式	給付に必要な費用を，その年度の現役労働者の保険料などでまかなう。高齢化が進展すると，現役世代の負担が重くなる。

✤国民年金保険料の未納　近年では，未納率が約4割に達している。

4　1980年代以降の制度改革 

✤年金制度改革

基礎年金制度	1986年に導入。国庫負担割合が従来の3分の1から2分の1へと引き上げられた(2009)。
厚生年金改革	定額部分(基礎年金部分)は支給開始年齢がすでに65歳になっており，報酬比例部分は2013年から2025年にかけて65歳まで段階的に引き上げられる。従来，公務員などが加入してきた**共済年金が厚生年金に統合された。**
年金給付水準の抑制	公的年金全体の被保険者の減少率，物価動向平均余命の伸びなどを考慮して年金額を決める制度(マクロ経済スライド)が導入されている。

✤医療制度改革

老人医療制度	1973年の「**福祉元年**」以降，70歳以上の老人医療費は無料となったが，老人保健法(1982)により，一部有料化された。その後，老人保健法が廃止され，**75歳以上**の全国民を対象とする**後期高齢者医療制度**が導入された(2008)。
医療費の自己負担の引き上げ	健康保険法が改正され，**被保険者本人の自己負担が2割から3割へと引き上げられた**(2002)。

ツボ 1 少子・高齢化が猛スピードで進んでいる

1. 高齢化率の推移…7%(1970)→14%(1994)→21%(2007)→28%超(2018)
2. 少子化…合計特殊出生率→1.4前後，年少人口比率→約12%

日本の**少子・高齢化**は，1970年代以降，スピードアップしてきている。たとえば，**老年人口比率(総人口に占める65歳以上人口の割合)は，1970年に7%を，94年には14%を超えた。**「**高齢化社会**」から「**高齢社会**」への移行にかかった期間は，わずか24年ほどであったことになる。フランスの126年，スウェーデンの85年，比較的短いイギリスの46年やドイツの40年と比べてはるかに短い。しかも，高齢化のスピードはその後衰えるどころかむしろ速まっている。その結果，**2007年には21%を超えて「超高齢社会」の段階に入った。**

その背景には，平均寿命の伸びとともに少子化がある。**合計特殊出生率(1人の女性が生涯に産む子どもの数の平均値)は2005年には史上最低の1.26を記録した。近年は約1.4で推移している。**年少人口比率(総人口に占める15歳未満人口の割合)は現在約12%で，老年人口を大きく下回っている。

ツボ 2 1980年代以降の制度改革のポイントは年金制度と医療制度

1. **年金制度改革**…基礎年金制度の導入，厚生年金の支給開始年齢の引き上げ
2. **医療制度改革**…後期高齢者医療制度の導入，健康保険の自己負担の引き上げ

この分野は，**年金制度**と**医療制度**の2つの改革を中心に押さえておくといい。

①年金制度改革：1986年に，20歳以上のすべての国民を対象とする**基礎年金制度**が導入された。これにより，民間サラリーマンは**国民年金(基礎年金)と厚生年金**に，公務員などは**共済年金と国民年金(基礎年金)**に加入することとなり，年金一元化に向けた第一歩が踏み出されたことになる。また90年代半ば以降には，**厚生年金の支給開始年齢を従来の60歳から65歳へと段階的に引き上げる**ことが決定された。なお，**共済年金は2015年に厚生年金へ統合**された。

②医療制度改革：1982年制定の**老人保健法**により，**70歳以上の高齢者の医療費が，1973年の「福祉元年」以来続いた無料制から一部有料制へと転換された。**その後，2008年には同法が廃止され，**後期高齢者医療制度**が導入された。一方，1980年代から現在にかけて**健康保険の加入者本人(民間サラリーマン)の自己負担割合が引き上げられ**，現在では3割になっている。

基礎力チェック問題

問1 日本の人口構成や高齢者をめぐる状況に関する記述として適当でないものを，次の①～④のうちから一つ選べ。

① 他の先進国と比べて，高齢化率が7%から14%に至るまでの期間が長いという特徴があるとされている。
② 年齢別人口構成は，富士山型，つりがね型，つぼ型の順に移行してきたとされている。
③ 医療保険制度では，国民健康保険などとは別に，後期高齢者を対象にした制度が実施されている。
④ 原則として，継続雇用を希望する高年齢者に対し，65歳までの雇用確保の措置を講じることを事業主に求める法律がある。

問2 日本の社会保障の現状に関する記述として最も適当なものを，次の①～④のうちから一つ選べ。

① 年金制度における積立方式は，インフレーションによる積立金の価値の下落を避けることができる方式である。
② 公的年金制度を補完する役割をもつとされる確定拠出年金制度は，いまだ導入されていない。
③ 国民の健康の維持・増進を図ることを目的とした公衆衛生について，その費用が租税で賄われることはない。
④ 後期高齢者医療制度は，一定年齢以上の高齢者に対して保険料の負担を求めている。

問3 高齢者や障害者などをめぐる制度や状況に関する記述として最も適当なものを，次の①～④のうちから一つ選べ。

① 日本政府は，エンゼルプランを策定し，ホームヘルパーの増員や特別養護老人ホームの整備などを図ったことがある。
② 日本は，虐待を受けたと思われる障害者を発見した人が，一定の条件の下，通報する義務を負うことを定めた法律が存在しない国である。
③ 高齢者や障害者も含め，だれでも安く入手できるように配慮されてつくられた製品のデザインは，ユニバーサルデザインと呼ばれる。
④ 高齢者や障害者も含め，すべての人が共に普通の生活を送ることを目指す考え方は，ノーマライゼーションと呼ばれる。

問1 [答] ①

① **誤文**：「長い」は「短い」の誤り。
② **正文**：人口ピラミッドという観点からみた年齢別人口構成の変遷の順番についての正しい記述。
③ **正文**
④ **正文**：**高年齢者雇用安定法**は，事業者に，**定年年齢の65歳までの段階的引き上げ**，**65歳までの継続雇用制度の導入**，**定年制の廃止**のいずれかを実施することを義務づけている[☞p.145]。

問2 [答] ④

④ **正文**：**後期高齢者医療制度**についての記述として正しい。
① **誤文**：**積立方式**の問題点の一つは，**インフレーション**（**持続的な物価の上昇**）によって**積立金の実質的価値が目減り**することにある。
② **誤文**：**確定拠出年金制度**は導入（2001）されている。このタイプの年金は，納めた保険料の運用先を加入者本人が決め，運用実績によって年金給付額が変動するという特徴をもつ。
③ **誤文**：**公衆衛生**の主な財源は**公費**（**租税**）である。

問3 [答] ④

④ **正文**
① **誤文**：「エンゼルプラン」を「**ゴールドプラン**」に直せば正しくなる。エンゼルプランは少子化対策として策定されたもの。
② **誤文**：**障害者虐待防止法**（2011）が制定されている。
③ **誤文**：「ユニバーサルデザイン」の定義が誤り。ユニバーサルデザインとは，障害の有無，年齢などにかかわらず，すべての人にとって使いやすいようにはじめから意図して製品・施設・環境などを設計することを指す。

チャレンジテスト④（大学入学共通テスト実戦演習）

問1 次の図は，「『食』をめぐる社会問題とその解決」というテーマでグループ討議を行った内容を整理するために生徒Aが書いたものである。図中の［X］には，図の下方にある〈探究する具体的な問い〉の①について考えるために，157ページの資料ア～ウのうちの二つが，［Y］には，〈探究する具体的な問い〉の②について考えるために，158ページの資料カ～クのうちの二つが入る。その組合せとして最も適当なものを，159ページの①～⑨のうちから一つ選べ。

（18年現社試行調査）

「食」に対する関心

2016年の日本の政府広報によると，日本では年間約632万トンの食品ロスが発生している。

↓（左）

農林水産省のホームページによると，2016年の時点で日本の食料自給率は長期的に低下傾向にある。

問題発見のための資料収集

［X］→

↓（右）

国際連合の専門機関の2015年の報告によると，世界では約7億9500万人が飢えに苦しんでいる。

問題発見のための資料収集

← ［Y］

解決すべき問題の発見

将来世代の幸福を確保する問題　／　食料資源を公正に配分する問題

持続可能な発展や「共に生きる社会」の形成という観点からみて，日本や世界において解決されるべき大きな課題である。

↓

【テーマ：「食」をめぐる社会問題とその解決】

〈探究する具体的な問い〉

① 日本の食料自給率が低下している要因はなんだろうか。

② 世界的な食料消費の偏りはどのようになっているか。

③ これらの課題（①・②）を解決するために，どのような考え方や社会の仕組みが必要か。

ア　日本の田畑別耕地面積の推移（単位：ha）

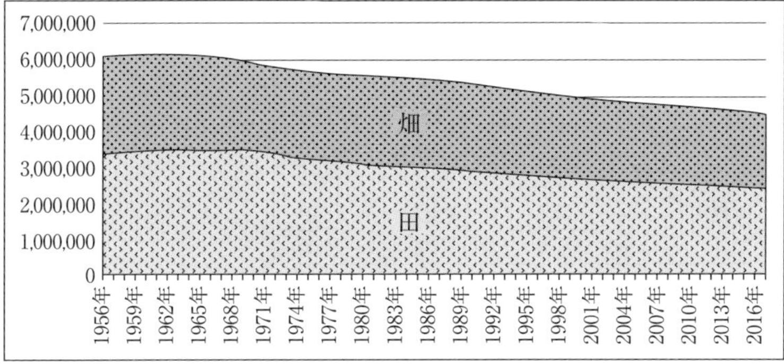

出典：農林水産省「作物統計調査」により作成。

イ　日本の農業就業人口，基幹的農業従事者数の推移（単位：千人，%，歳）

		1995年	2000年	2005年	2010年	2015年
農業就業人口		4,140	3,891	3,353	2,606	2,097
	65歳以上 （割合）	1,800 （43.5）	2,058 （52.9）	1,951 （58.2）	1,605 （61.6）	1,331 （63.5）
	75歳以上 （割合）	477 （11.5）	659 （16.9）	823 （24.6）	809 （31.0）	663 （31.6）
	平均年齢	59.1	61.1	63.2	65.8	66.4
基幹的農業従事者		2,560	2,400	2,241	2,051	1,754
	65歳以上 （割合）	1,018 （39.7）	1,228 （51.2）	1,287 （57.4）	1,253 （61.1）	1,132 （64.6）
	75歳以上 （割合）	195 （7.6）	306 （12.7）	462 （20.6）	589 （28.7）	544 （31.0）
	平均年齢	59.6	62.2	64.2	66.1	67.0

出典：農林水産省「農林業センサス」により作成。

ウ　日本の農業経営の法人経営体数の推移（単位：法人）

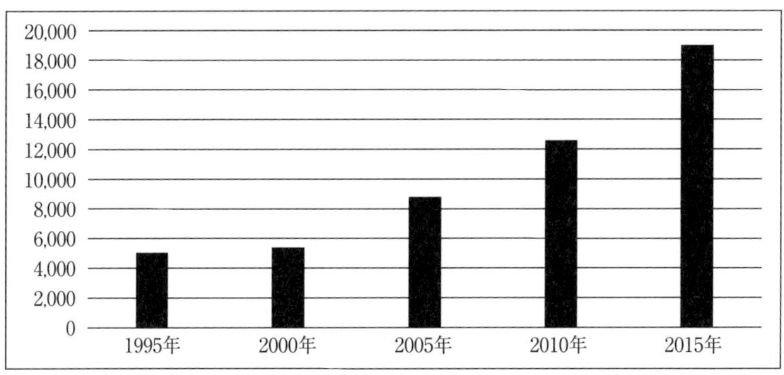

出典：農林水産省「農林業センサス」により作成。

カ　世界の購買力平価による一人当たり国民所得（単位：ドル）

	国名	2005年	2016年
高所得国	アメリカ	44,740	58,700
	ドイツ	32,250	49,690
	日本	32,350	43,630
	韓国	24,010	36,570
低所得国	アフガニスタン	1,010	1,970
	ジンバブエ	1,410	1,810
	中央アフリカ	720	700

出典：世界銀行の資料により作成。

キ　世界の食料価格の推移（単位：米ドル/トン）

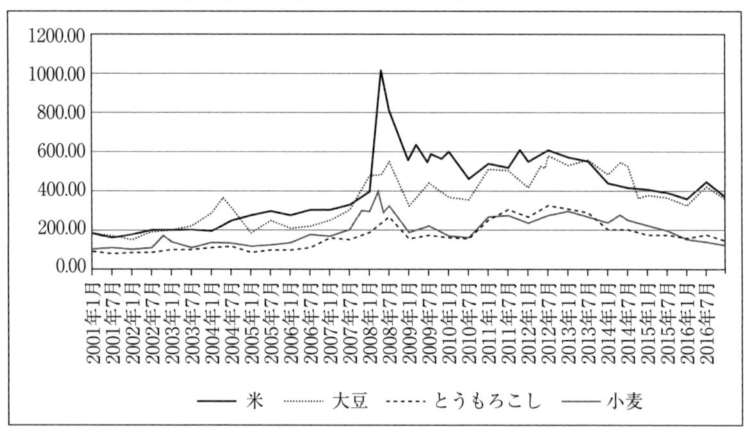

出典：国際通貨基金の資料により作成。

ク　世界の主な国等の関税率（2016年）（単位：%）

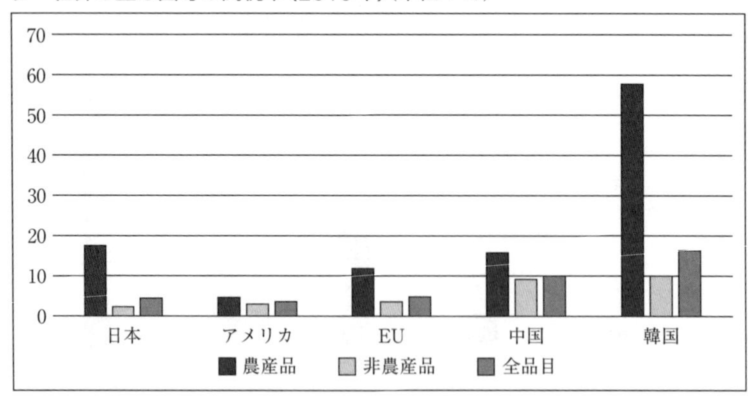

出典：世界貿易機関の資料により作成。

	X	Y
①	アとイ	カとキ
②	アとイ	カとク
③	アとイ	キとク
④	アとウ	カとキ
⑤	アとウ	カとク
⑥	アとウ	キとク
⑦	イとウ	カとキ
⑧	イとウ	カとク
⑨	イとウ	キとク

問1 [答] 

X には，**ア**と**イ**が入る。**ア**は，日本の耕地面積が，田・畑ともにほぼ一貫して減少してきていることを示している。**イ**は，農業就業人口が減少する一方で，農業就業人口に占める高齢者の割合が増加してきていること，そして基幹的農業従事者が減少する一方で，基幹的農業従事者に占める高齢者の割合が増加していることを示している。したがって，いずれの資料も，【テーマ】の①の問い（日本の食料自給率が低下している要因はなんだろうか）を探究する際に有用である。**ウ**は「日本の農業経営の法人経営体数」が増加してきていることを示している。法人経営体は個人で農業を営む場合に比べて生産性の向上を望めるから，その数の増加は食料自給率の低下の原因とはいえないと考えられる。

Y には，**カ**と**キ**が入る。**カ**は「低所得国」の一人当たり国民所得が「高所得国」と比べて極端に低く，しかもその差が拡大してきていることを示している。**キ**は，近年の世界の食料価格が2000年代前半と比べて高くなっていることを示している。したがって，いずれの資料も，【テーマ】の②の問い（世界的な食料消費の偏りはどのようになっているか）を探究する際に有用である。**ク**は，日本，アメリカ，EU，中国，韓国の「農産品」の関税率が高いことを示している。理屈上，高い関税率は輸入の減少をもたらす可能性があるから，それぞれの国内の食料消費量が減少する要因となりうる。しかし，関税率の高さだけでは各国内の食料消費量の動向を判断することはできないし，そもそも4か国とEUのみを取り上げても世界的な比較はできない。したがって，世界的な食料消費の偏りを考える際の資料としては不適切である。

問2 次の会話文中の［X］・［Y］に入るものの組合せとして最も適当なものを，次ページの①～④のうちから一つ選べ。　（18年現社試行調査）

B：うちも高齢の祖父母がいるから介護保険を利用して介護施設への入所を検討しているのだけれど，なかなか施設が見つからないんだ。なんとかならないかな。
A：そういう話はよく聞くね。このような問題に対していろいろな考え方があるだろうね。社会保障の充実にかかわることだから国の役割は大きいけれど，国の役割が大きくなることに反対する考え方もあるからいろいろな視点から考えていくことが大切だね。
B：国が今後より一層社会保障を充実すべきだという立場に立つのであればどんな政策があるのかな？
A：［X］だね。
B：じゃあ，国が財政支出を抑え，財政の健全化を目指す立場の意見は？
A：例えば［Y］という意見があるね。
B：どっちも一理あるね。難しいな。

［X］に入るもの

ア　専門的な知見を有して介護福祉に従事する人を増やすために，人材が不足している地域を中心に公費で養成機関を充実させる政策
イ　医療福祉以外の事業者が介護事業に参入することを認めないという政策
ウ　公営の介護施設を建設したり，在宅支援を強化してリフォームなどに補助金を出したりする政策

［Y］に入るもの

カ　40歳である介護保険料を負担する開始年齢を引き下げ，より多くの人に負担してもらうとともに国の介護保険料の負担割合を引き下げる
キ　審査基準を変更し，介護認定を厳しく行うようにする
ク　介護保険の在り方を社会保険の一つから公的扶助へとその位置づけを変更する

	X	Y
①	ア	ク
②	イ	カ
③	ウ	キ
④	イ	ク

問2 **[答]** ③

X には，**ア**か**ウ**が入る。Bの2番目の発言は，社会保障[☞p.148〜155]の充実のための政策にはどのようなものがあるかという趣旨の質問であり，これを受ける形でAが答えている。この質問に対応する回答としては，**ア**と**ウ**が考えられる。なお，**イ**は介護事業への参入を規制する政策であるから，この空欄には入らない。この段階で，正解は①か③に絞られる。

Y には，**カ**か**キ**が入る。Bの3番目の発言は，財政支出の抑制による財政健全化を目指す立場の意見は何かという趣旨の質問であり，これを受ける形でAが答えている。この質問に対する回答としては，**カ**か**キ**が考えられる。なお，**ク**は介護保険を社会保険（財源は公費と被保険者が納める保険料）から公的扶助（全額公費負担）へと分類し直す政策であり，財政支出の拡大につながるから，この空欄には入らない。よって，この空欄に入るものが**ク**になっている①は正解とはならず，③が正解と確定できる。

時事問題，ここに注意！

Point 1 2000年代以降の大まかな経済動向をつかむ

1．**2002年からの景気拡大とその後の世界同時不況**…2002年2月からは景気回復が始まり，2006年11月には，景気拡大期間が「いざなぎ景気」(1965年11月から57か月)を超えた。しかし，その後，アメリカでサブプライムローン(低所得者向けの住宅ローン)問題を背景とする大手証券会社リーマン・ブラザーズの経営破たん(2008年9月)を機に世界的な金融危機が発生し，日本もその影響を受けて景気後退局面に入った。

2．**2012年からの景気回復とその実態**…2012年12月に始まった景気回復も，上でみた2002年2月から始まった景気回復期と並んで長期に及んだ。その際，経済政策の目玉とされたのは，日本銀行による非伝統的な金融政策であった。日銀は，デフレ脱却のために2年間で物価上昇率を2％に引き上げるという目標を掲げて，2013年4月に「量的・質的金融緩和」を開始した。しかし，物価が目標通りに上昇しなかったため，2016年1月には「マイナス金利政策(マイナス金利付き量的・質的金融緩和)」を，さらに同年9月には「長短金利操作付き量的・質的金融緩和」を導入した。しかし，2％の物価上昇という目標の達成時期は何度も先送りされ，2018年4月にはついに目標達成に時期を明示することをやめるに至った。

Point 2 日本は，プライマリー・バランスの赤字に悩んでいる

プライマリー・バランス(基礎的財政収支)とは，歳入から国債収入を差し引いた額(図中のA)と，歳出から国債費を差し引いた額(図中のB)を比べて財政の健全さを測ろうとするもの。要するに，借金にかかわる部分(国債収入と国債費)を除いて，歳入と歳出のバランスがとれているかどうかを判断しようとするもの。歳出が歳入を上回っていれば，その分がプライマリー・バランスの赤字にあたる(図中のC)。

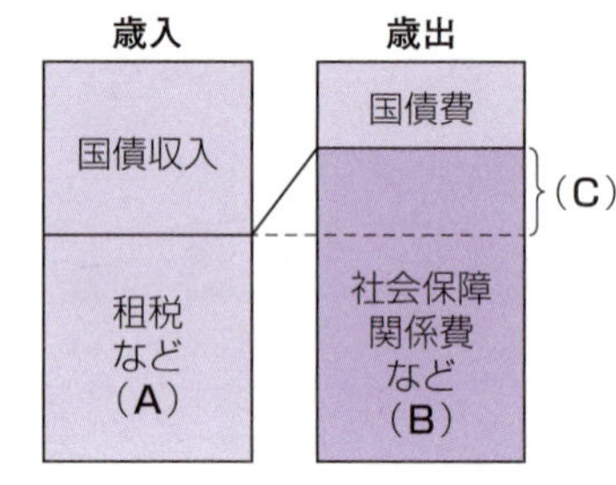

Point 3 労働法制改革が進展している

1．**改正パートタイム労働法の制定**(2007)…職務内容が正社員と同じであるなど一定条件を満たす無期雇用のパートタイム労働者について，正社員と賃金の差を設けることが禁止された。その後，有期雇用についても同様の扱いが行われるようになった。

2．**労働契約法の改正**(2012)…有期雇用の労働者が同じ職場で5年を超えて働いた場合，本人の申し出により，期限の定めのない雇用に転換できるようになった。

3．**労働者派遣法の改正**(2015)…すべての業務について，3年ごとに人を入れ替えれば，同じ仕事を派遣労働者に任せられるようになった(改正前は，3年間，派遣労働者に任せた仕事については，その後，派遣労働者を充てることができなかった)。

第3章　国際社会分野

この分野の学習は，国の位置関係など，地理的な要素も理解しなければならないため，苦手とする人も多いと思う。
国際政治は，国と国との間の争いごとなどを調停していくことがメインテーマである。条約名などが多く出てくるが，その性質ごとにまとめるなど，効率的に学ぼう。
国際経済は，国と国との商業的やりとり，すなわち貿易や，経済的な格差を調停することにかかわる問題を扱う。多くの受験生が苦手とする「円高」「円安」なども，この分野で扱う。具体的イメージを思い浮かべると，理解しやすくなる。

34 国際社会の成立と国際連盟

1 国際社会の成立と秩序維持

✤国際社会の基本的構成単位としての国家

①**国家の三要素**　国家は，一定の領域（領土・領海・領空）を基礎とし，そこに属する人々（国民）によって組織され，領域と国民に対して最高の支配権（主権）を有する統治団体と定義される。なお，領海は基線から12海里以内の水域であり，排他的経済水域（基線から200海里以内で領海の外側の水域）とは異なる。

②**主権国家という場合の「主権」の意味**　国家は，国内において最高の権力であるとともに，外国からの支配・干渉（かんしょう）を受けないという意味での対外的独立性（主権）を有している。

✤ウェストファリア条約（1648）　30年戦争（1618～48）の戦後処理のために開かれた会議で締結。これを機に，ヨーロッパにおいて近代国際社会が成立した。

2 国際法と国際裁判

✤国際法

①**成立**　オランダの法学者グロチウスは『戦争と平和の法』を著し，国家間の関係は自然法（人間の本性に基づく普遍的な法）[☞p.11]に基づく国際規範によって律せられると主張した。彼は，「**国際法の父**」とも呼ばれる。

②**種類**

国際慣習法	国家間で反復され，拘束力のあるものと認められた慣行的ルール。
条　　約	国家間の文書による合意。憲章・議定書・規約などの名称をとることもある。

③**限界**　統一的な立法機関が存在しない。また，違反国に対する制裁手段を欠いている。

✤国際裁判　国際連合の主要機関の一つである国際司法裁判所[☞p.169]や，2003年に発足した国際刑事裁判所がその機能を有する（どちらもオランダのハーグに置かれている）。

国際司法裁判所（ICJ）	裁判の当事者になれるのは国家のみ（**個人を裁くことはできない**）。強制管轄（かんかつ）権をもたず，**当事国が同意しなければ裁判を開始することができない**。
国際刑事裁判所（ICC）	戦争犯罪，集団殺害（ジェノサイド）の罪，人道に対する罪，侵略の罪について，**個人の刑事責任を裁くことができる**。

3 国際連盟の創設

✤**国際平和機構の先駆的構想**　ドイツの哲学者**カント**は,『永遠平和のために』(1795)の中で，国際的な平和機構の創設や常備軍の廃止などを提唱した。また，**サン=ピエール**は『永久平和の草案(永久平和案)』(1713)において戦争放棄などを提唱した。

✤**ウィルソンの「平和原則14か条」**(1918)　アメリカ大統領ウィルソンが民族自決の原則や国際平和組織の創設を提唱した。

✤**ベルサイユ条約**(1919)　同条約の第1編が国際連盟規約であり，これに基づいて**国際連盟**が発足した(1920)。本部はスイスのジュネーブ。

✤**国際連盟の仕組み**　主要な機関として，総会，理事会(**発足当初の常任理事国はイギリス・フランス・イタリア・日本**)などがあった。また，付属機関として，常設国際司法裁判所，国際労働機関(ILO)などがあった。

✤**安全保障の方式**　国際社会の平和と安全を維持する方式として，19世紀的な**勢力均衡**(きんこう)**方式**に代えて，**集団安全保障方式**を採用した。

勢力均衡方式	敵対する国家群が相互に軍事同盟を結び，その軍事力のバランスを維持することで互いに攻撃できない状況をつくり出そうとするもの。**結果的に，軍備拡張競争をもたらすという問題点がある。**
集団安全保障方式	敵対する国家も参加する国際組織をつくり，互いに武力を行使しないことを約束し，平和破壊国に対して集団的に制裁を加えようとするもの。**国際連盟によって最初に採用され，国際連合にも引き継がれた。**

4 国際連盟の欠陥

✤**大国の不参加**　**アメリカは，国際連盟発足当初から一貫して参加しなかった**。また，ロシア革命(1917)から間もないソ連と，第一次世界大戦の敗戦国ドイツは加盟を遅らされた(ソ連は1934年に加盟したが1939年にフィンランドへの侵攻を理由に除名され，ドイツは1926年に加盟したが1933年に脱退した)。

✤**日本・ドイツ・イタリアの脱退**(1930年代)　これら3国は，第二次世界大戦において，枢軸(すうじく)国として，アメリカ・イギリス・フランスなどの連合国と戦った。なお，日本とイタリアは国際連盟発足当初から，またドイツは1926年の加盟以来，常任理事国として中心的な役割を担っていた。

✤**全会一致制**　総会も理事会も表決方式として**全会一致制**を採用していたため，重大な対立があるときには有効な決定を行うことができなかった。

✤**制裁手段の不備**　侵略国などに対する集団的制裁を行う場合，経済制裁を中心とする非軍事的制裁しか行えず，軍事的制裁をとることができなかった。

✤**決議の実効性の欠如**　決議は**勧告**(かんこく)にすぎなかったため，加盟国に対する拘束力をもたなかった。

ここが共通テストのツボだ!!

ツボ 1 国際社会はどのような仕組みによって安全を維持するか

1. 国際法… 条約 と 国際慣習法
2. 国際裁判所… 国際司法裁判所 と 国際刑事裁判所
3. 安全保障… 勢力均衡方式 と 集団安全保障方式

この分野はそれほど難しくない。しかし，最低限のことは押さえておかないと解答に困ることがある。ポイントは3つ。

①国際法：条約と国際慣習法の違いに注意したい。条約**は国家間の合意を文書の形にしたもの**（2国間の場合もあれば，多国間の場合もある），国際慣習法**は拘束力のある暗黙のルール**と考えればいい。

②国際裁判所：最も有名なのは，国連の主要機関の一つである国際司法裁判所と，2003年に発足した国際刑事裁判所。ただし，両者の違いには気をつける必要がある。**国際司法裁判所は国家間の紛争だけを扱う**が（ということは，**個人を裁くことはできない**），**当事国の同意がなければ裁判を開始することができない。国際刑事裁判所は，戦争犯罪，人道に対する罪，侵略の罪に関して個人を裁く**。

③安全保障：歴史的にみると，勢力均衡方式（軍事同盟を結んで互いに攻撃できない状況をつくり出す）と，集団安全保障方式（敵対する国家も参加する国際組織をつくり平和破壊国に対して集団的な制裁を加える）があることに注意。**集団安全保障方式は**国際連盟**ではじめて採用され，**国際連合**にも継承されている**。

ツボ 2 条約や憲法の引用はキーワードで判断できる

1. 国際連合憲章（国連憲章）…「2度の世界大戦への反省」，「集団安全保障方式」
2. 世界人権宣言…「人類の尊厳・自由・正義・平和」
3. 日本国憲法前文…「恒久平和主義」

条約や憲法の条文をすべて覚える必要はない。重要な部分があって，出題者は必ずそれを意識している。つまり，それぞれの文書がもっている基本的な性格から判断すれば答えられるような問題になっている。

たとえば，国際連合憲章［☞p.168］なら「**2度の世界大戦に対する反省**」，「集団安全保障方式」，「**紛争の平和的解決**」といった内容が盛り込まれている部分が出題される。また，世界人権宣言［☞p.15］なら「**人類の尊厳・自由・正義・平和**」といった文言がある部分，日本国憲法前文［☞p.46］なら**恒久平和主義を思い起こさせる一節**が引用される。

基礎力チェック問題

問1 主権国家や国際法に関する記述として最も適当なものを，次の①～④のうちから一つ選べ。

① 主権国家が，国際社会を構成する単位として位置づけられたのは，ヨーロッパにおける三十年戦争終結時のバンドン会議以降である。
② 主権国家は，対外的には，領域の大きさや人口の規模によらず，独立かつ平等な存在として扱われる。
③ 国際法において，国家の領域は，領土・領海・排他的経済水域・領空から成る。
④ 国際法は，慣行として発展してきた慣習法を含まず，明文化された条約を指す。

問2 次の憲法や条約などの一部A～Cと，出典ア～ウとの組合せを答えよ。

A「人類社会のすべての構成員の固有の尊厳と平等で譲ることのできない権利とを承認することは，世界における自由，正義，及び平和の基礎である……。」
B「政府の行為によつて再び戦争の惨禍が起ることのないやうにすることを決意し，……恒久の平和を念願し，人間相互の関係を支配する崇高な理想を深く自覚する……。」
C「平和に対する脅威の防止及び除去と侵略行為その他の平和の破壊の鎮圧とのため有効な集団的措置をとること，……国際的の紛争又は事態の調整又は解決を平和的手段によって且(か)つ正義及び国際法の原則に従つて実現すること。」

ア 国際連合憲章　**イ** 日本国憲法　**ウ** 世界人権宣言

問3 国際裁判に関する記述として最も適当なものを，次の①～④のうちから一つ選べ。

① 日本は，人道に対する犯罪等を行った個人を裁く国際刑事裁判所に未加盟である。
② 日本は，国際司法裁判所において行われる国際裁判の当事国になったことがある。
③ 様々な国際紛争の解決のため19世紀末に採択された条約に基づいて設立された常設仲裁裁判所は，現在では廃止されている。
④ 様々な国際紛争のうち，特に海に関する紛争の解決を役割とする国際裁判所の設立は，見送られてきている。

問1 ［答］②

② **正文**：国際法秩序の原則の一つに，主権平等の原則がある。
① **誤文**：「バンドン会議」を「ウェストファリア会議」に直せば正しくなる。
③ **誤文**：国家の「領域」は領土・領海(基線から12海里以内)・領空からなる。排他的経済水域(基線から200海里以内で，領海の外側の水域)は「領域」に含まれない。
④ **誤文**：国際慣習法も国際法に含まれる。

問2 ［答］A-ウ　B-イ　C-ア

A ウの世界人権宣言の一節。「人類社会のすべての構成員の…権利」という部分に着目する。
B イの日本国憲法前文の一節。「恒久の平和を念願し」の部分から，恒久平和主義を想起すればよい。
C「有効な集団的措置」という部分から集団安全保障のことを想起すれば，アの国際連合憲章の一節と判断できる。

問3 ［答］②

② **正文**：南極海における日本の調査捕鯨が実質的には商業捕鯨であるとしてオーストラリアが国際司法裁判所に提訴し，日本も裁判開始に同意した。その結果，日本の調査捕鯨は国際法に反するとの判断が示された。なお，2019年，日本は国際捕鯨委員会(IWC)から脱退し，31年ぶりに商業捕鯨を開始した。
① **誤文**：日本は国際刑事裁判所に加盟している。
③ **誤文**：常設仲裁裁判所は，1899年の条約に基づいて設立され，現在でも存在している。
④ **誤文**：国連海洋法条約に基づき，国際海洋法裁判所が設立されている(1996)。

第3章 国際社会分野

35 国際連合

1 成立過程と目的

✤**成立** サンフランシスコ会議で**国際連合憲章**が採択され，1945年10月に，原加盟国51か国（すべて第二次世界大戦の戦勝国）で発足した。

✤**目的** 各国人民の同権と自決の原則を基礎とする友好関係の発展，経済的・社会的・文化的・人道的性質の国際問題の解決など。

2 主要6機関

✤**総会** 全加盟国で構成，1国1票制（主権平等の原則）。加盟国は，193か国（2019年8月現在）。重要事項（加盟国の承認・除名など）は**3分の2**以上の賛成，その他一般事項は**過半数**の賛成で成立。**朝鮮戦争（1950）に際して採択された「平和のための結集」決議により，総会の権限が強化されたといわれる。**

「平和のための結集」決議	安全保障理事会が機能麻痺（まひ）に陥（おちい）った場合，緊急特別総会を招集して加盟国に軍事的・非軍事的措置（そち）を勧告（かんこく）できる。

✤**安全保障理事会** 国際社会の平和と安全について主要な責任を負（お）い，軍事的・非軍事的措置について**加盟国を拘束（こうそく）する決定を行うことができる。**

構成	5つの常任理事国（**アメリカ**・**イギリス**・**フランス**・**中国**・**ロシア**）と，10か国の非常任理事国（任期2年，総会で選出）。	
表決方式	手続事項	常任・非常任を問わず9理事国以上の賛成で成立。
	実質事項	**すべての常任理事国を含む**9理事国以上の賛成で成立。 →常任理事国が1か国でも反対すれば（**拒否権**を行使すれば）成立しない。 ただし，欠席・棄権（きけん）は拒否権の行使とみなされない。

✤**経済社会理事会** 54か国で構成（任期3年）。経済・社会・文化などの分野での国際協力の推進を任務とし，各種専門機関と密接な連携の下に活動する。

専門機関：**国際労働機関（ILO）**，国連食糧農業機関（FAO），世界保健機関（WHO），国連教育科学文化機関（UNESCO（ユネスコ）），**国際通貨基金（IMF）**［☞p.197］，**国際復興開発銀行（IBRD）**［☞p.197, 208］など。

✤**信託（しんたく）統治理事会** 自立困難な地域の自治の促進を任務とする。ただし，信託統治地域がすべて独立したため，**1994年から活動を停止中。**

✤**国際司法裁判所**　国籍の異なる15人の裁判官で構成（任期9年）。裁判の当事者になれるのは**国家のみ**であり，**当事国の同意がなければ裁判を開始することができない。**所在地は**ハーグ**（オランダ）[☞p.164]。

✤**事務局**　**事務総長**は中小国から選出されるのが慣行となっている。

3　その他の重要な機関

難民の安全かつ自発的な帰還などを援助する**国連難民高等弁務官事務所（UNHCR）**，南北問題を協議する場としての**国連貿易開発会議（UNCTAD）**[☞p.208]，環境に関する諸活動を総合的に調整する**国連環境計画（UNEP）**[☞p.220]などがある。

4　国連平和維持活動（PKO）

✤**目的と特徴**　**PKO**は，**国際連合憲章に規定がなく，国際連合憲章第7章の規定に基づく正規の国連軍とは異なる。**

PKO	当事国の同意の下に派遣され，軍事的制裁を目的としない。軽武装で紛争地域の治安維持などを任務とする**平和維持軍（PKF）**と，非武装で選挙監視などを行う**監視団**に分類される。
正規の国連軍	安全保障理事会と加盟国との兵力提供に関する特別協定に基づくもので，平和破壊国に対する軍事制裁を目的とする。しかし，**これまで一度も組織されたことがない。**

✤**冷戦終結後の動向**　行政組織の再建支援なども，広くPKOの一環として行われるようになってきた。

5　現状と課題

✤**安全保障理事会の改革**　常任理事国・非常任理事国枠の拡大や，常任理事国に与えられている拒否権の見直しなどが議論されている。

✤**財政問題**　国連通常予算の分担率はアメリカが22%，中国が12%，日本が約8.6%（2019～21）。**アメリカの分担金滞納などで財政難に陥っている。**

✤**人間の安全保障**　戦争・貧困・人権侵害などの脅威から人々を守り，各人の豊かな可能性を実現しようとする考え。国連機関である国連開発計画（UNDP）が提唱（1994）。国家の軍事的安全の確保を内容とする「国家の安全保障」と対比される考え。「人間の安全保障」の考え方に基づいて，開発や貧困撲滅に関わる具体的な目標として，2000年に**ミレニアム開発目標（MDGs）**が採択され，2015年にはそれに代わる新たな目標として**持続可能な開発目標（SDGs）**が採択された。

✤**NGOとの協議制度**　経済社会理事会は**非政府組織（NGO）**に対し，国連諸機関との協議資格を与えている。代表的なNGOに，**アムネスティ・インターナショナル**，**国境なき医師団**などがある。

ここが共通テストのツボだ!!

ツボ 1 国連憲章の内容と主要機関の役割

1. 自衛権… 個別的自衛権 も 集団的自衛権 も認められている
2. 紛争解決… 安全保障理事会 が主要な責任を負う
3. 安全保障理事会の決定…加盟国を法的に拘束する
4. 拒否権 …実質事項について 常任理事国 に認められている

国連憲章の内容と主要機関の役割は，「手を変え品を変え」繰り返し出題されている。見落としがちなことが4つあるから，気をつけよう。

①自衛権：**国連憲章は，加盟各国に対して，個別的自衛権だけでなく集団的自衛権の行使も認めている。**個別的自衛権は他国による武力攻撃を単独で排除する権利，集団的自衛権は自国と密接な関係にある国が武力攻撃を受けた場合，その国と共同して反撃する権利[☞p.48]。

②紛争解決の主要な責任：**国際紛争を解決する際の主要な責任は安全保障理事会が負う。**総会ではないことに注意しよう。

③安全保障理事会の権限：**安全保障理事会による決定は加盟国を法的に拘束する。**これに対して，総会の決議は勧告的効力をもつにとどまる。

④常任理事国の拒否権：侵略行為の認定など実質事項が成立するためには，すべての常任理事国を含む9理事国の賛成が必要。つまり，**常任理事国が1か国でも反対すれば成立しない。**ただし，欠席・棄権は拒否権の行使とみなされないことに注意。

ツボ 2 PKO（国連平和維持活動）は，用語だけ知っていても……

1. 国連憲章 …PKOについての規定はない
2. 分類… 平和維持軍（PKF） と 監視団
3. 目的…軍事的制裁は目的としない

PKOについて出題されたら，気をつけたほうがいい。「知ってるつもり」になっていると痛い目にあう。

まず，国連憲章にPKOについての具体的な規定があると思ったら大間違いだ。**何の規定もない。**したがって，**PKOは，国連憲章が規定している正規の国連軍とは異なる**（正規の国連軍はこれまで一度も結成されたことがない）。

また，PKOはおおまかに**平和維持軍（PKF）**と**監視団**の2つのタイプに分類される。**PKFは紛争地域の治安維持などを任務とし，監視団は選挙監視などを任務とする。**

さらに，**PKO受入国の同意の下に派遣され，軍事的制裁を目的としない**，ということも見落としがち。

基礎力チェック問題

問1 国際連合に関する記述として最も適当なものを，次の①～④のうちから一つ選べ。

① 国連の平和維持活動は，兵力の引き離しや停戦の監視を任務としており，選挙監視や難民の帰還支援などを任務とすることはない。

② 国連憲章上，国連の重要な目的である国際の平和と安全の維持について主要な責任を負っている機関は，総会であり安全保障理事会ではない。

③ 国連安全保障理事会が強制措置に関して行う決定は，法的拘束力をもつため，すべての加盟国が従わなければならないとされている。

④ 国連憲章は，加盟国による武力行使を一般的に禁止しているが，加盟国独自の判断に基づく人道的介入の場合をその例外として明文で認めている。

問1 [答] ③

③ **正文**：**安全保障理事会**は，軍事的・非軍事的強制措置に関して**加盟国を法的に拘束する決定**を行うことができる。

① **誤文**：「選挙監視や難民の帰還支援」を任務とするPKOもある。

② **誤文**：国際の平和と安全に**主要な責任**を負うのは安全保障理事会。

④ **誤文**：国連憲章は，「人道的介入」を武力行使の「例外として明文」で認めてはいない。

問2 国際連合に関する記述として最も適当なものを，次の①～④のうちから一つ選べ。

① 事務総長は，これまで，アジア地域の国の出身者から選出されたことがない。

② 信託統治理事会は，現在，国連により設定されている信託統治地域の独立を支援する活動を行っている。

③ 総会は，安全保障理事会が機能しない場合，「平和のための結集決議」に基づき，国際の平和と安全に関する問題を審議することができる。

④ 国連の財政は，加盟国の分担金などによって運営されており，財政状況が悪化したことはない。

問2 [答] ③

③ **正文**：「**平和のための結集決議**」についての記述として正しい。

① **誤文**：アジア出身の事務総長としては，古くはビルマ(現ミャンマー)出身のウ=タント(在任1961～71)がいるし，近年では韓国出身の**潘基文**(パンギムン)(在任2007～16)がいる。

② **誤文**：**信託統治理事会**は，1994年以降，活動を停止している。

④ **誤文**：アメリカによる滞納などにより，国連財政は厳しい状況にある。

問3 国際連合に関する記述として適当でないものを，次の①～④のうちから一つ選べ。

① 国連が定めた目標や計画について，国連の諸機関とともに協議したり実施したりするための資格をNGOに対して認定する機関は，国連総会である。

② 難民に対する国際的保護や本国への自発的な帰還への支援などを主たる目的とする常設機関は，国連難民高等弁務官事務所(UNHCR)である。

③ 1970年代に国連で採択された，開発途上国が自国の資源を国有化する権利や多国籍企業への規制などを含む宣言は，新国際経済秩序(NIEO)樹立宣言と呼ばれている。

④ 2015年に国連が定めた，貧困や飢餓の撲滅，気候変動への対策などを含む地球規模の課題を解決するために達成すべき目標は，持続可能な開発目標(SDGs)と呼ばれている。

問3 [答] ①

① **誤文**：国連の諸機関との協議資格を**NGO(非政府組織)**に対して認定する機関は，「総会」ではなく「**経済社会理事会**」である。

② **正文**：国連難民高等弁務官事務所(UNHCR)についての記述として正しい。

③ **正文**：**新国際経済秩序(NIEO)樹立宣言**についての記述として正しい。

④ **正文**：**持続可能な開発目標(SDGs)**についての記述として正しい。

36 戦後の国際政治① 冷戦の成立と多極化

1 冷戦の始まり

第二次世界大戦後の早い時期に，アメリカを中心とする西側陣営（資本主義陣営）とソ連を中心とする東側陣営（社会主義陣営）が，政治・経済・軍事などあらゆる分野で厳しく対立する状況が生まれた。

✤**東欧諸国の社会主義化**　第二次世界大戦終結の兆しが見え始めると，ソ連は東欧諸国を自国の勢力圏に組み入れる動きを活発化させた。

✤**「鉄のカーテン」演説**（1946）　チャーチル（英）は，アメリカで行った演説で「鉄のカーテン」という言葉を使って，ソ連による欧州分断を批判した。

2 冷戦構造の形成

アメリカ陣営		ソ連陣営
・トルーマン・ドクトリン（1947） （共産主義の「封じ込め」）	 ⟷	・コミンフォルム（1947） （共産党間の結束強化）
・マーシャル・プラン（1947） （アメリカが西欧諸国へ経済援助）	⟷	・経済相互援助会議（COMECON，1949） （ソ連陣営の経済協力組織）
・北大西洋条約機構（NATO，1949） （アメリカ陣営の軍事同盟）	⟷	・ワルシャワ条約機構（1955） （ソ連陣営の軍事同盟）

3 多極化の進展と緊張緩和（デタント）

✤**「第三世界」勢力の台頭**　1950年代半ば以降，発展途上国を中心とする勢力が，米ソの二極対立に対して独自の立場を表明する姿勢を強めた。

周・ネルー会談	周恩来首相（中国）とネルー首相（インド）によって，平和共存などを内容とする平和五原則が提唱された。
アジア・アフリカ会議	バンドン（インドネシア）で開催（1955）。平和五原則を具体化した平和十原則（バンドン十原則）が提唱された。
「アフリカの年」	1960年に，アフリカの旧植民地諸国17か国が国際連合に加盟。これを背景に，国際連合で植民地独立付与宣言が採択された。
第1回非同盟諸国首脳会議	ベオグラード（ユーゴスラビア）で開催（1961）。米ソいずれの陣営にも属さない「非同盟中立」の立場を確認。

✤米ソの平和共存

①**東西両陣営の首脳会談**　米・英・仏・ソの首脳によるジュネーブ4巨頭会談(1955)，米ソの首脳によるキャンプ・デーヴィッド会談(1959)が開催され，平和共存の動きが進展する兆しが現れた。

②**キューバ危機**(1962)　**核戦争の危機が高まったが，最悪の事態は免れた。**これを機に，米ソの**緊張緩和**(かんわ)(**デタント**)が進展した。

キューバ危機	ソ連がキューバにミサイル基地を建設したことにアメリカが反発。しかし，**ケネディ**大統領(米)と**フルシチョフ**首相(ソ連)により危機的状況は回避された。これを機に，ワシントンとモスクワの間に緊急連絡用のホットライン(直通電話回線)が開設された。

✤両陣営内部の求心力の低下

アメリカ陣営	フランスがNATOの軍事機構から離脱した(1966)。フランスの核戦力保有問題をめぐる対立が原因。2009年に復帰。
ソ連陣営	**ハンガリー**動乱(1956)，**チェコスロバキア**事件(「プラハの春」1968)など，自由化・民主化を求める動きが活発化した。しかし，**いずれもソ連などによる軍事介入**(かいにゅう)**により鎮圧**(ちんあつ)**された。**

4　その他の動向

✤「ベルリンの壁」の建設(1961)　東ベルリン(東ドイツ領，ソ連陣営)から西ベルリン(西ドイツ領，米陣営)へ逃亡を図る市民の動きが活発化したため，それを阻止(そし)するために東ドイツが東西ベルリンの境界に壁を建設した(1989年に崩壊)。**ただし，これはベルリン封鎖(1948)とは直接の関係はない。**

✤冷戦下の戦争　**朝鮮戦争**(1950～53)，**ベトナム戦争**(1960年代半ば～70年代半ば)など，いくつかの地域で米ソ対立を背景とする戦争が起こった。**ただし，アメリカとソ連が直接的に軍事衝突したことは一度もなかった。**

朝鮮戦争	北朝鮮による韓国への軍事侵攻を機に勃発(ぼっぱつ)。
ベトナム戦争	北ベトナム(社会主義)と南ベトナム政府(資本主義)との対立を背景に，アメリカが社会主義勢力の拡大を阻止するために深く介入した。

✤CSCE(全欧安全保障協力会議)　1975年，アルバニアを除く全ヨーロッパ諸国にアメリカ，カナダを加えた諸国の首脳が集まり，東西ヨーロッパの協力をうたったヘルシンキ宣言を採択した。その後，冷戦終結後の1995年の首脳会議で**OSCE**(**欧州安全保障協力機構**)へと発展改組された。

✤「新冷戦」　1960年代～70年代にかけて米ソの緊張緩和(デタント)が進展した。しかし，ソ連による**アフガニスタン**への軍事侵攻(1979)をきっかけに，レーガン大統領(米)がソ連に対する強硬姿勢を強め，「**新冷戦**」と呼ばれる状況が生まれた。これを背景に，レーガン大統領は，戦略防衛構想(SDI)を発表した。

ここが共通テストのツボだ!!

ツボ 1 米ソ対立のトピックスに気をつける

1. 米ソ対立… トルーマン・ドクトリン (米) ⇔ コミンフォルム (ソ)
   マーシャル・プラン (米) ⇔ 経済相互援助会議 (ソ)
   北大西洋条約機構 (米) ⇔ ワルシャワ条約機構 (ソ)
2. 平和共存… キューバ危機 を機にホットラインを開設

米ソ対立の動向は，どちらが何を，何のために，という観点から押さえよう。

①冷戦成立期：アメリカがトルーマン・ドクトリン（**社会主義の封じ込め**）を発表したのに対し，ソ連はコミンフォルム（**共産党間の結束強化**）を結成。アメリカがマーシャル・プラン（**西欧諸国への経済援助**）を実施したのに対し，ソ連は経済相互援助会議（COMECON）を創設。アメリカが北大西洋条約機構（NATO）を結成したのに対抗して，ソ連はワルシャワ条約機構を創設（**いずれも軍事同盟**）。

②米ソの平和共存：これについては，特にキューバ危機（1962）が重要。この事件では，米ソの直接的な軍事衝突の危険性が高まったが，最悪の事態は回避された。これを機に，**両国間でホットライン（直通電話回線）が開設されるなど，米ソ間で緊張緩和（デタント）が進展した。**

③その他：東ドイツによる「ベルリンの壁」の建設（1961），ソ連によるハンガリー，チェコスロバキアの民主化運動の弾圧（1956・68）なども注意。

ツボ 2 「第三世界」勢力はどんなスタンスをとったか

1. 第1回 アジア・アフリカ会議（バンドン会議） …平和十原則
2. 非同盟諸国首脳会議 …「非同盟中立」の立場

1950年代半ばに，米ソの二極対立の下で，**アメリカ陣営にもソ連陣営にも距離を置いて平和共存などを唱える勢力が登場した。**これは，発展途上国を中心とする勢力で，アメリカを中心とする資本主義世界（第一世界）と，ソ連を中心とする社会主義世界（第二世界）に対し，独自の立場をとったという意味で「第三世界」と呼ばれるようになった。

たとえば，1955年に開かれたアジア・アフリカ会議（バンドン会議）では，**平和共存などを内容とする平和十原則（バンドン十原則）が採択された。**これは，1954年に周恩来首相（中国）とネルー首相（インド）による会談で提唱された平和五原則（領土保全と主権の尊重，相互不可侵，内政不干渉，平等互恵，平和共存）をさらに発展させたものである。また，1961年開催の第1回非同盟諸国首脳会議は，その名のとおり「非同盟中立」**の立場を唱えた。**

基礎力チェック問題

問1 冷戦期におけるアメリカの他国への経済援助に関する記述として適当でないものを，次の①～④のうちから一つ選べ。

① アメリカはマーシャル・プランを発表し，西ヨーロッパ諸国の経済復興を援助した。

② 第二次世界大戦後のアメリカによる西側諸国への経済援助に対抗して，ソ連は経済相互援助会議(コメコン)を設立した。

③ アメリカの経済援助をヨーロッパに受け入れるために，ヨーロッパ連合(EU)が設立された。

④ アメリカの経済援助は，ソ連や他の共産圏諸国に対する「封じ込め政策」の一環として行われた。

問1 [答] ③

③ **誤文**：**EU**(欧州連合)は冷戦終結後の1993年設立[☞p.204]。
① **正文**
② **正文**
④ **正文**：**トルーマン・ドクトリン**(1947)についての記述として正しい。

問2 第二次世界大戦後の国際政治に関連した記述として誤っているものを，次の①～④のうちから一つ選べ。

① アメリカはトルーマン・ドクトリンなど，東側陣営を封じ込めるための政策を実施し，共産主義勢力の拡大を阻止することに努めた。

② 日本は戦争の放棄を国家理念として掲げたが，国際政治の変化の中で日米安全保障条約により警察予備隊を創設した。

③ アメリカとの緊張関係にある中で，ソ連のフルシチョフが平和共存路線を掲げた。

④ 相次いで独立を果たした旧植民地諸国はバンドン会議で「平和10原則」を発表し，内政不干渉，国際紛争の平和的解決などを主張した。

問2 [答] ②

② **誤文**：**警察予備隊**の創設は1950年であり，**日米安全保障条約**の調印は1951年。したがって，警察予備隊が日米安全保障条約によって創設されたという趣旨の記述は誤り[☞p.46]。
① **正文**：**トルーマン・ドクトリン**についての記述として正しい。
③ **正文**：**フルシチョフ**が掲げた平和共存路線についての記述として正しい。
④ **正文**：**バンドン会議(アジア・アフリカ会議)**(1955)についての記述として正しい。

問3 第二次世界大戦後の米ソ関係についての記述として正しいものを，次の①～④のうちから一つ選べ。

① 1945年のポツダム会談以後，アメリカのニクソン大統領がソ連を訪問するまで，東西間で首脳会談は開かれなかった。

② 1960年代に，ベルリンの壁が構築されたことを発端として，東西ベルリンにおいて米ソ両軍による直接的な軍事衝突が発生した。

③ 1970年代初頭にソ連の支援を受けて南北ベトナムが統一されると，ソ連と対立するアメリカはベトナムでの軍事行動を本格化させていった。

④ アメリカは，ソ連の核戦力に対抗して，1980年代前半に，レーガン大統領の下でSDI(戦略防衛構想)を打ち出した。

問3 [答] ④

④ **正文**：レーガン大統領は，1980年代前半に**SDI(戦略防衛構想)**を打ち出した。
① **誤文**：ニクソン大統領の訪中(1972)以前にも，**ジュネーブ4巨頭会談**(1955)など，東西間の首脳会談が開かれたことがある。
② **誤文**：米ソ両軍が直接的に軍事衝突したことは一度もなかった。
③ **誤文**：アメリカが**ベトナム戦争**に本格的な軍事介入を始めたのは1960年代半ばであり，南北ベトナムの統一(1970年代)よりも前。

37 戦後の国際政治②
冷戦終結と地域紛争

1 冷戦終結への歩み

ゴルバチョフの登場(1985)…ソ連で**ゴルバチョフ**が最高指導者として登場し，国内的には**ペレストロイカ**(改革)，**グラスノスチ**(情報公開)，対外的には「対立から協調へ」をスローガンとする**新思考外交**を展開した。

↓

「ベルリンの壁」崩壊(1989)…1961年に建設されて以降，ヨーロッパにおける冷戦の象徴ともいわれてきた「**ベルリンの壁**」が崩壊した。これによって，すでに始まっていた東欧諸国の民主化(**東欧革命**)がさらに加速された。

↓

マルタ会談(1989)…**ブッシュ**大統領(米，2001年に就任したブッシュ大統領の父)とゴルバチョフ書記長(ソ連)の首脳会談で**冷戦終結が宣言された**。

↓

東西ドイツの統一(1990)…西ドイツが東ドイツを編入する形で東西ドイツの統一が達成された。

↓

全欧安全保障協力会議(CSCE)首脳会議(1990)…ヨーロッパ内での対立・分断の終結が宣言された。その後，**CSCEは欧州安全保障協力機構(OSCE)へと改組された**(1995)。

↓

ソ連の解体(1991)…ソ連は15の共和国からなる連邦制をとっていたが，バルト三国(ラトビア・エストニア・リトアニア)の独立宣言などを背景に連邦が解体した。これに伴(ともな)い，多くの共和国による緩(ゆる)やかな連合体である**独立国家共同体(CIS)**が創設された。ソ連解体に先立って，**ワルシャワ条約機構と経済相互援助会議(COMECON(コメコン))も解散された**(1991)。

2 冷戦期に発生した紛争

✤**パレスチナ紛争**　**イスラエル**建国(1948)を機に，イスラエルとアラブ諸国との間で発生。4次にわたる中東戦争(1948，56，67，73)を経て，イスラエルとパレスチナ解放機構(PLO)との間で**暫定(ざんてい)自治協定**(1993)が結ばれ，パレスチナ自治政府も発足した。しかし，その後も対立は解消されていない。

✤**カンボジア内戦**　1970年代後半から激化した紛争。1991年に和平協定成立。

✤**カシミール紛争**　第二次世界大戦の終了直後から，**インド**と**パキスタン**が，両国にまたがるカシミール地方の帰属をめぐって対立。**両国は1998年に相次いで核実験を行い，軍事力を誇示(こじ)しあった**。

✤**東ティモール紛争**　インドネシアによる東ティモールの武力併合(1976)に端を発する紛争。インドネシアからの独立か残留かを問う住民投票(1999)で独立派が多数を占め，その後**国連による暫定統治を経て正式に独立した**(2002)。

3 冷戦終結期以降の動向

✤**湾岸戦争**　イラクがクウェートへ軍事侵攻(1990)したことに端を発した戦争(1991)。国連安全保障理事会は武力行使容認決議を採択し，アメリカを中心とする多国籍軍がイラクを攻撃した。

✤**ルワンダ内戦**　少数派のツチ族と多数派のフツ族とが激しい戦闘を繰り広げ，大量の難民が発生した(1990年代前半)。

✤**ボスニア・ヘルツェゴビナ紛争**　旧ユーゴスラビア連邦解体後，セルビア人・クロアチア人・ムスリム人(イスラム教徒)の間で対立が激化したが，1995年に和平が実現した。

✤**コソボ紛争**　セルビア共和国内のコソボ自治州で発生(1990年代後半)。セルビア共和国からの分離独立を求めるアルバニア系住民と，これを認めないセルビア政府との間で対立が激化したが，1999年に和平が成立した。その後2008年に**コソボはセルビアからの独立を宣言した。**

✤**チェチェン紛争**　ロシアからの独立を求めるチェチェン共和国と，それを認めないロシアとの間で発生。1990年代前半から激化した。

✤**アフガニスタン戦争**　アメリカ同時多発テロ事件(2001)を機に，米英軍がテロ組織(アルカイーダ)への報復の一環としてアフガニスタンを攻撃し，**タリバン政権を崩壊させた**。

✤**イラク戦争**　大量破壊兵器の開発・保有問題をめぐって米英軍がイラクを攻撃し，**フセイン政権を崩壊させた**。

✤**南スーダンの独立**　スーダン南部で分離独立をめぐる住民投票が行われた結果，南スーダン共和国として独立し，国連への加盟が認められた(2011)。

✤**グルジア(ジョージア)紛争**　グルジアからの分離独立を求める南オセチア自治州にグルジア軍が侵攻し，同州に駐留するロシア軍との間で戦闘が行われた(2008)。

✤**「アラブの春」**　民主化運動を背景に，チュニジアのベンアリ政権，エジプトのムバラク政権，リビアのカダフィ政権が倒れた(2011)。

✤**ロシアによるクリミア併合**　親ロシア派の住民が多数を占めるクリミアで，**ウクライナからの独立**とロシアへの編入について賛否を問う住民投票が行われ，その結果独立が宣言された。これを機に，ロシアがクリミア併合を宣言した(2014)。

✤**ISIL(イスラム国)**　イラク北西部とシリア北部にまたがる地域を支配する武装組織ISILが，一方的に国家樹立を宣言した(2014)。しかし，2017年，ISILが最大の拠点としてきた地域が奪還・制圧された。

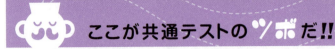

ここが共通テストのツボだ!!

ツボ 1 冷戦終結への動きは急ピッチで進んだ

1. ゴルバチョフ…ペレストロイカ，グラスノスチ，新思考外交
2. 冷戦終結…東欧革命，「ベルリンの壁」崩壊，マルタ会談，東西ドイツの統一，ソ連の解体

第二次世界大戦後，長らく国際政治を枠(わく)づけてきた冷戦も，1980年代半ば以降，終結に向けて動き出した。

その第一歩は，**1985年にゴルバチョフがソ連の最高指導者として登場し，ペレストロイカ（改革），グラスノスチ（情報公開），新思考外交を推進したこと**。最初はアメリカも疑心暗鬼だったが，次第に対ソ協調外交へと舵(かじ)を切るようになった。その成果の一つが，中距離核戦力（INF）全廃条約の締結（1987）。

その後，**80年代末から90年代初めにかけて冷戦終結への動きは一気に加速した**。具体的には，東欧諸国の社会主義政権の崩壊（東欧革命，1989），「ベルリンの壁」の崩壊（1989），米ソ両国首脳によるマルタ会談での冷戦終結宣言（1989），東西ドイツの統一（1990），ソ連の解体（1991），という動きに注意したい。

ツボ 2 戦争・紛争は，発生の時期や対立の構図に注目する

1. 1940年代後半に発生…パレスチナ紛争，カシミール紛争
2. 米ソ対立が背景…朝鮮戦争，ベトナム戦争
3. 独立の達成…ボスニア・ヘルツェゴビナ紛争，コソボ紛争，チェチェン紛争，東ティモール紛争，ロシアのクリミア併合
4. 独裁政権の崩壊…チュニジア，エジプト，リビア

①**第二次世界大戦終了直後に発生した紛争**。パレスチナ紛争（中東紛争）とカシミール紛争が重要で，対立の構図は，**パレスチナ紛争が「イスラエル対パレスチナ（および周辺のアラブ諸国）」，カシミール紛争が「インド対パキスタン」**。

②**米ソ対立を背景とする戦争**。朝鮮戦争とベトナム戦争［☞p.173］。

③**独立の達成**。ボスニア・ヘルツェゴビナ紛争，コソボ紛争（独立を達成），チェチェン紛争，東ティモール紛争（独立を達成），ロシアのクリミア併合（ウクライナから独立）などを押さえておこう。

④**独裁政権の崩壊**。チュニジア，エジプト，リビアで独裁政権が相次いで倒れた。ただし，その後も，政治的な安定は確立できていないことに注意。

基礎力チェック問題

問1 人種・民族紛争に関する記述として適当でないものを，次の①～④のうちから一つ選べ。

① 旧ユーゴスラビア領内では，チェチェン共和国において独立運動が起こり，武力対立が激化したことがある。
② ルワンダでは，部族間対立により，内戦下での集団殺害（ジェノサイド）が行われた。
③ トルコやイラン，イラクなど複数の国に居住しているクルド人は，民族の独立を目指して運動し，それにより紛争が生じたことがある。
④ スーダンでは，南北の住民の間で対立が続いていたが，南部地域は，新国家として独立し，国連への加盟が認められた。

問1 [答] ①

① **誤文**：「旧ユーゴスラビア領内」をロシア連邦内に直せば正しくなる。
② **正文**：ルワンダ内戦についての記述として正しい。
③ **正文**：クルド人は，イラン，トルコ，シリアなどにまたがって住む民族で，独立運動を展開している。
④ **正文**：スーダン南部が南スーダン共和国として独立し，国連への加盟が認められた。

問2 各国の状況に関する記述として最も適当なものを，次の①～④のうちから一つ選べ。

① イラクのクウェート侵攻を契機とする湾岸戦争において，アメリカを中心とする多国籍軍の攻撃によってイラクのフセイン政権は崩壊した。
② コソボでは，セルビア人勢力とアルバニア系住民との対立から，人々が居住地から追放されたり，虐殺されたりした。
③ アメリカにおける同時多発テロの発生に伴い，アメリカなどはアフガニスタンでテロリストの掃討作戦を行うために，タリバン政権と協力した。
④ チュニジアでは，民主化運動に伴い内戦が勃発し，カダフィ政府軍側が市民に対して攻撃や迫害を行った。

問2 [答] ②

② **正文**：コソボ紛争では，セルビア人勢力とアルバニア系住民の対立を背景として，エスニッククレンジング（民族浄化）の名の下に虐殺が行われた。
① **誤文**：フセイン政権は，湾岸戦争（1991）ではなくイラク戦争（2003）において崩壊した。
③ **誤文**：アメリカなどは，アフガニスタンのタリバン政権を崩壊させた。
④ **誤文**：チュニジアで崩壊した政権は，ベンアリ政権。カダフィ政権はリビアで崩壊した政権。

問3 国家に関する記述として最も適当なものを，次の①～④のうちから一つ選べ。

① 独立国家共同体（CIS）は，ユーゴスラビア連邦を構成していた各共和国により，創設された。
② アフリカ諸国のなかには，植民地時代に宗主国によって民族分布に関わりなく引かれた境界線を，独立後も国境として維持している国がある。
③ パレスチナの地位については，1990年代の協定において，イスラエルがパレスチナの将来の独立を承認することが合意された。
④ 沖縄がアメリカから日本に返還されたのは，日本が国連に加盟する前のことである。

問3 [答] ②

② **正文**：アフリカ諸国に関する現在の国境の歴史的経緯の記述として正しい。
① **誤文**：独立国家共同体（CIS）は，「ユーゴスラビア連邦」ではなく「ソビエト連邦」を構成していた各共和国により創設された。
③ **誤文**：「1990年代の協定」とはパレスチナ暫定自治協定（1993）のことを指すが，これは「パレスチナの将来の独立」を合意したものではなく，パレスチナ自治政府の発足について合意したもの。
④ **誤文**：アメリカから日本への沖縄返還（1972）は，日本の国連加盟（1956）よりも後のことである。

第3章 国際社会分野

38 軍縮の歩み

1 冷戦期の軍縮条約

✤部分的核実験禁止条約（PTBT）（1963） キューバ危機（1962）［☞p.173］において米ソ核戦争の危機に直面したことなどを背景に，その翌年結ばれた。

内　容	大気圏内・宇宙空間・水中での核実験を禁止。しかし，**地下核実験は禁止対象から除外したため，実効性は小さかった。**
調　印	米・ソ・英は調印したが，核開発でこの3か国に遅れをとっていたフランス・中国は参加しなかった。

✤核拡散防止条約（NPT）（1968） 発効から25年を経過した**1995年に，再検討会議が開かれ無期限延長が決定された。**

内　容	核兵器保有国を5か国（米・ソ〔ロ〕・英・仏・中）に限定し，それ以外の条約加盟国が核兵器を保有することを防ぐ。保有国は拡散防止義務，非保有国は拡散避止義務を負う。
仕組み	米・ソ〔ロ〕・英・仏・中の5か国以外の条約加盟国は，国際原子力機関（IAEA）による核査察を受ける。
調　印	核兵器保有国のうち3か国（米・英・ソ）は1968年に調印。仏・中はのちに参加（1992）。北朝鮮は脱退を表明（2003）。

✤戦略兵器制限交渉（SALT）（1972・79） 米ソ間で2次にわたって実施。

内　容	核弾頭の運搬手段（ミサイル）の保有数の上限を設定。核弾頭そのものの廃棄や数量制限をしようとするものではない。
推　移	第1次交渉（SALT Ⅰ）では，弾道弾迎撃ミサイル（ABM）制限条約と戦略的攻撃兵器制限暫定協定が結ばれた（1972）。第2次交渉（SALT Ⅱ）では，戦略的攻撃兵器制限条約が結ばれた（1979）。しかし，1979年の条約は，**ソ連によるアフガニスタンへの軍事侵攻**［☞p.173］に反発したアメリカが批准せず，未発効。

2 冷戦終結期以降の条約

✤中距離核戦力（INF）全廃条約（1987） 米ソ［ロ］間で調印。

内　容	中距離核ミサイルに対象が限定されてはいるが，単なる制限ではなく全廃で合意。廃棄確認のための相互査察を規定。
推　移	**アメリカがロシアに対し，一方的に破棄を通告し，失効**（2019）。

欧州通常戦力(CFE)条約 (1990) 全欧安保協力会議(CSCE)の首脳会議で調印されたもので，核兵器以外の通常戦力の削減を内容とする。

戦略兵器削減条約(START) (1991・93) 米ソ〔ロ〕間で2次にわたり調印。

内容	戦略核弾頭そのものを削減。
推移	START Ⅰは発効したが，START Ⅱは未発効。その対策の一環として，モスクワ条約(戦略攻撃力削減条約)が調印された(2002)。また，START Ⅰは2009年に失効したが，2010年には新たな核軍縮条約(新START)が調印された。

包括的核実験禁止条約(CTBT) (1996) 国連総会で採択。

内容	地下核実験を含めて核爆発を伴うすべての核実験を禁止。**未臨界核実験(臨界前核実験)は対象外**。
監視制度	300以上の観測所で，核爆発に伴う地震波を観測する。
現状	発効には，米・ロ・英・仏・中の5か国をはじめ44か国の批准が必要。しかし，米・中・インド・パキスタン・北朝鮮などが未署名または批准していないため，未発効。

核兵器禁止条約 (2017) 国連総会で採択。

内容	核兵器の開発，実験，製造，使用だけでなく，威嚇としての使用も禁止。
経緯	**非政府組織(NGO)の連合体である核兵器廃絶国際キャンペーン(ICAN)が大きな役割を果たした。**
現状	すべての核保有国，アメリカの「核の傘」の下にあるドイツ，日本などは不参加。批准国が発効要件の50か国に達していないため未発効(2019年8月現在)。

3 その他の条約

生物兵器禁止条約(BWC) (1972) 生物毒素兵器の開発・生産などを禁止。

化学兵器禁止条約(CWC) (1993) 化学兵器の開発・生産・貯蔵などを禁止。

対人地雷全面禁止条約(オタワ条約) (1997) 対人地雷の使用・貯蔵・生産の禁止や廃棄を定めている。**非政府組織(NGO)の連合体である地雷禁止国際キャンペーンによる働きかけに各国が応じる形で成立した。**

クラスター爆弾禁止条約(オスロ条約) (2008) **成立に際してNGOが重要な役割を果たした。**クラスター爆弾とは，弾体(容器)の中に小さな爆弾が数十個から数百個入っているもので，弾体が空中で開くことで広い範囲を攻撃できるという特徴をもつ。

非核地帯条約

内容	一定の地域や空間をかぎって，その地域内での核兵器の製造・実験・配備を禁止しようとするもの。
具体例	トラテロルコ条約(ラテンアメリカ，1967)，ラロトンガ条約(南太平洋，1985)，バンコク条約(東南アジア，1995)，ペリンダバ条約(アフリカ，1996)，セメイ条約(中央アジア，2006)。

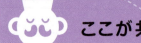

ここが共通テストのツボだ!!

ツボ 1 軍縮条約は細かいことが問われるから要注意

1. CTBT…未臨界核実験は対象外。採択後，インド・パキスタン・北朝鮮が核実験
2. NPT…IAEAが，核兵器の非保有国に対する核査察を実施
3. SALT…SALT Ⅱは未発効
4. INF全廃条約…単なる制限ではなく全廃で合意。2019年に失効
5. START…1970年代のSALTとは異なり，戦略核弾頭の大幅削減で合意
6. 核兵器禁止条約…122か国の賛成で採択

関連する条約をひとまとめにして押さえると役に立つ。

①部分的核実験禁止条約（PTBT）（1963）と包括的核実験禁止条約（CTBT）（1996）

いずれも国連で採択された。CTBTのポイントは，

(1)**PTBTでは認められていた地下核実験も含めて，核爆発を伴う核実験を禁止した。**つまり，未臨界核実験（臨界前核実験）など核爆発を伴わなければ認められるということ。

(2)**アメリカ，中国，インド，パキスタン，北朝鮮などが参加していないため，発効していないこと。**

②核拡散防止条約（NPT）（1968）：**核兵器保有国を米・ソ（ロ）・英・仏・中の5か国に限定，それ以外の加盟国に国際原子力機関（IAEA）による査察の受け入れを義務づけている。**

③米ソ（ロ）間で結ばれた条約：1970年代に2次にわたって行われた戦略兵器制限交渉（SALT）においていくつかの条約が成立した。ポイントは，**核弾頭そのものの廃棄や数量制限を目的にしていないことと，SALT Ⅱによる条約は発効しなかったこと**の2点（ソ連によるアフガニスタンへの軍事侵攻に反発したアメリカが批准しなかったため発効しなかった）。

1980年代には，中距離核戦力（INF）全廃条約が結ばれた（1987）。**単なる制限ではなく全廃で合意したこと，廃棄確認のための検証措置（そち）を取り入れたこと**の2点で画期的（ただし，2019年8月に失効）。1990年代前半には，2次にわたって戦略兵器削減条約（START）が結ばれた。**「制限」ではなく「削減」ということに注意したい。**つまり，戦略核弾頭そのものを削減しようとするもので，70年代のSALTとは大きく異なる。ただし，START Ⅱは発効しなかった。また，START Ⅰは2009年に失効したため，これに代わるものとして新たな核軍縮条約（新START）が調印された（2010）。

④核兵器禁止条約（2017）：すべての核保有国，アメリカの「核の傘」の下にあるドイツ，日本などは参加していない。**NGO（非政府組織）が大きな役割を果たした。**

⑤その他：化学兵器禁止条約（1993），対人地雷全面禁止条約（1997），クラスター爆弾禁止条約（2008）が採択された。このうち対人地雷全面禁止条約とクラスター爆弾禁止条約は，**NGO（非政府組織）による働きかけが大きな役割を果たし，それぞれオタワプロセス，オスロプロセスと呼ばれる手法で採択された。**

基礎力チェック問題

問1 核兵器の実験や保持などを制限または禁止する条約についての記述として誤っているものを，次の①～④のうちから一つ選べ。

① 中距離核戦力(INF)全廃条約は，アメリカとソ連の間で核兵器の削減が合意された初めての条約である。
② 包括的核実験禁止条約(CTBT)は，あらゆる場所での核爆発を伴う核実験の禁止をめざして採択された。
③ 非核地帯を設定する条約は，ラテンアメリカ，南太平洋，東南アジアなどの各地域で採択された。
④ 核拡散防止条約(NPT)は，アメリカ，中国，ロシアの3か国以外の核保有を禁止する条約である。

問1 [答] ④

④ **誤文**：核拡散防止条約(NPT)で核兵器の保有が認められている国は，アメリカ，イギリス，フランス，ロシア，中国の5か国。
① **正文**：ただし，この条約は2019年に失効。
②③ **正文**

問2 核兵器に関する記述として最も適当なものを，次の①～④のうちから一つ選べ。

① 過去に複数回の核実験が行われて被害を受けたことのある北太平洋地域に関して，非核地帯条約が締結されている。
② 爆発を伴う，あらゆる核実験を禁止する包括的核実験禁止条約(CTBT)が，国際連合(国連)で採択され，発効している。
③ 核兵器不拡散条約(NPT)は，すべての締約国に対して新たな核兵器の開発と保持を禁止している。
④ 日本政府は非核三原則(持たず，つくらず，持ち込ませず)を表明してきたが，核兵器の脅威にはアメリカの核抑止力に依存する政策を採っている。

問2 [答] ④

④ **正文**：日本は，アメリカの「核の傘」の下で，「非核三原則」を国是としてきた。
① **誤文**：「北太平洋地域」を南太平洋地域に直せば正しくなる。南太平洋地域の非核地帯条約としてラロトンガ条約がある。
② **誤文**：包括的核実験禁止条約(CTBT)は，国連で採択(1996)されたが，発効要件を満たしておらず未発効。
③ **誤文**：核拡散防止条約(NPT)は，条約上の「核兵器国」(米英仏ロ中)以外の加盟国(条約上の「非核兵器国」)が核兵器を開発・保有することを禁止するもの。

問3 兵器拡散やその規制に関する記述として最も適当なものを，次の①～④のうちから一つ選べ。

① 国連安全保障理事会が採択してきた決議には，核兵器のない世界の実現を目指すものが含まれている。
② 国際司法裁判所は，1990年代に核兵器の使用が一般的には国際法に違反しないとの意見を出している。
③ 核拡散防止条約(NPT)で核保有が認められた国には，国際原子力機関(IAEA)による査察受入れが義務づけられている。
④ オタワプロセスと呼ばれる手法で有志国とNGO主導により，包括的核実験禁止条約(CTBT)が採択された。

問3 [答] ①

① **正文**：安全保障理事会は，2009年に核兵器のない世界を目指すことをうたう決議を採択した。
② **誤文**：国際司法裁判所は，核兵器の使用が一般的には国際法に違反するとの勧告的意見を出したことがある(1996)。
③ **誤文**：国際原子力機関(IAEA)による核査察の受け入れ義務を負うのは，「核保有が認められた国」ではなく，条約上の非核兵器国。
④ **誤文**：「オタワプロセス」と呼ばれる手法で採択されたのは対人地雷全面禁止条約。

39 戦後日本の外交

1 国際社会への復帰

✤**サンフランシスコ平和条約**（1951） 日本が連合国（第二次世界大戦の戦勝国）48か国と結んだ条約。

意　義	同条約の発効に伴って，GHQ（連合国軍総司令部）による占領が終了し，日本は主権を回復した。
問題点	連合国のうちソ連・中国などはこの条約に参加しなかったため，これらの国とはその後，個別交渉を通じて国交回復を図らなければならなかった。

✤**日米安全保障条約**（1951） サンフランシスコ平和条約と同じ日に調印したもので，日本が主権を回復したあとも米軍が日本に駐留する根拠となった。この条約により，日本は，冷戦の下でアメリカを中心とする西側陣営の一員になることを国際的に表明したことになる。

✤**日ソ共同宣言**（1956） これによりソ連との国交回復が実現し，**日本は同宣言調印直後に国際連合への加盟を果たした**（国交回復以前は，国連安全保障理事会でのソ連による拒否権行使で国連加盟が実現しなかった）。ソ連解体後は，ソ連の外交権を継承したロシアとの間で効力をもっている。

✤**外交の三原則** 日本政府は，国連中心主義，自由主義諸国との協調，アジアの一員としての立場の堅持を表明した（1957）。

2 1960年代以降の日本の外交

✤**日米安全保障条約の改定**（1960）［☞p.46］

防衛力増強義務	日本の防衛力増強義務が新たに明記された。
共同防衛義務	**日本および日本国内の米軍基地**が攻撃された場合の共同防衛義務が新たに明記された。
事前協議制度	在日米軍の配置・装備の重要な変更などがある場合，アメリカが日本に事前協議を申し入れる制度。同条約に基づく交換公文で新たに規定された。ただし，**事前協議の申し入れが行われたことは一度もない**。

✤**日韓基本条約**（1965） 韓国との国交正常化のための条約。これにより，日本は韓国政府を朝鮮半島における唯一の合法政府と認めたため，現在でも北朝鮮とは国交を開いていない。

✤**沖縄返還**（1972）　第二次世界大戦終了直後からアメリカの統治下に置かれてきた沖縄の施政権が日本へ返還された。

✤**日中共同声明**（1972）

内　容	中華人民共和国政府を中国の唯一の合法政府として承認。これに伴い，台湾（中華民国）との日華平和条約（1952）は効力を失った。なおその後，中華人民共和国とは**日中平和友好条約**（1978）を結んだ。
背　景	中華人民共和国が台湾に代わって国連代表権を獲得（1971）したことや，アメリカが中華人民共和国との関係改善を図ったことなど。

✤**日朝平壌宣言**（2002）　小泉首相と金正日総書記が初の日朝首脳会談を行い，国交正常化交渉の再開などで基本合意に達した。しかし，**日本人拉致問題や核開発問題，ミサイル発射問題**などにより，話し合いは行き詰まっている。

3　その他の外交問題

✤**領土問題**

北方領土	北方4島（**歯舞群島**・**色丹島**・**国後島**・**択捉島**）の領有をめぐって日本とロシアが対立。なお**日ソ共同宣言**（1956）には，日ソ間の平和条約締結後に歯舞群島と色丹島を日本へ引き渡すことに同意する，という趣旨の規定がある。
尖閣諸島	日本と中国・台湾が同島の領有をめぐって対立。同島周辺には豊富な石油資源の存在が見込まれており，このことが対立を激化させる要因となっている。
竹　島	日本と韓国が同島の領有をめぐって対立。日韓基本条約（1965）による国交正常化の際に決着できず，現在に至っている。

✤**経済協力問題**　日本の政府開発援助（ODA）は，総額では先進国中比較的上位にあるが，対GNI（国民総所得）比でみると国際目標である**0.7**%を大きく下回っている。**また他の先進国と比べて，供与先に返済義務のない贈与（無償援助）の比率が低く，有償援助の比率が高いなど質の面でも問題がある**［☞p.209］。

✤**日本の軍事大国化をめぐる問題**　周辺事態法などからなる**ガイドライン関連法**（1999），武力攻撃事態法など有事法制関連10法（2003〜04）の制定で，自衛隊が米軍の後方地域支援を行うことが可能になり，自衛隊と米軍との軍事的協力関係が従来にも増して強化された。また，**集団的自衛権**の行使容認を内容とする閣議決定（2014）［☞p.48］が行われ，改正武力攻撃事態法，重要影響事態法（周辺事態法を名称変更）などからなる安全保障関連法（2015）が成立した。このような動向に対し，アジアの一部からは懸念の声も上がっている。

✤**普天間飛行場の移設問題**　米軍普天間飛行場（宜野湾市）の代替施設建設のため**辺野古地区**（名護市）の埋め立てが行われているが，その是非をめぐって**県民投票（2019）が実施され，反対票が7割を超えた**。

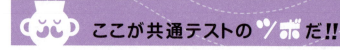

ここが共通テストのツボだ!!

ツボ 1 日米安全保障体制のポイント

1. **日米安全保障条約**の改定…**共同防衛義務**，**事前協議制度**
2. **ガイドライン関連法**…**周辺事態法**で米軍への後方地域支援を規定
3. **安全保障関連法**…集団的自衛権の限定的行使が可能に

日米安全保障条約の改定(1960)と，**ガイドライン関連法**(1999)を中心に押さえる。

①日米安全保障条約の改定：**日本の防衛力増強義務と日米の共同防衛義務が新たに明記された**こと，**同条約に関する交換公文で事前協議制度が導入された**ことが重要。特に，次の2点をおろそかにしないように。**共同防衛義務は，日本の施政権下にある領域あるいは在日米軍基地が攻撃された場合に発生する**(ということは，アメリカ本土が攻撃された場合，共同防衛義務は発生しない)。事前協議制度は，在日米軍の配置・装備などに重要な変更がある場合，それに先立ちアメリカ政府が日本政府に協議を申し入れるというものだが，**これまで一度も実施されたことがない。**

②ガイドライン関連法：まず，大まかな流れを，**日米安保共同宣言**(1996)→**ガイドラインの見直し**(1997)→**ガイドライン関連法**(1999)と押さえる。日米安保共同宣言は，冷戦終結を受けて「安保再定義」の必要が高まったことが背景。これを受けてガイドライン見直しが行われ，さらにその法制化のために**周辺事態法**を中心とするガイドライン関連法が制定された[☞p.47]。

③安全保障関連法：大まかな流れを，**集団的自衛権の限定的行使容認**の閣議決定(2014)→**ガイドラインの見直し**(2015)→**安全保障関連法**(2015)と捉えた上で，主たる内容を，改正武力攻撃事態法，重要影響事態法，改正PKO協力法を中心に押さえる[☞p.47]。

ツボ 2 PKOと自衛隊の関係はどうなっている?

1. 自衛隊の新たな任務…「**駆けつけ警護**」も可能
2. 自衛隊派遣の条件…**参加5原則**

①自衛隊の新たな任務：改正PKO協力法(2015)により，「**駆けつけ警護**」が可能となった。これは，自衛隊が活動している場所から離れたところで武装勢力などに襲われた他国軍や民間人を助けに向かう任務で，改正前は認められていなかった。

②PKO参加5原則：(i)紛争当事国間で**停戦合意**が成立していること，(ii)**受入国などの同意**があること，(iii)**中立**を維持すること，(iv)以上の前提が崩れた場合には，日本独自の判断で撤退すること，(v)武器の使用は生命・身体の防護など必要最小限のものとすること。ただし，「駆けつけ警護」の実施にあたり自己保存型および武器等防護を超える武器使用は可能。

基礎力チェック問題

問1 日本の安全保障・防衛政策に関する記述として適当でないものを，次の①～④のうちから一つ選べ。

① 日本の領域への武力攻撃に対する日本とアメリカとの共同防衛を定めているのは，日米地位協定である。
② 核兵器に関しては，「持たず，作らず，持ち込ませず」という非核三原則が政府の基本方針である。
③ 日本政府は，従来の武器輸出三原則に代わるものとして防衛装備移転三原則を策定した。
④ 1970年代後半からアメリカ軍駐留経費の一部を日本側が負担するようになっており，この負担分の経費は一般に「思いやり予算」と呼ばれる。

問1 [答] ①

① **誤文**：日米の**共同防衛**を定めているのは，「日米地位協定」ではなく「**日米安全保障条約**」。
② **正文**：**非核三原則**についての記述として正しい。
③ **正文**：2014年に**防衛装備移転三原則**が策定された。これは，従来の武器輸出三原則に代わるものである[☞p.47]。
④ **正文**：日本は，米軍の駐留経費の一部を「**思いやり予算**」として負担している。

問2 日本の安全保障をめぐる法制度や政策についての記述として最も適当なものを，次の①～④のうちから一つ選べ。

① 2014年に政府が決定した防衛装備移転三原則によれば，武器や関連技術の輸出は全面的に禁止されている。
② 自衛隊の最高指揮監督権は，防衛大臣が有している。
③ 2015年に成立した安全保障関連法によれば，日本と密接な関係にある他国に対する攻撃によって日本の存立が脅かされ，国民の権利が根底から覆される明白な危険がある場合でも，武力行使は禁止されている。
④ 安全保障に関する重要事項を審議する機関として，国家安全保障会議を内閣に設置している。

問2 [答] ④

④ **正文**：**国家安全保障会議**についての記述として正しい。
① **誤文**：「全面的に禁止されている」という記述は誤り。**防衛装備移転三原則**は，武器や関連技術の輸出(移転)を条件つきで認めている。
② **誤文**：自衛隊の最高指揮監督権は，「防衛大臣」ではなく「**内閣総理大臣**」が有している。防衛大臣は，自衛隊の隊務の統括を行う。
③ **誤文**：「武力行使は禁止されている」という記述は誤り。**安全保障関連法**は，いくつか要件を満たした場合に，**集団的自衛権の行使**を認めている。

問3 日本とアジア諸国との関係に関する記述として最も適当なものを，次の①～④のうちから一つ選べ。

① 日本は，アジア諸国で展開された国連平和維持活動(PKO)には，参加したことがない。
② 日本は，中国や韓国とともに，東南アジア諸国連合(ASEAN)との間でASEAN+3という協力の枠組みを築いている。
③ 日本は，政府開発援助(ODA)による援助事業を，すべて贈与の形態で実施している。
④ 日本は，ベトナム戦争をきっかけに発生したインドシナ難民を受け入れたが，それ以降，アジア地域からの難民は受け入れていない。

問3 [答] ②

② **正文**：「ASEAN＋3」についての記述として正しい。
① **誤文**：日本は，**カンボジア**や**東ティモール**で展開された**国連平和維持活動(PKO)**に参加したことがある[☞p.47]。
③ **誤文**：**政府開発援助(ODA)**には，**贈与**(無償資金協力)だけでなく**円借款**(有償資金協力)も含まれる[☞p.208]。
④ **誤文**：アジアからの難民を，少数だが受け入れている。

第3章 国際社会分野

チャレンジテスト⑤（大学入学共通テスト実戦演習）

1 次の（ア）〜（エ）のカードは第二次世界大戦後の国際政治の主な出来事を記入したものである。これらの出来事を古いものから順に並べたとき，正しいものを下の①〜⑥のうちから一つ選べ。

（17年現社試行調査）

（ア）
民主化の波を受けて，ベルリンの壁が崩壊し，東西ドイツが統一する契機となった。

（イ）
朝鮮半島において，戦争が勃発し，その3年後には休戦協定が締結された。

（ウ）
アメリカで，二つのタワービルが攻撃されるなど，同時多発テロ事件が発生した。

（エ）
ソ連がキューバにミサイル基地を建設しようとし，米ソ間の緊張が極度に高まった。

① （ア）→（イ）→（ウ）→（エ）
② （ア）→（ウ）→（エ）→（イ）
③ （イ）→（エ）→（ア）→（ウ）
④ （イ）→（ア）→（ウ）→（エ）
⑤ （ウ）→（イ）→（エ）→（ア）
⑥ （ウ）→（エ）→（ア）→（イ）

---

1 ［答］ ③

ア：ベルリンの壁が崩壊したのは1989年［☞p.176］。
イ：朝鮮戦争が勃発したのは1950年［☞p.173］。
ウ：アメリカ同時多発テロ事件が発生したのは2001年［☞p.177］。
エ：キューバ危機についての説明だが，この事件が発生したのは1962年［☞p.173］。
したがって，古い順に並べると，**イ→エ→ア→ウ**。

2 次の年表を見て，以下の問い（問１～３）に答えよ。　（オリジナル問題）

起こった年	世界の出来事
1951年	サンフランシスコ平和条約の調印
1956年	日本が ⓐ国連に加盟
1970年	ⓑ核拡散防止条約の発効
1991年	ⓒソ連の解体
2011年	チュニジアで独裁政権が崩壊

問1 下線部ⓐに関連して，国連（国際連合）に関する記述として正しいものを，次の①～④のうちから一つ選べ。

① 国連総会で採択された条約は，その採択と同時に効力が発生し，国連加盟国を法的に拘束する。

② 国連の安全保障理事会では，決議の表決に際して，常任理事国だけでなく非常任理事国も拒否権を行使することができる。

③ 国連憲章上，国際の平和と安全の維持について主要な責任を負っているのは総会であり，安全保障理事会ではない。

④ 国連の主要機関の一つである国際司法裁判所は，紛争当事国が裁判に同意しなければ，裁判を開始することができない。

---

2 **問1** ［答］ ④

④ 正文。国際司法裁判所［☞p.164, 169］は，紛争当事国の同意がなければ裁判を行うことができない。

① 誤文。条約は，国連総会で採択されたものであれ，２国間で調印されるなど国連以外の場で調印されたものであれ，批准した国のみを法的に拘束する。批准は，条約の採択や調印の後に，国家が行う最終的な確認・同意である。

② 誤文。安全保障理事会の表決（実質事項）に際して，拒否権［☞p.168］を行使できるのは常任理事国のみである。

③ 誤文。国際の平和と安全の維持について主要な責任を負うのは安全保障理事会である。

問2 下線部ⓑに関連して，軍縮条約に関する記述として正しいものを，次の①～④のうちから一つ選べ。

① 核拡散防止条約は，すべての締約国に対して国際原子力機関（IAEA）による査察の受け入れを義務づけている。

② 包括的核実験禁止条約は，発効要件を満たしたため，すでに発効している。

③ 中距離核戦力全廃条約は，ソ連の解体後，アメリカとロシアの間で結ばれた。

④ 対人地雷全面禁止条約は，その成立に際して非政府組織（NGO）の連合体が大きな役割を果たした。

2 問2 ［答］ ④

④ 正文。**対人地雷全面禁止条約**の成立に際しては，対人地雷の製造と使用禁止を目指す非政府組織（NGO）の連合体である地雷禁止国際キャンペーンが大きな役割を果たした［☞p.181］。

① 誤文。**国際原子力機関（IAEA）**による査察の受け入れ義務を負っているのは，「すべての締約国」ではなく，核拡散防止条約の締約国のうち非核兵器保有国である。

② 誤文。**包括的核実験禁止条約**は，未署名または批准していない国があり，発効要件を満たしていないため，発効していない［☞p.181］。

③ 誤文。**中距離核戦力全廃条約**は，ソ連解体以前の1987年にアメリカとソ連が結んだものである［☞p.180］。

問3 下線部ⓒに関連して，冷戦終結後の出来事についての記述として正しいものを，次の①～④のうちから一つ選べ。

① 国際連合（国連）は，「平和のための結集」決議を採択して，安全保障理事会が機能マヒに陥った場合，総会が諸措置を勧告できるようにした。

② ウクライナは，ロシアのクリミア自治共和国における住民投票の結果を受けて，クリミア自治共和国の併合を宣言した。

③ スーダンでは南部が，スーダンからの分離独立をめぐる住民投票の結果を受けて，南スーダンとして独立した。

④ 日本では，安全保障関連法の制定により，存立危機の発生などいくつかの条件が満たされた場合には，自衛隊が個別的自衛権を行使できるようになった。

2 問3 ［答］ ③

③ 正文。スーダンでは南北の住民の間で対立が続いていたが，南部はスーダンからの分離独立をめぐる住民投票を行い，賛成票が多数を占めたことで**南スーダン**として独立した（2011）［☞p.177］。

① 誤文。**「平和のための結集」決議**は，1950年に採択されたものである［☞p.168］。

② 誤文。「ウクライナ」と「ロシア」を入れ替えれば正しくなる。

④ 誤文。「個別的自衛権」を**集団的自衛権**に直せば正しくなる。個別的自衛権は，従来から行使できると考えられていた。

40 国際分業と国際収支

1 国際分業と貿易理論

✤国際分業のタイプ

垂直分業	先進工業国と発展途上国との間で，工業製品と一次産品（鉱物資源・農産物など）が取引される。
水平分業	先進工業国相互で，工業製品が取引される。

✤貿易のタイプ

自由貿易	一般に，国際分業の利益を主張する先進工業国で採用される。19世紀の**リカード**（英）が，**比較生産費説**に基づいて唱えた。
保護貿易	一般に，国内幼稚産業の保護を必要とする発展途上国で主張される。19世紀の**リスト**（独）が**経済発展段階説**に基づいて唱えた。

2 世界貿易の動向

✤輸出貿易に占める主要国の割合

中国は1990年代以降急速に輸出を伸ばし，2007年にはアメリカを抜いて第2位に浮上し，2009年からは第1位となっている。**その背景には，「社会主義市場経済」**［☞p.85］**の下で急速な成長を遂げていることがある。**一方，アメリカは長期的にはほぼ横ばい，ドイツ，日本はやや低下傾向にある。

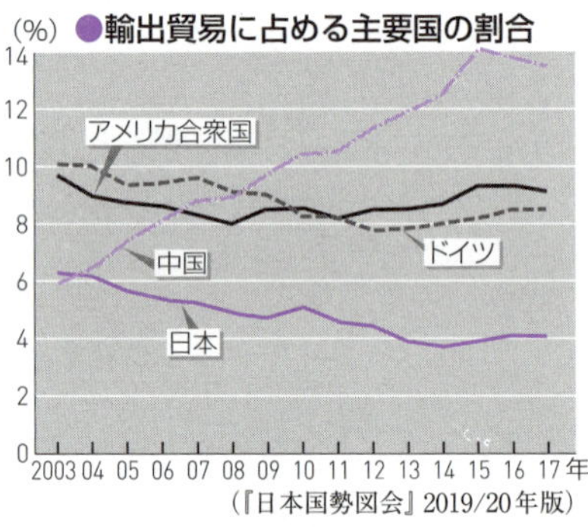

（『日本国勢図会』2019/20年版）

✤各国の1人あたり貿易額と貿易依存度

2つの指標とも，ベルギー，オランダの値が飛び抜けて高い。先進5か国の中では，2つの指標ともドイツが高く，逆に日本・アメリカは低い。その他，韓国の貿易依存度がドイツ並みに高く，世界最大の人口を抱える中国の1人あたり貿易額が極端に少ない。

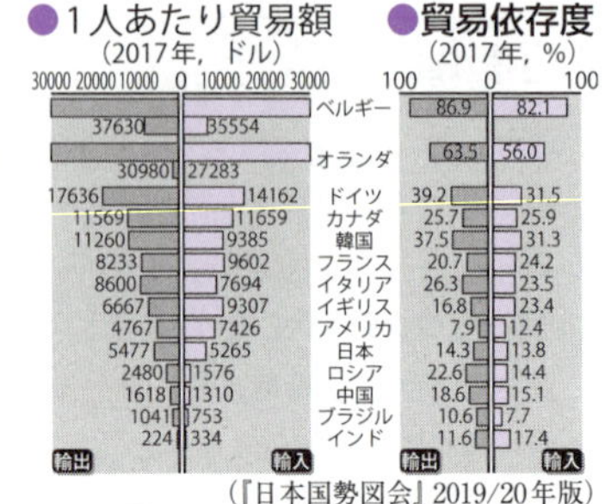

（『日本国勢図会』2019/20年版）

3 国際収支

✤**国際収支**　一定期間（通常は1年）における国家間の経済取引を集計したもの。

国際収支の項目

- 経常収支
  - **貿易・サービス収支**
    - 貿易収支…………モノの輸出入に伴う受け払い
    - サービス収支……輸送費・旅行費・特許使用料など
  - **第一次所得収支**………利子・配当などの投資収益，雇用者報酬
  - **第二次所得収支**………国際機関への拠出金，消費財（食料・医薬品など）に関わる無償援助，労働者の送金など
- 資本移転等収支…………………………資本財（工場・機械など）に関わる無償援助など
- 金融収支
  - **直接投資**…………………子会社の建設，経営権取得を目的とする投資など
  - **証券投資**…………………利子・配当を目的とする投資など
  - **外貨準備**…………………通貨当局が保有する外貨の増減

  ※このほか「金融派生商品」と「その他投資」も「金融収支」に計上
- 誤差脱漏……………………………統計上の誤差や漏れ

4 日本の国際収支

✤**経常収支の全体的な傾向**　従来，貿易収支と第一次所得収支の大幅黒字を背景に経常収支も大幅黒字を示してきたが，近年では，これとはやや異なる傾向がみられるようになった。第一次所得収支は，海外からの利子・配当の受け取りが多いため，従来と同じく大幅な黒字を示しているが，貿易収支の黒字幅が伸び悩んでおり，それが経常収支の黒字幅の伸び悩みの一因となっている。また，サービス収支の赤字が減少傾向にあるが，これはインバウンド（訪日外国人旅行客）の増加による旅行収支の黒字拡大などが要因である。

✤**貿易収支赤字の理由**　表には現れていないが，貿易収支は2011年から5年連続で赤字を記録した。その理由として，2011年の東日本大震災の発生に伴う原子力発電所の運転停止の影響で，火力発電用の**石油や天然ガスの輸入が急増**したことなどがあげられる。また長期的には，中国からの輸入が増加していることも原因の一つと考えられる。

●**日本の国際収支総括表**　（単位　億円）

	2015	2016	2017	2018
経常収支	165,194	213,910	226,067	192,222
貿易・サービス収支	−28,169	43,888	42,206	3,919
貿易収支	−8,862	55,176	49,113	11,981
輸出	752,742	690,927	772,535	812,387
輸入	761,604	635,751	723,422	800,405
サービス収支	−19,307	−11,288	−6,907	−8,062
第一次所得収支	213,032	191,478	205,131	208,533
第二次所得収支	−19,669	−21,456	−21,271	−20,231
資本移転等収支	−2,714	−7,433	−2,800	−2,125
金融収支	218,764	286,059	186,401	200,049
直接投資	161,319	148,587	172,406	147,198
証券投資	160,294	296,496	−56,513	99,765
金融派生商品	21,439	−16,582	34,523	1,178
その他投資	−130,539	−136,662	9,467	−74,720
外貨準備	6,251	−5,780	26,518	26,628
誤差脱漏	56,283	79,583	−36,866	9,953

（『日本国勢図会』2019/20年版）

ここが共通テストのツボだ!!

ツボ 1 国際収支の項目は具体例とセットで覚える

各項目を同じ力配分で覚える必要はない。気をつけるポイントをいくつかあげておこう。

①サービス収支：輸出に伴う輸送費や海外旅行にかかった費用などが計上される。

②第一次所得収支：外国の国債や株式を保有していることによる利子・配当収入など。ただし，**国債・株式の「購入費用」は，下でみる「金融収支」に計上される**から，混同しないこと。

③第二次所得収支：ある国から別の国にカネが一方的に流れるケース（言い換えれば，**対価が伴わないケース**）を想定するとわかりやすい。たとえば，**消費財に関する無償援助**は，相手国に返済の義務はなく，利息の支払い義務もない。ただし，**資本財に関する無償援助は「資本移転等収支」に計上**されるので混同しないこと。

④金融収支：直接投資は，海外子会社の設立や経営権取得を目的とする投資などが計上される。証券投資は，外国の国債や株式の購入費用などが計上される。

ツボ 2 比較生産費説の骨格を例題で確認しよう

1. 比較生産費説とは，2国間において，各国が他国と比べて相対的に安く生産できる財（比較優位にある財）の生産に特化し，生産費が相対的に高い財は他国から輸入すれば，両国にとって利益となるという考え。

2. 右の表は，A国とB国がX商品とY商品をそれぞれ1単位生産するのに必要な労働者数を示している。

	X商品	Y商品
A国	100人	120人
B国	90人	80人

①比較優位にある財の判別

・**機会費用**を比較して判別する。機会費用は，**一方の商品の生産を1単位増やすとき，他方の商品の生産が何単位，犠牲となるかを示す。**

・X商品の機会費用は，A国では100÷120≒0.8，B国は90÷80≒1.1なので，A国の方が安い。したがって，**X商品はA国に比較優位があり，A国はX商品の生産に特化**する。

・Y商品の機会費用は，A国では120÷100＝1.2，B国は80÷90≒0.9なので，B国の方が安い。したがって，**Y商品はB国に比較優位があり，B国はY商品の生産に特化**する。

②特化前と特化後の生産量の比較

	X商品	Y商品
A国	220人	
B国		170人

・特化前：X商品とY商品はA国とB国がそれぞれ1単位ずつ生産していた。

・特化後：A国はX商品の生産に220人を振り向けることができるので2.2単位生産できる（220÷100）。B国はY商品の生産に170人を振り向けることができるので2.125単位生産できる（170÷80）。

基礎力チェック問題

問1 経済のグローバル化に関する記述として最も適当なものを，次の①～④のうちから一つ選べ。

① 金融の国際化・自由化に対応するため，バブル経済崩壊後の日本においてなされた金融制度改革は，護送船団方式と呼ばれる。

② 国内の経済主体が国外に保有する金融資産から得られる利子や配当は，国際収支において金融収支に計上される。

③ 各国が相互に工業製品の完成品や部品を生産し，同一産業内で貿易し合うことは，国際分業の観点から，垂直的分業と呼ばれる。

④ 多国籍企業が進出先の国や地域で工場を建設したり，現地の企業を買収し子会社化したりすることは，直接投資に含まれるとされる。

問2 次の経常収支の項目A～Dと，対外経済取引に関する記述ア～オとの組合せを答えよ。

A 貿易収支　B サービス収支　C 第一次所得収支　D 第二次所得収支

ア 日本からの旅行客が，パリのレストランで食事をする。

イ 日本企業が，ドイツの映画会社の株を買い取って経営権を取得する。

ウ アメリカで出版されている経済学の教科書を，日本にいる学生がインターネット取引を利用して購入する。

エ イギリス国債に投資した日本の投資家が，その利子を受け取る。

オ 日本政府がODA（政府開発援助）で，アフリカの国々に食糧品や医薬品購入のための資金援助を行う。

問3 次の表は，リカードの比較生産費説を説明するための例を示している。A国では220単位，B国では360単位の労働量が存在している。そして，各国とも貿易前は，電気製品と衣料品を各1単位ずつ生産している。リカードの比較生産費説の考え方として最も適当なものを，下の①～④のうちから一つ選べ。

	電気製品1単位の生産に必要な労働量	衣料品1単位の生産に必要な労働量
A　国	100	120
B　国	200	160

① A国は両方の生産技術が優れているので両財を輸出し，B国は両財を輸入すれば，両国全体で両財の生産量が増加する。

② B国は両方の生産技術が優れているので両財を輸出し，A国は両財を輸入すれば，両国全体で両財の生産量が増加する。

③ A国は衣料品の生産に特化し，B国は電気製品の生産に特化して貿易すれば，両国全体で両財の生産量が増加する。

④ A国は電気製品の生産に特化し，B国は衣料品の生産に特化して貿易すれば，両国全体で両財の生産量が増加する。

問1　[答] ④

④ **正文**：直接投資とは，経営権の取得を目指す投資のことをいう。海外工場の建設や現地企業の買収は，直接投資に該当する。

① **誤文**：護送船団方式は金融機関を保護するためのもので，バブル崩壊後の金融制度改革により放棄された。

② **誤文**：国外に有する金融資産（国債や株式）から得られる利子・配当は，「金融収支」ではなく経常収支のうちの「第一次所得収支」に計上される。

③ **誤文**：完成品や部品の分業関係は，「水平的分業」。

問2　[答] A-ウ　B-ア　C-エ　D-オ

ア 海外旅行にかかる費用は，Bのサービス収支に計上。

イ 経営権の取得を目的とする投資は金融収支に計上。

ウ 財（経済学の教科書）の購入費用はAの貿易収支に計上。

エ 利子収入はCの第一次所得収支に計上。

オ 消費財（食糧・医薬品）に関する無償援助は，Dの第二次所得収支に計上。

問3　[答] ④

電気製品の機会費用は，A国が100÷120≒0.8，B国が200÷160＝1.25なので，A国は電気製品の生産に特化。衣料品の機会費用は，A国が120÷100＝1.2，B国が160÷200＝0.8，B国は衣料品の生産に特化。特化後は，A国は220の労働量を電気製品の生産に振り向けるので，電気製品の生産量は220÷100＝2.2（単位）。B国は360の労働量を衣料品の生産に振り向けるので，衣料品の生産量は360÷160＝2.25（単位）。したがって，両財の生産量は特化前（両財とも2単位）と比べて増加。

41 為替相場と国際通貨体制

1 為替相場（為替レート）

✤**為替相場**　異なる通貨を交換するときの比率のこと。

✤**為替相場の決め方**（決まり方）

固定為替相場制	為替相場を一定の範囲内に維持することを各国に義務づける。
変動為替相場制	為替相場を外国為替市場での外貨の需要・供給の関係に委ねる。

2 為替相場の変動

✤**為替相場の上昇・下落**　外国為替市場で，ある国の通貨の供給が増えれば，その通貨の為替相場は下落する（その通貨の価値が低くなる）。逆に，ある国の通貨の需要が増えれば，その通貨の為替相場は上昇する（その通貨の価値が高くなる）。たとえば，1ドル＝100円から1ドル＝150円へと変動する（ドルに対して円の価値が低くなる）ことを円安（ドル高）といい，逆の場合を円高（ドル安）という。

✤**円高になるケース**

①**対米貿易黒字が増加した場合**　アメリカから日本への支払いが増える（ドルを円に換える動きが強まる）ので，円に対する需要が増加⇒円高（ドル安）になる。

→**一般に，ある国の経常収支・貿易収支の黒字が増加すると，その国の通貨の為替相場は上昇する。**

②**日本の金利がアメリカの金利よりも高い場合**　アメリカから日本へ資金が流入するので，円に対する需要が増加⇒円高（ドル安）になる。

→**一般に，資金は金利の低い国から金利の高い国へ移動するので，高金利国の通貨の為替相場は上昇する。**

✤**円高が日本に与える影響**

①**円高は日本の輸出にとって不利**　円高になると，日本からの輸出品のドル建て（ドル表示）価格が上昇するので輸出が減少する。逆に，日本が外国から輸入する商品の円建て価格が低下するので，輸入にとって有利。→**一般に，ある国の通貨の為替相場が上昇すると，輸出にとって不利，輸入にとって有利となる。**

②**円高は日本の海外投資にとって有利**　円高は，円の対外的な購買力を強めるので，海外企業の買収や海外不動産の購入を促進する。→**一般に，ある国の通貨の為替相場が上昇すると，海外投資にとって有利となる。**

3 IMF体制の成立

✤**1930年代の国際経済**　世界恐慌(1929)に続く世界的な不況の時期に，主要各国は**金本位制**から離脱し，自国通貨を中心とする**ブロック経済化**を推進した。

✤**IMF体制の成立**

ブレトン・ウッズ協定(1944)	為替の安定と短期融資を目的とする**国際通貨基金(IMF)**と，戦後復興と発展途上国への援助のための長期融資を目的とする**国際復興開発銀行(IBRD)** [☞p.208]が設立された。
IMF体制の骨格	ドルを**基軸通貨**とする固定相場制を採用。各国政府が保有するドルは，金1オンス＝35ドルの比率でアメリカの金と交換することができた(**金・ドル本位制**)。

4 IMF体制の動向

ドル危機(1960年代)…**ベトナム戦争**[☞p.173]**に伴う対外軍事支出の増大や，多国籍企業による海外直接投資の増加などにより，アメリカの国際収支が悪化した**。そのためドルに対する信認が低下し，各国はドルと金との交換要求を強めた結果，大量の金がアメリカから流出した。

↓

ニクソン・ショック(1971)…ニクソン大統領(米)が，**金とドルの交換停止**を発表し，各国に衝撃を与えた。ドル・ショックともいわれる。

↓

スミソニアン協定(1971)…金に対する**ドルの切り下げ**(金1オンス＝35ドル→38ドル)を行った。これに伴い，**円は切り上げられた**(1ドル＝360円→308円)。

↓

キングストン合意(1976)…主要各国の**変動為替相場制**への移行(1973)を背景に，IMF暫定委員会で変動為替相場制が正式に承認された。

5 1980年代以降の通貨・金融問題

✤**プラザ合意**(1985)　先進5か国財務相・中央銀行総裁会議(**G5**)で**ドル高**是正のための協調介入で合意。その背景にはアメリカの「**双子の赤字**」(財政赤字と貿易赤字)があった。その後，G7でドル安の急激な進行を抑えることを内容とする**ルーブル合意**(1987)が成立した。

✤**アジア通貨危機**(1997)　タイの通貨バーツの暴落を機に発生した経済的混乱に際し，**IMFはタイ，韓国などに対して経済支援を実施した**。これと前後して，メキシコ通貨危機(1994)，ロシア通貨危機(1998)の際にも緊急融資を行った。

✤**世界金融危機**(2008)　アメリカの**サブプライムローン**(低所得者向けの住宅ローン)の焦げつきなどにより，アメリカの大手証券会社リーマン・ブラザーズが経営破たんし，これをきっかけに世界的な金融危機が発生した。それへの対処のため，中国，インドなど新興国を含む20か国首脳による**G20金融サミット**が開催された。

ここが共通テストのツボだ!!

ツボ 1 円高になるのはどのようなときか

円高の要因…日本の**貿易黒字**の拡大，日本の金利の**上昇**，
日銀による「**円買い**・**ドル売り**」の介入

変動為替相場制の下では，為替相場は通貨の需要と供給の関係で決まる。したがって，**円に対する需要が増えれば円の価値は上昇し（円高），逆に円の供給が増えれば円の価値は低下する（円安）。**

①**日本の貿易黒字が増大する場合**：日本の輸出が増えると，外国からの支払いが増える。つまり，外国企業がドルを円に換えて支払うか，日本企業がドルを受け取ってそれを円に換える動きが活発化する（円に対する需要増加→円高）。

②**日本の金利がアメリカの金利よりも高い場合**：カネというものは，金利の低い国から高い国へと動くから，日本の金利が高ければアメリカのカネが日本に向かって流入する（円に対する需要増加→円高）。

③**日本銀行が外国為替市場で円を買いドルを売る場合（円買い・ドル売り）**：日銀は円の為替相場を適正な水準に保つことを目的に，外国為替市場に介入する。たとえば，円の為替相場が低下する（円安になる）傾向が強まると，円を買ってドルを売る（円に対する需要増加→円高）。

ツボ 2 円高は日本経済にどのような影響を与えるか

円高の影響…ドル表示の価格が**上昇**→日本の**輸出**にとって不利
海外投資のコストが**低下**→日本からの**投資**にとって有利

①**円高になると，日本の輸出にとって不利となる。**例：100万円の自動車を輸出する

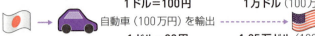

1ドル＝100円　自動車（100万円）を輸出　**1ドル＝80円**

1万ドル（100万円÷100円）
1.25万ドル（100万円÷80円）

したがって，円高になると輸出価格が上昇し日本の輸出は減少。円安の場合は逆。

②**円高は日本の海外投資にとって有利となる。**例：1000万ドルのビルを購入する

10億円（1000万ドル×100円）　**1ドル＝100円**
ビル（1000万ドル）を購入
8億円（1000万ドル×80円）　**1ドル＝80円**

したがって，円高になると投資コストが少なくてすむ。円安の場合は逆。

基礎力チェック問題

問1 為替相場の変化が与える影響に関する記述として最も適当なものを，次の①～④のうちから一つ選べ。

① 円高は，日本の輸出品の外貨建ての価格を低下させ，競争力を強くし，輸出を促進する働きを持つ。
② 円安は，輸入原料などの円建て価格を高くし，それを使う日本国内の生産者にとっては，コスト高の要因となる。
③ 円安により，外貨建てでみた日本の賃金が外国の賃金と比べて上昇すると，外国人労働者の流入を増加させる働きを持つ。
④ 外国債券などの外貨建て資産を購入した後に，円高が進めば，それらを売却して円建て資産にすることにより，為替差益を得ることができる。

問2 第二次世界大戦後の国際通貨体制に関する記述として最も適当なものを，次の①～④のうちから一つ選べ。

① ブレトン・ウッズ協定の下で採用された固定為替相場制は，金・ドル本位制と呼ばれる。
② 第二次世界大戦後の固定為替相場制が崩壊した背景には，アメリカの金保有量の過剰があった。
③ 主要各国が変動為替相場制への移行を余儀なくされるなか，固定為替相場制への復帰を図ろうとした国際合意として，キングストン合意がある。
④ 国際協調としてのプラザ合意は，変動為替相場制への移行後の米ドル安是正をその目的の一つとしていた。

問3 為替に関連して，為替や国際収支に関する記述として適当でないものを，次の①～④のうちから一つ選べ。

① アメリカから日本に輸入される商品の日本国内での価格は，円高・ドル安が進行すると，上昇する傾向がある。
② 食料や医薬品などの無償資金援助は，国際収支のなかの第二次所得収支の項目に入る。
③ IMF(国際通貨基金)は，経常収支の赤字国への一時的な融資を目的の一つとし，アジア通貨危機に際しても金融支援を行った。
④ アメリカによる金とドルの交換停止により，主要国の為替相場制度は変革を余儀なくされ，その後に固定相場制から変動相場制に移行した。

問1 [答] ②

② **正文**
① **誤文**：円高が進行すると，輸出品の外貨建て価格は上昇する。そのため，日本の競争力が弱まり，輸出が減少する。
③ **誤文**：円安が進行すると，外貨建てでみた日本の賃金は外国の賃金と比べて低下し，外国人労働者の流入を減少させる。
④ **誤文**：円高が進行しているときに，外貨建て資産を売却して円建て資産にすると為替差損が生じる。

問2 [答] ①

① **正文**：ブレトン・ウッズ協定(1944)の下では，ドルを基軸通貨とする固定為替相場制が採用され，各国が保有するドルはアメリカが保有する金との交換を保証された。言い換えれば，各国通貨がドルを仲立ちとして金と間接的に結びついていた。この仕組みは，金・ドル本位制と呼ばれる。
② **誤文**：1960年代に，各国がアメリカに対してドルを金に交換する要求を強めた。その結果，アメリカから大量の金が海外へ流出し，アメリカの保有する金が激減した。
③ **誤文**：「キングストン合意」を「スミソニアン協定」に直せば正しくなる。
④ **誤文**：プラザ合意(1985)は，先進5か国によるドル高是正を内容とする。

問3 [答] ①

① **誤文**：円高が進行すると，輸入品の円建て価格は低下する。
② **正文**：[☞p.193]
③ **正文**：IMFは短期資金の融資を目的とする。また，アジア通貨危機に際して金融支援を行った。
④ **正文**：主要国は，金とドルとの交換停止(1971)を機に，固定相場制から変動相場制に移行した。

42 GATTからWTOへ

1 関税と貿易に関する一般協定(GATT)

✤**GATT(ガット)の成立と基本原則** 1947年に調印，1948年に発効。「自由・無差別・多角」を基本原則とする(WTOも同様)。

✤**個別の目標・原則と例外**(WTOも同様)

	貿易障壁の軽減・除去	**関税の引き下げ**と**非関税障壁の軽減・除去**を目標とする。非関税障壁とは，輸入数量制限，煩雑(はんざつ)な輸入手続きなど関税以外の貿易障壁のこと。
例外	セーフガード(緊急輸入制限措置)	特定品の輸入が急増して自国の生産者に重大な損害を与える恐れのある場合に認められる。日本も発動したことがある。
	最恵国待遇(さいけいこくたいぐう)	特定の国に与える最も有利な貿易上の条件は，その他の**すべての加盟国にも適用**しなければならない。
例外	一般特恵(とっけい)関税	発展途上国からの輸入品に対して関税率を低くするなど優遇措置(そち)を与えることが認められている。
	内国民待遇	輸入品に対して**国内産品と同等の待遇**を与えなければならない。
例外	政府調達	政府調達協定を締結していない加盟国には，政府が国内産品を優先的に購入することが認められている。

2 多国間の貿易交渉

✤**ケネディ・ラウンド**(1964~67) 鉱工業製品などの関税の大幅引き下げで合意。

✤**東京ラウンド**(1973~79) 輸入数量制限などの非関税障壁の軽減・除去について，話し合われた。

✤**ウルグアイ・ラウンド**(1986~94)

サービス貿易	運輸・通信・金融・保険などサービス貿易のルールづくりが行われた。
知的財産権(知的所有権)	著作権・特許権・商標権などの知的財産権(知的所有権)の国際的保護について合意が成立した。保護体制が国ごとに異なると偽ブランドなどの不正商品が出現しやすい。
農 産 物	非関税障壁を撤廃(てっぱい)して，関税措置に置き換(か)えること(例外なき関税化)について合意が成立した。ただし，日本のコメについては，関税化をしばらく猶予(ゆうよ)され，ミニマム・アクセス(最低輸入義務)が認められた。

3 世界貿易機関（WTO） ★★☆

✣**設立**　ウルグアイ・ラウンドの最終合意によって設立が決定され，これに基づいてGATTを発展させる形で発足した（1995）。ただし，これによってGATTが廃止されたわけではなく，WTO協定の一部を構成する形で組み込まれた。

✣**対象範囲の拡大**　GATTがモノの貿易だけを対象としていたのに対し，WTOは，**知的所有権，サービス貿易，貿易関連投資**など，広範な分野を対象としている。

✣**貿易紛争処理機能の強化**　WTOでは，加盟国間の貿易紛争処理に関する常設機関の設置など，GATTと比べ**貿易紛争処理機能が格段に強化された**。

✣**紛争解決の手続き**　GATTの時代と同じく当事国の協議を基本とするが，それにより解決できない場合は**二審制**の手続きにより解決を図る。

第１段階	当事国の協議。
	一定期間内に解決できなかった場合，当事国はパネル（紛争処理小委員会）に紛争を付託できる。当事国の申立てが行われた場合，紛争解決機関（DSB）は全加盟国が反対しない限り（つまり，１か国でも賛成すれば），パネルを設置しなければならない（ネガティブ・コンセンサス方式）。
第２段階	**パネル**（**紛争処理小委員会**）での審理（**一審**に相当）。
	パネルの判断に異議がある場合，上級委員会に申立てができる。
第３段階	**上級委員会**での審理（**二審**に相当）。
	上級委員会の報告書は，紛争解決機関（DSB）により勧告の形で採択されるが，関係加盟国がその勧告を履行しなかった場合，申立国は最終的には対抗措置を取ることについてDSBの承認を求めることができる。その承認の可否にもネガティブ・コンセンサス方式が適用される（上級委員会への申立てが行われず，パネル報告が確定した場合にもネガティブ・コンセンサス方式が適用される）。

✣**WTO協定の法的拘束力の強化**　加盟国の国内法の規定がWTO協定の規定と矛盾する場合，法改正の義務が生じることになった（GATTの時代には，国内法を優先することができた）。

✣**社会主義国の加盟**　「社会主義市場経済」［☞p.85］**の下で成長著しい中国が，WTOに2001年に加盟した**。約14億人の人口を抱え，広大な市場を有する中国が自由貿易体制の仲間入りをしたことの意味は大きい。また，「ドイモイ（刷新）」を掲げる**ベトナム**は2007年に，**ロシア**は2012年に加盟した。

✣**ドーハ・ラウンド**　ドーハ（カタール）での閣僚会議で，新ラウンド（ドーハ開発アジェンダ）の開始宣言が採択され，2001年に交渉がスタートした。ただし，先進国と新興国，発展途上国との対立があり，包括的な合意には至っていない。

ツボ 1 GATTからWTOへの発展を見取り図で表すと

1. GATT …ケネディ・ラウンド→東京ラウンド→ウルグアイ・ラウンド
2. WTO …中国，ベトナム，ロシアの加盟

最初から細かい知識を覚えようとせず，まずだいたいの年代を念頭に置いて大まかな流れを押さえておくと，知識を整理しやすい。ポイントの一つは，GATTの下での貿易交渉の内容。

GATT (1948)…「自由・無差別・多角」

←ケネディ・ラウンド(1960年代)：関税の大幅引き下げで合意

←東京ラウンド(1970年代)：非関税障壁(輸入数量制限など)の除去

←ウルグアイ・ラウンド(1986~94)：**知的所有権(著作権・特許権など)の国際的保護，サービス貿易のルールづくり，農産物交渉，WTOの設立決定など**

↓

WTO (1995)…正式の国際機関として発足

←中国(2001)・台湾(2002)の加盟

←新ラウンド(ドーハ・ラウンド)

←ベトナムの加盟(2007)

←ロシアの加盟(2012)

ツボ 2 GATTとWTOは，どこが同じで，どこが違う？

1. **共通点**…セーフガード，一般特恵関税を例外的に認可
2. **相違点**…対象範囲→WTOはモノ以外に知的所有権，サービス貿易なども対象
   貿易紛争処理機能→WTOで格段に強化

まず，共通点から。GATTとWTO**は，いずれも「自由・無差別・多角」を基本原則とする。** また，個別の目標・原則について例外を設けている点でも同じである。

例外については2点に注目しよう。

①数量制限の撤廃目標の例外として，セーフガード(緊急輸入制限措置)を認めている。

②最恵国待遇の原則の例外として，発展途上国への一般特恵関税の供与を認めている。

相違点については3点に注目しよう。

①GATTは「協定」にすぎなかったが，**WTOは正式な国際機関として発足。**

②対象範囲の拡大について。GATTがモノを対象とするのに対し，**WTOはモノ以外に知的所有権，サービス貿易なども対象とする。**

③GATTと比べ，**WTOでは貿易紛争の処理機能が格段に強化されている。**

基礎力チェック問題

問1 世界貿易機関（WTO）に関する記述として最も適当なものを，次の①～④のうちから一つ選べ。

① GATT（関税と貿易に関する一般協定）からWTOへの移行に伴い，加盟国間の紛争を処理する機能がいっそう強化されている。
② 世界の多角的貿易の促進を目指すWTOでは，急速な経済発展を遂げている中国が加盟していないため，その加盟実現が現在の課題となっている。
③ WTOでは，ブロック経済化への懸念から，自由貿易協定（FTA）を特定の地域内において結ぶことが禁止されている。
④ WTOは，戦災にあった国の復興や開発途上国の経済社会開発のために中長期的な資金の融資も行っている。

問1 ［答］①
① **正文**
② **誤文**：**中国**は2001年にWTOに加盟している。
③ **誤文**：WTOは，特定地域内での**自由貿易協定（FTA）**の締結を，一定の条件の下で認めている。
④ **誤文**：WTOではなく，**IBRD（国際復興開発銀行）**の記述［☞p.208］。

問2 貿易に関する記述として最も適当なものを，次の①～④のうちから一つ選べ。

① ロシアはWTO（世界貿易機関）には未加盟であり，加盟のための準備を進めている。
② GATT（関税と貿易に関する一般協定）・WTOは，自由貿易推進の観点から，締約国が他の国に最恵国待遇を与えることを禁止している。
③ 日米の貿易摩擦問題をめぐり，1980年代には日米包括経済協議が開かれ，1990年代には日米構造協議が開かれた。
④ GATTのウルグアイ・ラウンドでは，モノの貿易だけでなくサービスの貿易の自由化や，知的所有権の保護についても交渉の対象とした。

問2 ［答］④
④ **正文**
① **誤文**：**ロシア**は2012年にWTO（世界貿易機関）に加盟した。
② **誤文**：GATT（関税と貿易に関する一般協定）とWTOは，**最恵国待遇**を基本原則としている。
③ **誤文**：「日米包括経済協議」と「日米構造協議」を入れ替えれば正しくなる［☞p.116］。

問3 農産物の輸入に関する記述として適当でないものを，次の①～④のうちから一つ選べ。

① 日本では，1980年代に，農産物の市場開放を求められて，牛肉・オレンジなどの輸入が自由化された。
② GATT（関税と貿易に関する一般協定）のウルグアイ・ラウンドにおいて，農産物を含めた輸入品の例外なき関税化が決定された。
③ 日本は，外国からの輸入農産物について，WTO（世界貿易機関）の認めているセーフガード（緊急輸入制限措置）を発動したことはない。
④ WTOのドーハ・ラウンドでは，包括的な貿易自由化が交渉されているが，農産物などの問題で対立が続いており，いまだ妥結に至っていない。

問3 ［答］③
③ **誤文**：日本は，中国からの輸入が急増した3品目について**セーフガード**を暫定発動したことがある。
① **正文**：日本は，1980年代末の日米合意に基づき，91年から**牛肉・オレンジの輸入自由化**を開始した［☞p.129］。
② **正文**：**ウルグアイ・ラウンド**の農業交渉では，「**例外なき関税化**」（非関税障壁の関税化）が原則とされた。
④ **正文**：WTOの**ドーハ・ラウンド**は，2001年に開始されたが，交渉妥結のめどは立っていない（2019年8月現在）。

43 地域的経済統合

1 欧州連合(EU)への歩み

欧州石炭鉄鋼共同体(ECSC) 欧州経済共同体(EEC) 欧州原子力共同体(EURATOM(ユーラトム))	1950年代設立。原加盟国は6か国(フランス・西ドイツ〔当時〕・イタリア・ベルギー・オランダ・ルクセンブルク)。イギリスが加盟していないことに注意。
欧州共同体(EC)	上記3つの機関を統合して設立(1967)。
欧州連合(EU)	マーストリヒト条約に基づいて設立(1993)。

2 欧州共同体(EC)

✤**加盟国の拡大**　イギリス・アイルランド・デンマーク(1973)，ギリシャ(1981)，スペイン・ポルトガル(1986)→12か国体制。

✤**重要な仕組み**

関税同盟	域内では関税を撤廃(てっぱい)し，域外に対しては共通関税を適用(1968)。
EMS	欧州通貨制度(EMS)を創設し，通貨統合に向けた準備を開始した(1979)。
市場統合	ヒト・モノ・カネ・サービスの域内移動自由化を実現。1993年1月開始。

3 欧州連合(EU)

✤**条約**

①**基本条約**　マーストリヒト条約(欧州連合条約)の発効(1993年11月)により，ECはEUへと発展改組された。通貨統合だけでなく共通外交・安全保障政策をもめざす。その後，アムステルダム条約(1997)・ニース条約(2001)，さらにはリスボン条約(2007)へと発展してきている。

②**リスボン条約**　EU大統領(欧州理事会常任議長)，EU外相(外交・安全保障上級代表)のポストが新設された。

✤**加盟国の拡大**　スウェーデン・フィンランド・オーストリア(1995)，東欧諸国など10か国(2004)，ブルガリア・ルーマニア(2007)，クロアチア(2013)→28か国体制(2019年8月現在)。

✤**共通通貨「ユーロ」**　2002年から紙幣や硬貨の流通が始まったが，**すべての加盟国がユーロを導入しているわけではない**(スウェーデン，デンマークなどは未導入)。

✤**欧州債務危機**　2009年秋以降，**ギリシャ**，アイルランドなどで財政危機が深刻化し，**EUやIMFから緊急支援を受けた**。2012年には，ユーロ圏諸国による救済基金である**ESM（欧州安定メカニズム）**が創設された。

✤**イギリスのEU離脱**　イギリスでは，2016年にEUからの離脱の賛否を問う国民投票が行われ，離脱賛成票が過半数に達したことから，離脱交渉を進めることになった。しかし，離脱協定案をめぐって国内で対立が激化するなど，先行き不透明な状況が続いた（2019年8月現在）。

4 欧州以外の地域の動向

✤**アジア太平洋経済協力会議（APEC）**　1989年に創設されたもので，日本，韓国，中国，ASEAN（東南アジア諸国連合）諸国，アメリカ，カナダ，オーストラリアなど環太平洋の21か国・地域が参加している。

●**地域経済統合体の比較**（2017年）

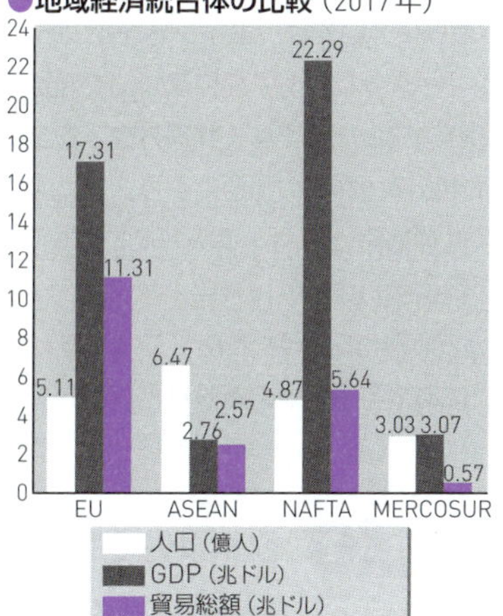

（『世界国勢図会』2019/20年版）

✤**ASEAN経済共同体（AEC）**　2015年に発足。**ASEAN（東南アジア諸国連合）**に加盟する10か国による広域経済連携で，1993年に発足したASEAN自由貿易地域（AFTA）を原型とする。

✤**アメリカ・メキシコ・カナダ協定（USMCA）**　1994年に発効した**北米自由貿易協定（NAFTA）に代わるもの**として，2018年に合意に達した。従来と比べて管理貿易の色彩が強く，条約名から「自由貿易」の文言が外された。

✤**南米南部共同市場（MERCOSUR）**
　1995年に，**ブラジル**，**アルゼンチン**，ウルグアイ，パラグアイの4か国で発足。**関税同盟**（域内では関税を撤廃，域外に対しては共通関税を適用），投資・サービスの自由化，労働力移動の自由化などをめざしている。

✤**TPP11**　「環太平洋パートナーシップに関する包括的及び先進的な協定（CPTPP）」の通称で，2018年に発効した。もともと，アメリカ，オーストラリア，日本，ベトナムなど12か国で環太平洋パートナーシップ協定（環太平洋経済連携協定／TPP）の交渉を行い，2016年には署名に至っていた。しかし，2017年に**アメリカが離脱を表明した**ため，残りの11か国により交渉が行われた結果，CPTPPが成立した。こうした事情により，同協定はTPP11と称される。

✤**日本の経済連携協定（EPA）**　**シンガポール**（2002）を皮切りに，**メキシコ**（2005），マレーシア・フィリピン（2006），タイ・チリ（2007），インドネシア（2008），**スイス**（2009），インド（2011），EU（2019）などとの間で発効している。

ここが共通テストのツボだ!!

ツボ 1 EC・EUは少し細かいところも問われる

1. EC…関税同盟，市場統合
2. EU…マーストリヒト条約，経済統合＋政治統合，28か国体制（2019年8月現在），スウェーデンなどがユーロ未導入，リスボン条約発効

まず，EU発足までの大まかな流れは，**ECSC，EEC，EURATOMの創設（1950年代）→3機関の統合→EC（1967）→EU（1993）**。これを押さえた上で，ECについては**関税同盟**と**市場統合**に気をつける。関税同盟は域内では関税を撤廃し域外諸国には共通関税を適用すること。市場統合はヒト・モノ・カネなどの域内移動の自由化のこと。

EUについては，ポイントが5つある。

①**マーストリヒト条約**に基づいて発足した。

②経済統合だけでなく**共通外交・安全保障政策も視野に入れている。**

③東欧諸国などの加盟により，28か国体制になっている（2019年8月現在）。

④共通通貨**ユーロ**を導入していない国がある。具体的には，**スウェーデン，デンマークなど**（2019年8月現在）。

⑤2007年に調印された**リスボン条約**が発効した（2009）。これに基づき，EUの大統領・外相にあたるポストの新設などが行われた。

ツボ 2 欧州以外でも経済統合が進展しつつある

1. APEC…経済協力のための緩（ゆる）やかな枠（わく）組み
2. AEC…ASEAN（東南アジア諸国連合）諸国がメンバー
3. USMCA…北米3か国がメンバー，労働力移動の自由化は対象外
4. MERCOSUR…アルゼンチン・ブラジルなどがメンバー，関税同盟発足
5. **日本**…シンガポール・メキシコ・マレーシア・スイスなどと自由貿易協定

アジアでは**AEC（ASEAN経済共同体）**，北米では**USMCA（アメリカ・メキシコ・カナダ協定）**，南米では**MERCOSUR（南米南部共同市場）**が重要である。AECについてはASEANの日本語表記を押さえておけば，だいたいの加盟国がわかる。USMCAについては，**アメリカ，メキシコ，カナダの3か国がメンバーである**ことと，**労働力移動の自由化は対象外**ということに注意。MERCOSURについては，**ブラジル，アルゼンチンなどがメンバーである**ことと，**関税同盟を発足させている**ことに注意したい。その他，経済協力のための緩やかな枠組みとして**APEC（アジア太平洋経済協力会議）**があることと，**日本がシンガポールなどと自由貿易協定を結んでいる**ことも重要。

基礎力チェック問題

問1 欧州連合(EU)に関する記述として適当でないものを，次の①～④のうちから一つ選べ。

① マーストリヒト条約によって，欧州共同体(EC)が設立された。
② 欧州共同体設立のもととなった機関に，欧州経済共同体(EEC)が含まれる。
③ 欧州連合(EU)のさらなる統合促進や機構改革などを目的とするリスボン条約が，発効した。
④ 欧州連合の現在の加盟国には，東欧の旧社会主義諸国の一部が含まれている。

問1 [答] ①

① **誤文**：「欧州共同体(EC)」を「欧州連合(EU)」に直せば正しくなる。ECは，EUの前身。
② **正文**
③ **正文**：リスボン条約により，EUの統合促進が図られている。
④ **正文**：2000年代以降，東欧の旧社会主義諸国がEUに加盟してきている。

問2 地域的経済統合の動きに関する記述として最も適当なものを，次の①～④のうちから一つ選べ。

① 南米南部共同市場(MERCOSUR)は，アルゼンチンなど南米地域の国々によって，域内関税の撤廃などを目的として結成された。
② 日本は，貿易のほか投資や人の移動の自由化を含む経済連携協定(EPA)をヨーロッパの国とは結んでいない。
③ アジア太平洋経済協力会議(APEC)は，条約に基づいて設置された国際機関として，加盟国の間で経済協力を強化することを目的としている。
④ 欧州連合(EU)加盟国は，すべて，経済通貨同盟(EMU)の構成国となっており，単一通貨ユーロを導入している。

問2 [答] ①

① **正文**：南米南部共同市場(MERCOSUR)についての記述として正しい。
② **誤文**：日本は，2009年にスイスとEPAを締結した。
③ **誤文**：アジア太平洋経済協力会議(APEC)は，緩やかな経済協議体であって，条約に基づく国際機関ではない。
④ **誤文**：欧州連合(EU)加盟国のうち，イギリス，スウェーデン，デンマークなどはユーロを導入していない(2019年8月現在)。

問3 経済的地域統合に関する記述として適当でないものを，次の①～④のうちから一つ選べ。

① EUの共通通貨ユーロを発行し，ユーロ圏における共通の金融政策を担うのは，欧州中央銀行(ECB)である。
② 東南アジアでは，関税障壁の撤廃などを主な目的としてASEAN地域フォーラム(ARF)が結成された。
③ 環太平洋経済連携協定(TPP)に署名していたアメリカは，2017年にその署名を撤回して，TPPからの離脱を正式に表明した。
④ 1995年に発足した南米南部共同市場(MERCOSUR)は，域外に対する共通の関税率を設定する関税同盟の段階に至っている。

問3 [答] ②

② **誤文**：ASEAN地域フォーラム(ARF)は，アジア太平洋地域の安全保障環境を向上させることを目的とするのであって，「関税障壁の撤廃などを主な目的」とするものではない。
① **正文**：欧州中央銀行(ECB)についての記述として正しい。
③ **正文**：アメリカは，2017年，環太平洋経済連携協定(TPP)からの離脱を表明した。
④ **正文**：南米南部共同市場(MERCOSUR)は，関税同盟(域内関税撤廃，域外共通関税)の実現を目的として1995年に発足した。

第3章 国際社会分野

44 南北問題と日本の経済協力

1 南北問題の性格

✤**南北問題とは**　**先進国と発展途上国との経済格差とそこから発生するさまざまな問題**。北半球には先進国が多く，南半球には発展途上国が多いことから，この言葉が生まれた。

✤**モノカルチャー経済**　工業的な加工を経ていない**一次産品**（農産物，鉱物資源など）の生産・輸出に依存する経済（例：スリランカの茶，キューバの砂糖，チリの銅など）。一次産品は工業製品と比べて価格が低迷しやすく，それが発展途上国の国際収支を悪化させる要因ともなっている。

2 南北問題への国際的取り組み

✤**国連貿易開発会議（UNCTAD）**　南北問題を討議するために，1964年に設立された国連機関。先進国に対して，一次産品の価格安定，一般特恵関税（発展途上国からの輸出品に対する関税上の優遇措置）［☞p.200］の供与，対GNP（GNI）比1%の経済援助（政府と民間の合計）などを要求している。

✤**国際復興開発銀行（IBRD）**　通称「世界銀行」ともいわれ，ブレトン・ウッズ協定［☞p.197］に基づいてIMFと同時に設立された。**国際開発協会（IDA），国際金融公社（IFC）などとともに発展途上国に対する融資を担っている**。これらの機関は「世界銀行グループ」とも称される。

3 政府開発援助（ODA）

✤**特徴と分類**　ODAは，政府による経済協力のうち，発展途上国の経済開発と福祉向上に寄与すること，供与条件が緩やかであることなどの条件を満たすものを指し，**国際機関への出資・拠出もODAに含まれる**。

①2国間援助

贈与：無償資金協力（返済義務はない）と技術協力（技術研修など）

借款：有償資金協力（返済義務がある）

②**国際機関**への出資・拠出

✤**開発援助委員会（DAC）**　「先進国クラブ」とも称されてきた経済協力開発機構（OECD）の下部組織。ODAの促進や調整を行うとともに，先進国のODAを対GNI（国民総所得）比**0.7**%とすることを国際目標としている。

✤日本のODAの特徴

総額では比較的上位にある。**対GNI（国民総所得）比は0.2%程度で，国際目標の0.7%を大きく下回っている。ほかの先進国と比べて贈与の比率が低い。**

● **DAC加盟国のODAの比較**（『世界国勢図会』2018/19年版）

	ODA総額（億ドル）		2017年対GNI比（%）		ODA総額（億ドル）		2017年対GNI比（%）
	2016	2017			2016	2017	
アメリカ合衆国	344.1	352.6	0.18	ベルギー	23.0	22.0	0.45
ドイツ	247.4	246.8	0.66	オーストリア	16.4	12.3	0.30
イギリス	180.5	179.4	0.70	フィンランド	10.6	10.5	0.41
日本	104.2	114.8	0.23	アイルランド	8.0	8.1	0.30
フランス	96.2	113.6	0.43	ポーランド	6.6	6.7	0.13
イタリア	50.9	57.3	0.29	ニュージーランド	4.5	4.4	0.23
スウェーデン	48.9	55.1	1.01	ルクセンブルク	3.9	4.2	1.00
オランダ	49.7	49.6	0.60	ポルトガル	3.4	3.8	0.18
カナダ	39.3	42.8	0.26	ギリシャ	3.7	3.2	0.16
ノルウェー	43.8	41.2	0.99	チェコ	2.6	2.7	0.13
スイス	35.8	31.0	0.46	ハンガリー	2.0	1.5	0.11
オーストラリア	32.8	29.6	0.23	スロバキア	1.1	1.1	0.12
スペイン	42.8	24.2	0.19	スロベニア	0.8	0.8	0.16
デンマーク	23.7	24.0	0.72	アイスランド	0.6	0.7	0.29
韓国	22.5	22.1	0.14	DAC加盟国計	1449.7	1466.0	0.31

✤ODAの原則・方針をめぐる動向

①**ODA大綱**（1992）

環境と開発の両立，軍事的用途への使用の回避，民主化の状況への留意などを基本原則とした。その後の改定（2003）により，**日本の「国益」重視**の姿勢が鮮明に打ち出された。

②**開発協力大綱**（2015）

従来のODA大綱に代わるものとして策定されたもので，これまで制限してきた他国軍への支援を，非軍事の分野にかぎって解禁することなどを内容としている。

4 1970年代以降の動向 

✤資源ナショナリズムの台頭　天然資源はその産出国のものであるという認識や，それに基づく行動が発展途上国の間で高まった。

✤石油輸出国機構（OPEC（オペック））の石油戦略　OPECが原油価格を大幅に引き上げた結果，石油危機（1973・79）が起こり，先進国は経済的な混乱に陥った。

✤新国際経済秩序（NIEO（ニエオ））樹立宣言（1974）　発展途上国が中心となって国連資源特別総会で採択。天然資源に対する恒久（こうきゅう）主権，**多国籍企業の活動の規制**などが内容。

✤南南問題の発生　発展途上国の中には，産油国のように豊かな国や，NIES（ニーズ）（新興工業経済地域）のように工業化に成功して発展途上国から抜け出す国が現れた。一方で，資源が乏しく開発も遅れている後発発展途上国（国連はLDC，OECDはLLDCと略す）もある。このような発展途上国間の経済格差を南南問題という。

✤累積債務問題　発展途上国は，先進国の金融機関などからの多額の借金の返済に窮（きゅう）することも多い。**1980年代にメキシコ，ブラジルなど中南米諸国で表面化した。**

✤BRICS（ブリックス）の台頭　BRICSとは**ブラジル**，**ロシア**，**インド**，**中国**，**南アフリカ**の5か国を指す。これらの国は，21世紀に入ってから，急速な経済成長を遂げている。

✤フェアトレード　発展途上国の原料や製品を適正な価格で継続的に購入し，途上国の生産者の自立などを促進しようとする取り組み。

✤マイクロファイナンス　主として発展途上国の貧困層を対象に低利で小口の融資を行い，経済的自立を促す仕組み。融資機関としてグラミン銀行などがある。

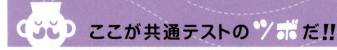

ここが共通テストのツボだ!!

ツボ 1 南北問題は歴史的なことも出題される

1. 国連貿易開発会議…一次産品の価格安定，一般特恵関税の供与など
2. 新国際経済秩序樹立宣言…天然資源に対する恒久主権，多国籍企業の規制
3. 開発独裁…一党独裁の下で経済成長を最優先する体制（政治的自由の制限）

①国連の動き：国連貿易開発会議（UNCTAD）が設立されたのが1964年のことで，それ以降発展途上国はいろいろな要求を掲げてきた。たとえば，**一次産品（農産物や鉱物資源など）の価格安定，発展途上国の輸出品に対する一般特恵関税（関税上の優遇措置）の供与，対GNP（GNI）比1%の経済援助（政府と民間の合計）など**。また，1974年には資源ナショナリズムの台頭を背景に，国連資源特別総会で新国際経済秩序（NIEO）樹立宣言が採択された。その主要な内容は，**天然資源に対する恒久主権，多国籍企業の活動の規制**など。

②発展途上国の動向：石油収入で潤っている国やアジアNIES（韓国・台湾・シンガポール・香港）のように工業化に成功した国や地域がある一方，資源に乏しく工業化も遅れている国（後発発展途上国）もある（南南問題）。また，**経済成長に成功した国や地域の中には，一党独裁の下で政治的自由を制限し，経済開発を最優先する体制（開発独裁**［☞p.19］**）をとる国もみられた**。かつての韓国や台湾はその好例。

ツボ 2 案外知らない！ ODAの仕組みと現状

1. **ODAの分類**…贈与，借款，国際機関への拠出
2. **日本の現状**…総額→比較的上位，対GNP（GNI）比→先進国中最低水準
   供与先→アジア向けが中心，基本姿勢→「国益」重視

ODAはすべて無償援助だと思っている人がいる。これは大間違いで，**贈与（無償資金協力と技術協力），借款（有償資金協力），国際機関への拠出**の3つに分類される。発展途上国にとって最も好条件なのは，もちろん，返済義務のない贈与ということになる。

また，日本のODAの現状も案外知られていない。ポイントは3つ。

①総額でみると**先進国の中で比較的上位**。しかし**対GNP（GNI）比は先進国の中で最低水準**。

②**他の先進国に比べて贈与の比率が低い（借款の比率が高い）**。つまり，グラント・エレメント（援助条件の緩やかさを表す指標）も低いことになる。

③**日本の「国益」を重視する姿勢が強調されている。**

基礎力チェック問題

問1 先進国と途上国の歴史的関係に関する記述として最も適当なものを，次の①～④のうちから一つ選べ。

① 途上国は，自らに不利と考える国際経済体制の変革を目指し，新国際経済秩序（NIEO）の樹立を唱え，天然資源恒久主権を主張した。

② 第二次世界大戦後，多くの途上国によって非同盟諸国と呼ばれる一大勢力が形成されたが，そのなかには米ソいずれかの陣営に属する国もあった。

③ 途上国に対する政府開発援助（ODA）として，先進国のうち過半数の国は自国の国民総所得（GNI）の0.7％を支出する目標を達成している。

④ 途上国は，地球温暖化の責任は先進国にあると主張しているが，京都議定書では先進国と同様，温室効果ガスの削減義務を負っている。

問2 開発援助に関する記述として最も適当なものを，次の①～④のうちから一つ選べ。

① 資源ナショナリズムの高まりを背景として新国際経済秩序（NIEO）樹立宣言が採択されたのは，国際貿易開発会議（UNCTAD）においてである。

② 2030年までに達成することが求められている持続可能な開発目標（SDGs）は，貧困の削減を目標の一つに掲げている。

③ 開発援助を行っている経済協力開発機構（OECD）は，先進国と開発途上国により構成される。

④ 日本の政府開発援助（ODA）は，贈与や借款などの資金協力に限定されている。

問3 国際組織による様々な援助に関する記述として**適当でないもの**を，次の①～④のうちから一つ選べ。

① 国連貿易開発会議（UNCTAD）は，開発援助委員会（DAC）を設置して，開発途上国に対する援助の調整などを行っている。

② 国連開発計画（UNDP）は，人々の生活や福祉を重視した「人間開発」概念に基づいて，開発途上国に対して資金援助や技術供与などを行っている。

③ 国連児童基金（UNICEF）は，紛争や自然災害の発生した地域の子どもに対して，栄養補給や医療などの援助を行っている。

④ 国連難民高等弁務官事務所（UNHCR）は，紛争地域などで生じた難民に対して，救援保護や人道支援，帰還促進などを行っている。

問1 ［答］①

① **正文**

② **誤文**：多くの途上国がとった「非同盟」の立場は，米ソいずれの陣営にも属さないという立場のこと［☞p.172］。

③ **誤文**：対国民総所得（GNI）比0.7％という政府開発援助（ODA）の国際目標を達成している国は，スウェーデン，デンマークなど数か国。

④ **誤文**：京都議定書で温室効果ガスの削減義務を負っているのは先進国のみ［☞p.238］。

問2 ［答］②

② **正文**

① **誤文**：新国際経済秩序（NIEO）樹立宣言が採択（1974）されたのは，「国連貿易開発会議（UNCTAD）」ではなく「国連資源特別総会」。

③ **誤文**：経済協力開発機構（OECD）は，「先進国クラブ」とも呼ばれてきた組織で，その構成国に開発途上国は含まれない。

④ **誤文**：「贈与や借款などの資金協力に限定されている」という記述は誤り。政府開発援助（ODA）を構成する贈与には，無償資金協力のほかに技術協力が含まれる。

問3 ［答］①

① **誤文**：開発援助委員会（DAC）は，国連貿易開発会議（UNCTAD）が設置したものではなく，「先進国クラブ」とも称されてきた経済開発協力機構（OECD）の下部機関である。

② **正文**：国連開発計画（UNDP）の記述として正しい。

③ **正文**：国連児童基金（UNICEF）の記述として正しい。

④ **正文**：国連難民高等弁務官事務所（UNHCR）の記述として正しい。

第3章 国際社会分野

チャレンジテスト⑥（大学入学共通テスト実戦演習）

1 次の問いに答えよ。（18年現社試行調査）

次の［A］～［D］には**(ア)**～**(エ)**にある国際経済の出来事を年代順に並べたものが，［i］～［iii］には**(カ)**～**(ケ)**のうちから三つの国際政治の出来事を年代順に並べたものが入る。［C］と［ii］に入る出来事の組合せとして最も適当なものを，次ページの①～⑧のうちから一つ選べ。

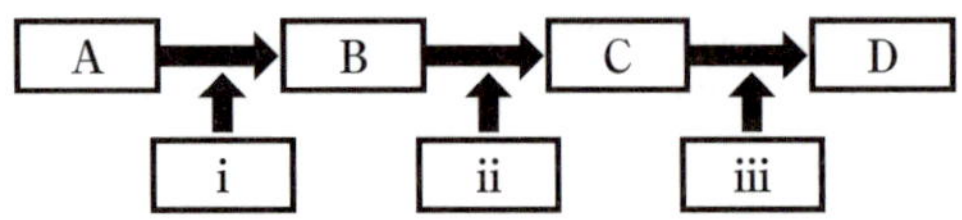

［A］～［D］に入る出来事

(ア) 世界貿易機関が発足した。
(イ) アジア通貨危機が生じた。
(ウ) プラザ合意が成立した。
(エ) キングストン合意が成立した。

［i］～［iii］に入る出来事

(カ) 国際連合の総会で包括的核実験禁止条約が採択された。
(キ) マルタ会談が開催された。
(ク) ソビエト連邦のアフガニスタンへの軍事介入が起こった。
(ケ) アメリカ合衆国とキューバの国交が回復した。

	C	ii
①	(ア)	(カ)
②	(ア)	(キ)
③	(イ)	(ク)
④	(イ)	(ケ)
⑤	(ウ)	(カ)
⑥	(ウ)	(キ)
⑦	(エ)	(ク)
⑧	(エ)	(ケ)

1 [答] ②

A ～ D に入る出来事を早い順に並べると，**(エ)** キングストン合意の成立（1976）[☞p.197]，**(ウ)** プラザ合意の成立（1985）[☞p.197]，**(ア)** 世界貿易機関の発足（1995）[☞p.201]，**(イ)** アジア通貨危機の発生（1997）[☞p.197] となる。したがって，C には **(ア)** が入る。

i に入るのは，1976～85年の間の出来事であるから，**(ク)** ソ連によるアフガニスタンへの軍事侵攻（1979）[☞p.173] である。ii に入るのは，1985～95年の間の出来事であるから，**(キ)** マルタ会談の開催（1989）[☞p.176] である。iii に入るのは，1995～97年の間の出来事であるから，**(カ)** 包括的核実験禁止条約の採択（1996）[☞p.181] である。したがって，ii には **(キ)** が入る。

2 次の資料は，ある大学のオープンキャンパスで行われた模擬授業の配布資料の一部である。これに関して下の問い（問１・２）に答えよ。 （18年政経試行調査）

> **グローバル化と国際資本移動**
>
> ○グローバル化の進展とともに，たびたび生じている国際経済の混乱
> 対応策の例：自己資本比率に関する規制（BIS規制）による安定化（［ X ］）
> ：国際通貨基金（IMF）による安定化（［ Y ］）
>
> ○ⓐ国際資本移動の自由化と各国への影響（**別添資料**を参照）
> グローバル化が進むと各国の政策に制約が加わる場合がある。国内の政治を優先した政策が採用された結果，国外に資本が流出すると，当該国の通貨建ての資産価値が目減りすることもある。

問１ 配付資料の中の［ X ］・［ Y ］には，対応策の例についての説明がそれぞれ書かれていた。［ X ］・［ Y ］に当てはまる記述の組合せとして最も適当なものを，次ページの①～④のうちから一つ選べ。

［ X ］に当てはまるもの
ア 金融機関の財務的安定性が向上して投機的資金の影響を受けにくくなる。
イ 預金の一部を保証することにより預金者の不安を抑えられる。

［ Y ］に当てはまるもの
ウ SDR（特別引出権）制度を通じて外貨準備の補完をする。
エ 特定品目の輸入の急増に対するセーフガードを発動する。

	X	Y
①	ア	ウ
②	ア	エ
③	イ	ウ
④	イ	エ

 [答] ①

X にはアが入る。金融機関に対する自己資本比率の規制(BIS規制)は，金融機関の財務的安定化などを目的とする。国際業務を行う金融機関に対しては8%以上，国内業務のみの金融機関の場合は4%以上の自己資本比率が定められている。なおイは，ペイオフを想定した記述。これは，金融機関が破たんした場合，預金者への払い戻しを保障する制度である。ただし，支払い保証には上限がある。

Y にはウが入る。SDR(特別引出権)制度とは，IMF(国際通貨基金)[☞p.197]が採用しているもの。SDRはIMFへの出資額に応じて加盟国に割り当てられる準備資産で，外貨準備が不足した国はIMFが指定する国にSDRを引き渡すことにより，その国から必要な外貨を引き出すことができる。なお，エでいうセーフガード(緊急輸入制限措置)[☞p.200]は，WTO(国際貿易機関)が例外的に認めているもの。特定品の輸入が急増し，国内産業に重大な損害を与える可能性がある場合に，当該輸入国が発動できる。

問2 下線部ⓐについて，模擬授業で配付された次の別添資料を読み，[X]・[Y]に当てはまる語句の組合せとして最も適当なものを，下の①～④のうちから一つ選べ。

別添資料

> 実際の国際資本移動はさまざまな要因の影響を受ける。
> 仮に国際資本移動が各国の金利の高さにのみ影響を受ける場合，各国が金融政策によって金利を変化させることで資本の流出入量が変動する。その際，たとえば，国家間の資本取引規制が撤廃されたり，各国の金融政策が[X]に行われたりすると，国際資本移動は生じやすくなる。その結果，資本が流出する国の通貨の為替相場は下落し，流入する国の通貨の為替相場は上昇する。したがって，国際間の自由な資本移動を実現し，各国が独立した金融政策を行うような場合は，[Y]の採用は困難である。

	X	Y
①	協調的	固定相場制
②	協調的	変動相場制
③	自立的	固定相場制
④	自立的	変動相場制

2 問2 [答] ③

[X]には「**自立的**」が入る。国際的な資本移動が生じる原因の一つに，各国間の金利差がある。たとえば，A国の金利がB国よりも高ければ，B国からA国への資本移動が生じる（一般に，**資本は金利の低い国から高い国へと移動する**）[☞p.196]。したがって，各国の金融政策が「自立的」に行われると（金利水準を「自立的」に決定すると），国際的な資本移動が生じやすくなる。

[Y]には「**固定相場制**」が入る。国際的な資本移動が自由に行われれば，それに伴って各国の**為替相場が上昇したり下落したりする可能性**がある。たとえば，B国からA国への資本移動が生じれば，A国通貨の為替相場は上昇する。したがって，各国が自立的な金融政策を行う場合には，「固定相場制」（各国が，自国通貨の為替相場を一定範囲内に収める義務を負う仕組み）の採用は困難であり，**変動相場制**[☞p.197]が採用される。

3 次のア～エのカードに記載されている出来事を古いものから順に並べたとき，正しいものを，下の①～⑧のうちから一つ選べ。 （18年政経試行調査）

ア

> イギリスは，国民投票によって，EUからの離脱を決めた。

イ

> ギリシャは，巨額の財政赤字を隠していたことが発覚したために国債発行が困難となり，経済危機に陥った。

ウ

> 単一通貨ユーロの紙幣・硬貨の使用が開始された。

エ

> ユーロ圏の金融政策を担う中央銀行として，欧州中央銀行（ECB）が設立された。

① ア → イ → ウ → エ
② ア → エ → イ → ウ
③ イ → ア → エ → ウ
④ イ → ウ → ア → エ
⑤ ウ → イ → エ → ア
⑥ ウ → エ → ア → イ
⑦ エ → ア → イ → ウ
⑧ エ → ウ → イ → ア

3 ［答］ 

ア：イギリスが国民投票によって**EUからの離脱**を決めたのは2016年［☞p.205］。

イ：**ギリシャ**が経済危機に陥ったのは2009年秋以降。

ウ：**ユーロ**の使用が開始されたのは2002年［☞p.204］。

エ：**欧州中央銀行（ECB）**が設立されたのは1998年。

したがって，古い順に並べると，**エ→ウ→イ→ア**。

４つの出来事の時期が比較的近接しているので難しそうにみえるが，最も時期が遅いのが**ア**であることは判断できるはずなので，正解は⑤か⑧に絞られる。その上で，欧州中央銀行（ユーロの発行主体）の発足のほうがユーロの流通開始よりも早いはずなので，**エ→ウ**の順番になり，⑧が正解と判断できる。

時事問題，ここに注意！

Point 1　地域経済圏の拡大，自由貿易協定の締結が活発化している

1．**MERCOSUR（メルコスール）（南米南部共同市場）の拡大**…2019年8月現在の加盟国は，ブラジル，アルゼンチン，ウルグアイ，パラグアイ（以上，1995年の発足当時からの加盟国），ベネズエラ，ボリビア（以上，2012年に加盟）。ただし，ボリビアの加盟については各国議会の批准待ち。また，2016年末に，現加盟国4か国がベネズエラの加盟資格停止を通知した。

2．**ASEAN経済共同体（AEC）**…ASEAN（東南アジア諸国連合）が，AFTA（ASEAN自由貿易地域）をさらに発展させるために創設（2015年）。

3．**日本の経済連携協定（EPA）**…日本はシンガポール，メキシコ，マレーシア，フィリピン，タイ，チリ，インドネシア，スイス，インド，EUなどと締結している。

4．**アメリカ・メキシコ・カナダ協定（USMCA）**…1994年に発効した北米自由貿易協定（NAFTA）に代わるもので，アメリカの再交渉要求を受けて成立した。

5．**東アジア地域包括的経済連携（RCEP）**…2013年から，日本，中国，韓国，インド，オーストラリアなど16か国の間で交渉が行われている。

6．**日米貿易協定**…2019年10月，日本とアメリカは，日本が輸入するアメリカ産の牛肉，豚肉，ワインなどの関税を段階的に引き下げていくことなどを盛り込んだ協定に正式に署名した。

Point 2　国際連合の動きを押さえる

1．**人間の安全保障**…国家の軍事的安全を中心とする「国家の安全保障」と対比して用いられる概念で，戦争・飢餓・貧困・人権侵害・環境破壊など人間の生存・生活・尊厳に対する広範囲かつ深刻な脅威から人々を守り，それぞれの人のもつ豊かな可能性を実現するために，一人ひとりの視点を重視しようとする考え方。国連開発計画（UNDP）の1994年版『人間開発報告書』で使用されて以降，一般化した。

2．**二つの開発目標**…国連では，2000年にミレニアム開発目標（MDGs），2015年にはその後継として持続可能な開発目標（SDGs）が採択された。

Point 3　世界金融危機とG20の動向に注目する

1．**世界金融危機**…2008年9月，アメリカの大手証券会社リーマン・ブラザーズの経営破たんなどをきっかけに，世界的な金融危機が発生した。その背景には，アメリカのサブプライムローン（低所得者向けの住宅ローン）の焦げつきなどがあった。

2．**G20**…20か国財務相・中央銀行総裁会議のこと。G20は，G7（アメリカ・イギリス・フランス・ドイツ・日本・イタリア・カナダ），BRICS（ブラジル・ロシア・インド・中国・南アフリカ共和国），新興国（アルゼンチン・インドネシア・メキシコ・サウジアラビア・韓国・トルコ），オーストラリア，EUから構成される。

第4章　現代社会分野

「青年期の心理」など，皆さんにとって等身大のテーマが多いので，得意とする人も多いのではないだろうか。
環境問題などは，普段ニュースなどで耳にする機会が多く，受験生の普段の暮らしに結びついたものが多い。これは，受験生全体が点を取りやすいテーマだということも意味する。その分，平均点は比較的高めとなるので，ここで取りこぼしがないようにしたい。
思想家と思想内容など，なかなか手が回らない受験生も多いのではないだろうか。キーとなる考えと，その考えが生まれた時代背景をセットで覚えるなどすると，深いレベルで理解ができるだろう。
それでは，あと少し頑張ろう。

45 人間と自然との共生

1 地球環境問題 

●地球環境問題の見取り図

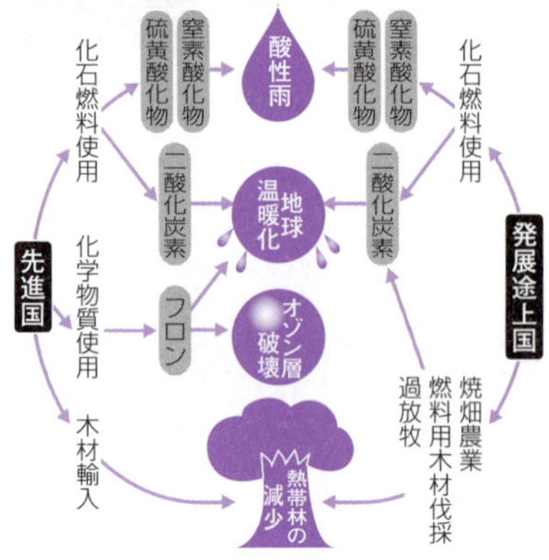

✤**地球温暖化**　**二酸化炭素**，**メタン**，**フロン**などの温室効果ガスの大気中濃度が増加し，海面の上昇，降雨パターンの変化などが発生する。

✤**オゾン層破壊**　冷蔵庫の冷媒やヘアスプレーなどに使用されていた**フロン**が原因となって**オゾンホール**が発生し，有害な紫外線が地表に到達する。

✤**酸性雨**　工場や自動車などから排出される**硫黄酸化物**・**窒素酸化物**がおもな原因となり，森林の枯死や湖沼の漁業被害などをもたらす。

✤**熱帯林の減少**　先進国における木材需要の増大などを要因とする過度の木材**伐採**や発展途上国による**焼畑農業**などにより，熱帯林が減少している。

✤**砂漠化**　乾燥地帯における過放牧や燃料用木材伐採などにより進行している。

2 地球環境問題への国際的取り組み 

✤**総合的な取り組み**

国連人間環境会議（1972）	「**かけがえのない地球**」をスローガンに，ストックホルム（スウェーデン）で開催。**人間環境宣言**を採択し，**国連環境計画（UNEP）**の設立で合意。
国連環境開発会議（通称，地球サミット）（1992）	「**持続可能な開発**」を理念として，リオデジャネイロ（ブラジル）で開催。**アジェンダ21**（リオ宣言に基づく具体的な行動計画），**気候変動枠組み条約**（地球温暖化防止条約），**生物多様性条約**の署名が開放された。これを受けて，日本は**環境基本法**を制定（1993）。
環境開発サミット（2002）	持続可能な開発に関する世界首脳会議。ヨハネスブルク（南アフリカ共和国）で開催。各国の取り組みの指針となる実施計画などを採択。
国連持続可能な開発会議（通称，リオプラス20）（2012）	環境と経済成長の両方をめざす「グリーン経済」の理念を盛り込んだ「我々が望む未来」を採択。リオデジャネイロで開催。

✤地球温暖化対策

京都議定書 (1997)	温室効果ガスの削減目標は先進国全体で5.2%(1990年比)。削減の約束期間は2008〜2012年で，**京都メカニズム**(**排出権取引**，**共同実施**，**クリーン開発メカニズム**)と呼ばれる仕組みが採用された。**アメリカは離脱**(2001)。のちに，「第2約束期間」(2013〜20)を設けて同議定書を延長(2012)。
パリ協定 (2015)	京都議定書に代わるもので，2020年以降の国際的な枠組み。**途上国も含めすべての加盟国・地域**に，自主的削減目標の策定，国内対策の実施を義務づけた。世界的な平均気温の上昇を，産業革命前と比べて2℃未満に保つとともに，1.5℃以内に抑えるよう努力することが盛り込まれた。**アメリカは離脱を表明**(2017)。

○京都メカニズム

排出権取引	温室効果ガスの排出枠を国際的に売買する仕組み。
共同実施	先進国同士の共同プロジェクトによる削減分を，それに参加した先進国が自国の削減分に分配し組み入れる仕組み。
クリーン開発メカニズム	先進国と発展途上国の共同プロジェクトによる削減分を，それに参加した先進国が自国の削減分に一部組み入れる仕組み。

✤フロン規制

ウィーン条約 (1985)	オゾン層保護のための国際協力の基本的枠組み。
モントリオール議定書(1987)	オゾン層保護のための具体的な規制措置(そち)を規定。同議定書の改定(1992)により，特定フロンの生産・使用の打ち切り(1995年末)などを規定。

3 生物種や廃棄物に関する条約

ラムサール条約(1971)	水鳥の生息に必要な湿地の保全が目的。
ワシントン条約(1973)	絶滅の恐れのある野生動植物の国際取引を規制。
バーゼル条約(1989)	有害廃棄物の国境を越える移動・処分を規制。
カルタヘナ議定書(2000)	バイオテクノロジーによって遺伝子組み換(か)えをされた生物が，生物の多様性に悪影響を及ぼすことを防止。

4 生態系破壊への警鐘

✤『沈黙の春』(レイチェル=カーソン) 1960年代初めに，農薬などの化学物質の**生物濃縮**(のうしゅく)(生体内蓄積)や，それによる生態系破壊に警告を発した。

✤『成長の限界』(ローマクラブ) 急速な人口増加と経済成長が続けば破壊的な環境悪化や資源の枯渇(こかつ)がもたらされると警告した(1972)。

✤「宇宙船地球号」(ボールディング) 地球を閉鎖的な空間である宇宙船に見立てた。人類は地球の有限性を自覚しなければならないという考え(1966)。

第4章 現代社会分野

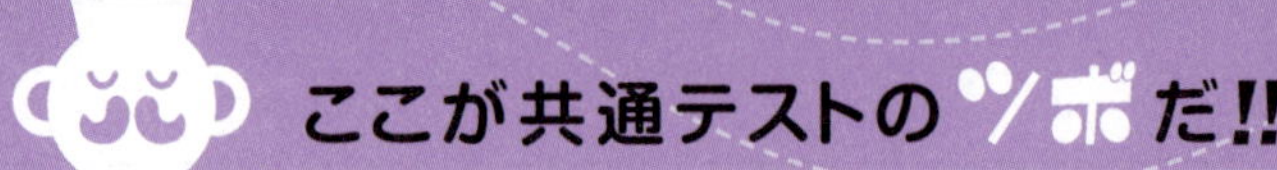

ツボ 1 1970年代以降，環境問題への国際的な取り組みが進展

1. **国連人間環境会議**…「かけがえのない地球」，**人間環境宣言**
2. **モントリオール議定書**…特定フロンの製造・使用の禁止
3. **国連環境開発会議**…「持続可能な開発」，**気候変動枠組み条約**
4. **京都議定書**…温室効果ガスの削減目標設定，京都メカニズム
5. **パリ協定**…京都議定書に代わるもの

国連人間環境会議 (1972) …「かけがえのない地球」がスローガン。人間環境宣言を採択。
モントリオール議定書 (1987) …ウィーン条約(1985)を具体化。改定により特定フロンの全廃(1995年末)を決定。
日本はオゾン層保護法を制定(1988)。
国連環境開発会議 (1992) …「持続可能な開発」が理念。気候変動枠組み条約，生物多様性条約，森林原則声明などを採択。
京都議定書 (1997) …気候変動枠組み条約第3回締約国会議で採択。
先進国の温室効果ガス削減目標を設定(全体で約5%)，
排出権取引，共同実施，クリーン開発メカニズム導入。
環境開発サミット (2002) …ヨハネスブルク(南アフリカ共和国)で開催。
国連持続可能な開発会議 (2012) …リオデジャネイロ(ブラジル)で開催。
パリ協定 (2015) …発展途上国にも温室効果ガスの自主的削減目標の策定を義務づけ。

ツボ 2 環境保全の取り組みを押さえる

1. **フードマイレージ**…食料の輸送に伴う環境負荷を測る指標
2. **グリーン・コンシューマー**…環境負荷の少ない商品を選択する消費者
3. **ナショナル・トラスト**…市民からの寄付で環境を守る

①**フードマイレージ**：食糧の輸送に伴う環境負荷を測る指標の一種で，輸送距離が短く，重量が少ないほど小さな値で表される。

②**グリーン・コンシューマー**：環境への負荷の少ない商品を選択する消費者のこと。

③**ナショナル・トラスト**：広く市民から寄付を募り，自然環境や歴史的建造物などを守ろうとする運動。19世紀末にイギリスで始まった。

基礎力チェック問題

問1 環境保全のための国際的な取組みに関する記述として適当でないものを，次の①～④のうちから一つ選べ。

① 水鳥の生息地として，国際的に重要な湿地の保全を目的とした，ラムサール条約が採択された。

② オゾン層の破壊及びその有害な影響の問題に取り組むために，フロンガスの規制・削減を目的とした，モントリオール議定書が採択された。

③ 国連人間環境会議での合意を受けて，環境保全のための様々な取組みを行う，国連環境計画(UNEP)が設立された。

④ 絶滅の危機に瀕(ひん)している生物種の乱獲や国際取引の規制を目的とした，バーゼル条約が採択された。

問2 地球規模の環境問題の解決に向けた取組みに関する記述として最も適当なものを，次の①～④のうちから一つ選べ。

① オゾン層保護のためのウィーン条約のモントリオール議定書の下で，オゾン層を破壊する力の強い特定フロンの全廃が合意されている。

② 地球規模の環境問題への取組みを具体化することを主たる目的として，国連開発計画(UNDP)が設立されている。

③ 砂漠化への対処とそのための国際協力の推進を主たる目的として採択された条約は，バーゼル条約である。

④ 気候変動枠組条約を採択した国際会議は，ストックホルムで開催された国連人間環境会議である。

問3 環境政策や環境に関わる取組みに関する記述として適当でないものを，次の①～④のうちから一つ選べ。

① 日本では，循環型社会形成推進基本法が制定され，リデュース，リユース，リサイクルなどの資源循環型社会を目指す取組みが推進されている。

② 環境に配慮された商品を優先的に購入する人は，グリーン・コンシューマーと呼ばれている。

③ 日本は，廃棄物焼却炉などの施設から排出されるダイオキシン類に関して規制をしていない国である。

④ 温暖化対策の一環としての仕組みである排出量(排出権)取引は，国や企業に温室効果ガスの排出量を割り当てた上で，その売買を認めるものである。

問1 [答] ④

④ **誤文**：「バーゼル条約」を「ワシントン条約」に直せば正しくなる。バーゼル条約は，有害廃棄物の国境を越える移動・処分を規制するための条約。

① **正文**：ラムサール条約の記述として正しい。

② **正文**：モントリオール議定書の記述として正しい。

③ **正文**：国連環境計画(UNEP)は，国連人間環境会議での合意を受けて設立された。

問2 [答] ①

① **正文**：モントリオール議定書の締約国会議(1992)において，1996年以降の特定フロンの新たな使用・製造の禁止が合意された。

② **誤文**：「国連開発計画(UNDP)」を「国連環境計画(UNEP)」に直せば正しくなる。

③ **誤文**：「バーゼル条約」を「砂漠化対処条約」に直せば正しくなる。

④ **誤文**：「ストックホルムで開催された国連人間環境会議」を「リオデジャネイロで開催された国連環境開発会議」に直せば正しくなる。

問3 [答] ③

③ **誤文**：日本ではダイオキシン類対策特別措置法が制定されている(1999)。

① **正文**：日本では，循環型社会形成推進基本法に基づいて，リデュース(廃棄物の発生抑制)，リユース(再使用)，リサイクル(再生利用)などの取組みが推進されている[☞p.133]。

② **正文**：グリーン・コンシューマーについての記述として正しい。

④ **正文**：京都議定書で導入された排出量(排出権)取引についての記述として正しい。

46 資源・エネルギー問題と人口問題

1 資源・エネルギーの分類と有限性

✤枯渇性資源と非枯渇性資源

枯渇性資源	石油・石炭・天然ガスなどの化石燃料や，鉄など。
非枯渇性資源	太陽光，太陽熱，風力，地熱，バイオマスなど。

✤一次エネルギーと二次エネルギー

一次エネルギー	加工されない状態で自然から直接供給される。**石油・石炭・天然ガス・原子力・水力・風力・地熱**など。
二次エネルギー	一次エネルギーを加工することで得られる。**電力・都市ガス**など。

2 エネルギー利用の変化と課題

✤エネルギー利用の変化

①**エネルギー革命**　1960年代初め，**主要なエネルギーが石炭から石油へと転換。**

②**第一次石油危機**　**石油輸出国機構(OPEC)**による原油価格の大幅引き上げにより，先進国は大きな打撃を受けた(1973)［☞p.112, 209］。

③**代替エネルギーの開発・利用**　第一次石油危機をきっかけとして**代替エネルギー**(**原子力**・**天然ガス**など)**の開発・利用の必要性に迫られた。**

✤原子力発電所の事故　2011年3月11日の東日本大震災に伴って**福島第一原子力発電所の事故**が発生した。これ以前にも，福井県敦賀市の高速増殖炉「もんじゅ」のナトリウム漏れ事故(1995)や，茨城県東海村の原子力関連施設での臨界事故(1999)など重大な事故が発生していたが，福島第一原発事故は，国際的にはソ連の**チェルノブイリ原発事故**(1986)と並び最悪のレベル7に分類されている。これを受けて，原子力の安全規制を一元的に行うための組織として**原子力規制委員会**が設置された(2012)。

3 日本のエネルギー・環境政策の動向

✤再生可能エネルギー固定価格買取制度　2012年，太陽光，風力などによってつくられた電力を，電力会社が固定価格で買い取ることを義務づける制度がスタートした。

✤地球温暖化対策税(環境税)　2012年に導入された租税で，石油などの化石燃料にかかる租税として従来から存在した石油石炭税に上乗せする形をとる。化石燃料に課税する租税は，1990年にフィンランドで世界初の炭素税が導入されたのを皮切りに，その後スウェーデン，ノルウェー，デンマークといった北欧諸国や，オランダ，ドイツ，イタリア，イギリス，フランスなどでも導入されている。

✤**エネルギー利用の現状**（国際比較）

●**主要国の一次エネルギー供給構成**（2015年）

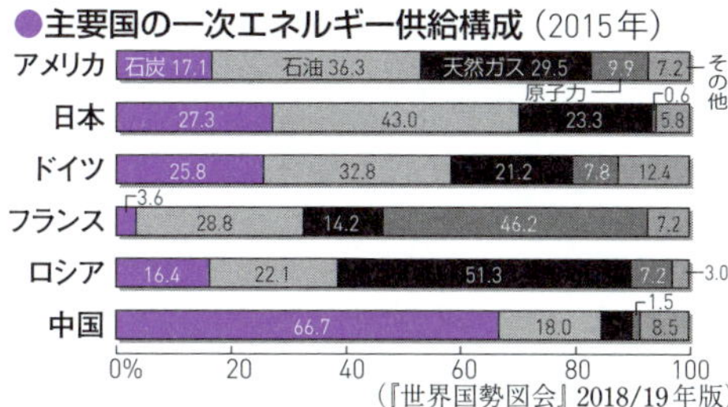

●**各国の発電エネルギー源別割合**（2015年）

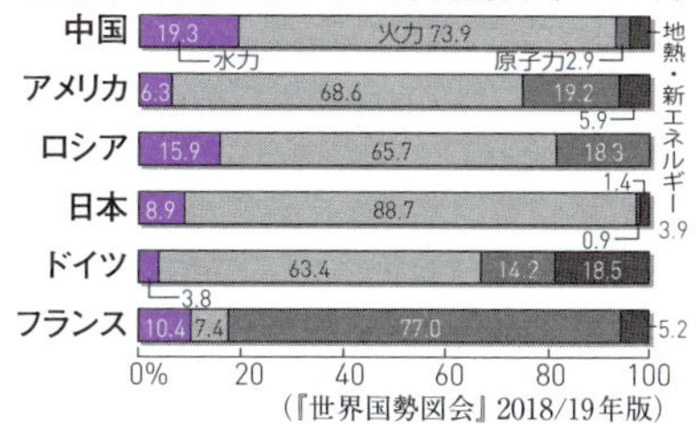

（『世界国勢図会』2018/19年版）

4 世界の人口問題 ★★☆

✤**「人口爆発」** 20世紀初めは約17億人だった世界人口は，1960年には約30億人に達し，2018年には76億人を超えている。このような**急激な人口増加の約90%は，アジア，アフリカ，ラテンアメリカの発展途上国によるもの。**

✤**人口ピラミッド** 発展途上国では，人口サイクルが従来の**多産多死型から多産少死型へと移行**したことで，人口ピラミッドは「**富士山型**」が多い。先進国は，すでに少産少死型へと移行しており，「**釣鐘型**（つりがね）」や「**つぼ型**」が一般的。

（歳）●**各国の年齢別人口構成**

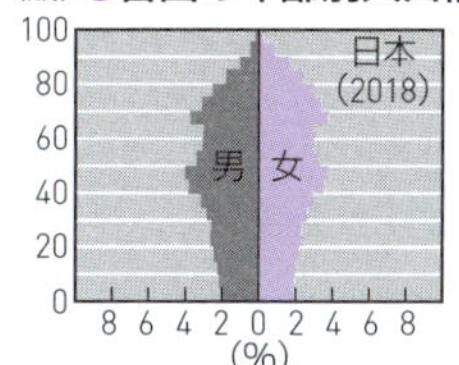

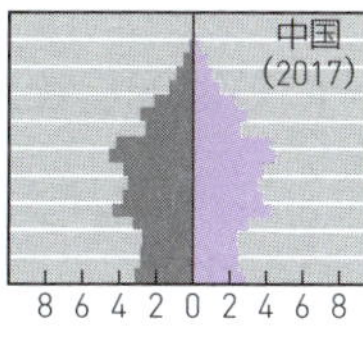

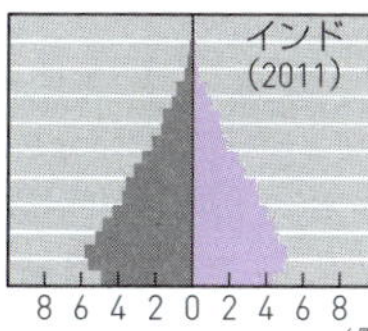

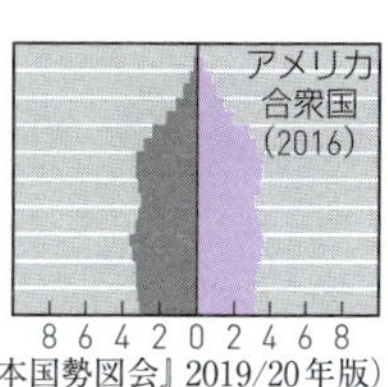

（『日本国勢図会』2019/20年版）

5 人口問題への取り組みと理念 ★★☆

✤**国際人口開発会議**（1994） リプロダクティブ・ヘルス／ライツの向上が今後の人口政策の大きな柱になるべきことが合意された。1994年以降，5年ごとに行動計画の再検討が行われてきている。

✤**リプロダクティブ・ヘルス／ライツ** 性と生殖に関する健康／権利（自己決定権）。子どもを産むか産まないか，産むとしたらいつ，何人産むか，などについての女性の自己決定権を尊重しようとするもの。

✤**一人っ子政策**（中国） 夫婦一組あたり一人の子どもしかもてないとする政策で，1979年から開始された。その影響で高齢化が進行したため，**2015年にはこの政策は廃止された。**

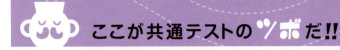

ここが共通テストのツボだ!!

ツボ ① 原発事故と原発政策は見落としがち

1. **原発事故**…**スリーマイル島原発事故**(米), **チェルノブイリ原発事故**(ソ連), **福島第一原発事故**(日本)
2. **原発政策**…脱原発→**ドイツ**, **イタリア**　原発推進→**フランス**, **アメリカ**
   原発活用→**日本**

まず, 原発事故から。大規模な原発事故としては, **スリーマイル島原発事故**(1979, 米)と**チェルノブイリ原発事故**(1986, ソ連)が有名。また, 日本の**福島第一原発事故**(2011)では炉心熔解(メルトダウン)や水素爆発が起こった。この原発事故は, 国際的な評価尺度でみると, チェルノブイリ原発事故と並んで最悪の「レベル7」に分類されている。

原発政策については, 国によって違いがあることに注意したい。たとえば, 福島第一原発事故をきっかけに, **ドイツ, イタリアなどでは「脱原発」の方針**が示されたが, 日本ではこうした方針は示されていない。たとえば, 第二次安倍内閣は, 2014年の閣議決定で, 原発を「重要なベースロード電源」と位置づけた。一方, **フランス, アメリカなどは「原発推進」の立場**をとっている。フランスは, 将来的に原発依存度を引き下げる方針を表明しているが, 現在は総発電量の7割超を原発に依存している。アメリカは, スリーマイル島原発事故を機に原発の新設を認めない方針を採用したが, その後, 2000年代に入って方針を転換した。

ツボ ② 新たな資源・エネルギーにも目配りを

1. **バイオエタノール**…生物由来の資源
2. **レアメタル**, **レアアース**…携帯電話, 液晶テレビ, ハイテク製品などに不可欠
3. **シェールガス**…北米で増産が進展
4. **メタンハイドレート**…深海底に存在

①**バイオエタノール**:トウモロコシ, サトウキビ, 廃木材などを発酵・蒸留して製造される。

②**レアメタル**, **レアアース**:レアメタルは, 携帯電話, 液晶テレビ, パソコン, 自動車などの製造に不可欠な素材。**中国, アフリカ諸国, ロシアなどに遍在**。レアアースは, 光ディスク, LEDなどのハイテク製品の製造に欠かせない素材。**中国が世界の産出量の90%以上を占めている。**

③**シェールガス**:泥土(でいど)が堆積してできた頁岩(けつがん)層に含まれる天然ガス。**北米**で増産が進んでいる。

④**メタンハイドレート**:深海底でメタンの周囲を水分子が取り囲んだ形で存在する。2013年, **日本が世界に先駆けて試験採取に成功。**

基礎力チェック問題

問1 エネルギーに関する記述として最も適当なものを，次の①～④のうちから一つ選べ。

① 自然エネルギーには，太陽光や風力，水力，波力，地熱，天然ガスなどがある。
② 原油や石炭，水力は一次エネルギーであって，電力は二次エネルギーである。
③ コジェネレーションとは，太陽熱と風力のエネルギーを組み合わせて利用する仕組みである。
④ 木くずや生ごみ，家畜の排せつ物などのバイオマスは，燃焼時に二酸化炭素を発生しないエネルギーである。

問1 [答] ②

② **正文**
① **誤文**：自然エネルギーは再生可能エネルギーだから，「天然ガス」はこれに含まれない。
③ **誤文**：コジェネレーションの説明が誤り。コジェネレーションは，発電に際して発生する排熱を冷暖房や給湯などに利用すること（熱電併給）である［☞p.133］。
④ **誤文**：バイオマス（生物資源）であっても「燃焼」させれば二酸化炭素が発生する。

問2 人口に関する記述として最も適当なものを，次の①～④のうちから一つ選べ。

① 国際人口開発会議では，リプロダクティブ・ヘルス／ライツ（性と生殖に関する健康・権利）の実現に向けた取組みが行動計画に盛り込まれた。
② 世界人口の増加の背景として，開発途上国の人口動態が少産少死から多産少死へと変化してきていることが指摘されている。
③ 日本の総人口に占める生産年齢人口の割合は，2000年代以降，増加する傾向にある。
④ 現在，日本は，総人口に占める65歳以上の老年人口の割合が21％を超える超高齢社会となるには至っていない。

問2 [答] ①

① **正文**：国際人口開発会議（1994）で採択された行動計画には，リプロダクティブ・ヘルス／ライツの実現に向けた取組みが盛り込まれた。
② **誤文**：「少産少死から多産少死へと変化」を「多産多死から多産少死へと変化」に直せば正しくなる。
③ **誤文**：日本の生産年齢人口（15～64歳）が「増加する傾向にある」は誤りで，逆に減少傾向にある。
④ **誤文**：日本は，2007年に老年人口（65歳以上）の割合が21％を超え，「超高齢社会」になった。

問3 エネルギーと資源をめぐる国内外の動向に関する記述として適当でないものを，次の①～④のうちから一つ選べ。

① 火力発電の燃料の一つとして使用されている石炭は，一次エネルギーである。
② 日本近海の海底にも豊富に存在すると推定され，開発が試みられている新しい資源の一つとして，メタンハイドレートがある。
③ 資源保有国が自国で資源を管理することを主張する考え方は，資源ナショナリズムと呼ばれる。
④ オイルショック後，日本の産業構造の転換を経て発展した半導体産業は，重厚長大型の産業である。

問3 [答] ④

④ **誤文**：「重厚長大型」を「軽薄短小型」に直せば正しくなる。重厚長大型の産業は，石油産業や鉄鋼業などである。
① **正文**：石炭は，石油などと並んで一次エネルギーである。
② **正文**：日本近海の海底には，メタンハイドレートが豊富に存在するとされる。
③ **正文**：資源ナショナリズムについての正しい記述。

47 科学技術の発達と倫理的課題

1 科学技術と自然 ★☆☆

科学技術は，近代以降，自然の法則を解明すれば人間は自然を自由に加工し支配することができるという考えを土台として発達してきた。このような自然観を代表する近代の哲学者に**ベーコン**（英）と**デカルト**（仏）がいる。しかし，現代ではこのような自然観や科学的精神は見直しの必要に迫られている。

✤**ベーコン**　**人間は知識を用いて自然を支配することができる**という考えを「**知は力なり**」という言葉で表した。また，正しい学問の方法として，個々の事実から観察・実験を通じ一般法則を導き出す**帰納法**（きのう）を提唱，経験論を唱えた。

✤**デカルト**　**自然を一種の自動機械とみなし，数量化して捉え**（とら）**ようとする自然観**（機械論的自然観）を哲学的に基礎づけた。また，正しい学問の方法として，決して疑うことのできない真理・原理から出発し，理性の推論を重ねて新しい知識をみいだしていく**演繹法**（えんえき）を提唱した。

2 バイオテクノロジー（生命工学）と生命倫理（バイオエシックス） ★★★

バイオテクノロジーとは，バイオロジー（生物学）とテクノロジー（技術）を組み合わせた合成語。この新たな学問は，医薬品の開発や食糧の増産などの成果を生み出す一方で，生命の管理・操作をも可能にしつつある。こうした新たな問題に対応するために，生命を意味するbio（バイオ）と倫理を意味するethics（エシックス）の合成語である生命倫理の重要性が増してきている。

✤**遺伝子の解読**　遺伝子の実体は，**DNA**（デオキシリボ核酸）と呼ばれる物質。この中に遺伝情報が書き込まれている。

ヒトゲノム	ヒトの全遺伝情報のこと。「人間の設計図」ともいわれる。**ヒトゲノムの解読は国際協力のもとに行われ，すでに解読終了が宣言されている**（2003）。

✤**クローン技術**　**クローン**とは遺伝的に同一の個体や細胞の集合のこと。成体の体細胞を使ったクローン動物の例として，イギリスのクローン羊「ドリー」や「ポリー」，日本のクローン牛「のと」や「かが」などが知られている。

ヒトクローンの規制	欧米諸国の中にはヒトのクローン個体の作成を法的に禁止している国もある。日本でも，**ヒトクローン技術規制法**（2000）が制定されている。

✤**遺伝子組み換え**　遺伝子組み換え技術の発達により，害虫に強い作物や瘦せた土地でも収穫量が増える作物の生産が可能になった。しかし，その安全性に疑問があるとする意見もある。**日本では，遺伝子組み換え作物を使用した食品について，その表示が義務づけられている。**

3　生殖革命と遺伝子医療

✤**人工生殖技術**　**人工授精**・**体外受精**・**代理出産**などは，一面では不妊夫婦の医学的治療の要求に応じたものといえる。しかし，どのような条件で認めるのか，男女の産み分けによって性に偏りが生じないか，親権は依頼した夫婦・代理母のいずれにあるのかなどの問題も生じている。

✤**遺伝子診断**　遺伝子から，将来かかる可能性のある病気などを調べる。診断結果を理由に，就職や生命保険加入の拒否などの差別が起こる可能性がある。

✤**遺伝子治療**　患者がもたない遺伝子を注入したり（その遺伝子が病気を治す成分をつくってくれる），特定の遺伝子の働きを抑えたりすることで病気を治療する。これについては，生命の根幹を操作することに対する倫理上の問題が生じる。

4　死の判定基準と新たな死生観

✤**脳死**　**脳幹を含む脳全体の機能が不可逆的に停止**した状態。植物状態（大脳の機能は停止しているが脳幹の機能は保たれている状態）とは区別される。

○**臓器移植法の改正**（2009）

a) **本人の意思が不明な場合でも，家族の書面による同意があれば臓器摘出が可能になった**（改正前は本人による生前の意思表示が絶対条件であった）。

b) **臓器摘出の年齢制限が撤廃された**（改正前は15歳未満からの臓器摘出は禁止されていた）。

✤**クオリティ・オブ・ライフ（QOL，生命の質）**　延命治療による生命の延長だけに注目せず，残された人生をいかに有意義に過ごすかを重視する。

✤**尊厳死と安楽死**

尊厳死	延命のための積極的な医療をせず，人間らしい自然な死を迎える。
安楽死	激しい痛みに苦しんでいる末期患者に対し，医師が死に至る処置を施す。**ベルギー，オランダなどでは安楽死法が制定されている。**

✤**患者の自己決定**

インフォームド・コンセント	医師が病状や治療内容などを詳しく説明し，患者の同意を得た上で治療を行うこと。
リヴィング・ウィル	不治の状態に陥った場合に延命措置を拒むことなどを，あらかじめ文書で意思表示しておくこと（生前の意思）。

ここが共通テストのツボだ!!

ツボ 1 帰納法と演繹法はどこが違う？

1. 帰納法…【ベーコン】個々の事実から出発し，一般的な法則を導き出す
2. 演繹法…【デカルト】確実な原理に基づいて，理性の推論によって個別の判断を行う

詳しい内容に入る前に。帰納法と演繹法はいずれも，自然を人間による支配の対象と考える近代的自然観を哲学的に基礎づけた思想家が唱えたもの。帰納法はベーコン（英），演繹法はデカルト（仏）が，正しい知識を獲得するための方法として提唱した。時代的には，地動説を唱えたことで知られるガリレオ=ガリレイが活躍した17世紀頃の思想家である。

本題に入ろう。帰納法**は，個々の経験的な事実の収集・観察・実験を通じて一般的な法則を導き出そうとするもの**。身近なことで考えれば，「今までにみたどの猫にもシッポがあったから，きっとすべての猫にはシッポがあると思う」という判断は，帰納法の例にあたる。これに対して，演繹法**は，確実な原理から出発し理性の推論によって個別の判断を行おうとするもの**。これも身近なことで考えれば，「猫はみんな死ぬものだから，今飼っているペットの猫もいつかは死ぬはずだ」という判断は，演繹法の例にあたる。これくらいのことを押さえておけば，違いが問われても何とかなる。

ツボ 2 生命倫理（バイオエシックス）は今日的な分野

1. ヒトクローン規制…ユネスコで宣言採択，ヒトクローン技術規制法（日本）
2. 臓器移植法…本人の意思が不明でも家族の同意によって摘出が可能
3. 安楽死…日本では法的に認められていない
4. 再生医療…ES細胞・iPS細胞

この分野で見落としがちなことをいくつかあげよう。

①ヒトクローンの規制：ヒトクローンの作成を禁止する「ヒトゲノムと人権に関する世界宣言」（ユネスコ），ヒトクローンの作成を禁止する法律（仏・英・独など），ヒトクローン技術規制法（日本）などに注目。

②日本の臓器移植法：脳死は植物状態**とは区別されること**，**本人の意思が不明でも家族の書面による同意**があれば臓器摘出が可能なこと，臓器摘出の年齢制限がないことなどに注意。

③安楽死：**欧州諸国の中には安楽死を法的に認めているところもある**ことに注意。

④再生医療：ES細胞（胚性幹細胞）・iPS細胞（人工多能性幹細胞）は，各種の細胞に分化することが可能な細胞。ES細胞は受精卵から採取してつくられるため倫理的に問題があるといわれる。iPS細胞は皮膚などからつくり出すことができる。

基礎力チェック問題

問1 知識の獲得にかかわる科学的な思考法の一つに帰納法がある。帰納法を用いた推論として最も適当なものを，次の①～④のうちから一つ選べ。

① すべての昆虫には脚が6本ある。テントウムシは昆虫である。したがって「テントウムシには脚が6本ある」と考える。

② 地球は丸いという。丸いものにはバレーボールがある。したがって「地球はバレーボールのような形である」と考える。

③ 日本には首都がある。アメリカや中国にも首都がある。したがって「すべての国家には首都がある」と考える。

④ 近所で貝殻の化石が見つかったという。海辺には貝殻がある。したがって「かつてこのあたりは海辺だった」と考える。

問1 [答] ③

③ **適当**：帰納法とは，経験的・個別的事実から一般的に通用する結論を導き出す思考法で，③はその例である。

① **不適当**：三段論法（演繹法）についての記述。

② **不適当**：三段論法（演繹法）をまねた記述。

④ **不適当**：現象を説明するための仮説を形成するアブダクションという推論法。

問2 医療をめぐる状況についての記述として適当でないものを，次の①～④のうちから一つ選べ。

① 日本では，終末期にある高齢者の胃にチューブで直接栄養などを送る「胃ろう」は，延命が期待できる一方で，本人に苦痛を与える可能性があるということが指摘されている。

② 医師が患者に対して病状や治療方法を説明し，患者の同意を得た上で治療を行うことは，リビング・ウィルと呼ばれている。

③ 日本では，本人の意思が明らかでなくても家族の承諾がある場合には，脳死判定を受けた人の臓器を移植手術のために提供できることが法律で定められている。

④ ホスピスでは，その人らしく生きられることを目指して，終末期の患者に対して苦痛や不安を和らげるケアが行われている。

問2 [答] ②

② **誤文**：「リビング・ウィル」を「インフォームド・コンセント」に直せば正しくなる。リビング・ウィルとは，生前の意思（死の迎え方についての意思）のことで，その例として尊厳死の意思を書面で示すことなどがあげられる。

① **正文**：胃ろうについての記述として正しい。

③ **正文**：現行の臓器移植法についての記述として正しい。

④ **正文**：ホスピスについての記述として正しい。

問3 生命倫理をめぐる日本の現状に関する記述として適当でないものを，次の①～④のうちから一つ選べ。

① 出生前診断は，生まれてくる子の情報を得ることを目的として行われるが，生命の選別につながるという指摘もある。

② 現在，クローン技術の研究が進められているが，ヒトのクローン胚の作成は，法律によって規制されている。

③ 代理母による出産が行われると，生まれた子の親権や養育費をめぐって争いが起こりうるが，現状では，出産した人が法律上の母親となる。

④ iPS細胞（人工多能性幹細胞）は，その作成にあたってヒトの受精卵などの胚を壊す点で，倫理的な問題をめぐる議論がある。

問3 [答] ④

④ **誤文**：「ヒトの受精卵などの胚を壊す点で，倫理的な問題」が指摘されるのは，iPS細胞（人工多能性幹細胞）ではなくES細胞（胚性幹細胞）である。

① **正文**：出生前診断についての正しい記述。

② **正文**：ヒトクローン技術規制法を想定した記述として正しい。

③ **正文**：法律的には出産の事実によって母子関係が生じる。したがって，代理母から生まれた子の法律上の母親はその代理母となる。

48 日本の伝統文化と国際化

1 古代の宗教意識と倫理観

✤**多神教** **人間の力を超えた不可思議な自然現象や存在物は，すべて霊力を備えたものとして信仰の対象とされた**（八百万の神）。また，土地の守り神（産土神）や一族の共同体の守護神（氏神）などへの信仰も起こり，さらに古代国家の形成過程で神々の系譜が神話として形成された（『古事記』『日本書紀』）。

✤**祭政一致** マツリ（祭祀）は，**豊作祈願の農耕儀礼と共同体の結束**という2つの面を併せもつものであった。

✤**ツミ（罪）とケガレ（穢れ）** 共同体に害を及ぼす行為や，病気・自然災害などはツミ・ケガレとして忌み嫌われ，ミソギ（禊）やハライ（祓い）によって取り除かれるべきものと考えられた。

✤**清明心（清き明き心）** 共同体と心情的に融和する，うそ偽りのない心。

2 日本人の自然観・美意識・思想

✤**自然観の特徴** 日本人は古くから，自然と一体となって「ありのまま」に生きることをよしとしてきた。これは，自然を人間の支配の対象として捉える西洋近代思想の考え方とは異なる。

✤**伝統芸術にみられる美意識** むだな表現を省いて現れる余情・枯淡・静寂などに美をみいだす。

幽玄	世阿弥が完成させた能楽などにおける美。静寂で優雅な美しさ・情趣。
わび	千利休の茶の湯で重視された閑寂な風趣。質素で落ち着きのある風情。
さび	松尾芭蕉の俳諧で重視された枯寂な美意識。孤独な寂しさの中にある安らぎ。

✤**明治期以降の思想**

和魂洋才	幕末から明治期にかけて，東洋の精神的伝統の上に西洋の知識・技術を摂取しようとする考えが盛んになった。
脱亜入欧	明治期以降，後れたアジアから脱し，西洋の近代国家の仲間入りをめざそうとする考えが盛んになった。
大正デモクラシー	大正期に民主主義的な風潮が高まり，普通選挙や政党内閣の実現を要求する運動が展開された。

3 日本の生活文化

✤年中行事と通過儀礼(イニシエーション)

年中行事	正月，節分，端午の節句，お盆など季節ごとに行われる行事。
通過儀礼	人生のさまざまな節目で，社会的な認知を受けるために行われる儀式。**お宮参り**，**七五三**，**成人式**，**還暦の祝い**など。

✤ハレとケ　日本人は，ふだんの生活(ケ)と，年中行事や通過儀礼が行われる特別の改まった場合(ハレ)とを区別し，衣食などに変化をつけてきた。

✤結　田植え，屋根葺きなどに際して無償で労力を提供し合い，共同で作業を行うこと。

✤常民の文化　柳田国男は，日本文化の基層を各地の一般民衆(常民)の生活文化の中に探ろうとした。

✤民芸　柳宗悦は，無名の職人がつくった日常雑器(民芸)にみられる「用の美」を高く評価した。

✤風土の類型　和辻哲郎は，『風土』において，自然とのかかわりにおける人間・文化のあり方(風土)を，**モンスーン型(日本など)**，**砂漠型(中東・アフリカ)**，**牧場型(ヨーロッパ)**に分類した。

モンスーン型	気まぐれな自然の下で，受容的・忍従的な態度が育まれる。
砂漠型	荒々しい自然の下で，対抗的・戦闘的な態度が育まれる。
牧場型	穏やかな自然の下で，自発的・合理的な態度が育まれる。

4 日本人の行動様式

✤恥の文化　アメリカの文化人類学者ルース=ベネディクトは，日本人の行動様式の根底には他人や世間の目を気にする文化(恥の文化)があり，欧米人の行動は内面的な罪意識によって律せられるとした(罪の文化)。

✤タテ社会　社会人類学者の中根千枝は，日本社会は集団内の上下関係に基づく秩序を重視する社会(タテ社会)であり，これに対し欧米人の社会は契約関係を重視する社会(ヨコ社会)であるとした。

5 異文化理解

✤エスノセントリズム(自民族中心主義)　真の意味で異文化を理解するためには，**他国や他民族の文化を自分たちの文化よりも劣ったものと考える態度(エスノセントリズム)を戒めなくてはならない。**

✤文化相対主義　フランスの文化人類学者レヴィ=ストロースは，文明社会の「科学的思考」と未開社会の「野生の思考」の間には価値の優劣はないという立場から，**西洋文明至上主義的な考えを批判した。**

ここが共通テストのツボだ!!

ツボ 1 日本の伝統文化にはどんな特性があるか

1. **ハレ**…特別の改まった場合(**年中行事**や**通過儀礼**など)
2. **日本の基層文化**…一般民衆(**常民**)の生活文化，日常雑器の「**用の美**」
3. **行動様式**…**恥の文化**(日本)と**罪の文化**(欧米)，
集団主義(日本)と**個人主義**(欧米)

①**年中行事**と**通過儀礼**：**年中行事は節分，端午の節句，七夕など季節ごとに行われるもので，通過儀礼はお宮参り，七五三，還暦の祝いなど人生の節目で行われる儀式のこと**。これらの行事・儀式は，ふだん(**ケ**)とは違う改まった場合(**ハレ**)に行われる。

②日本文化の基層：**柳田国男**が一般民衆(**常民**)の生活文化に注目したことと，**柳宗悦**が日常雑器に「**用の美**」を重視したことなどに注意。

③日本人の行動様式：**欧米人が内面的な罪意識によって行動を律するのに対して，日本人は他人に笑われないように気を配る(恥の文化)**という特徴づけが行われる。また，**欧米人が個人主義の傾向をもつのに対し，日本人は集団主義的傾向が強い**といわれる。**日本社会を集団内の秩序を重視する「タテ社会」とする考え**もある。

ツボ 2 外来思想の受容と変容にちょっとだけ目配りを

1. **鎌倉時代**…単純な修行や信心の強調
2. **江戸時代**…心の純粋さを重視する思想，外来思想を批判する思想
3. **明治期以降**…西洋思想の受容と独創的な思想

あまり神経質になることはないが，大まかなことを知っておくと，いざというとき役に立つ。

①鎌倉時代：**法然**(ほうねん)や**親鸞**(しんらん)は**阿弥陀仏**に身を任せれば救われるとし，**道元**(どうげん)は**坐禅**そのものが悟りにつながると説いた。**日蓮**(にちれん)は「**南無妙法蓮華経**(なむみょうほうれんげきょう)」と唱えれば誰もが救われると説いた。

②江戸時代：**林羅山**(はやしらざん)に代表される**朱子学の官学化**がみられる一方，**伊藤仁斎**(じんさい)は孔子の説いた仁の根本に真実無偽の純粋な心(**誠**)をみいだし，**荻生徂徠**(おぎゅうそらい)は世を治め民を救うこと(**経世済民**)に政治の目的をみいだした。国学者の**本居宣長**(もとおりのりなが)は，儒学など外来の思想(**漢意**(からごころ))を批判し，日本古来の素直で自然な心情(**真心**・**もののあはれ**)こそ日本人固有の精神であるとした。

③明治期以降：**福沢諭吉**は，国民が合理的精神を身につけ**独立心**をもつべきだと説き，**夏目漱石**は自己の内発的要求に従いつつ他者の個性をも尊重する**自己本位**の生き方の重要性を説いた。**西田幾多郎**(きたろう)は，主観と客観が対立する以前の根本的経験(**純粋経験**)に着目した。**内村鑑三**(うちむらかんぞう)は，**キリスト教と武士道精神の接合**を説いた。**和辻哲郎**は，人間を「**間柄的存在**」と捉えた。

基礎力チェック問題

問1 一般に日本文化の特徴と言われることとして適当でないものを，次の①～④のうちから一つ選べ。

① 日本は「タテ社会」と言われ，個人の能力や資格より集団内での地位や上下関係を重視する傾向が強い。

②「恥の文化」の欧米に対して，「罪の文化」の日本では，人々は内面的な罪の自覚に基づき行動する傾向が強い。

③ 個人主義が発達した欧米に対して，人間関係の和を重んじる日本社会は，集団主義的な傾向が強い。

④ 日本人は，表面的な意見である「タテマエ」と本当の考えである「ホンネ」とを，時と場合に応じて使い分ける傾向が強い。

問2 日本の文化・思想についての記述として最も適当なものを，次の①～④のうちから一つ選べ。

① 茶を飲む習慣は，最初に日本で発達し，仏教を学ぶために留学する僧らによって中国に伝えられた。

② 朱子学は，中国では仏教教義として発展し，日本では江戸幕府によって官学とされた。

③ 本居宣長は，キリスト教の思想に対比して，日本人の心情として，「もののあはれ」の重要性を説いた。

④ 内村鑑三は，外国から伝わったキリスト教を日本の武士道に接合することを，提唱した。

問3 日本の伝統的な文化や思想に関する記述として最も適当なものを，次の①～④のうちから一つ選べ。

① 古代の日本において尊ばれた，神や他人を欺かず偽ることのない心のありようを，漢意(からごころ)という。

② 古代の日本において見られた，自然物や自然現象すべてに精霊が宿るとする信仰を，神仏習合という。

③ 伊藤仁斎は，朱子学よりも古い儒教の原典を吟味し，それを否定することで，「誠」を論じた。

④ 和辻哲郎は，季節風の影響を受けるモンスーン地域に位置する日本の文化的な特徴について，受容的・忍従的な精神性を有するものとして説明した。

問1 [答] ②

② **誤文**：「欧米」と「日本」を入れ替えれば正しくなる。文化人類学者のベネディクトは，日本文化を「恥の文化」，欧米の文化を「罪の文化」と特徴づけた。

① **正文**：「タテ社会」は，社会人類学者の中根千枝が唱えた日本社会の特徴。

③ **正文**：日本社会の特徴の一つとして集団主義があげられる。

④ **正文**：日本では「タテマエ」と「ホンネ」を使い分ける傾向があるといわれる。

問2 [答] ④

④ **正文**：内村鑑三は，キリスト教を武士道と接合しようとした。

① **誤文**：茶を飲む習慣は中国から伝わった。

② **誤文**：朱子学は，儒学(儒教)であって仏教教義として発展したのではない。

③ **誤文**：本居宣長は，儒教など外来の思想・文化が伝来する前の古代日本人の心情を重視して，「もののあはれ」を説いた。したがって，「キリスト教の思想に対比して」は誤り。

問3 [答] ④

④ **正文**：和辻哲郎は，日本の風土をモンスーン型に分類し，日本文化の特徴を受容的・忍従的な精神性にみいだした。

① **誤文**：「漢意」は「清明心」の誤り。漢意は，外来思想に感化された心として国学者が批判したもの。

② **誤文**：「神仏習合」は「アニミズム」の誤り。神仏習合は，日本古来の神道と外来の仏教との融合のこと。

③ **誤文**：伊藤仁斎は，儒教の原典を「否定」することによってではなく，孔子の教えを伝える『論語』をもとに「誠」を論じた。

49 現代社会の特質

1 大衆社会

✤大衆社会の成立 普通選挙制の普及を制度的基盤とする大衆民主主義（マスデモクラシー）[☞p.70]の成立，技術革新（イノベーション）の進展を背景とする**大量生産・大量消費の普及，マスコミュニケーションの発達などにより，個人の思考やライフスタイルが画一化・平均化する傾向が現れた。**

✤大衆の受動化 近代の人々が理想としたのは，理性的な判断能力をもつ自立した個人からなる社会だった。一方，**現代の大衆は自立性・主体性を喪失し，エリートやマスメディアの世論操作を受けやすい**という特徴をもつ。

✤現代的な無関心 **政治に対する知識・情報をもちながらも，高度に専門化した政治に対する無力感から，消費をはじめとする私生活の領域へ関心が集中する。**これに対して，伝統的無関心は，政治参加の機会が制限されていることにより成立する受動的な被治者(ひちしゃ)意識に基づく。

✤大衆社会の人間像

『自由からの逃走』	ドイツの社会学者フロムの著書。ナチズムの分析を通じて，現代人は，自由の重荷に耐え切れずに，**判断や責任を権威的な人物や組織に委(ゆだ)ねてしまう傾向がある**と批判した。
他人指向型（外部指向型）	アメリカの社会学者リースマンが『孤独な群衆』の中で示した現代人の社会的な性格類型。現代人は，漠然とした不安から，**自分の判断基準をもっぱら外部に求め，他者の考えや行動に細心の注意を払う傾向がある**とした。これに対して，近代以前の社会では伝統指向型（慣習・伝統にしたがう），近代社会では内部指向型（幼児期に親や教師によって植えつけられた内的な規範にしたがう）が支配的であるとした。
権威主義的パーソナリティ	ドイツの社会学者アドルノやフロムは，ナチズムの分析を通じて，現代人は強者にへつらい，弱者に尊大な態度をとる傾向があるとした。

2 管理社会

✤管理社会 組織の巨大化に伴(ともな)って社会全体が官僚制化して，**能率や効率が重視されることにより，個人の主体性・自立性が失われていく社会。**

①**官僚制**（ビューロクラシー） 巨大な組織を能率的・効率的に運営する仕組みのこと。マックス=ウェーバーは官僚制を「隷従(れいじゅう)の容器」と呼んだ。

②**官僚制の特徴**　職務権限の明確化，ピラミッド型の指揮・命令系統，実績・能力を基準とする配置・昇進，**セクショナリズム**（縄張り主義），文書主義など。

3 高度情報社会

✤**従来型のマスメディア**　テレビ・新聞など従来型のマスメディアは，大量の情報を人々に伝達することを可能にした。しかし，情報の一方的な伝達を特徴とするため，**人々の考えや行動が画一化する傾向を助長した**。また，マスメディアのほとんどは営利企業であるため，**センセーショナリズム（扇情主義）**や**コマーシャリズム（商業主義）**に陥ることが多い。

✤**ICT（情報通信技術）革命とネットワーク社会**

eコマース（電子商取引）	インターネット上での商取引。**企業間の取引**（B to B），**企業と消費者の間の取引**（B to C），**消費者間の取引**（C to C）など。
ユビキタス社会	いつでも，どこでも，誰でも，コンピュータネットワークを通じて情報にアクセスできる環境が整った社会。

✤**高度情報社会の問題点**

デジタル・デバイド	情報機器を活用できる人とできない人との情報格差。
知的所有権の侵害	違法コピーによる著作権の侵害など。
プライバシーの侵害	個人情報が容易に流出する危険性が高まる。

✤**情報デモクラシーの確立**　知る権利の確立と**情報公開制度**の整備，**プライバシーの権利**（自分に関する情報を自分でコントロールする権利を含む）の確立[☞p.38]，情報を主体的に取捨選択する能力（**情報リテラシー**）の育成などが求められる。

4 現代社会と家族

✤**家族の形態・機能の歴史的変化**　工業化・都市化の進展に伴い，家族形態の中心が，祖父母・父母・子どもからなる**直系家族**や，これにおじ・おば・いとこなどを加えた**拡大家族**から，一組の夫婦（あるいは夫婦の一方）と未婚の子どもからなる**核家族**（夫婦のみも含む）へと変化してきた。また，**基礎的社会集団**としての家族がもっていた保健機能や教育機能は，工業化・都市化の進展とともに病院・学校などの**機能的社会集団**に委ねられるようになった。

✤**日本の家族をめぐる動向**　戦前の民法の下では，戸主（家長）に家族を統率し家産を管理する権限が与えられていた（**「イエ」制度**）が，日本国憲法で「**個人の尊厳と両性の本質的平等**」（第24条）が規定されたことにより廃止された。近年の動向として，**世帯の総数に占める単独世帯の数の割合は増加傾向が続いている**。また，50歳時の未婚率（生涯未婚率）は，上昇傾向が続いている。

ここが共通テストのツボだ!!

ツボ 1 現代社会は3つの「顔」をもっている

1. **大衆社会**…思考やライフスタイルの画一化・平均化，大衆の受動化傾向，「**自由からの逃走**」(**フロム**)，「**他人指向型**」(**リースマン**)，「**権威主義的パーソナリティ**」(**アドルノ**，**フロム**)
2. **管理社会**…社会全体の官僚制化・合理化，個人の主体性・自立性の喪失
3. **情報化社会**…**デジタル・デバイド**，**知的所有権**や**プライバシーの侵害**，「自分に関する情報を自分でコントロールする権利」，**情報リテラシー**の育成

①大衆社会のポイント

⑴**個人の思考やライフスタイルが画一化・平均化すること。**その背景には，大量生産・大量消費の普及やマスコミュニケーションの発達がある。

⑵**受動化傾向が強まること。**普通選挙制の普及により政治参加の機会が増大したにもかかわらず，高度に専門化した政治に対する無力感から政治的無関心が一般化し，世論操作を受けやすくなる。

⑶**独特の人間類型が生まれること。**たとえば，現代人は，孤独感や無力感にさいなまれ，権威的な指導者への服従や，強制的な画一化の中に逃避する傾向がある(フロムのいう「自由からの逃走」)。また，強者にへつらい，弱者に尊大な態度をとる傾向がある(アドルノやフロムのいう「権威主義的パーソナリティ」)。さらに，漠然とした不安から，他者の考えや行動を自分の行動基準とする傾向がある(リースマンのいう「他人指向型」)。

②管理社会のポイント

組織が巨大化するにしたがって社会全体が官僚制化し，個人の主体性・自立性が失われていくという観点から捉えておきたい。要するに，合理性が追求されるあまり，個々人が巨大組織の「歯車」と化してしまうような状況を考えればいい。

③高度情報社会のポイント

⑴デジタル・デバイド**が生まれること。**情報機器を使いこなせる人とそうでない人では，入手できる情報に大きな格差があり，それが経済的・社会的な格差を生み出すことにもなる。

⑵知的所有権の侵害**や**プライバシーの侵害**の可能性が高まること。**これについては，違法コピーによる著作権の侵害や個人情報の漏えいなどを考えればいい。

⑶主体性**の確立が必要なこと。**具体的には，プライバシーの権利を「自分に関する情報を自分でコントロールする権利」として捉(とら)え直すことや，情報リテラシー(情報を主体的に取捨選択する能力)を育成することなどが必要になる。

基礎力チェック問題

問1 人間と社会の関係についての主張や思想に関する記述として適当でないものを，次の①～④のうちから一つ選べ。

① フロムは，現代では，人々の社会的性格が，周囲の人々の評価や態度を基準にして行動する「他人指向型」へと変化していると主張した。

② アドルノは，偏見が強くて権威に服従する人々の性格を，「権威主義的パーソナリティ」と呼んで，ファシズムの出現と関連づけた。

③ サルトルは，「アンガジュマン」という言葉を用いて，社会に参加することの重要性や，社会や人類に対する責任について指摘した。

④ ハーバーマスは，「コミュニケーション的行為」という概念を基に，対話による合意の形成や，理性的な社会秩序の構築の重要性を唱えた。

問1 [答] ①

① **誤文**：「フロム」を「リースマン」に直せば「他人指向型」についての記述として正しくなる。

② **正文**：アドルノのいう「権威主義的パーソナリティ」についての正しい記述。

③ **正文**：サルトルの説いた「アンガジュマン」（社会参加）などについての正しい記述[☞p.241]。

④ **正文**：ハーバーマスの説いた「コミュニケーション的行為」などについての正しい記述。

問2 日本における情報をめぐる状況や制度に関する記述として適当でないものを，次の①～④のうちから一つ選べ。

① 情報機器の有無や情報技術を利用できる能力などに格差がある状況は，デジタル・デバイドと呼ばれる。

② 企業内外での人材の育成や学校での教育を，インターネットなど情報通信技術を使って行う仕組みは，eラーニングシステムと呼ばれる。

③ 国民全員に12桁の番号をつけ，社会保障・税などの分野で行政の効率化や国民の利便性の向上を図るための仕組みが稼働している。

④ インターネット利用者が18歳未満の青少年である場合，情報のフィルタリング・サービスを利用することが法律で保護者に義務づけられている。

問2 [答] ④

④ **誤文**：「法律で保護者に義務づけられている」は誤り。

① **正文**：デジタル・デバイドについての記述として正しい。

② **正文**：eラーニングシステムについての記述として正しい。

③ **正文**：マイナンバー制度についての記述として正しい[☞p.39]。

問3 現代の情報通信技術に関する記述として適当でないものを，次の①～④のうちから一つ選べ。

① 情報通信技術を活用して電力の需要と供給を効率的に管理・調整しようとする仕組みは，スマートグリッドと呼ばれる。

② 情報通信技術の発達により収集・蓄積・活用が可能となった膨大な規模の情報は，バーチャル・リアリティと呼ばれる。

③ 情報通信技術の進展に伴い普及したSNSなど，インターネット上で個人が情報を発信することによってコミュニケーションの場が形成されるメディアは，ソーシャルメディアと呼ばれる。

④ 情報通信技術を利用したインターネット上の企業取引やオンライン・ショッピング，インターネット・オークションを通じたユーザー間取引などは，電子商取引と呼ばれる。

問3 [答] ②

② **誤文**：「バーチャル・リアリティ」を「ビッグデータ」に直せば正しくなる。バーチャル・リアリティは，コンピュータ技術を使ってあたかも現実のような知覚を生み出す仮想上の現実のこと。

① **正文**：スマートグリッドについての正しい記述。

③ **正文**：ソーシャルメディアについての正しい記述。

④ **正文**：電子商取引についての正しい記述。

50 青年期の自己形成と人間性の自覚

1 青年期の特質

✤**青年期の「発見」と長期化** 青年期と呼ばれる時期は，産業革命によって高度な知識・技能が要請される時代が到来したことで社会的に認知され，その後20世紀以降の科学技術の急速な発達に伴い，長期化する傾向をみせた。

✤**青年期の文化的な相対性** どんな社会にも必ず青年期があるとは限らない。アメリカの文化人類学者**ミード**は，サモア島の若者には文明社会の若者と違い，青年期特有の不安感などがみられないという調査結果を発表した。

✤**青年期の特徴**

第二次性徴	声変わりなど，身体的な成熟がみられるようになる。
第二反抗期	親・教師・社会通念などに対して批判的な目を向ける。
第二の誕生	フランスの思想家**ルソー**の言葉。青年期が**自我の目覚めの時期，精神的な自立の時期**であることを表している。
マージナル・マン（境界人・周辺人）	ドイツの心理学者**レヴィン**の言葉。**子どもの世界から脱しつつあるが，まだ大人の世界に完全に属していないという意味**。
モラトリアム	アメリカの社会心理学者**エリクソン**が用いた言葉。**社会的な責任や義務の遂行を猶予される時期という意味**。

✤**青年期の発達課題** **エリクソン**は，青年期の最も重要な発達課題として**アイデンティティ**（自我同一性）の確立をあげた。アイデンティティとは，社会の中での「自分らしさ」についての認識が深まり，安定した自己像を保持していること。また，アメリカの教育学者**ハヴィガースト**は，価値や倫理の体系を学習すること，親からの経済的自立の準備をすることなどをあげた。

✤**青年文化（若者文化，ユースカルチャー）** 社会全体の文化（上位文化）とは部分的に性格の異なる**下位文化**（サブカルチャー）であるとともに，支配的な文化への批判を含んだ**対抗文化**（カウンターカルチャー）でもある。

2 適応と欲求

✤**欲求の種類** 欲求は飲食・休息・睡眠など生理的基礎をもつ**一次的欲求（生理的欲求）**と，集団帰属・名誉・愛情など社会生活の場面で起こる**二次的欲求（社会的欲求）**に分類することができる。

✤**葛藤（コンフリクト）** 相反する2つ以上の欲求の狭間で選択に迷う。

「接近―接近」型	1人で映画を観たいし，友人にも会いたい。
「接近―回避」型	チョコレートを食べたいが，太りたくはない。
「回避―回避」型	宿題はやりたくないし，先生に叱られたくもない。

✤**防衛機制（防衛反応）** 欲求不満（フラストレーション）に陥ったり，自我崩壊の危機に直面したとき，無意識のうちに安定を取り戻そうとする心の仕組み。精神分析学の創始者フロイトなどによって研究された。

<table>
<tr><td colspan="2">抑　圧</td><td>苦痛な感情・記憶が意識の表面に上らないように抑えつける。</td></tr>
<tr><td colspan="2">合理化</td><td>自分の失敗や無力を，もっともらしい理由をつけて正当化する。</td></tr>
<tr><td rowspan="2">同一視</td><td>摂取</td><td>他人がもっている特性を自分に取り込んで満足する。</td></tr>
<tr><td>投射</td><td>自分が気づいていない欲求・感情を相手の中にみいだす。</td></tr>
<tr><td colspan="2">反動形成</td><td>実際にもっている欲求とは逆の態度や行動を誇張する。</td></tr>
<tr><td colspan="2">退　行</td><td>幼児のように振る舞って，周囲の関心を引こうとする。</td></tr>
<tr><td colspan="2">昇　華</td><td>あきらめきれない欲求を，社会的に価値の高い目標へと置き換える。</td></tr>
</table>

✤**マズローの欲求階層説** アメリカの心理学者マズローは欲求を5段階に分け，低い次元の欲求が実現するとより高い次元の欲求実現へと向かうとした。

生理的欲求 ⇒ 安全の欲求 ⇒ 所属と愛の欲求 ⇒ 自尊の欲求 ⇒ 自己実現の欲求

3 人間性の自覚をめぐる思索

✤**ソクラテス** ただ生きるのではなく「**善く生きること**」が重要であるとし，魂がすぐれたものになるように気遣わなければならないと説いた。

✤**アリストテレス** 人間は自覚的に社会を形成し，その中でのみ生きる存在であるとし，人間を「**ポリス的（社会的）動物**」であると述べた。

✤**パスカル** 人間は自然界の中で最も弱い存在であるが，考えることができるという意味で偉大な存在でもあるとし，人間を「**考える葦**」と呼んだ。

✤**カント** 人間は，内なる理性に基づいて，いついかなるときにもしたがうべき道徳法則をつくりあげ，それにしたがう**自律的自由の主体（人格）**でなければならないとした。

✤**ベンサム** 人間は，自己の快楽・幸福を追求するだけでなく，「**最大多数の最大幸福**」を実現するために行動しなければならないと説いた。

✤**ミル** **他者に危害を加えないかぎり**，個人の自由は最大限に尊重されるべきであると説いた。

✤**サルトル** 自由な決断と行動には全人類に対する責任が伴っているとし，そのような自覚に基づく社会参加（**アンガジュマン**）の重要性を説いた。

ここが共通テストのツボだ!!

ツボ ① 青年期を表す頻出用語

1. 第二の誕生…精神的な自立の時期であることを表すルソーの言葉
2. マージナル・マン…境界人・周辺人と訳されるレヴィンの言葉
3. モラトリアム…猶予期間と訳されるエリクソンの言葉
4. アイデンティティの確立…エリクソンが最も重要な発達課題としたもの

「第二の誕生」は，社会契約説を唱えたことで知られるルソーの言葉で，**精神的な自立の時期である**ことを表している。「マージナル・マン」は，レヴィンが用いた言葉で，**子どもの世界と大人の世界のいずれにも完全には属していない**ということを表している。

「モラトリアム」と「アイデンティティの確立」は，エリクソンが重視したもの。要するに，**青年は大人なら当然果たすべき社会的な義務や責任の遂行を猶予され**（モラトリアム），**その間に，社会における安定した自己像**（アイデンティティ）**を確立する努力をしなければならない**ということ。

そのほか，**青年期は産業革命をきっかけにして人間の発達段階の一つとして社会的に認知されるようになった**ことと，**どんな社会にも必ず青年期と呼ばれる時期があるわけではない**ということにも注意したい。

ツボ ② 人間性の自覚をめぐる現代思想にも目配りを

1. ホルクハイマーとアドルノ…道具的理性批判
2. ハーバーマス…対話による合意形成
3. ロールズ…「公正としての正義」
4. セン…ケイパビリティ

①ホルクハイマーとアドルノ：近代の理性は人間を野蛮から解放する啓蒙的理性であるが，同時に，**自然や人間を規格化し，効率的・合理的に管理・操作し支配する**技術的な理性（道具的理性）でもあったとし，このことが人間を抑圧し，文化の野蛮化を促進したと批判した。

②ハーバーマス：技術的な強制によって支配されている現代社会では，人々がコミュニケーション的行為（人々が互いに了解を深めていく行為）を通じて合意を形成する理性（対話的理性）を復権させるべきであると説いた。

③ロールズ：「公正としての正義」という観点から，経済的自由の行使の結果得た所得と富は，**人々の境遇を改善するように分配されなければならない**と主張した。

④セン：福祉にとって重要なのは，各人がよき生活を送ることができるように，主体的に選択できる生き方の幅，すなわちケイパビリティ（潜在能力）を広げることであると主張した。

基礎力チェック問題

問1 青年期の発達に関する記述として適当でないものを，次の①～④のうちから一つ選べ。

① 大人への仲間入りの儀礼である成人式など，個人の人生の節目に行われる儀礼は，通過儀礼と呼ばれる。

② アイデンティティの確立がうまくいかず，自分がどのように生きていきたいのかなどを見失っている状態は，アイデンティティの拡散と呼ばれる。

③ ルソーは，我々はいわば二度生まれ，青年期には存在するだけではなく生活するために自覚的に生まれると指摘し，この時期を第二反抗期と呼んだ。

④ レヴィンは，青年が子どもから大人への過渡期にあり，その両者の中間的な位置に存在すると考え，青年を境界人と呼んだ。

問2 心の揺らぎへの無意識な対処である防衛機制（防衛反応）に関する記述として適当でないものを，次の①～④のうちから一つ選べ。

① 現在の行動や思考などから，それ以前の未熟な段階の行動や思考などに逆戻りすることは，退行と呼ばれる。

② 受け入れがたい感情や考えを，反対のものに置き換えて行動することは，反動形成と呼ばれる。

③ 自らの心のなかにある感情や気持ちを，他者がもっているものとして認知することは，昇華と呼ばれる。

④ 欲求が満たされないことを，もっともらしい理由をつけて正当化することは，合理化と呼ばれる。

問3 よりよい社会のあり方の探求に関する記述として最も適当なものを，次の①～④のうちから一つ選べ。

① J.ロールズは，恵まれない人々の状況が改善されるという条件のもとでのみ，生まれつき恵まれた人々がその利益を得ることが許容されるという考え方を示した。

② J.S.ミルは，人は自由であるためにその行動に責任があり，個人として生きることは同時に「社会参加（アンガジュマン）」を意味するものであると考えた。

③ T.ホッブズは，幸福は計算可能であり，「最大多数の最大幸福」を立法などの基準にするべきとした。

④ M.ホルクハイマーは，福祉が目指す方向として，潜在能力が確保される平等を重視した。

問1 ［答］③

③ **誤文**：「第二反抗期」を「第二の誕生」に直せば，ルソーについての記述として正しくなる。

① **正文**：通過儀礼についての記述として正しい。

② **正文**：アイデンティティの拡散についての記述として正しい。エリクソンは，アイデンティティの拡散を克服して，アイデンティティを確立することが青年期の発達課題であるとした。

④ **正文**：境界人（マージナル・マン）についての記述として正しい。レヴィンは，青年を境界人と呼んだ。

問2 ［答］③

③ **誤文**：「昇華」を「投射」に直せば正しくなる。昇華は，あきらめきれない欲求を，社会的に価値があるとみなされるものへと置き換えること。

① **正文**：退行についての記述として正しい。

② **正文**：反動形成についての記述として正しい。

④ **正文**：合理化についての記述として正しい。

問3 ［答］①

① **正文**：ロールズは，社会的・経済的不平等は，最も不遇な人々の生活が改善される状況のもとでのみ許容されるとした。

② **誤文**：「J.S.ミル」ではなく「サルトル」についての記述。自由には責任が伴うという思想内容や「社会参加（アンガジュマン）」という語に注目。

③ **誤文**：「T.ホッブズ」ではなく「ベンサム」についての記述。「最大多数の最大幸福」という語に注目。

④ **誤文**：「M.ホルクハイマー」ではなく「セン」についての記述。福祉にとって潜在能力（ケイパビリティ）の確保が重要であるという思想内容に注目。

チャレンジテスト⑦（大学入学共通テスト実戦演習）

1 生徒A・Bは，国際的な課題となっている地球温暖化防止について議論している。次の会話文の［X］に入る経済的な手法に関する発言として誤っているものを，下の①～④のうちから一つ選べ。（17年現社試行調査）

生徒A：社会にとって重要な財やサービスについては，政府が直接提供したり，市場に介入したりするらしいね。でも，市場は万能ではないからといって，自由な取引が原則の市場に政府が介入するというのは矛盾しているように思えるな。
生徒B：そうだけど，地球温暖化防止のような，世界中の国々が取り組まなければならない課題については，何らかの工夫が必要なんじゃないか。
生徒A：そういえば，地球温暖化防止については，市場の仕組みを積極的に活用しようという動きもあるらしい。例えば，［X］。
生徒B：つまり，市場の働きをうまく使って企業などを誘導し，問題解決につなげようというわけだね。

① 温室効果ガスの排出権を取り引きする市場をつくり，企業などがその権利を売買することは，地球全体で排出量の増大を抑制することにつながる
② 炭素税（環境税）を導入すれば，化石燃料の使用量を減らすための技術開発など経済活動への波及効果が期待できる
③ 2015年の気候変動枠組条約締約国会議（COP 21）で採択されたパリ協定には，市場メカニズムの国際的な活用が明記されている
④ 炭素税（環境税）の導入は，温室効果ガスを製造過程で発生させる財のコストを引き下げ，それを通じて経済成長を促すことができる

---

1 ［答］ ④

［X］には，市場の仕組みを活用して企業などを誘導し，地球温暖化の防止につなげる動きの例，つまり，企業が二酸化炭素などの温室効果ガスの排出削減に取り組みやすくなるような仕組みの例が入る。

④炭素税（環境税）を導入すれば，製造過程で温室効果ガスを発生させる財の生産コストは上昇するはずである。したがって，この選択肢はそもそも論理的に成立しない。

①温室効果ガスの排出権取引とは，国や企業に排出枠を設定し，ある国や企業の実際の排出量が排出枠を上回った場合（削減量にあまり成功しなかった場合），排出枠を残した国・企業（削減に大きく成功した国・企業）から排出枠を市場で購入できる仕組みである。一般に，排出枠を残す国・企業の方が少ないから，排出権の取引価格は高くなる。したがって，この仕組みの導入は，温室効果ガスの削減に積極的に取り組もうとする誘因となることが期待できる。国家間の排出権取引の仕組みは，共同実施，クリーン開発メカニズムとともに京都議定書（1997年採択）で採用された（これら3つを総称して京都メカニズム [☞p.221] という）。

②炭素税（環境税）を導入すれば，財のコストが上昇するから市場価格も上昇し，その財の販売量が減少することになる。したがって，この制度の導入により，企業が化石燃料の使用を減らすための技術開発などに取り組むようになると期待できる。

③パリ協定（2015年採択）[☞p.221] は，地球温暖化防止に関して，京都議定書に代わる国際的な枠組みを定めたもので，市場メカニズムの国際的な活用などを明記している。

2 次に示したのは，青原中央高校の新聞部が発行する学校新聞の次号１面の記事の配置計画である。これに関する下の問い（問１・２）に答えよ。　（18年現社試行調査）

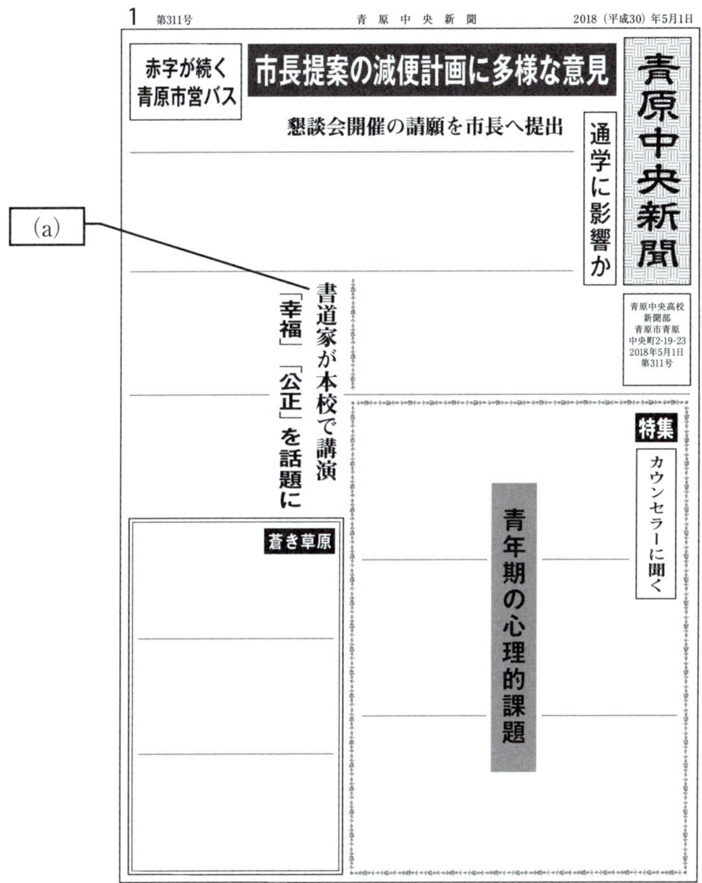

問1　見出し(a)の書道家は，講演の中で持参した新しい筆を見せながら，次ページの**考え方X**と**考え方Y**について説明した。そして，それぞれの考え方に基づくと，生徒**ア**～**エ**のうち，誰にこの筆をあげるのがふさわしいと思うかと生徒に問いかけた。その答えの組合せとして最も適当なものを，次ページの①～⑧のうちから一つ選べ。なお，生徒**ア**～**エ**は全員，書道部に所属し，自分の持っている筆は古くなって使えなくなっているものとする。

考え方X

誰もが平等に，基本的な自由を保障されるべきである。そして社会的に不平等が許されるのは，誰もが同様に機会を保障されている中で，最も恵まれていない人に，より多くの利益がもたらされるような場合だけである。

考え方Y

解決策が社会的に正しいかどうか考えるには，人が生活を営むための財をどれだけ持っているかだけでなく，その人が，望む生活を実現するために，どれだけ財を活用できるか，その機会があるのかも考える必要がある。

生徒**ア**は，講演を依頼する段階から，講演当日までの準備を一手に引き受け，がんばっていた。講演にかかわる交渉では，誰よりも貢献していた。

生徒**イ**は，書道の初心者でまだ上手とはいえないが，書道家になる夢を抱いている。夢の実現に向けて人一倍練習する努力家である。

生徒**ウ**は，長年，書道教室にも通い達筆である。書道部の引退前の最後の書道大会でも入賞が確実であるが，その後，書道を続けるつもりはない。

生徒**エ**は，新しい筆を買おうとアルバイトをしてお金を貯めたが，そのお金を落としてしまい，筆を買うことができない。

	考え方X	考え方Y
①	生徒**ア**	生徒**ウ**
②	生徒**ア**	生徒**エ**
③	生徒**イ**	生徒**ウ**
④	生徒**イ**	生徒**エ**
⑤	生徒**ウ**	生徒**ア**
⑥	生徒**ウ**	生徒**イ**
⑦	生徒**エ**	生徒**ア**
⑧	生徒**エ**	生徒**イ**

2 問1 [答] ⑧

考え方Xは，誰もが基本的な自由と機会を平等に保障され，その上で，最も恵まれない人により多くの利益がもたらされる場合に限り，社会的な不平等が許容される，というものである。この考えに基づくと，アルバイトで貯めたお金を落としてしまい筆を買うことができない生徒**エ**に筆をあげるのがふさわしいことになる。

考え方Yは，保有する財が多いか少ないかだけでなく，その財を保有する人がその財を活用する機会をどれだけもっているかという観点が重要である，というものである。この考え方に基づくと，書道家になる夢を抱き，練習に励む努力家である生徒**イ**に筆をあげるのがふさわしいことになる。

なお，**考え方X**は，「公正としての正義」という観点から自らの思想を展開したロールズ[☞p.242]を想定している。また，**考え方Y**は，人々が自ら選ぶことのできるケイパビリティ（潜在能力），すなわち「生き方の幅」をできる限り広げることを重視している思想家であるセン[☞p.242]を想定している。

問2 見出し(a)の書道家は，講演の中で，「幸福」に関するラッセルの考え方も紹介した。そして，ラッセルが，下の**(A)**イソップ寓話(ぐうわ)を念頭において，自身の著書『幸福論』の中で，**(B)**のように述べていると話した。**(B)**の文章中の X に入る文として最も適当なものを，下の①～④のうちから一つ選べ。

> **ラッセルの考え方**
>
> 不幸な人たちは自分自身ばかりに囚われ，常に自己中心的な人たちであり，反対に，幸福な人たちは客観的な生き方をし，自由な愛情や幅広い興味をもっている人たちだ。
>
> **(A) イソップ寓話**
>
> 罠(わな)にかかって尾を失い，笑いものになるのを死ぬほど心配したキツネが，仲間を集めてこう自慢してみせた。「そんな重くて長い尾なんか切ってしまえば，うんと楽になるから，みんなも切ってしまうといいよ。」
>
> そう言われた仲間の一匹は，「君は自分のためにそんなことを言うのだろう」と応じた。
>
> **(B) ラッセル『幸福論』の一部(要約)**
>
> 不幸な人たちは，いつもその事実を自慢にしているのだ。彼らの自慢は，たぶん，尾を失ったキツネの自慢のようなものだ。もしそうであるなら，不幸を乗り越えるためには X 。幸福になる道を見つけたならば，わざわざ不幸を選ぼうとする人はほとんどいないだろう，と私は信じている。

① 尾を失ったキツネの話を受け入れるように彼らに忠告してやることだ
② 尾を失ったキツネを仲間はずれにしないように彼らに忠告してやることだ
③ どうしたら罠にかかって尾を失わずに済むかを彼らに示してやることだ
④ どうしたら新しい尾を生やすことができるかを彼らに示してやることだ

2 **問2** [答] ④

ラッセルの考え方は，不幸な人たちは自己中心的であり，幸福な人たちは自由な愛情と幅広い興味をもっている，というものである。**(A)イソップ寓話**では，罠にかかって尾を失ったことで笑いものになることを恐れたキツネが，仲間のキツネに対して，尾がない方が楽でいいからみんなも切った方がいいと自慢した，という趣旨のことが語られている。尾を失ったキツネのこの態度は，仲間のキツネを不幸にすることで自分の不幸を目立たなくしようとする自己中心性をもっていることになる。

本問では，ラッセルが**(A)イソップ寓話**を念頭に置いて自著の**(B)『幸福論』の一部(要約)**でどのように述べているかが問われている。ラッセルによれば，不幸な人たちは自分が不幸であるという事実を，寓話の中のキツネと同じように自慢しているが，必要なのは**不幸を乗り越えて幸福になるための具体的な行動を起こせばよいと気づかせる**ことである。このことを寓話になぞらえれば，罠にかかって尾を失ったキツネでも幸福になる道を見つけられるように，新しい尾を生やす方法を示してやることである。

索引

欧文略語

あ

い

う　え

お

か

き

く け

こ

す　せ　そ

た

ち

つ て と

な に

ね の

は

ひ

ふ

ら り る

れ ろ

わ

大学受験
SUPER LECTURE

大学入学
共通テスト
必携
一問一答問題集

現代社会 集中講義 四訂版

別冊

旺文社

本書の利用法

ページの左段に問題文，右段に解答・解説がある形の一問一答問題集です。
赤セルシートで解答･解説を隠すことができるので，何度も繰り返し学習することが可能です。
間違えた問題は，理解が不十分なところですから，本冊に戻るなどして確認しましょう。
そうすることで，知識がより深く定着します。

CONTENTS

1 民主政治の基本原理

本冊 P.10

1 16～18世紀のヨーロッパでは，＿＿＿説を根拠に国王が専制的・恣意的支配を行う絶対王政が成立していた。

2 正誤 イギリスでは，1689年に，前年の名誉革命の成果を確認したマグナ・カルタが制定された。正か誤か。

3 正誤 アメリカでは，1776年に，自然権思想に基づく，世界で最初の成文憲法典であるアメリカ独立宣言が制定された。正か誤か。

4 正誤 1789年のフランス人権宣言は，自由権の保障だけでなく，社会権の保障もうたっていた。正か誤か。

5 正誤 社会契約説は，人間は生まれながらに国家によって自然権を付与されていると考えるところに特徴がある。正か誤か。

6 ホッブズは，『＿＿＿』において社会契約説を唱えた。

7 ホッブズは，「＿＿＿」の状態を脱するためには，人々が社会契約を結んで絶対的主権をもつ国家を設立する必要があると主張した。

8 ロックは，『＿＿＿』において社会契約説を唱えた。

9 ロックは，政府が各人の自然権を侵害した場合は，その政府に対して＿＿＿権を行使することができると説いた。

10 ルソーは『＿＿＿』において社会契約説を唱えた。

11 正誤 ルソーは，一般意志に基づく共同社会の政治的な仕組みとして直接民主制を主張した。正か誤か。

---

1 王権神授

2 ×
マグナ・カルタ(1215)ではなく権利章典。

3 ×
バージニア権利章典の説明。独立宣言はその約1か月後に制定された。

4 ×
社会権は規定されていない。

5 ×
自然権は生得的な権利であるから「国家によって…付与」は誤り。

6 リヴァイアサン

7 万人の万人に対する闘争

8 市民政府二論(統治二論)

9 抵抗(革命)

10 社会契約論

11 ○

☐12 正誤 イギリスやアメリカでは，権力者を法によって拘束し，国民の権利と自由を保障しようとする「法の支配」の原理が発展した。正か誤か。

12 ○

☐13 モンテスキューは『＿＿＿』において，三権分立の重要性について論じた。

13 法の精神

2 人権の発展と国際的保障

本冊 P.14

☐1 正誤 自由権は，国家権力からの干渉（かんしょう）を排除するための権利であり,「国家からの自由」という性格をもつ。正か誤か。

1 ○

☐2 18・19世紀には，経済への介入（かいにゅう）をできるだけ控え，必要最小限の役割だけを果たす＿＿＿国家が理想とされた。

2 夜警

☐3 正誤 社会権は，国家に対して積極的な施策を求める権利であり，「国家による自由」という性格をもつ。正か誤か。

3 ○

☐4 ＿＿＿憲法は，世界ではじめて社会権を明文（めいぶん）で規定した憲法である。

4 ワイマール

☐5 正誤 世界人権宣言は，1948年に国連総会で採択されたもので，自由権だけでなく社会権も規定している。正か誤か。

5 ○

☐6 正誤 世界人権宣言は，すべての国が達成すべき人権の共通基準を示したもので，その採択に参加した国に対する法的拘束力をもつ。正か誤か。

6 ×
条約ではないため，法的拘束力をもたない。

☐7 正誤 国際人権規約は，1966年に採択されたもので，社会権規約（A規約）と自由権規約（B規約）の2つを柱とする。正か誤か。

7 ○

☐8 正誤 日本は，国際人権規約を構成するすべての文書を，留保（りゅうほ）なく批准（ひじゅん）している。正か誤か。

8 ×
A規約の一部を留保。選択議定書は未批准。

☐9 正誤 難民条約は，各国に経済的貧困を理由として国外に逃れた人の受け入れを義務づけている。正か誤か。

9 ×
政治難民が対象。経済難民は対象外。

☐10 日本は，人種差別撤廃条約を批准したあと，1997年にアイヌ民族支援法（アイヌ施策推進法）を制定した。正か誤か。

10 ✕
1997年に制定されたのはアイヌ文化振興法。これに代わる法律が，2019年制定のアイヌ民族支援法（アイヌ施策推進法）。

☐11 正誤 日本は，女子差別撤廃条約の批准に際し，男女雇用機会均等法の制定など国内法の整備を行った。正か誤か。

11 ○

☐12 子どもの権利条約は，満＿＿＿歳未満の子どもの意見表明権などを規定している。

12 18

☐13 正誤 日本は，死刑廃止条約を批准しているが，未だに死刑制度を廃止するには至っていない。正か誤か。

13 ✕
日本は死刑廃止条約を批准していない。

☐14 日本は，国際結婚が破たんした場合の子どもの取り扱いについて規定している＿＿＿条約を批准している。

14 ハーグ

3 各国の政治制度

本冊 P.18

☐1 正誤 イギリスは，日本やアメリカなどと異なり成文憲法典をもたず，権利章典などの歴史的文書や議会制定法が全体として憲法の役割を果たしている。正か誤か。

1 ○

☐2 正誤 イギリスの議会は，選挙で選ばれた議員からなる下院と，貴族など非民選の議員からなる上院によって構成されている。正か誤か。

2 ○

☐3 正誤 イギリスの首相は，上院または下院の議員あるいは民間人の中から，国務大臣を任命する権限をもっている。正か誤か。

3 ✕
イギリスの国務大臣は全員，上院または下院の議員でなければならない。

☐4 正誤 イギリスの裁判所は，違憲立法審査権をもっていない。正か誤か。

4 ○

☐5 正誤 アメリカの大統領は，法案の提出権や議会の解散権をもたない。正か誤か。

5 ○
なお，法案提出権はもたないが議会に教書を送付して立法の勧告を行うことはできる。

☐6 正誤 アメリカの大統領は，議会を通過した法案に対して署名を拒否する権限をもっている。正か誤か。

6 ○

☐7 正誤 アメリカの議会は，大統領に対する不信任決議権をもつ。正か誤か。

7 ×

☐8 アメリカの議会では，＿＿＿党と民主党の二大政党が主導権を争っている。

8 共和

☐9 中国では，憲法上，＿＿＿が最高国家機関とされている。

9 全国人民代表大会

☐10 正誤 ドイツとフランスの大統領は，首相の任免権や議会の解散権など大きな権限をもっている。正か誤か。

10 ×
フランスはそうだが，ドイツの大統領は儀礼的な存在で，実質的な行政権限をもたない。

☐11 発展途上国では，一党独裁の下で政治的自由を制限し，経済開発を優先する＿＿＿と呼ばれる政治体制が成立することがある。

11 開発独裁

4 日本国憲法の基本的性格

本冊 P.22

☐1 正誤 大日本帝国憲法(明治憲法)下の臣民(しんみん)の権利は，永久不可侵(ふかしん)の権利として天皇によって恩恵(おんけい)的に与えられたものであった。正か誤か。

1 ×
臣民の権利は永久不可侵の権利(自然権)とは考えられていなかった。

☐2 正誤 明治憲法は思想・良心の自由，信教の自由，表現の自由などを規定していたが，それらの多くは法律によって制限可能なものであった。正か誤か。

2 ×
思想・良心の自由は規定されていなかった。

☐3 帝国議会は，天皇の立法権の協賛機関であり，非民撰の貴族院と民撰の＿＿＿院からなっていた。

3 衆議

☐4 正誤 帝国議会は，天皇が有する統帥(とうすい)権に対して協賛を行う機関として位置づけられていた。正か誤か。

4 ×
統帥権は帝国議会の協賛を必要としなかった。

☐5 正誤 明治憲法下の各国務大臣は，天皇が有する行政権を輔弼(ほひつ)する機関として位置づけられていた。正か誤か。

5 ○

☐6 正誤 明治憲法下の首相は，国務大臣を任命する権限と罷免する権限を有していた。正か誤か。

6 ✕
首相は国務大臣の任免権をもたなかった。

☐7 正誤 明治憲法下の裁判所は，天皇の名において違憲立法審査権を行使した。正か誤か。

7 ✕
違憲立法審査権はもたなかった。

☐8 正誤 帝国議会は，GHQ（連合国軍総司令部）が日本政府に提示したマッカーサー草案を修正することなく可決した。正か誤か。

8 ✕
マッカーサー草案がそのまま日本国憲法になったのではなく，政府案の作成や議会審議の過程で追加・修正がなされた。

☐9 正誤 日本国憲法は，明治憲法を改正するというかたちで制定された。正か誤か。

9 ○

☐10 日本国憲法は，第9条で戦争放棄，戦力の不保持，______権の否認をうたっている。

10 交戦

☐11 日本国憲法の改正は，各議院の総議員の______以上の賛成で国会が発議し，国民投票で過半数の賛成を得なければならない。

11 3分の2

5 基本的人権の保障① 一般原理と平等権

本冊 P.26

☐1 正誤 日本国憲法は，人種，性別，年齢などの違いによって異なる扱いをすることを一律に禁止している。正か誤か。

1 ✕
選挙権の付与年齢の制限などは合理的な区別と考えられる。

☐2 最高裁判所は，______殺人に対して普通殺人よりも著しく重い刑罰を科す刑法の規定は，法の下の平等に反するという判決を出したことがある。

2 尊属

☐3 正誤 最高裁判所は，衆議院の定数不均衡（一票の格差）に対して違憲判決を出し，選挙のやり直しを命じたことがある。正か誤か。

3 ✕
選挙のやり直しは命じなかった。

☐4 正誤 最高裁判所は，立法措置によって定住外国人に地方選挙権を付与することは憲法に反しないという趣旨の判断を示したことがある。正か誤か。

4 ○

5 正誤 最高裁判所は，結婚していない男女の間に生まれた非嫡出子(婚外子)の遺産相続分を嫡出子の半分とする民法の規定について，違憲決定を出したことがある。正か誤か。

5 ○

6 正誤 最高裁判所は，女性のみに離婚後6か月間の再婚禁止期間を設けている民法の規定のうち100日を超える部分について，違憲判決を出したことがある。正か誤か。

6 ○

7 正誤 日本は，女子差別撤廃条約の批准に際して国籍法を改正し，子の国籍取得について従来の父系血統主義を父母両系血統主義へと改めた。正か誤か。

7 ○

8 正誤 従来のアイヌ文化振興法に代わって2019年に制定されたアイヌ民族支援法は，アイヌをはじめて先住民族と明記した。正か誤か。

8 ○

9 正誤 企業は，権利の享有主体とは考えられないので，いかなる人権も保障されない。正か誤か。

9 ✕
財産権，表現の自由などの人権は保障される。

10 正誤 日本には，来日する16歳以上の外国人に対して，原則として指紋(しもん)採取と顔写真撮影を義務づける制度がある。正か誤か。

10 ○

11 1999年に，男女対等な社会の実現をめざして，男女＿＿＿社会基本法が制定された。

11 共同参画

6 基本的人権の保障② 自由権

本冊 P.30

1 職業選択の自由(日本国憲法第22条)，＿＿＿権(第29条)など経済的自由権は，公共の福祉によって政策的に制約されることがある。

1 財産

2 正誤 思想・良心の自由は絶対的に保障されるので，みずからの思想に基づくいかなる表現行為も公共の福祉によって制約されることはない。正か誤か。

2 ✕
外部に現れた表現行為は公共の福祉により制約されることがある。

3 正誤 明治憲法の下では，神社神道(しんとう)が事実上，国の宗教として扱われ，その他の宗教が弾圧されたことがあった。正か誤か。

3 ○

4 正誤 最高裁判所は，津地鎮祭訴訟，愛媛玉串料訴訟など政教分離の原則が問題となった訴訟においては違憲判決を出した。正か誤か。

4 ×
津地鎮祭訴訟では合憲判決を出した。

5 最高裁判所は，文部省(現文部科学省)が行う教科書検定について，日本国憲法第21条が禁止する＿＿＿にあたらず合憲であるという判決を出したことがある。

5 検閲
家永教科書訴訟で，設問文のような判決を出した。

6 正誤 最高裁判所は，表現の自由をめぐる訴訟で，違憲判決を出したことがある。正か誤か。

6 ×

7 正誤 国民は，いかなる場合も，裁判官が発する令状がなければ逮捕されない。正か誤か。

7 ×
現行犯逮捕の場合は令状を必要としない。

8 日本国憲法は，ある行為を処罰するためには，その行為を犯罪とし，刑罰を科すことを定めた法律がなければならないという＿＿＿主義の原則を採用している。

8 罪刑法定

9 刑事被告人が経済的理由などによりみずから弁護人を依頼できないときは，公費で＿＿＿弁護人が付される。

9 国選

10 正誤 自己に不利益な唯一の証拠が本人の自白であった場合には，有罪とされず，刑罰を科されない。正か誤か。

10 ○

11 正誤 実行のとき適法であった行為は，のちにできた法律によって処罰されない。正か誤か。

11 ○

12 正誤 最高裁判所は，職業選択の自由をめぐる訴訟で，違憲判決を出したことはない。正か誤か。

12 ×
薬事法の薬局開設距離制限規定に対する違憲判決がある。

13 正誤 思想・良心の自由は，それが内心にとどまるかぎりは，公共の福祉によっても制約されず，絶対的に保障される。正か誤か。

13 ○

14 正誤 最高裁判所は，財産権をめぐる訴訟で，違憲判決を出したことがある。正か誤か。

14 ○
森林法の共有林分割制限規定に対して違憲判決を出したことがある。

☐15 正誤 道路建設などに際して土地を強制収用することは，財産権を侵害することになるので，憲法上許されない。正か誤か。

15 ✕
私有財産は，正当な補償の下に，公共のために用いることができる。

7 基本的人権の保障③ 社会権・参政権・請求権

本冊 P.34

☐1 正誤 最高裁判所は，日本国憲法第25条の生存権の規定について，個々の国民に裁判上の救済を求める具体的な権利を与えたものであるとする考えを示してきた。正か誤か。

1 ✕
国政運営上の指針を示したものにすぎないとする考えを示してきた(プログラム規定説)。

☐2 ＿＿＿訴訟で，最高裁判所は，児童扶養(ふよう)手当と障害福祉年金の併給禁止の措置は，国会の裁量の範囲に属する問題であるとする判決を出した。

2 堀木

☐3 最高裁判所は，＿＿＿訴訟において，生活保護の給付額の決定は厚生大臣(現厚生労働大臣)の裁量に委(ゆだ)ねられるとする判決を出した。

3 朝日

☐4 日本国憲法は，すべての国民に対して，その＿＿＿に応じてひとしく教育を受ける権利を保障している。

4 能力

☐5 正誤 日本国憲法は，賃金，就業時間，休息など労働条件の具体的な基準について詳細に規定している。正か誤か。

5 ✕
詳細な規定は労働基準法などにある。

☐6 日本国憲法は，団結権，＿＿＿権，争議(そうぎ)権の労働三権について規定している。

6 団体交渉

☐7 すべての公務員は，法律によって＿＿＿行為を一律に禁止されている。

7 争議

☐8 日本国憲法第15条は，国民に対して＿＿＿の選定罷免権を保障している。

8 公務員

☐9 日本国憲法が採用している直接民主制的な仕組みとして誤っているものを，次の①～④のうちから一つ選べ。
① 最高裁判所裁判官の国民審査
② 地方特別法の住民投票
③ 憲法改正の国民投票
④ 条例の制定・改廃請求

9 ④
条例の制定・改廃請求は地方自治法の規定。

☐10 正誤 最高裁判所は，書留郵便の遅配などについて国の賠償責任を制限している郵便法の規定に，違憲判決を出したことがある。正か誤か。

10 ○

☐11 日本国憲法は，法律の制定や改正などについて「平穏に＿＿＿する権利」を保障している。

11 請願（せいがん）

☐12 正誤 身柄を拘束された刑事被告人が裁判で無罪の確定判決を受けた場合は，国に対してその補償を求めることができる。正か誤か。

12 ○

8 基本的人権の保障④ 新しい人権と外国人の法的地位

本冊 P.38

☐1 環境権は，日本国憲法第25条の＿＿＿権などに基づいて主張される。

1 生存

☐2 正誤 1997年に環境アセスメント（影響評価）法が制定されたのを機に，地方公共団体レベルでもこの制度を条例化する動きが現れた。正か誤か。

2 ×
環境アセスメント制度の導入は地方公共団体の方が早かった。

☐3 正誤 最高裁判所は，飛行機の夜間飛行の差止めをめぐる訴訟で，環境権を明確に認めたことがある。正か誤か。

3 ×
環境権が判決で明確に認められた例はない。

☐4 知る権利は，日本国憲法第21条の＿＿＿の自由を根拠として主張される。

4 表現

☐5 正誤 情報公開法（1999）は，中央省庁，国会，裁判所が保有する情報の公開を義務づけている。正か誤か。

5 ×
国会，裁判所が保有する情報は対象外。

☐6 正誤 情報公開法は，外国人や法人に対しても情報の開示請求を認めている。正か誤か。

6 ○

☐7 プライバシーの権利は，日本国憲法第13条の＿＿＿権に基づいて主張される。

7 幸福追求

☐8 プライバシーの権利は，三島由紀夫（ゆきお）の小説『＿＿＿』をめぐる訴訟の判決で明確に認められた。

8 宴（うたげ）のあと

☐9 正誤 最高裁判所は，柳美里の小説『石に泳ぐ魚』をめぐる訴訟において，この小説がプライバシーや名誉など人格権を侵害しているとして出版の差止めを命じる判決を出した。正か誤か。

9 ○

☐10 プライバシーの権利は，現代では，自分に関する情報を自分で______する権利として積極的に捉えられるようになってきている。

10 管理（コントロール）

☐11 正誤 現在，日本には，個人情報を取り扱う事業者に対して情報の適切な取り扱いを義務づける法律はあるが，行政機関を対象とする法律はない。正か誤か。

11 ×
行政機関個人情報保護法がある。

☐12 正誤 日本は，外国人に対して国民年金の受給資格を認めていない。正か誤か。

12 ×

9 平和主義

本冊 P.46

☐1 正誤 日本政府は，憲法上，集団的自衛権は行使できるが，個別的自衛権は行使できないという見解を示してきた。正か誤か。

1 ×

☐2 1950年に勃発した______戦争を機に警察予備隊が創設され，その数年後には自衛隊が発足した。

2 朝鮮

☐3 正誤 1960年には日米安全保障条約が改定され，日本およびアメリカの領土が他国によって武力攻撃を受けた場合，両国は共同で防衛する義務を負うことになった。正か誤か。

3 ×
アメリカの領土は共同防衛義務の対象外。

☐4 正誤 裁判所が自衛隊あるいは駐留米軍について違憲判断を示したことはない。正か誤か。

4 ×
砂川事件と長沼ナイキ基地訴訟の第一審判決は，それぞれ駐留米軍，自衛隊を違憲とした。

☐5 正誤 砂川事件の最高裁判決では，日米安全保障条約についての憲法判断が回避された。正か誤か。

5 ○
統治行為論に基づき憲法判断が回避された。

☐6 自衛隊の最高指揮権は，______が有している。

6 内閣総理大臣

☐7 正誤 日本国憲法は，「核兵器を持たず，作らず，持ち込ませず」という非核三原則を明記している。正か誤か。

7 ✕
非核三原則は憲法上の規定ではない。

☐8 1970年代後半から80年代後半まで，防衛費をGNP（国民総生産）の＿＿＿％以内に抑えるという閣議決定が効力をもっていた。

8 1

☐9 日本では，1991年に発生した＿＿＿戦争の翌年，PKO（国連平和維持活動）協力法が制定された。

9 湾岸

☐10 PKO協力法に基づいて，1992年の＿＿＿に始まり，モザンビーク，ゴラン高原，東ティモールなどで実施されたPKOに自衛隊が派遣された。

10 カンボジア

☐11 正誤 1999年に制定された周辺事態法は米軍の後方地域支援などを定めており，これに基づきイラクへ自衛隊が派遣された。正か誤か。

11 ✕
自衛隊のイラク派遣はイラク復興支援特別措置法に基づくもの。

☐12 正誤 アメリカ同時多発テロ事件に端を発するアフガニスタン戦争では，自衛隊艦船が米軍への燃料補給のためにインド洋へ派遣された。正か誤か。

12 ○

☐13 2003年から2004年にかけて，＿＿＿事態対処法，国民保護法など有事法制関連法が制定された。

13 武力攻撃

☐14 2013年，国防の基本方針などについて審議するための機関として＿＿＿が発足した。

14 国家安全保障会議

☐15 2014年，＿＿＿的自衛権の限定的行使を容認する閣議決定が行われ，翌年には改正武力攻撃事態対処法，重要影響事態法などからなる安全保障関連法が成立した。

15 集団

10 統治機構① 国会と内閣

本冊 P.50

☐1 日本国憲法は，国会を「＿＿＿の最高機関」，「唯一の立法機関」として位置づけている。

1 国権

☐2 通常国会は毎年1月に召集され，次年度の＿＿＿の審議などを行う。

2 予算

□3 正誤 臨時国会は，衆議院の解散総選挙後に召集され，内閣総理大臣の指名などを行う。正か誤か。

3 ×
「臨時国会」は「特別国会」の誤り。

□4 正誤 衆議院の解散中，緊急の必要がある場合は，参議院の緊急集会が開かれる。正か誤か。

4 ○

□5 国会における法律案の実質的な審議は，本会議ではなく，比較的少数の議員からなる＿＿＿で行われる。

5 委員会

□6 正誤 国会議員は，法律の定めのある場合を除いて，在任中逮捕されない。正か誤か。

6 ×
「在任中」は「会期中」の誤り。

□7 正誤 国会議員は，院内での発言・表決などについて，院内でも院外でも責任を問われない。正か誤か。

7 ×
院内では懲罰を受けることがある。

□8 正誤 衆議院で可決され参議院で否決された法律案は，衆議院が出席議員の3分の2以上の多数で再可決すれば，法律となる。正か誤か。

8 ○

□9 正誤 条約の承認・内閣総理大臣の指名については衆議院が優越するが，予算の議決には衆議院の優越はない。正か誤か。

9 ×
予算の議決についても衆議院が優越する。

□10 正誤 各議院は，国政調査権を行使して，裁判所が出した判決内容の当否を調査することができる。正か誤か。

10 ×
判決内容の当否を調査することはできない。

□11 国会は，裁判官を罷免するかどうかを決定する＿＿＿裁判所の設置権をもっている。

11 弾劾（だんがい）

□12 正誤 内閣総理大臣は，衆議院議員の中から国会が指名し，天皇が任命する。正か誤か。

12 ×
「衆議院議員」は「国会議員」の誤り。

□13 正誤 内閣総理大臣は国務大臣の任免権をもっており，その任免については国会の同意を必要としない。正か誤か。

13 ○

□14 衆議院で内閣不信任決議案が可決された場合，内閣は＿＿＿日以内に衆議院を解散しないかぎり，総辞職しなければならない。

14 10

☐15 正誤 内閣総理大臣が欠けたときは，新たに内閣総理大臣が指名されるまでの間，内閣は総辞職せずに主要な閣僚(かくりょう)がその職務を引き継ぐ。正か誤か。

15 ✕
内閣総理大臣が欠けたときは，内閣は総辞職する。

☐16 正誤 1999年に国会審議活性化法が制定され，官僚が大臣に代わって国会答弁を行う政府委員制度は廃止された。正か誤か。

16 ○

11 統治機構② 裁判所

本冊 P.54

☐1 日本国憲法は，明治憲法下で存在した＿＿＿裁判所，皇室裁判所，軍法会議といった特別裁判所の設置を禁止している。

1 行政

☐2 正誤 日本国憲法の下で，裁判官の職権の独立を侵すような事件が発生したことがある。正か誤か。

2 ○
長沼ナイキ基地訴訟の第一審で平賀書簡事件が発生した。

☐3 正誤 下級裁判所の裁判官は，弾劾裁判で罷免を可とされた場合と，裁判で心身の故障のため職務をとることができないと決定された場合を除いて，罷免されることはない。正か誤か。

3 ○

☐4 最高裁判所の長官は，＿＿＿が指名し，天皇が任命する。

4 内閣

☐5 正誤 裁判所は，私人間(しじんかん)の争いを裁くことはできるが，国民と行政機関との争いを裁くことはできない。正か誤か。

5 ✕
行政裁判もある。

☐6 正誤 民事裁判では，被告が自費で弁護人を依頼できない場合には，公費で弁護人が付される。正か誤か。

6 ✕
民事裁判には国選弁護人制度は適用されない。

☐7 正誤 有罪あるいは無罪の判決が確定した場合でも，正当な理由があれば再審理が行われることがある。正か誤か。

7 ✕
無罪の確定判決の場合，再審は行われない。

☐8 正誤 裁判官が全員一致で決定した場合は，対審の公開を停止することができる。正か誤か。

8 ○

☐9 ＿＿＿犯罪，出版に関する犯罪などの対審は，絶対に公開しなければならない。

9 政治

☐10 正誤 日本の裁判所は，アメリカの裁判所と同じく，具体的な事件の発生とは関係なく法令を抽象的に審査することができる。正か誤か。

10 ✕
具体的な事件の発生を前提とする。

☐11 正誤 日本の裁判員制度は，重大な刑事事件について，国民から無作為（むさくい）に選ばれた裁判員が有罪・無罪の認定を行い，裁判官が量刑判断を行う制度である。正か誤か。

11 ✕
陪審制の説明。裁判員制度では裁判員と裁判官が一体となって裁判を行う。

☐12 刑事事件の被害者らは，検察（けんさつ）審査会に対して，検察官による＿＿＿処分の当否の審査を申し出ることができる。

12 不起訴

12 地方自治① 理念と仕組み

本冊 P.58

☐1 イギリスの政治家＿＿＿は，地方自治は「民主主義の学校」であると述べた。

1 ブライス

☐2 正誤 明治憲法下では，府県知事は天皇によって任命され，内務大臣の指揮監督を受けた。正か誤か。

2 ○

☐3 日本国憲法がうたっている「地方自治の本旨（ほんし）」は，住民自治と＿＿＿自治の2つの原理からなると考えられている。

3 団体

☐4 正誤 地方公共団体は，都道府県・市町村からなる普通地方公共団体と，政令指定都市，特別区（東京23区）などからなる特別地方公共団体に分けられる。正か誤か。

4 ✕
政令指定都市は市なので普通地方公共団体。

☐5 正誤 住民自治の原理は，制度的には，長・議員の直接選挙，条例制定権などに具体化されている。正か誤か。

5 ✕
条例制定権は団体自治を具体化したもの。

☐6 正誤 長は，議会が不信任決議を可決した場合には，議会を解散することができる。正か誤か。

6 ○

☐7 正誤 長は，議会が議決した条例や予算に異議がある場合，議会に再議を求めることができる。正か誤か。

7 ○

☐8 正誤 特定の地方公共団体だけに適用される特別法を国会が制定する場合には，その地方公共団体の住民投票で過半数の賛成を得なければならない。正か誤か。

8 ○

☐9 条例の制定・改廃請求は，有権者の＿＿＿分の1以上の署名を集め，長に提出する。

9 50

☐10 事務監査の請求は，有権者の一定数の署名を集め，＿＿＿に提出する。

10 監査委員

☐11 長・議員の解職請求と議会の解散請求は，有権者の一定数の署名を集め，＿＿＿に提出する。

11 選挙管理委員会

☐12 副知事・副市町村長などの解職請求は，原則として有権者の＿＿＿分の1以上の署名を集め，長に提出する。

12 3

☐13 正誤 地方公共団体の中には，外国人に，一般職の地方公務員の受験資格を与えているところもある。正か誤か。

13 ○

13 地方自治② 現状と課題

本冊 P.62

☐1 正誤 自治事務は，地方公共団体の裁量が及ぶもので，パスポートの交付などがこれに含まれる。正か誤か。

1 ×
パスポートの交付は法定受託事務。

☐2 1990年代末の地方分権改革により，従来から地方自治を阻害するとして批判されてきた＿＿＿事務が廃止された。

2 機関委任

☐3 正誤 法定受託事務は，都市計画の決定など，国が法令に基づいて実施方法などを指示する事務である。正か誤か。

3 ×
都市計画の決定は自治事務。

☐4 地方公共団体は，事務に対する国の関与に不服な場合，＿＿＿に申し出ることができる。

4 国地方係争処理委員会

☐5 正誤 地方税収入は，地方公共団体の自主財源であるが，現在では歳入全体の6割程度を占めている。正か誤か。

5 ×
「6割程度」は「4割程度」の誤り。

☐6 正誤 地方交付税交付金は，自治体間の財政格差を是正するために，国税の一部が国から自治体へ交付されるものである。正か誤か。

6 ○

☐7 正誤 国庫支出金は，国が使途を限定せずに自治体へ配分する補助金のことである。正か誤か。

7 ×
使途は限定されている。

8 都道府県が地方債を発行する場合，従来は総務大臣の許可が必要であったが，2006年度から＿＿＿制へ移行した。

8 事前協議

9 正誤 地方公共団体は，地方税法に定めのない独自の租税を，条例によって導入することができる。正か誤か。

9 ○

10 地方公共団体の中には，住民からの苦情に基づいて行政に対して是正勧告(かんこく)などを行う＿＿＿制度を導入しているところもある。

10 オンブズマン（行政監察官(かんさつ)）

11 正誤 近年の地方分権改革により，住民投票条例に基づく住民投票の結果に法的拘束力が付与されることになった。正か誤か。

11 ×
現在でも法的拘束力はない。

12 正誤 地方公共団体の中には，市町村合併をめぐる住民投票において，中学生や定住外国人に投票資格を与えたところもある。正か誤か。

12 ○

14 選挙制度

本冊 P.66

1 民主的な選挙の基本原則には，普通選挙，＿＿＿選挙，直接選挙，秘密選挙が含まれる。

1 平等

2 正誤 日本では，第二次世界大戦前に，男子普通選挙制が導入された。正か誤か。

2 ○
1925年に導入（満25歳以上の男子）。

3 正誤 日本では，日本国憲法の施行に伴(ともな)って女子参政権が認められた。正か誤か。

3 ×
女子参政権は1945年に認められた。

4 正誤 小選挙区制は，大選挙区制よりも，小政党の候補者が当選する可能性が高い制度である。正か誤か。

4 ×
「小選挙区制」と「大選挙区制」が逆。

5 正誤 衆議院の総選挙には，定数配分でみて，小選挙区選挙よりも比例代表選挙に重点を置いた制度が採用されている。正か誤か。

5 ×
定数は小選挙区が289人，比例代表が176人。

6 正誤 参議院の選挙には，定数配分でみて，選挙区選挙よりも比例代表選挙に重点を置いた制度が採用されている。正か誤か。

6 ×
定数は選挙区が148人，比例代表が100人。

☐7 正誤 衆参の比例代表選挙では，有権者は政党名か，比例代表名簿に登載された候補者名で投票する。正か誤か。

7 ✕
衆議院の場合は，候補者名で投票することはできない。

☐8 公職選挙法では，選挙運動期間中の＿＿＿訪問や，事前運動などは禁止されている。

8 戸別(こべつ)

☐9 公職選挙法には，候補者の秘書などが選挙違反で刑に処せられた場合，候補者の当選が無効になる＿＿＿制が採用されている。

9 連座(れんざ)

☐10 正誤 2013年の公職選挙法改正により，ウェブサイトなどを用いた選挙運動が原則として解禁された。正か誤か。

10 ○

☐11 正誤 参議院の定数不均衡問題に関して，最高裁判所が違憲判決を出したことはない。正か誤か。

11 ○
ただし「違憲状態」という判断を示したことはある。

☐12 正誤 海外に在住する日本人有権者は，衆議院と参議院の選挙に際して，在外公館などで投票することができる。正か誤か。

12 ○
在外投票制度についての記述として正しい。

☐13 正誤 衆参の比例代表選挙で選出された議員は，当選後，自由に党籍を変更することができる。正か誤か。

13 ✕
他の政党に移籍した場合は議員資格を失う（新党への移籍・無所属への変更は可）。

15 政党政治と政治改革

本冊 P.70

☐1 政党の形態は，制限選挙が支配的だった時代の＿＿＿政党から，普通選挙が普及した時代の大衆政党へと変容してきたといわれる。

1 名望家(めいぼうか)

☐2 イギリスとアメリカは二大政党制の国で，このうちアメリカの二大政党は共和党と＿＿＿党である。

2 民主

☐3 アメリカでは，圧力団体の代理人として議員などに対して圧力活動を展開する人を＿＿＿と呼ぶ。

3 ロビイスト

☐4 正誤 圧力団体による圧力活動は，アメリカだけにみられるもので，日本ではみられない。正か誤か。

4 ✕
日本でも経済団体，労働団体などが圧力活動を展開している。

5 日本では，特定の政策分野に精通し，特定の省庁や業界に影響力をもつ議員がいる。このような議員は＿＿＿議員と呼ばれる。

5 族

6 正誤 「55年体制」の下では，政権与党としての自由民主党(自民党)と，野党第一党としての社会民主党(社民党)が外交・安全保障など基本政策をめぐって対立した。正か誤か。

6 ✕
「社会民主党(社民党)」は「日本社会党(社会党)」の誤り。

7 正誤 1960年代以降，野党の数が増え多党化の動きが進行した。正か誤か。

7 〇

8 正誤 「55年体制」の下では，自民党の議員が離党して新たな政党を結成する動きが生じたことはなかった。正か誤か。

8 ✕
ロッキード事件(1976)を機に新自由クラブが結成された。

9 正誤 「55年体制」の下で，一度だけ，自民党と他の政党による連立内閣が成立したことがある。正か誤か。

9 〇
1980年代前半に，自民党は新自由クラブと連立を組んだ。

10 正誤 1993年に，「非自民」を旗印とする細川連立内閣が成立し，これによって「55年体制」は崩壊した。正か誤か。

10 〇

11 正誤 「55年体制」崩壊後，自民党と社会党が連立を組む政権が成立したことはなかった。正か誤か。

11 ✕
村山内閣は，社会党・自民党・新党さきがけからなる連立内閣であった。

12 正誤 政治資金規正法では，政治家個人への企業・団体献金は全面的に禁止されている。正か誤か。

12 〇
政党への企業・団体献金は認められていることに注意。

13 正誤 現在，すべての政党は，政党助成法に基づいて公費から同額の交付金の交付を受けることができる。正か誤か。

13 ✕
一定の条件を満たす政党に，所属国会議員数などに応じて交付される。

16 行政機能の拡大と行政の民主化

本冊 P.74

1 20世紀に入って，国家のあり方は，それまでの立法国家から，行政権が実質的に優位する＿＿＿国家へと変容したといわれる。

1 行政

2 日本では，______提出法案の方が，議員提出法案よりも成立する割合が高い。

2 内閣

3 日本では，内閣が制定する______など委任立法の数が多く，これが行政権の肥大化をもたらしているといわれる。

3 政令

4 官僚が退職後に，民間企業や特殊法人などに再就職することは「______」と呼ばれ，公正な行政の妨げになるとして批判されている。

4 天下り（あまくだ）

5 正誤 情報公開法は，中央省庁が保有する行政情報について，日本国籍を有することを条件として情報の開示請求を認めている。正か誤か。

5 ×
外国人にも情報の開示請求を認めている。

6 正誤 近年の行政改革の一環として，国のレベルでオンブズマン（行政監察官）制度が導入された。正か誤か。

6 ×
オンブズマンは，地方レベルでしか導入されていない。

7 ______法は，公正・透明な行政運営の確保を目的として，行政指導や許認可に統一的なルールを定めている。

7 行政手続

8 一般の行政機関から相対的に独立した合議制の行政機関として，国家公安委員会や______取引委員会などが設置されている。

8 公正

9 正誤 1980年代後半に，日本道路公団，日本電信電話公社，日本専売公社の三公社が民営化された。正か誤か。

9 ×
「日本道路公団」は「日本国有鉄道（国鉄）」の誤り。

10 正誤 2001年に省庁体制が再編され，それまでの1府22省庁体制から1府12省庁体制へと移行した。正か誤か。

10 ○

11 正誤 新省庁体制の発足に伴い，各省庁の上に立ち省庁間の政策調整などを行う総理府が新設された。正か誤か。

11 ×
「総理府」は「内閣府」の誤り。

12 行政改革の一環として，国立の研究所や博物館などが各省庁から切り離され，独自に活動する______法人へと移行した。

12 独立行政

13 正誤 郵政三事業の効率化を確保するために，それらの事業の民営化が課題となっている。正か誤か。

13 ×
郵政三事業はすでに民営化されている。

17 資本主義と社会主義

本冊 P.84

1 資本主義は生産手段の＿＿＿所有を原理的な特徴とする。	1 私的
2 社会主義は生産手段の＿＿＿所有を原理的な特徴とする。	2 社会的
3 資本主義は，18世紀後半から19世紀半ばにかけてヨーロッパで進展した＿＿＿を機に本格的に発展した。	3 産業革命
4 正誤 18世紀後半に，アダム＝スミスが『雇用・利子および貨幣（かへい）の一般理論』を著し，国家による経済への介入を最小限にすべきであるという自由放任主義を唱えた。正か誤か。	4 ✕ 『雇用・利子および貨幣の一般理論』はケインズの著書。
5 正誤 19世紀には，リカードが『資本論』を著し，資本主義の経済的な運動法則を解明した。正か誤か。	5 ✕ 「リカード」は「マルクス」の誤り。
6 1930年代のアメリカでは，F. ローズベルト大統領が＿＿＿政策を実施し，国家による経済への積極的な介入が行われた。	6 ニューディール
7 正誤 ケインズは，不況期には政府が公共投資を縮小して有効需要を創出しなければならないと説いた。正か誤か。	7 ✕ 「縮小」は「拡大」の誤り。
8 正誤 1970年代末以降，イギリスやアメリカで「小さな政府」の考えに基づいて，歳出の削減，規制緩和（かんわ），民営化などを推進する政権が成立した。正か誤か。	8 ○
9 正誤 マネタリズムの代表的な経済学者フリードマンは，ケインズの経済学説を継承しつつ，「小さな政府」の考えに影響を与えた経済学者として有名である。正か誤か。	9 ✕ フリードマンはケインズの経済学説を批判した。
10 正誤 ソ連の解体に伴って，ロシアは，「一国二制度」と呼ばれる経済政策の下で，市場経済化を急速に進めた。正か誤か。	10 ✕ 「一国二制度」は中国が採用したもの。
11 中国は1990年代以降，「＿＿＿」と呼ばれる経済体制の下で，急速な経済成長を遂げている。	11 社会主義市場経済

☐12 ベトナムは,「＿＿＿」と呼ばれる経済の自由化政策を採用し,その下で市場原理の導入を図ってきている。

12 ドイモイ(刷新)

18 現代経済の仕組み① 経済循環と現代の企業

本冊 P.88

☐1 現代経済は,＿＿＿・企業・政府の3つの経済主体が互いに財・サービスを取り引きすることによって成り立っている。

1 家計

☐2 正誤 株式会社の最高意思決定機関は,株主総会で選任される取締役によって組織される取締役会である。正か誤か。

2 ✕
最高意思決定機関は株主総会。

☐3 正誤 株主は,株主総会に出席して,一株一票の議決権を行使することができる。正か誤か。

3 ○

☐4 株主は,自分が出資している会社の債務に対して,出資額の範囲内で責任を負えばよい。これを＿＿＿責任という。

4 有限

☐5 正誤 株主は,会社の利潤から,あらかじめ決められた額の配当を受け取ることができる。正か誤か。

5 ✕
配当の額はあらかじめ決まっているわけではない。

☐6 正誤 日本では,個人株主の持株比率よりも法人株主の持株比率の方が高い。正か誤か。

6 ○

☐7 正誤 2005年の会社制度改革により,新たに合同会社制度が導入された。正か誤か。

7 ○

☐8 正誤 経営実態のない会社の乱立を防止するために,近年,株式会社を設立する際の最低資本金の額が引き上げられた。正か誤か。

8 ✕
2005年の制度改革により,最低資本金規制は撤廃され,資本金1円での創業が可能となった。創業円滑化などのねらいがある。

☐9 企業が経営の多角化などを目的に他企業の合併・買収を図ることを＿＿＿といい,日本でもそうした動きが活発化してきている。

9 M＆A

☐10 日本では近年,適正な企業運営のために,＿＿＿(企業統治)の強化を図る企業が増えつつある。

10 コーポレートガバナンス

□11 正誤 企業が法令やそれに従うために自主的に設定した行動基準などを守ることをメセナといい，日本でも近年，これが重視されるようになってきている。正か誤か。

11 ✕
「メセナ」は「コンプライアンス(法令遵守)」の誤り。

□12 正誤 日本では，ISO(国際標準化機構)が定める国際統一規格を取得して，環境に配慮した経営をめざす企業も増えつつある。正か誤か。

12 ○

19 現代経済の仕組み② 市場のメカニズムと寡占市場

本冊 P.92

□1 多数の売り手と多数の買い手が存在する＿＿＿市場では，価格変動を通じて資源が最適に配分される。

1 完全競争

□2 アダム=スミスは，市場における価格の自動調節機能のことを「＿＿＿」と呼んだ。

2 見えざる手

□3 正誤 消費者は価格が高ければ需要量を少なくし，低ければ需要量を増やすので，需要曲線は右上がりになる。正か誤か。

3 ✕
「右上がり」は「右下がり」の誤り。

□4 市場価格が均衡価格よりも高いと超過＿＿＿が生じ，その場合，市場価格は均衡価格に向かって下落していく。

4 供給

□5 市場価格が均衡価格よりも低いと超過＿＿＿が生じ，その場合，市場価格は均衡価格へ向かって上昇していく。

5 需要

□6 正誤 家計の所得が増加すると，需要曲線が右にシフトし，その結果均衡価格が上昇する。正か誤か。

6 ○

□7 正誤 企業が生産コストの削減に成功すると，供給曲線が左にシフトし，その結果均衡価格が低下する。正か誤か。

7 ✕
「左にシフト」は「右にシフト」の誤り。

□8 市場への参入規制が緩和されると，新たな企業が市場へ参入してくるので，供給曲線は＿＿＿にシフトする。

8 右

□9 正誤 寡占(かせん)市場では，同一の産業に属する複数の企業が合併して，カルテルが成立することがある。正か誤か。

9 ✕
「カルテル」は「トラスト」の誤り。カルテルは，同一産業に属する複数の企業が価格・生産量などについて協定を結ぶこと。

☐10 寡占市場では，有力な企業が＿＿＿となって価格を設定し，それに他企業が追随して管理価格が形成されることがある。

10 プライスリーダー（価格先導者）

☐11 日本では，独占や寡占の弊害（へいがい）を取り除くために，独占禁止法を運用する機関として＿＿＿委員会が設置されている。

11 公正取引

☐12 正誤 日本の独占禁止法は，書籍・新聞など一部の商品について，製造者が小売価格を指定することを認めている。正か誤か。

12 ○
著作物の再販売価格維持制度についての説明。

☐13 正誤 1997年の独占禁止法改正により，長い間認められてきた持株会社の設立が禁止された。正か誤か。

13 ×
持株会社の設立は原則解禁された。

☐14 一般道路・上下水道・警察・消防などの＿＿＿財は，私企業が供給しようとしないため市場が成立しにくい。

14 公共
「市場の失敗」の一例。

☐15 ある経済主体の経済活動が市場での取引を経ないで他の経済主体に不利益をもたらすことがあり，これを＿＿＿という。

15 外部不経済
「市場の失敗」の一例。

20 国民所得と景気変動

本冊 P.96

☐1 国民所得は，一定期間に新たに生み出された＿＿＿価値の合計のことである。

1 付加

☐2 正誤 国富は過去における生産によって蓄積された資産のことなので，土地や地下資源は含まれない。正か誤か。

2 ×
土地・地下資源・森林なども国富に含まれる。

☐3 正誤 国内にある外資系企業が生産した価値は，その国のGDP(国内総生産)に算入される。正か誤か。

3 ○

☐4 正誤 海外から受け取った利子・配当が，海外へ支払った利子・配当よりも多いと，その国のGDPはGNPよりも大きくなる。正か誤か。

4 ×
GDPよりもGNPの方が大きくなる。

☐5 正誤 ある国で輸出が増加すると，その国のGDPは増加するが，GNPは増加しない。正か誤か。

5 ×
GNPも増加する。

☐6 正誤 生産国民所得と支出国民所得を比べると，家計の貯蓄分だけ，支出国民所得の方が少なくなる。正か誤か。

6 ×
三面等価の原則により，生産・分配・支出のどの面でみても値は等しい。

☐7 分配国民所得は，雇用者報酬・財産所得・企業所得からなるが，日本で，このうち最も大きな割合を占めるのは______である。

7 雇用者報酬

☐8 正誤 公害に伴う医療費や医薬品の増加分も国民所得に算入される。正か誤か。

8 ○

☐9 正誤 株価の上昇分は，国民所得に含まれない。正か誤か。

9 ○
株価の上昇分は生産されたものではないから，国民所得に含まれない。

☐10 正誤 主婦の家事労働は，社会的に有用なサービスなので，それを賃金に換算した分も，国民所得に算入される。正か誤か。

10 ×

☐11 正誤 物価上昇があると，名目経済成長率の方が実質経済成長率よりも高くなる。正か誤か。

11 ○

☐12 正誤 名目経済成長率がマイナスであっても，実質経済成長率はプラスになることがある。正か誤か。

12 ○
物価下落率が大きい場合には，このような現象が起こり得る。

☐13 設備投資を主たる要因とする周期約10年の景気循環（じゅんかん）は______の波と呼ばれる。

13 ジュグラー

☐14 技術革新を主たる要因とする周期約50年の景気循環は______の波と呼ばれる。

14 コンドラチェフ

21 通貨と金融

本冊 P.100

☐1 通貨は，日本銀行券と硬貨からなる現金通貨と，普通預金などの残高のことである______通貨に分類される。

1 預金

☐2 正誤 企業が資金を調達する方法には，株式や社債の発行による直接金融や，銀行からの借り入れによる間接金融などがある。正か誤か。

2 ○

☐3 正誤 日本銀行は,「唯一の発券銀行」として日本銀行券と硬貨を発行する。正か誤か。

3 ✕
硬貨は政府が発行する。

☐4 正誤 日本銀行は,「政府の銀行」として国庫金の出納(すいとう)や国債の発行事務などを行う。正か誤か。

4 ○

☐5 正誤 日本銀行は,景気停滞期には,市中の通貨量を減らすことにより景気の回復を図る。正か誤か。

5 ✕
「減らす」は「増やす」の誤り。

☐6 正誤 日本銀行は,景気停滞期には,市中銀行に国債を売って景気を刺激しようとする。正か誤か。

6 ✕
景気停滞期には買いオペレーションを行う。

☐7 正誤 1990年代以降,日本では,不良債権を抱えた金融機関の救済を主たる目的として,「日本版金融ビッグバン」と呼ばれる金融システム改革が行われた。正か誤か。

7 ✕
「日本版金融ビッグバン」とは,金融ルールを国際標準に合わせるための改革。

☐8 正誤 1990年代に金融自由化が急速に進展し,定期性預金の金利も普通預金などの流動性預金の金利も自由化された。正か誤か。

8 ○

☐9 正誤 1990年代以降,金融機関の業務分野規制がある程度進んだが,銀行による株式売買の取り次ぎは現在でも禁止されている。正か誤か。

9 ✕
1990年代以降,業務分野規制は緩和されつつある。株式売買の取り次ぎも認められている。

☐10 正誤 1990年代後半に,外国為替(かわせ)取引の自由化が行われ,現在では一般の事業会社でも外貨の両替業務を行えるようになっている。正か誤か。

10 ○

☐11 従来,大蔵省(現財務省)が行っていた金融監督行政は,現在では______が担っている。

11 金融庁

☐12 正誤 現在,一部の預金を除いてペイオフが実施されており,金融機関が破たんした場合,預金の全額が払い戻されることになっている。正か誤か。

12 ✕
ペイオフは,預金の払い戻し保証の上限を元本1000万円とその利息までとする措置。

☐13 正誤 現在,日本銀行が政策金利の誘導目標としているのは基準割引率および基準貸付利率(公定歩合)である。正か誤か。

13 ✕
政策金利の誘導目標としているのは無担保コール翌日物金利。

22 財政の役割と日本の現状

本冊 P.104

☐1 正誤 一般道路・上下水道・警察・消防などの公共財は，私企業では供給困難なので，政府が財政を通じて供給する。正か誤か。

1 ○

☐2 ＿＿＿制度と社会保障制度を通じて高所得者から低所得者へ所得が移転される。

2 累進課税（るいしん）

☐3 累進課税制度と社会保障制度は，景気を自動的に調整する＿＿＿・スタビライザーの働きをもっている。

3 ビルト・イン

☐4 正誤 景気停滞時には，政府は公共投資を拡大し，増税を行うことによって，有効需要の拡大を図る。正か誤か。

4 ✕
「増税」は「減税」の誤り。

☐5 現代経済では，複数の政策目標を達成するために，財政政策や金融政策などを組み合わせて実施するが，これをポリシー・＿＿＿という。

5 ミックス

☐6 公庫などはみずから発行する債券によって資金を調達するが，その不足分は政府が財政＿＿＿を通じて供給する。

6 投融資

☐7 正誤 2000年以降，消費税の税率引き上げが行われたことで，現在，直間比率（ちょっかん）は約7：3になっている。正か誤か。

7 ✕
直間比率は5：5に近づいている。

☐8 正誤 租税負担の水平的公平を図るために，所得税に累進課税制度が導入されている。正か誤か。

8 ✕
「水平的公平」は「垂直的公平」の誤り。

☐9 正誤 給与所得・農業所得など所得の種類によって捕捉率（ほそく）が異なり，租税負担に公平さを欠くという批判がある。正か誤か。

9 ○

☐10 正誤 公共事業などの財源が不足するときは，財政法に基づいて赤字国債を発行し，その不足分を補う。正か誤か。

10 ✕
「赤字国債」は「建設国債」の誤り。

☐11 正誤 バブル崩壊以降，国債の発行額が急増したが，一般会計歳入に占める国債発行額の割合が40％を超えたことはない。正か誤か。

11 ✕
一時は50％を超えたこともある。

☑12 正誤 国債が大量に発行されると，一般会計歳出に占める国債費の割合が上昇し，柔軟な財政運営が困難になる。正か誤か。

12 ○

23 戦後日本経済の歩み① 経済復興～高度経済成長

本冊 P.108

☑1 1940年代後半に，GHQ(連合国軍総司令部)の指令により，______解体，農地改革，労働組合の育成が行われた。

1 財閥(ざいばつ)

☑2 正誤 1940年代後半に，日本政府は，石炭・鉄鋼など基幹産業に資金や資材を優先的に配分する政策を採用して産業復興を図った。正か誤か。

2 ○
傾斜生産方式の説明。

☑3 正誤 1940年代後半に，深刻なデフレーションを収めるためにドッジ・ラインが示され，均衡財政の確立が図られた。正か誤か。

3 ×
「デフレーション」は「インフレーション」の誤り。

☑4 正誤 ドッジ・ラインと並行して税制改革が行われ，間接税を中心とする租税制度が導入された。正か誤か。

4 ×
「間接税」は「直接税」の誤り。

☑5 1950年に勃発した朝鮮戦争を機に，アメリカが大量の軍需物資を日本から調達したため，______景気と呼ばれる好景気が到来した。

5 特需(とくじゅ)

☑6 日本は，1950年代半ばから70年代前半にかけて，年平均約______%の実質経済成長率を達成した。

6 10

☑7 正誤 高度経済成長期には，神武(じんむ)景気，岩戸(いわと)景気，特需景気，いざなぎ景気など，大型の好景気が相次いで到来した。正か誤か。

7 ×
「特需景気」は「オリンピック景気」の誤り。

☑8 正誤 高度経済成長の前半期には，原材料輸入が増大したことで国際収支が悪化し，これが一時的に成長の制約要因となることもあった。正か誤か。

8 ○

☑9 正誤 高度経済成長の後半期には，政府が公共投資を拡大する一方，民間企業の輸出が増加し，これが急速な経済成長を支えた。正か誤か。

9 ○

10 1960年代末，急速な経済成長を背景に，日本の国民総生産(GNP)が資本主義諸国の中で第＿＿位になった。

10 2

11 正誤 高度経済成長期には，企業は銀行からの借り入れによる直接金融によって，大量の設備投資資金を調達することができた。正か誤か。

11 ✕
「直接金融」は「間接金融」の誤り。

12 正誤 高度経済成長期に，日本政府は，国民所得倍増計画を策定して道路・港湾などの社会資本の整備を積極的に進めるなど，成長促進政策を講じた。正か誤か。

12 〇

13 正誤 高度経済成長期には，1ドル＝360円という円の為替相場が，日本の輸出にとって有利に働いた。正か誤か。

13 〇

24 戦後日本経済の歩み② 安定成長～バブル景気

本冊 P.112

1 日本経済は，1973年に勃発した＿＿＿戦争を機に石油輸出国機構(OPEC〔オペック〕)が原油価格を大幅に引き上げたことで大きな打撃を受けた。

1 第四次中東

2 正誤 1973年の第一次石油危機をきっかけに，日本経済は，不況と物価下落が同時進行するスタグフレーションに見舞われた。正か誤か。

2 ✕
「物価下落」は「物価上昇」の誤り。

3 ＿＿＿年には，第二次世界大戦後はじめて，実質GDPが前年を下回るマイナス成長を記録した。

3 1974

4 正誤 日本企業は，設備投資や人員の削減，FA(ファクトリー・オートメーション)化などを積極的に進めた結果，生産性を向上させ，第二次石油危機を乗り切った。正か誤か。

4 〇

5 正誤 1985年のプラザ合意を機に，円の為替相場が急激に下落したことで，輸出産業が大きな打撃を受け，一時的に円高不況に陥〔おちい〕った。正か誤か。

5 ✕
「急激に下落」は「急激に上昇」の誤り。

6 正誤 日本銀行が，円高不況から脱出したのちも低金利政策を継続したため，余剰資金が株式や土地への投機に向けられ，これによってバブル景気が発生した。正か誤か。

6 〇

☐7 正誤 バブル景気の時期には，株価・地価など資産価格が急騰（きゅうとう）し，これが原因となって消費者物価も急激に上昇した。正か誤か。

7 ✕
消費者物価は安定的に推移した。

☐8 1990年代初めにバブルが崩壊したのち，多くの金融機関が回収不能あるいは困難な＿＿＿を大量に抱え込み，経営を悪化させた。

8 不良債権

☐9 正誤 バブル崩壊後の深刻な不況を背景に，年によっては実質GDPの水準が前年を下回ることもあった。正か誤か。

9 ○
たとえば，1998年など。

☐10 正誤 バブル崩壊後，政府は大量の国債発行を余儀なくされ，年によっては一般会計歳入に占める国債発行額の割合が40%を超えることもあった。正か誤か。

10 ○
たとえば，1999年度など。

☐11 正誤 バブル崩壊後，企業がリストラクチャリングを進めたこともあって，完全失業率が年平均で10%台を記録することもあった。正か誤か。

11 ✕
「10%台」は「5%台」の誤り。

☐12 正誤 バブル崩壊後，物価下落による企業収益の悪化が所得の減少を招き，それが物価をさらに下落させるという悪循環が生じたこともあった。正か誤か。

12 ○
デフレスパイラルの説明。

☐13 正誤 2011年の東日本大震災を機に石油や天然ガスの輸入が増え，貿易収支が赤字を示した年もあった。正か誤か。

13 ○
2011年から数年間は赤字。

25 日本経済の構造変化

本冊 P.116

☐1 経済発展に伴って，産業の中心が第一次産業から第二次産業へ，さらに第三次産業へと移行することを，＿＿＿の法則という。

1 ペティ=クラーク

☐2 正誤 高度経済成長期に，輸入総額に占める製品輸入の割合が急速に上昇し，約6割を示すようになった。正か誤か。

2 ✕
製品輸入比率が約6割となるのは1990年代後半。

☐3 正誤 高度経済成長期には，鉄鋼・石油化学など素材型産業の急速な発展を背景に，国民所得に占める第二次産業の割合が60%を超えた。正か誤か。

3 ✕
40%台で推移した。

4 正誤 高度経済成長期には，就業人口全体に占める第三次産業の割合が一貫して増加し，60%を超えた。正か誤か。

4 ×
60%を超えたのは1990年代。

5 正誤 石油危機後に，産業の中心が重厚長大型産業から軽薄短小型産業へ移行する傾向がみられるようになった。正か誤か。

5 ○

6 正誤 石油危機後に，製造業でも研究開発部門や管理部門の比重が高まってきたが，この現象は経済のサービス化の一例といえる。正か誤か。

6 ○

7 正誤 1960年代後半から，日米間で繊維をめぐる貿易摩擦問題が深刻化し，70年代に入ると半導体などでも貿易摩擦が発生した。正か誤か。

7 ×
半導体をめぐる貿易摩擦は1980年代。

8 正誤 1980年代に入って自動車をめぐる日米貿易摩擦が激化したため，日本は自動車の輸出量を自主規制する措置をとってこの問題に対処した。正か誤か。

8 ○

9 正誤 1989年から1990年にかけて行われた日米包括経済協議では，日本の経済構造だけでなく，アメリカの経済構造についても話し合われた。正か誤か。

9 ×
「日米包括経済協議」(1993～96)は「日米構造協議」の誤り。

10 正誤 プラザ合意後の急激な円高によって輸出コストが上昇したため，日本の製造業は海外生産を活発化させた。正か誤か。

10 ○
円高は日本からの輸出にとって不利なため，海外で生産する動きが進展した。

11 正誤 日本では1980年代後半以降，製品輸入比率が急増したが，その一因は急激な工業化に成功したアジア諸国からの製品輸入が増えたことにあった。正か誤か。

11 ○

12 正誤 輸出と輸入を合わせた貿易総額でみると，現在，日本の最大の貿易相手国は中国である。正か誤か。

12 ○

26 中小企業問題

本冊 P.124

1 正誤 中小企業基本法は，職種にかかわらず，資本金3億円以下または従業員100人以下の企業を中小企業と定義している。正か誤か。

1 ×
製造業・卸売業・サービス業・小売業など，業種によって基準が異なる。

☐2 正誤 大企業が設立した企業は，その規模が小さくても，統計上，中小企業には分類されない。正か誤か。

2 ×

☐3 正誤 製造業における中小企業の従業者数は全体の約50%，付加価値額の約60%を占めている。正か誤か。

3 ×
「50%」と「60%」が逆。

☐4 中小企業は，労働者1人あたりの有形(ゆうけい)固定資産額を表す______率が低く，これが労働生産性や賃金の低さの原因となっている。

4 資本装備

☐5 正誤 大企業と下請け関係にある中小企業は，円高などによって経済環境が変化しても，安定した受注量を確保することができる。正か誤か。

5 ×
経済環境の変化によって受注量が変化する。

☐6 正誤 個人商店の経営安定化のために，法律でスーパーなどの大型小売店の出店を厳しく規制している。正か誤か。

6 ×
大型小売店の出店規制は緩和されてきている。

☐7 正誤 科学技術が高度化したため，近年では，中小企業がベンチャービジネスとして技術革新を担うことができなくなっている。正か誤か。

7 ×

☐8 正誤 中小企業の中には，企業間の電子商取引を活用して，取引相手の範囲を拡大しようとするところもある。正か誤か。

8 ○

☐9 成長の可能性の高いベンチャービジネスへの投資を主な業務とする企業のことをベンチャー______という。

9 キャピタル

☐10 正誤 現在，新興企業向けの株式市場が開設されていないため，新興企業が生まれにくい状況にある。正か誤か。

10 ×
新興企業向けに，ジャスダックなどが開設されている。

☐11 バブル崩壊後，金融機関が新規融資を手控える______を行ったため，中小企業の中には資金繰りに苦しむところもあった。

11 貸し渋(しぶ)り

27 農業問題

本冊 P.128

☐1 1940年代後半に______が行われ，それまで小作農であった農民の多くが自作農となった。

1 農地改革

2 正誤 高度経済成長期に，需要増加が見込まれる農産物は生産を拡大し，国際競争力の弱い農産物は輸入に切り替える政策が採用された。正か誤か。

2 ○
「選択的拡大」の説明。

3 正誤 高度経済成長期からしばらくの間，政府が農家からコメを高く買い上げ，安く流通させる制度が採用されていた。正か誤か。

3 ○
食糧管理制度の説明。

4 正誤 高度経済成長期には，遊休農地を減らす減反（げんたん）政策が実施され，その結果，コメの生産量が増加した。正か誤か。

4 ×
減反はコメの作付面積を制限する政策なので，生産量は減少した。

5 正誤 高度経済成長期に牛肉とオレンジの輸入自由化が行われて以降，農産物輸入の自由化が急速に進展するようになった。正か誤か。

5 ×
牛肉・オレンジの輸入自由化は1990年代初め。

6 正誤 日本は，1990年代半ばに，コメの国内消費量の一定割合を輸入する措置を講じるようになった。正か誤か。

6 ○
ミニマム・アクセスの説明。

7 正誤 近年の日本の穀物自給率は50%程度であり，先進国の中で最低水準を示している。正か誤か。

7 ×
穀物自給率は30%程度。

8 正誤 近年の日本の供給熱量自給率は40%程度であり，先進国の中で最低水準にある。正か誤か。

8 ○

9 正誤 日本では近年，鶏卵，小麦，大豆などいくつかの品目で自給率が低下傾向にあり，年によっては10%を下回ることもある。正か誤か。

9 ×
鶏卵の自給率は90%台，小麦は10%台，大豆は10%未満。

10 正誤 1990年代以降の農業政策の転換によって，コメの生産・流通について市場原理が大幅にとり入れられている。正か誤か。

10 ○

11 正誤 現在，日本では，株式会社が農業経営に参入することは認められておらず，この面での制度改革が求められている。正か誤か。

11 ×
株式会社が農業経営に参入することは認められている。

12 正誤 1990年代末に，食料の安定供給の確保，農業の多面的機能の発揮などをめざす新農業基本法（食料・農業・農村基本法）が制定された。正か誤か。

12 ○

☐13 政府は，農林漁業者が生産（第一次産業）・加工（第二次産業）・販売（第三次産業）を一体として手掛ける＿＿＿を推進しようとしている。

13 6次産業化

28 公害・環境問題

本冊 P.132

☐1 正誤 日本では，明治時代に，足尾（あしお）銅山鉱毒事件など深刻な産業公害が発生した。正か誤か。

1 ○

☐2 高度経済成長期には，＿＿＿を原因とする水俣（みなまた）病，カドミウムを原因とするイタイイタイ病など，四大公害が社会問題化した。

2 有機水銀（メチル水銀）

☐3 正誤 四大公害裁判では，いずれも原告側が勝訴（しょうそ）し，原因企業が損害賠償（ばいしょう）を命じられた。正か誤か。

3 ○

☐4 正誤 日本の公害対策は，国連人間環境会議の開催を受けて，1967年に公害対策基本法が制定されたことによって本格化した。正か誤か。

4 ✕
国連人間環境会議は1972年に開催。

☐5 正誤 汚染者負担の原則（PPP）は，先進国における公害の激化を背景として，OECD（経済協力開発機構）が提唱したものである。正か誤か。

5 ○

☐6 正誤 日本では，1970年代に汚染物質の排出規制が強化され，従来の総量規制に加えて濃度規制も導入された。正か誤か。

6 ✕
「総量規制」と「濃度規制」を入れ替えれば正しくなる。

☐7 1990年代前半には，従来の公害対策基本法に代わるものとして，地球環境保全をも視野に入れた＿＿＿法が制定された。

7 環境基本

☐8 正誤 1990年代後半に環境アセスメント法が制定され，これを機に，地方自治体レベルでも環境アセスメント条例が制定されるようになった。正か誤か。

8 ✕
環境アセスメント制度の導入は，地方自治体が国に先行した。

☐9 正誤 家電リサイクル法は，冷蔵庫・エアコンなどいくつかの使用済み家電について，製造者の費用負担によるリサイクルを義務づけている。正か誤か。

9 ✕
費用は消費者が負担する。

☐10 正誤 グリーン購入法は，行政機関や一般家庭に，環境への負荷の少ない商品の購入促進を義務づけている。正か誤か。

10 ×
一般家庭は義務づけの対象外。

☐11 各種のリサイクル関連の法律を統括するものとして，＿＿＿形成推進基本法がある。

11 循環型社会

☐12 生産過程での廃棄物をゼロにすることを＿＿＿といい，企業はその推進が求められている。

12 ゼロエミッション

☐13 発電で廃熱として捨てられていたエネルギーを冷暖房などに利用して熱効率を高めることを＿＿＿という。

13 コジェネレーション

29 消費者問題・都市問題

本冊 P.136

☐1 正誤 高度経済成長期には，催奇(さいき)性のある睡眠剤や非加熱の輸入血液製剤を原因とする薬害が発生し，大きな社会問題となった。正か誤か。

1 ×
非加熱の輸入血液製剤を原因とする薬害は，1980年代後半以降の薬害エイズ事件。

☐2 悪質商法の一つに，路上で通行人を呼び止めて商品の購入を勧める＿＿＿がある。

2 キャッチセールス

☐3 クレジットカードの多用などにより多重･多額債務に陥り，地方裁判所に＿＿＿の申し立てをする人がいる。

3 自己破産

☐4 正誤 1960年代初めに，アメリカのケネディ大統領は，安全を求める権利，意見を反映させる権利など消費者の4つの権利を提唱した。正か誤か。

4 ○

☐5 商品テストや消費者からの苦情対応などを行う機関として，＿＿＿センターや消費生活センターがある。

5 国民生活

☐6 正誤 消費者は，クーリングオフ制度に基づき，商品の購入契約をいつでも自由に解除することができる。正か誤か。

6 ×
クーリングオフできる期間が法律で定められている。

☐7 正誤 製品の欠陥(けっかん)によって被害を受けた消費者は，製造者の過失を証明することを条件に，製造者に対して損害賠償を請求することができる。正か誤か。

7 ×
製造者の過失を証明する必要はない。

8 正誤 重要事項について業者にうそをつかれて契約を結んだ場合，消費者は消費者契約法に基づき，その契約を取り消すことができる。正か誤か。

8 ○

9 正誤 キャッシュカードの偽造により預金が不正に引き出された場合，金融機関は法律に基づき預金の全部または一部を補償しなければならない。正か誤か。

9 ○

10 都市の過密化の一方で，山間地域では人口の50%以上が65歳以上の高齢者になり，共同体としての機能維持が困難になっている集落もあり，これを______集落という。

10 限界

11 正誤 1980年代後半に，大都市では土地市場における価格競争が激化し，その結果，地価が下落する傾向がみられた。正か誤か。

11 ×
1980年代後半のバブル経済により，地価は下落ではなく上昇した。

12 消費者団体が被害者個人に代わって事業者の不当行為の差し止めを請求できる______制度が導入されている。

12 消費者団体訴訟

30 労働問題① 労働基本権と労働三法

本冊 P.140

1 イギリスでは，19世紀前半に，労働者が労働条件の改善だけでなく参政権をも要求する______運動が展開された。

1 チャーティスト

2 第二次世界大戦前の日本では，1900年に制定された治安警察法や1925年に制定された______法などによって労働運動が弾圧された。

2 治安維持

3 正誤 日本国憲法は第13条で，労働者の団結権，団体交渉権，争議権について規定している。正か誤か。

3 ×
「第13条」は「第28条」の誤り。「第13条」は幸福追求権。

4 正誤 公務員はすべて，法律によって争議行為を禁止されている。正か誤か。

4 ○

5 正誤 警察職員・刑務所職員など一部の公務員は，法律によって団結権を認められているが，団体交渉権と争議権は認められていない。正か誤か。

5 ×
団結権も認められていない。

6 正誤 公務員は労働三権を制限されているため，その代償措置として人事院や人事委員会による勧告制度が設けられている。正か誤か。

6 ○

7 労働組合法は，使用者が労働組合活動を妨害する行為を______行為として禁止している。

7 不当労働

8 正誤 使用者は，労働者による争議行為によって損害を被ったとしても，その争議行為が正当なものであるかぎり，労働者に対して損害賠償請求を行うことはできない。正か誤か。

8 ○

9 正誤 労働委員会が行う労働争議の調整方法には斡旋（あっせん）・調停・仲裁（ちゅうさい）があるが，調停案が示された場合，労使双方ともそれにしたがわなければならない。正か誤か。

9 ×
法的拘束力をもつのは仲裁裁定のみ。

10 正誤 労働基準法は1日8時間，1週40時間の法定労働時間を定めており，これに実効性をもたせるため，企業に週休二日制を義務づけている。正か誤か。

10 ×
週休二日制を義務づける規定はない。

11 正誤 1990年代後半の労働基準法改正により，残業・深夜労働・休日労働についての女子保護規定が強化された。正か誤か。

11 ×
1997年の改正により女子保護規定は原則撤廃された。

12 正誤 企業は，労働基準法に基づき，実働時間にかかわりなく一定の時間働いたとみなし，それに基づいて賃金が払われる制度を採用することができる。正か誤か。

12 ○
裁量労働制の説明。

13 正誤 企業は，残業を行った労働者に対して原則として割増賃金を払わなければならないことになっている。正か誤か。

13 ○

31 労働問題② 現代日本の雇用問題

本冊 P.144

1 正誤 終身雇用制と年功序列型賃金は，従来から労使関係を不安定にするものとされてきたこともあって，近年では見直されつつある。正か誤か。

1 ×
終身雇用制と年功序列型賃金は労使関係の安定化要因であった。

2 正誤 日本の労働組合のほとんどは，欧米と違って産業別に組織されており，これが労使協調的な組合活動をもたらしたといわれる。正か誤か。

2 ×
日本の労働組合のほとんどは，企業単位で組織される企業別組合。

3 正誤 バブル崩壊後の不況下で，完全失業率が5%台を記録したことがあるが，これは先進国の中で最高水準であった。正か誤か。

3 ×
先進国の中では低かった。

4 現在，全雇用労働者の約_____割を女子労働者が占めている。

4 4

5 女子の労働力率を年齢階層別にグラフで表したとき，従来はアルファベットの_____の字に近い形状を示してきたが，近年ではそうした状況は解消されつつある。

5 M

6 正誤 男女雇用機会均等法は，女子差別撤廃条約を批准する際に，国内法整備の一環として制定された。正か誤か。

6 ○

7 正誤 男女雇用機会均等法は，募集・採用・教育訓練・定年などについて差別を禁止しており，これに違反した企業には罰金が科される。正か誤か。

7 ×
違反企業名は公表できるが，罰金を科す規定はない。

8 男女雇用機会均等法は，表面上は中立的な条件が，現実には一方の性に不利に働く_____差別を禁止している。

8 間接

9 正誤 労働者が育児休業を申し出た場合に，企業がその申し出を拒否することは育児・介護休業法で禁止されている。正か誤か。

9 ○
育児休業は男女ともに認められている。

10 正誤 企業は，法律により，65歳までの定年の引き上げ，継続雇用制度の導入，定年の廃止のいずれかの措置をとることを義務づけられている。正か誤か。

10 ○
高年齢者雇用安定法の改正で定められた。

□11 正誤 国・地方自治体・民間企業は，法律により，職員数・従業員数の一定割合を障害者雇用にあてることを義務づけられている。正か誤か。

11 ○

□12 正誤 労働者派遣事業法は，派遣労働者の急増に歯止めをかけるために，派遣労働の範囲を専門性の高い職種に限定している。正か誤か。

12 ✕
一般の事務職でも派遣労働が認められている。

□13 正誤 現在，解雇や賃金未払いなどの個別的な労働紛争を迅速に解決することを目的に，労働審判制度が導入されている。正か誤か。

13 ○
地方裁判所裁判官である労働審判官（1人）と，労働問題に専門的な知識を有する民間選出の労働審判員（2人）で構成される労働審判委員会が，原則として3回以内の審理で解決案を提示する。

□14 正誤 日本は近年，外国人労働者の受け入れを縮小するための政策を講じてきている。正か誤か。

14 ✕
在留資格の新設により受け入れが拡大された。

□15 正誤 2018年成立の働き方改革関連法により，前日の終業時刻から翌日の始業時刻まで一定の休息時間を確保するよう事業主に努力義務を課す高度プロフェッショナル制度が導入された。正か誤か。

15 ✕
「高度プロフェッショナル制度」は「勤務間インターバル制度」の誤り。

32 社会保障① 歴史と制度

本冊 P.148

□1 正誤 イギリスでは，1880年代に，世界ではじめて社会保険制度が導入された。正か誤か。

1 ✕
「イギリス」は「ドイツ」の誤り。

□2 イギリスでは第二次世界大戦中に，「ゆりかごから墓場まで」のスローガンとともに有名な＿＿＿報告が公表された。

2 ベバリッジ

□3 正誤 日本の社会保障制度は，社会保障財源に占める被保険者・事業主・公費の負担がほぼ同じであることから三者均衡型ともいわれる。正か誤か。

3 ○

□4 正誤 第二次世界大戦前の日本では，社会保険制度をはじめ社会保障に関連する制度は導入されなかった。正か誤か。

4 ✕
救貧制度や社会保険制度は，戦前の日本にも一応存在した。

☐5 日本の社会保障制度は，第二次世界大戦後，公的扶助(ふじょ)・社会保険・＿＿＿・公衆衛生の4つの柱を中心に整備されてきた。

5 社会福祉

☐6 公的扶助は，＿＿＿法を中心に生活困窮(こんきゅう)者に対する生活扶助や医療扶助などを行う制度である。

6 生活保護

☐7 正誤 社会保険は，医療保険・年金保険・介護保険の3つの制度からなっている。正か誤か。

7 ×
社会保険には雇用保険・労災保険も含まれる。

☐8 正誤 1960年代初めに，すべての国民が何らかの公的医療保険に加入する体制と，何らかの公的年金保険に加入する体制が発足した。正か誤か。

8 ○
国民皆保険・皆年金の説明。

☐9 正誤 労働者は，どのような職業に従事しているかにかかわらず同一の医療保険に加入する。正か誤か。

9 ×
職種によって加入する医療保険が異なる。

☐10 正誤 年金保険は，20歳以上のすべての国民が加入する基礎年金と，職種別に設けられている国民年金の2本立てになっている。正か誤か。

10 ×
基礎年金と国民年金は同じもの。

☐11 正誤 介護保険は，40歳以上の国民を対象とし，市町村・特別区(東京23区)によって運営される。正か誤か。

11 ○

☐12 正誤 介護保険に基づいて介護サービスを利用した場合，利用者は原則としてその費用の一部を自己負担しなければならない。正か誤か。

12 ○

33 社会保障② 少子・高齢化社会の現状と課題

本冊 P.152

☐1 日本は，1970年に65歳以上の老年人口比率が＿＿＿%を超え，「高齢化社会」となった。

1 7

☐2 日本は，1994年に65歳以上の老年人口比率が＿＿＿%を超え，「高齢社会」となった。

2 14

☐3 日本の老年人口比率は，2007年に＿＿＿%を超え，「超高齢社会」となった。

3 21

4 正誤 日本のケアサービスには，特別養護老人ホームなどの施設ケアや，デイサービス(通所介護)，ショートステイ(短期入所介護)などの在宅ケアがある。正か誤か。

4 ○

5 正誤 近年の日本の合計特殊出生率は1.0を下回っており，このまま推移すると近い将来総人口が減少に転じると予測されている。正か誤か。

5 ×
合計特殊出生率は1.4前後。また，2005年に総人口が減少に転じた。

6 正誤 日本では現在，15歳未満の年少人口比率が老年人口比率を下回っており，少子化対策が急務となっている。正か誤か。

6 ○

7 正誤 租税負担と社会保障負担の合計の，国民所得に対する割合を国民負担率というが，現在の日本の国民負担率は先進国中，最低水準である。正か誤か。

7 ○
アメリカと並び最低水準。

8 正誤 年金の財源調達方式には賦課方式と積立方式があるが，日本は近年，従来の賦課方式から超高齢社会に適した積立方式を基本として運営されている。正か誤か。

8 ×
賦課方式が基本。

9 正誤 1980年代以降，サラリーマンの医療費の自己負担割合が引き上げられてきている。正か誤か。

9 ○
1984年に0から1割に，97年2割に，2002年3割に引き上げられた。

10 正誤 社会保障給付全体に占める医療給付の割合は，年金給付の割合を大きく上回っており，これが医療財政の悪化を招いている。正か誤か。

10 ×
年金給付の割合の方が医療給付の割合よりも高い。

11 正誤 自営業者を加入対象とする厚生年金の支給開始年齢は，将来65歳まで段階的に引き上げられることになっている。正か誤か。

11 ×
厚生年金の加入対象者は民間被用者や公務員。

12 正誤 2008年に，75歳以上の高齢者を対象とする後期高齢者医療制度が導入された。正か誤か。

12 ○

第3章 国際社会分野

34 国際社会の成立と国際連盟

本冊 P.164

1 国家は，＿＿＿，国民，主権の3つの要素からなるといわれ，このうち主権とは一国の対外的な独立性のことを指す。

2 正誤 主権国家を基本的な構成単位とする国際社会は，17世紀半ばのウェストファリア条約を機にヨーロッパで成立したといわれる。正か誤か。

3 オランダの法学者＿＿＿は，国家間の関係は自然法によって律せられるという立場から国際法を体系化した。

4 国際法は，国家間の合意を文書化した条約と，諸国家の慣行を通じて成立した＿＿＿からなる。

5 正誤 国際社会には，国家間の紛争について法的拘束力をもつ判決を出す裁判機関が存在しないため，国際法の実効性にも大きな限界がある。正か誤か。

6 正誤 現在，戦争犯罪，人道に対する罪など個人の刑事責任を裁くことができる常設の国際裁判所が存在せず，その設立が課題となっている。正か誤か。

7 正誤 国際連盟の設立はアメリカのウィルソン大統領によって提唱されたが，アメリカは一貫して国際連盟に参加しなかった。正か誤か。

8 国際連盟は，敵対する国家も参加する国際組織が平和破壊国に対して共同で制裁を加える＿＿＿方式を採用した。

9 1930年代に，＿＿＿，ドイツ，イタリアが国際連盟を脱退したことで，国際連盟の機能は著しく低下した。

10 正誤 国際連盟の総会・理事会は，原則として全会一致制を採用したため，加盟国間で重大な対立があるときは有効な決定ができなかった。正か誤か。

1 領域（領土・領海・領空）

2 ○

3 グロチウス

4 国際慣習法

5 ×
国連の国際司法裁判所など国際的裁判機関は存在する。

6 ×
2003年に国際刑事裁判所が設立されている。

7 ○

8 集団安全保障

9 日本

10 ○

□11 正誤 国際連盟は，侵略国などに対して軍事的な制裁を行うことができないなど，制裁手段を十分に確保することができなかった。正か誤か。

11 ○

□12 正誤 国際連盟総会は，連盟規約上，加盟国を法的に拘束する決議をあげることができたが，その決議の実効性を裏づける方法をもたなかった。正か誤か。

12 ✕
総会の決議は，加盟国を法的に拘束するものではなかった。

□13 正誤 国際連盟の機能が限定的なものにとどまった要因の一つは，社会主義国ソ連の加盟が一貫して認められなかったことにある。正か誤か。

13 ✕
ソ連は1934年に加盟した（1939年に除名）。

35 国際連合

本冊 P.168

□1 正誤 国際連合(国連)は，1945年10月に，アメリカ，ソ連，イギリスなど第二次世界大戦の戦勝国だけで発足した。正か誤か。

1 ○

□2 正誤 国連憲章は，加盟国の個別的自衛権を認めているが，集団的自衛権については認めていない。正か誤か。

2 ✕
集団的自衛権も認めている。

□3 正誤 総会では，加盟国の承認や除名をはじめ，すべての案件が過半数の賛成によって成立する。正か誤か。

3 ✕
加盟国の承認・除名など重要事項の成立には3分の2以上の賛成が必要。

□4 正誤 総会は，安全保障理事会が機能麻痺（まひ）に陥った場合，軍事的・非軍事的措置を加盟国に勧告することができる。正か誤か。

4 ○
「平和のための結集」決議（1950）についての説明。

□5 安全保障理事会は，アメリカ・イギリス・フランス・ロシア・______の5か国の常任理事国と，10か国の非常任理事国からなる。

5 中国（中華人民共和国）

□6 正誤 安全保障理事会は，国際社会の平和と安全の維持に関して主要な責任を負い，加盟国に対して拘束力を有する決定を行うことができる。正か誤か。

6 ○

7 正誤 安全保障理事会の表決は，常任・非常任を問わず，9理事国以上の同意投票によって成立する。正か誤か。

7 ×
実質事項に関する決定には，すべての常任理事国を含む9理事国以上の賛成が必要。

8 正誤 経済社会理事会は，UNESCO，ILO，OECDなどの専門機関と密接な連携の下に活動している。正か誤か。

8 ×
OECD(経済協力開発機構)は専門機関ではない。

9 正誤 国際司法裁判所は，原則として訴訟当事国の同意がなければ裁判を開始することができない。正か誤か。

9 ○

10 正誤 国際司法裁判所は，加盟国の国民からの訴えに基づいて，その国民に対する政府の人権侵害を裁くことができる。正か誤か。

10 ×
個人は国際司法裁判所に提訴できない。

11 国連＿＿＿事務所(UNHCR)は，非政府組織(NGO)の協力を得るなどして，難民の保護にあたっている。

11 難民高等弁務官

12 正誤 PKO(国連平和維持活動)は，国連憲章の具体的な規定に基づいて，紛争地域の平和維持などのために派遣される常設の組織である。正か誤か。

12 ×
国連憲章には具体的な規定がなく，常設の組織でもない。

13 正誤 PKOは，当事国の同意の下に派遣され，軍事的制裁は目的としない。正か誤か。

13 ○

36 戦後の国際政治① 冷戦の成立と多極化

本冊 P.172

1 正誤 1946年に，イギリスのチャーチル元首相は，ある演説の中で「鉄のカーテン」という言葉を使って，ソ連による欧州分断政策を批判した。正か誤か。

1 ○

2 1947年に，アメリカは共産主義の封じ込めを内容とする＿＿＿・ドクトリンを発表し，ソ連を敵視する態度を明確にした。

2 トルーマン

3 正誤 アメリカがマーシャル・プランによって西欧諸国への経済援助を実施したことに対抗して，ソ連陣営は経済相互援助会議(COMECON(コメコン))を創設した。正か誤か。

3 ○

4 正誤 ソ連は1948年にベルリンの壁を建設し，アメリカ陣営との対立姿勢をますます明確に打ち出した。正か誤か。

4 ×
ベルリンの壁は，1961年に東ドイツが建設した。

5 正誤 ソ連陣営が軍事同盟としてワルシャワ条約機構を結成したのに対抗して，アメリカ陣営はNATO（北大西洋条約機構）を結成した。正か誤か。

5 ×
NATOの結成は1949年，ワルシャワ条約機構の結成は1955年。したがって，時間的順序が逆。

6 正誤 1950年に勃発した朝鮮戦争では，アメリカ軍とソ連軍が激しい戦闘を繰り広げた。正か誤か。

6 ×
米ソの直接的な軍事衝突は一度もなかった。

7 正誤 1955年に，インドネシアのバンドンでアジア・アフリカ会議が開催され，平和共存などを内容とする平和十原則が採択された。正か誤か。

7 ○

8 1961年に，「非同盟中立」を旗印として，ユーゴスラビアのベオグラードで第1回______会議が開催された。

8 非同盟諸国首脳

9 正誤 1962年にキューバ危機が発生し，米ソの核戦争の危機が高まったが，ソ連の譲歩によって最悪の事態は免れた。正か誤か。

9 ○

10 正誤 1966年に，フランスが独自の核戦力保有をめぐって米英と対立し，NATOの軍事機構から脱退した。正か誤か。

10 ○
なお，2009年にフランスはNATOの軍事機構への完全復帰を宣言した。

11 1968年に，______で民主化運動が起こったが，ワルシャワ条約機構軍によって鎮圧された。

11 チェコスロバキア（プラハ）

12 正誤 アメリカとソ連は，1970年代半ばにベトナム戦争が終了したのち，ホットラインを設けることに合意した。正か誤か。

12 ×
ホットライン（直通電話回線）はキューバ危機後に開設された。

13 正誤 ソ連は，1979年のアメリカによるアフガニスタン侵攻に反発し，対米強硬姿勢を改めて明確にした。正か誤か。

13 ×
ソ連がアフガニスタンに軍事侵攻した。

37 戦後の国際政治② 冷戦終結と地域紛争

本冊 P.176

1 1985年にソ連の最高指導者となったゴルバチョフは，______（改革）や新思考外交などを積極的に進めた。

1 ペレストロイカ

☐2 正誤 1989年に東西ドイツが統一し，これを受けてヨーロッパにおける冷戦の象徴であった「ベルリンの壁」が崩壊した。正か誤か。

2 ×
「ベルリンの壁」は1989年に崩壊，東西ドイツは1990年に統一。

☐3 1989年に，米ソ両国首脳が＿＿＿会談を行い，冷戦終結が宣言された。

3 マルタ

☐4 1991年にソ連が解体し，これに伴って，ソ連を構成していた多くの共和国が＿＿＿(CIS) と呼ばれる緩(ゆる)やかな連合体を創設した。

4 独立国家共同体

☐5 正誤 1991年の湾岸戦争は，クウェートがイラクに軍事侵攻し，イラクの併合を一方的に宣言したことをきっかけに起こった。正か誤か。

5 ×
「クウェート」と「イラク」を入れ替えれば正しくなる。

☐6 正誤 1993年にイスラエルとパレスチナ解放機構との間で和平が成立し，パレスチナ国家が樹立されたが，その後も両者の対立は根本的な解決をみていない。正か誤か。

6 ×
パレスチナ国家は樹立されていない。

☐7 正誤 旧ユーゴスラビア地域では，1990年代にボスニア・ヘルツェゴビナやコソボで内戦が繰り広げられたが，その後和平が成立した。正か誤か。

7 ○

☐8 正誤 ロシア連邦では，1990年代前半に，ロシアからの独立を要求するチェチェン共和国とそれを認めないロシアとの間で紛争が起こった。正か誤か。

8 ○

☐9 正誤 インドとパキスタンは，第二次世界大戦の終了直後から現在まで，カシミール地方の帰属をめぐって激しく対立している。正か誤か。

9 ○

☐10 正誤 東ティモールは，インドネシアからの独立を要求してインドネシア政府と激しく対立しており，現在でもその対立は続いている。正か誤か。

10 ×
東ティモールは2002年に正式に独立した。

☐11 正誤 2001年のアメリカ同時多発テロ事件を機に起こったアフガニスタン戦争に際し，日本は米軍の燃料補給のために自衛隊艦船をインド洋へ派遣した。正か誤か。

11 ○

12 正誤 イラク戦争では，国連安全保障理事会の武力行使容認決議を受けて米英軍がイラクを攻撃し，フセイン政権を崩壊させた。正か誤か。

12 ×
武力行使容認決議はなかった。

13 2011年，______の南部で分離独立の賛否を問う住民投票が行われ，独立賛成が多数を占め，南______共和国として独立した。

13 スーダン

14 2014年，______でウクライナからの独立とロシアへの編入について賛否を問う住民投票が行われ，その結果独立が宣言された。これを機に，ロシアが______併合を宣言した。

14 クリミア

第3章 国際社会分野

38 軍縮の歩み

本冊 P.180

1 正誤 1963年にアメリカ，イギリス，ソ連によって調印された部分的核実験禁止条約（PTBT）は，地下核実験を禁止対象から除外している。正か誤か。

1 ○

2 正誤 1968年調印の核拡散防止条約（NPT）は，核兵器保有国をアメリカ，中国など5か国に限定し，それ以外の条約加盟国の核兵器保有を防ごうとするものである。正か誤か。

2 ○

3 核拡散防止条約に加盟する核兵器の非保有国は，______による査察を受け入れる義務がある。

3 国際原子力機関（IAEA）

4 正誤 米ソが1987年に結んだ中距離核戦力（INF）全廃条約は，廃棄確認のための検証措置などを規定している点で画期的な内容をもつものであったが，2019年に失効した。正か誤か。

4 ○

5 1990年代前半に，米ソ［ロ］間で，2次にわたって戦略核弾頭の大幅削減を内容とする______条約（START（スタート））が調印された。

5 戦略兵器削減
なお，START Ⅰは発効したがSTART Ⅱは未発効。また，START Ⅰの失効（2009）を受けて新たな核軍縮条約（新START）が調印された（2010）。

6 正誤 1996年に，国連総会で採択された包括（ほうかつ）的核実験禁止条約（CTBT）は，未臨界核実験も含めてすべての核実験を禁止するものである。正か誤か。

6 ×
未臨界核実験は禁止されていない。

☐7 正誤 包括的核実験禁止条約は，アメリカ，中国などが批准していないため，まだ発効していない。正か誤か。

7 ○

☐8 正誤 包括的核実験禁止条約の採択後，カシミールの帰属をめぐって対立しているインドとパキスタンが相次いで核実験を行い，軍事力を誇示しあった。正か誤か。

8 ○

☐9 正誤 1997年に対人地雷（じらい）全面禁止条約が採択され，アメリカ・ロシア・中国など対人地雷の大量保有国もこの条約の批准を終えている。正か誤か。

9 ×
アメリカ・ロシア・中国は批准していない。

☐10 2008年に，対人地雷全面禁止条約と同じくNGO（非政府組織）が成立に際して重要な役割を果たした______爆弾禁止条約が採択された。

10 クラスター

☐11 正誤 2017年，核兵器の開発，実験，製造，使用だけでなく，威嚇としての使用も禁止する核兵器禁止条約が採択された。正か誤か。

11 ○

☐12 正誤 ラテンアメリカ，東南アジア，アフリカなどの地域では，域内での核兵器の製造・配備などを禁止する非核地帯条約が成立している。正か誤か。

12 ○

39 戦後日本の外交

本冊 P.184

☐1 日本は，______平和条約の発効に伴って，連合国軍総司令部（GHQ）による占領から脱し，主権を回復した。

1 サンフランシスコ

☐2 正誤 日本は，1956年に日ソ共同宣言に調印しソ連との国交を回復するとともに，国連への加盟を果たした。正か誤か。

2 ○

☐3 正誤 1960年に日米安全保障条約が改定され，日本の施政権下にある領域が武力攻撃を受けた場合，日米が共同防衛義務を負うことになった。正か誤か。

3 ○

☐4 正誤 日本は，1965年に日韓基本条約を結び，韓国政府を朝鮮半島における唯一の合法政府と認めた。正か誤か。

4 ○

5 正誤 1978年に締結された日中平和友好条約により，日本は中華人民共和国との国交正常化を果たした。正か誤か。

5 ✕
日中共同声明（1972）によって国交正常化を果たした。

6 日本固有の領土である沖縄県石垣市の＿＿＿に対して中国の領有権主張が続いている。

6 尖閣諸島（せんかく）

7 韓国は，日本固有の領土である＿＿＿を占拠しており，対立が続いている。

7 竹島

8 正誤 日本は，日米安全保障条約の規定に基づき，アメリカ軍の駐留経費の一部を負担している。正か誤か。

8 ✕
日米安全保障条約に規定はなく，「思いやり予算」とも呼ばれている。

9 正誤 日本は，PKO協力法に基づいて，カンボジア，ゴラン高原，東ティモール，南スーダンなどで実施されたPKOに自衛隊を海外派遣してきた。正か誤か。

9 〇

10 正誤 2015年，安全保障関連法の一環として改正武力攻撃事態対処法が成立し，集団的自衛権の限定的行使が可能となった。正か誤か。

10 〇

11 正誤 2015年，安全保障関連法の一環として国際平和支援法が成立し，「駆けつけ警護」が可能となるなど自衛隊の任務が従来と比べて拡大した。正か誤か。

11 ✕
「国際平和支援法」は「改正PKO協力法」の誤り。

40 国際分業と国際収支

本冊 P.192

1 正誤 垂直分業とは，先進工業国が互いに生産を得意とする工業製品を輸出し，不得手な工業製品を輸入することを指す。正か誤か。

1 ✕
水平分業の説明。

2 自由貿易は一般に，国際分業の利益を主張する先進工業国が採用するもので，19世紀イギリスの経済学者＿＿＿が比較生産費説に基づいて主張した。

2 リカード

3 正誤 日本の輸出は，1980年代半ば以降，円高が有利に働いたこともあって急増し，近年，世界の輸出貿易に占める日本の割合も急速に高まっている。正か誤か。

3 ✕
円高は日本の輸出にとって不利。また，世界の輸出貿易に占める日本の輸出の割合は低下傾向にある。

☐4 正誤 中国は1990年代以降の急速な経済成長を背景に輸出を急増させ，現在，その輸出額は日本を上回っている。正か誤か。

4 ○

☐5 国際収支統計は，貿易・サービス収支，第一次所得収支，第二次所得収支からなる＿＿＿収支，資本移転等収支，金融収支の3つを中心に構成されている。

5 経常

☐6 正誤 日本の企業が海外に工場を建設した場合，その建設費用は，貿易収支に計上される。正か誤か。

6 ×
「貿易収支」は「金融収支」の誤り。

☐7 正誤 日本からの旅行者がロンドンのホテルに宿泊した場合，その宿泊費用はサービス収支に計上される。正か誤か。

7 ○

☐8 正誤 日本の企業が自動車を輸出した場合，その輸送費は貿易収支に計上される。正か誤か。

8 ×
「貿易収支」は「サービス収支」の誤り。

☐9 正誤 日本の投資家が配当を目的としてアメリカの企業の株式を購入した場合，その購入費用は資本移転等収支に計上される。正か誤か。

9 ×
「資本移転等収支」は「金融収支」の誤り。

☐10 正誤 ドイツの国債を保有している日本の投資家がその国債の利子を受け取った場合，第一次所得収支に計上される。正か誤か。

10 ○

☐11 正誤 日本の企業がフランスの自動車会社の株を買い取って経営権を取得した場合，その取得費用は金融収支に計上される。正か誤か。

11 ○

☐12 正誤 日本政府が発展途上国に対して食糧や医薬品に対する無償の資金援助を行った場合，その援助費用は第二次所得収支に計上される。正か誤か。

12 ○

☐13 正誤 海外へ支払う利子・配当が増加することは，経常収支の大幅な黒字要因となる。正か誤か。

13 ×
利子・配当の支払い増加は経常収支の赤字要因。

☐14 正誤 海外証券投資が活発化すると，それが一因となって第一次所得収支が赤字傾向になる。正か誤か。

14 ×
証券投資の増加は利子・配当の増加をもたらすから，第一次所得収支の黒字要因。

41 為替相場と国際通貨体制

本冊 P.196

1 正誤 外国為替市場で円の供給が増え，逆にドルの需要が増えれば，円の為替相場は上昇する。正か誤か。

1 ×
「上昇」は「下落」の誤り。

2 正誤 円の為替相場が1ドル＝100円から120円になることを円高という。正か誤か。

2 ×
「円高」は「円安」の誤り。

3 正誤 日本の投資家が海外の株式や不動産を購入する動きを強めると，円の為替相場は円高の方向へ動く。正か誤か。

3 ×
「円高」は「円安」の誤り。

4 正誤 日本の企業がアメリカからの輸入を増やすと，円の為替相場が下落し，円安傾向を示す。正か誤か。

4 ○

5 正誤 アメリカの金利が上昇すると，日本からアメリカへの資金移動が活発化し，円の為替相場は下落する。正か誤か。

5 ○

6 正誤 円安が進行すると，日本の企業の海外生産コストが低下するため，日本の企業は国内の製造拠点を海外に移転する動きを強める。正か誤か。

6 ×
「円安」を「円高」に直せば正しくなる。

7 正誤 円高が進行すると，石油などエネルギー資源のほとんどを海外に依存している電力会社は，生産コストを上昇させ，収益を悪化させる。正か誤か。

7 ×
「円高」を「円安」に直せば正しくなる。

8 1930年代の世界的な不況期に，アメリカ，イギリス，フランス，日本など主要各国は______経済化を推し進め，それが第二次世界大戦の一因となった。

8 ブロック

9 正誤 IMF（国際通貨基金）は，為替の安定を目的に，ブレトン・ウッズ協定に基づいて設立された。正か誤か。

9 ○

10 正誤 IMFの下で保証された金とドルとの交換は，1971年にケネディ政権によって停止された。正か誤か。

10 ×
「ケネディ」を「ニクソン」に直せば，ニクソン・ショック（ドル・ショック）についての記述として正しくなる。

11 正誤 1976年にスミソニアン合意が成立し，IMFは加盟国が変動相場制を採用することを正式に認めた。正か誤か。

11 ×
「スミソニアン」は「キングストン」の誤り。

12 正誤 1985年にプラザ合意が成立し，これに基づいて日本はドル高是正のために，外国為替市場に対してドル売り・円買いの介入を行った。正か誤か。

12 ○

13 正誤 1997年に発生したアジア通貨危機に際して，IMFは危機に陥った韓国や東南アジア諸国に対して緊急融資を行った。正か誤か。

13 ○

42 GATTからWTOへ

本冊 P.200

1 GATT(ガット)(関税と貿易に関する一般協定)は，「自由・______・多角」を基本原則として1948年に発足した。

1 無差別

2 正誤 1960年代に行われたケネディ・ラウンドでは，関税の一括引き下げで合意が成立した。正か誤か。

2 ○

3 1970年代に行われた東京ラウンドでは，輸入数量制限など______障壁の軽減・除去について話し合った。

3 非関税

4 正誤 ウルグアイ・ラウンドでは，運輸・金融などサービス貿易のルールづくりや，著作権・特許権など知的所有権の国際的保護などについての合意が成立した。正か誤か。

4 ○

5 正誤 ウルグアイ・ラウンドでの合意に基づき，日本はただちにコメの関税化に踏み切った。正か誤か。

5 ×
1995年にミニマム・アクセス（最低輸入量）を実施し，1999年に関税化に踏み切った。

6 正誤 WTO（世界貿易機関）は，輸入品に対して国内産品と同等の待遇を与えなければならないという内国民待遇の原則を採用している。正か誤か。

6 ○

7 正誤 WTOは，特定の国に与えた最も有利な貿易条件をその他の加盟国にも与えなければならないという最恵国待遇(さいけいこくたいぐう)の原則を採用している。正か誤か。

7 ○

□8 正誤 WTOの加盟国は，特定の商品の輸入が急増して国内生産者が大きな打撃を受けても，緊急輸入制限などの措置をとることができない。正か誤か。

8 ×
緊急輸入制限措置（セーフガード）が例外的に認められている。

□9 正誤 WTOは，「無差別」の基本原則を重視する立場から，発展途上国からの輸入品に対して関税率を低くするなどの優遇措置を認めていない。正か誤か。

9 ×
一般特恵関税が認められている。

□10 正誤 WTOは，加盟国間の紛争処理に関する常設機関を設けており，GATTと比べて格段に強い紛争処理権限を有している。正か誤か。

10 ○

□11 正誤 WTO協定は，モノの貿易，サービス貿易については規定しているが，知的所有権の国際的保護に関する規定を備えていない。正か誤か。

11 ×

□12 正誤 WTO発足後，広大な市場を有する中国が加盟したことで，自由貿易体制がさらに拡大した。正か誤か。

12 ○

□13 正誤 WTOは，加盟国間の自由貿易を促進することを目標としているので，特定の2国間で自由貿易協定を結ぶことは禁止されている。正か誤か。

13 ×
2国間の自由貿易協定は禁止されていない。

43 地域的経済統合

本冊 P.204

□1 正誤 EU（欧州連合）は，1967年に，ECSC（欧州石炭鉄鋼共同体），EEC（欧州経済共同体），EURATOM（ユーラトム）（欧州原子力共同体）を統合して発足した。正か誤か。

1 ×
EC（欧州共同体）の説明。

□2 EUは，域内の関税撤廃と域外に対する共通関税の設定からなる______を成立させている。

2 関税同盟

□3 正誤 EUでは，その発足当初から，商品・労働者・資本・サービスなどの域内移動が原則自由化されている。正か誤か。

3 ○

□4 正誤 EUは近年，すべての加盟国が共通通貨ユーロを導入し終えたことで，通貨統合を達成した。正か誤か。

4 ×
スウェーデンなどはユーロを導入していない（2019年8月現在）。

☐5 正誤 EUは，経済統合をめざしているだけでなく，外交や安全保障の面での協調も進めている。正か誤か。

5 ○

☐6 EUは，2013年にクロアチアが加盟したことで______か国体制になった。

6 28

☐7 正誤 EUが2007年に調印したリスボン条約は，加盟国が批准を終えたことによりすでに発効している。正か誤か。

7 ○ リスボン条約は2009年に発効した。

☐8 正誤 2018年，アメリカ，メキシコ，カナダの3か国は，従来の協定に代わるものとして，北米自由貿易協定(NAFTA)を締結した。正か誤か。

8 × 北米自由貿易協定(NAFTA)に代わるものとしてアメリカ・メキシコ・カナダ協定(USMCA)に合意。

☐9 東南アジア諸国連合加盟国は，2015年に______経済共同体を発足させ，域内の経済協力の促進を図った。

9 ASEAN

☐10 ブラジル，アルゼンチンなどは______(南米南部共同市場)を発足させ，域内の経済協力体制を強化しつつある。

10 メルコスール(MERCOSUR)

☐11 正誤 ロシアをはじめとする旧ソ連地域の国々は，経済相互援助会議(COMECON〈コメコン〉)を創設して市場経済化のための協力体制を強化している。正か誤か。

11 × COMECONは1991年に解体された。

☐12 正誤 日本は従来，特定の国との経済連携協定(EPA)を締結してこなかったが，2000年代以降，シンガポール，メキシコ，スイスなどと締結した。正か誤か。

12 ○

☐13 アジア太平洋地域の20を超える国・地域は，経済協力の緩やかな枠組みとして______(アジア太平洋経済協力会議)を創設している。

13 APEC〈エイペック〉

44 南北問題と日本の経済協力

本冊 P.208

☐1 多くの発展途上国は，農産物・鉱物資源など一次産品の生産・輸出に依存する______経済のもとにある。

1 モノカルチャー

☐2 1964年に，南北問題を協議するための国連機関として______が設立され，一次産品の価格安定化などについて話し合われてきた。

2 国連貿易開発会議(UNCTAD〈アンクタッド〉)

☐3 正誤 国際復興開発銀行(IBRD)は，国際開発協会(IDA)などとともに，発展途上国に対する融資を担っている機関である。正か誤か。

3 ○

☐4 正誤 政府開発援助(ODA)は，先進国政府が発展途上国に対して行う無償援助のことであり，有償援助はODAに含まれない。正か誤か。

4 ×
ODAには無償援助，有償援助，国際機関への拠出が含まれる。

☐5 開発援助委員会(DAC)は，先進国が対GNI(国民総所得)比______%のODAを供与することを目標としている。

5 0.7

☐6 正誤 日本のODAは，総額でみると世界の中で比較的上位であり，対GNI比でみても先進国中で上位に位置している。正か誤か。

6 ×
対GNI比は0.2%程度であり，先進国中最低水準。

☐7 正誤 日本のODAは，他の先進国と比べ贈与の比率が低い。正か誤か。

7 ○

☐8 正誤 日本の2国間ODAは，近年，アフリカ向けが増加傾向にあり，アジア向けを上回っている。正か誤か。

8 ×

☐9 1974年の国連資源特別総会で，天然資源に対する恒久(こうきゅう)主権，多国籍企業の活動の規制などを内容とする______宣言が採択された。

9 新国際経済秩序(NIEO(ニエオ))樹立

☐10 発展途上国の中には，資源が乏(とぼ)しく開発も遅れていて最低水準の生活さえ危ぶまれるような国があり，このような国は______と呼ばれる。

10 後発発展途上国(LDC，LLDC)

☐11 アジアでは，1970年代以降，韓国，台湾などアジア______(新興工業経済地域)とも呼ばれる，比較的工業化の進んだ国・地域が現れた。

11 NIES(ニーズ)

☐12 正誤 ブラジル，ロシア，インド，中国，南アフリカの5か国はBRICS(ブリックス)とも呼ばれ，その成長の可能性に大きな関心が払われている。正か誤か。

12 ○
この5か国は貿易の拡大やエネルギー消費の急増などで，国際経済への影響力を強めている。

45 人間と自然との共生

本冊 P.220

1 正誤 地球温暖化は，二酸化炭素，メタンなどの温室効果ガスの大気中濃度が上昇することで生じる。正か誤か。

1 ○

2 正誤 フロンガスが原因とみられるオゾン層の破壊は，南極など低緯度地帯を中心に進行している。正か誤か。

2 ×
「低緯度地帯」は「高緯度地帯」の誤り。

3 正誤 酸性雨は，窒素酸化物・硫黄酸化物を原因とするもので，森林の枯死(こし)や湖沼(こしょう)の漁業被害などをもたらす。正か誤か。

3 ○

4 1972年にストックホルムで開かれた国連人間環境会議では，「＿＿＿」がスローガンとして掲げられた。

4 かけがえのない地球

5 正誤 1972年開催の国連人間環境会議では，地球環境保全を目的とする国連機関として国連環境計画(UNEP(ユネップ))の設立について合意が成立した。正か誤か。

5 ○

6 正誤 1990年代前半にモントリオール議定書が改定され，特定フロンの新たな生産・使用が禁止された。正か誤か。

6 ○

7 1992年には，「＿＿＿」という共通理念の下，リオデジャネイロで国連環境開発会議(地球サミット)が開催された。

7 持続可能な開発

8 正誤 1992年の国連環境開発会議では，環境保護に関する21世紀に向けての行動計画であるアジェンダ21が採択された。正か誤か。

8 ○

9 1992年の国連環境開発会議で署名された＿＿＿条約は，開発の中で失われる生物資源の保全，遺伝子資源から得られる利益の公正な分配などを目的としている。

9 生物多様性

10 正誤 1997年に採択された京都議定書では，先進国と発展途上国に対して温室効果ガスの削減目標が定められた。正か誤か。

10 ×
発展途上国には削減目標は設定されなかった。

☐11 正誤 1997年に採択された京都議定書には，排出権取引(排出量取引)，共同実施，クリーン開発メカニズムからなる京都メカニズムが規定された。正か誤か。

11 ○

☐12 2015年，京都議定書に代わるものとして＿＿＿協定が採択され，途上国も含めすべての加盟国・地域に，自主的削減目標の策定，国内対策の実施が義務づけられた。

12 パリ

☐13 正誤 有害廃棄物の国境を越える移動・処分を規制するための条約としてラムサール条約がある。正か誤か。

13 ×
「ラムサール条約」は「バーゼル条約」の誤り。

46 資源・エネルギー問題と人口問題

本冊 P.224

☐1 正誤 石油危機をきっかけに，省エネルギー型の技術開発や産業構造の転換が進んだが，日本はこうした取り組みが他の先進国よりも遅かった。正か誤か。

1 ×
他の先進国よりも早かった。

☐2 正誤 核燃料資源(ウラン鉱石)のほとんどは発展途上国に埋蔵されており，先進国で採取できる量はごく少ない。正か誤か。

2 ×
カナダ，オーストラリアで確認埋蔵量の約40%を占める(2017)。

☐3 1986年に，旧ソ連の＿＿＿で大規模な原子力発電所事故が発生し，原発の安全性の問題が改めて提起された。

3 チェルノブイリ

☐4 正誤 日本では，2011年の福島第一原子力発電所事故の以前には，原子力関連施設の事故が発生したことはない。正か誤か。

4 ×
原子力関連施設での事故(東海村)が発生している。

☐5 正誤 日本では，一次エネルギー供給に占める原子力の割合が30%を超えたことがあった。正か誤か。

5 ×
一次エネルギー供給に占める原子力の割合が30%を超えたことはない。

☐6 正誤 先進国の中で，総発電量に占める原子力発電の割合が最も高いのはアメリカである。正か誤か。

6 ×
フランスが70%超(2015年)で最も高い。

☐7 正誤 世界には，ドイツ，スウェーデンなど，将来的に原発を廃止する方針を打ち出している国もある。正か誤か。

7 ○

8 正誤 バイオマスは，従来捨てられていた排熱を暖房や給湯の熱源として利用し，エネルギー利用の効率化を図ることを指す。正か誤か。

8 ×
「バイオマス」ではなく「コジェネレーション」の説明。

9 正誤 日本では，2012年，石油など化石燃料にかかる租税として従来から存在した石油石炭税に上乗せする形で地球温暖化対策税(環境税)が導入された。正か誤か。

9 ○

10 正誤 発展途上国では，急激な人口増加にもかかわらず，労働力を確保する必要から人口抑制策をとった国はなかった。正か誤か。

10 ×
中国は，1979年から一人っ子政策を採用してきた(2015年廃止)。

11 正誤 発展途上国では，医療技術の発達などにより少産少死型から多産多死型への人口転換が起こり，これが人口の急増をもたらした。正か誤か。

11 ×
多産多死型から多産少死型へと転換した。

12 正誤 1970年代半ばに開催された世界人口会議では，出生率の抑制を図るため，結婚年齢の引き下げが行動計画に盛り込まれた。正か誤か。

12 ×
行動計画の具体的内容を知らなくても，「結婚年齢の引き下げ」は出生率の抑制につながらないことがわかればよい。

13 1990年代半ばに開催された国際人口開発会議では，______(性と生殖に関する健康／権利)の考えが強く打ち出された。

13 リプロダクティブ・ヘルス／ライツ

47 科学技術の発達と倫理的課題

本冊 P.228

1 イギリス経験論の祖ベーコンは，個々の事実収集・観察・実験を通じて一般法則を導き出す______法を提唱した。

1 帰納(きのう)

2 大陸合理論の祖デカルトは，決して疑うことのできない原理に基づいて，理性の推論を重ねて個別の事実を論証する______法を提唱した。

2 演繹(えんえき)

3 正誤 ヒトの全遺伝情報のことをヒトゲノムというが，その解読は国際協力の下で進められた。正か誤か。

3 ○

4 正誤 国際機関ではヒトクローンの作成を禁止する宣言は採択されていないが，日本ではヒトクローンの作成技術を規制する法律が制定されている。正か誤か。

4 ×
ユネスコはヒトクローンの作成を禁止する宣言を採択している。

☐5 正誤 日本では，さまざまな臓器をつくり出すことができる胚性幹細胞（ES細胞）についての基礎研究が禁止されている。正か誤か。

5 ×
基礎研究は行われている。

☐6 正誤 日本では，遺伝子組み換え作物に対する消費者の不安が強いため，その輸入は全面的に禁止されている。正か誤か。

6 ×

☐7 正誤 日本の臓器移植法では，本人の意思表示を絶対条件として臓器摘出が認められている。正か誤か。

7 ×
2009年の改正により，本人の意思が不明の場合でも家族の同意があれば臓器の摘出ができることになった。

☐8 正誤 脳死とは，脳幹を含む脳全体の機能が不可逆的に停止した状態のことで，いわゆる植物状態がこれにあたる。正か誤か。

8 ×
脳死と植物状態は異なる。

☐9 正誤 臓器移植法は，臓器を提供することに伴う対価の受け取りなどを禁止している。正か誤か。

9 ○

☐10 正誤 日本では，15歳未満の人からの臓器摘出は，臓器移植法によって禁止されている。正か誤か。

10 ×
2009年の改正により，年齢制限は撤廃された。

☐11 正誤 日本では，激しい痛みに苦しんでいる末期患者に対して，医師が薬物を投与して死に至る措置を講じることが安楽死法によって認められている。正か誤か。

11 ×
日本には安楽死法はない。

☐12 正誤 遺伝子診断は将来かかる可能性のある病気などを調べることを可能にするが，その診断結果によって就職差別が起こる可能性があるともいわれている。正か誤か。

12 ○

48 日本の伝統文化と国際化

本冊 P.232

1 正誤 古代日本では，人間の力を超えた不可思議な自然現象や存在物は，すべて霊力を備えたものとして信仰の対象とされた。正か誤か。

1 ○
アニミズム（自然物崇拝）についての説明。

2 正誤 古代日本では，共同体に害を及ぼす行為や病気などはツミ・ケガレとして忌み嫌われ，取り除かれるべきものとされた。正か誤か。

2 ○

3 人生の中で，ある一つの段階から次の段階に移行することを，本人が自覚したり，周囲の人が認めたりするために行われる儀式のことを______という。

3 通過儀礼（イニシエーション）

4 正誤 日本人は伝統的な生活の中で，ふだんの生活を意味する「ハレ」と，特別の改まった場合を意味する「ケ」とを区別し，これに応じて衣食などに変化をつけてきた。正か誤か。

4 ×
「ハレ」と「ケ」を入れ替えれば正しくなる。

5 柳田国男は，日本文化の基層を，一般民衆を意味する______の生活文化の中に探ろうとした。

5 常民

6 和辻哲郎は，世界の風土を，日本を含む______型，中東・アフリカにみられる砂漠型，ヨーロッパにみられる牧場型の3つに分類した。

6 モンスーン

7 正誤 ユーラシア大陸を舞台にした東西の文化交流は，草原の道，絹の道，海の道と呼ばれる3つの交通路を中心に行われた。正か誤か。

7 ○

8 正誤 ルース=ベネディクトは，欧米の文化を「恥の文化」，日本の文化を「罪の文化」と呼んで対照的に捉えた。正か誤か。

8 ×
「恥の文化」と「罪の文化」を入れ替えれば正しくなる。

9 幕末から明治期にかけて，東洋の精神的伝統を基礎として西洋の知識・技術を摂取しようとする______の考えが盛んになった。

9 和魂洋才

☐10 明治期以降，後れたアジアから脱して，進んだ西欧の仲間入りをめざそうとする＿＿＿の考えが盛んになった。

10 脱亜入欧（だつあにゅうおう）

☐11 正誤 自国の文化を絶対視し，他の文化を自分たちのものよりも劣ったものとみなす考えをコスモポリタニズムという。正か誤か。

11 ✕
「コスモポリタニズム」（世界市民主義）は「エスノセントリズム」の誤り。

☐12 正誤 レヴィ=ストロースは，未開社会の「野生の思考」と文明社会の科学的思考との間には価値の優劣はないとして，西洋文明至上主義的な考えを批判した。正か誤か。

12 ○

49 現代社会の特質

本冊 P.236

☐1 正誤 大衆社会は，政治的には，普通選挙制度の普及を制度的な基盤とする大衆民主主義（マスデモクラシー）によって支えられている。正か誤か。

1 ○

☐2 正誤 大衆社会は，経済的・社会的には，大量生産，大量消費，マスコミュニケーションの発達によって成立した。正か誤か。

2 ○

☐3 正誤 大衆社会においては，個人の思考が多様化しやすく，そのため政治的エリートやマスメディアなどによる世論操作を受けやすい。正か誤か。

3 ✕
大衆社会において，個人の思考は画一化しやすい。

☐4 正誤 日本では，高度経済成長期以降，豊かな社会が到来したが，中流意識をもつ人の割合は現在でも過半数を超えるには至っていない。正か誤か。

4 ✕
中流意識をもつ人は半数をはるかに超えている。

☐5 フロムは，ナチズムを分析した著作『＿＿＿』の中で，現代人は権威的な人物や組織に判断や決定を委ねてしまう傾向があると批判した。

5 自由からの逃走

☐6 リースマンは，その著作『＿＿＿』の中で，前近代社会，近代社会，現代社会における人間の社会的な性格類型を論じた。

6 孤独な群衆

7 正誤 リースマンは，幼児期に親などによって植え付けられた内的規範にしたがって行動する人間の社会的な性格類型を伝統指向型と呼んだ。正か誤か。

7 ✕
「伝統指向型」は「内部指向型」の誤り。

8 リースマンは，現代人の社会的な性格類型を，周囲の人たちの動向を敏感に捉えてそれを自分の行動基準とするという意味で＿＿＿指向型と呼んだ。

8 他人(外部)

9 正誤 情報化が進展した現代では，プライバシーの権利は自分に関する情報を自分でコントロールする権利として捉えられている。正か誤か。

9 ○

10 正誤 現代の高度情報社会では，大量の情報を主体的に取捨選択する能力を意味するデジタル・デバイドが求められている。正か誤か。

10 ✕
「デジタル・デバイド」(情報格差)は「情報リテラシー」の誤り。

11 正誤 インターネットの普及に伴って企業間の電子商取引が盛んになってきているが，消費者間の電子商取引はほとんどみられない。正か誤か。

11 ✕
消費者間(C to C)のeコマース(電子商取引)も盛んに行われている。

12 正誤 社会集団は，血縁・地縁などによって結合する機能的集団と，特定の目的のために人為的に形成される基礎的集団に分類される。正か誤か。

12 ✕
「機能的集団」と「基礎的集団」を入れ替えれば正しくなる。

13 正誤 第二次世界大戦前の日本では，核家族は総家族数の5割に満たず，戦後の高度経済成長期以降，5割を超えるようになった。正か誤か。

13 ✕
第二次世界大戦前も核家族が5割を超えていた。

50 青年期の自己形成と人間性の自覚

本冊 P.240

1 青年期と呼ばれる時期は，歴史的には，＿＿＿によってそれ以前よりも高度な知識や技術が要請されるようになったことで社会的に認知された。

1 産業革命

2 ルソーは，「＿＿＿」という言葉を用いて，青年期が親などからの精神的な自立の時期であることを示した。

2 第二の誕生

3 正誤 エリクソンは，青年を，子どもの世界から脱しつつあるが，まだ大人の世界に完全には属していないという意味でマージナル・マンと呼んだ。正か誤か。

3 ×
「エリクソン」は「レヴィン」の誤り。

4 正誤 ハヴィガーストは，モラトリアムという言葉を使って，青年期が社会的な義務や責任の遂行を猶予(ゆうよ)される時期であるということを表した。正か誤か。

4 ×
「ハヴィガースト」は「エリクソン」の誤り。

5 エリクソンは，青年期の最も重要な発達課題として，集団や社会の中で安定した自己像を確立すること，すなわち______の確立をあげた。

5 アイデンティティ（自我同一性）

6 青年文化（ユースカルチャー）は，社会における支配的な文化に対する批判を含んだ______文化の性格をもつ。

6 対抗

7 正誤 マズローは，人間の欲求を5つの階層で捉え，最も高い次元の欲求を自己実現の欲求であるとした。正か誤か。

7 ○

8 正誤 防衛機制のうち，自分の失敗や力不足を，もっともらしい理由をつけて正当化することを抑圧(よくあつ)という。正か誤か。

8 ×
「抑圧」ではなく「合理化」の説明。

9 正誤 防衛機制のうち，実際の欲求とは正反対の態度や行動を誇張(こちょう)することを反動形成という。正か誤か。

9 ○

10 正誤 社会的に価値の高い目標へと欲求の対象を置き換えることを合理的解決という。正か誤か。

10 ×
「合理的解決」ではなく「昇華」の説明。

11 正誤 パスカルは，人間は自然界で最も弱い存在であるが，考えることができるという点で偉大な存在であるとした。正か誤か。

11 ○
パスカルは，人間を「考える葦」と捉えた。

12 ______は，普遍的な道徳法則を自分で打ち立て，それにすすんでしたがうとき，人間は自律的な自由の主体となることができるとし，そのような主体のことを人格と呼んだ。

12 カント

13 正誤 サルトルは，人間の自由な決断と行動には全人類に対する責任が伴うとし，積極的な社会参加（アンガジュマン）の必要性を説いた。正か誤か。

13 ○

大学入学

共通テスト　**必携**　一問一答問題集